# ANTHOLOGIE GRECQUE

## ANTHOLOGIE PALATINE

### LIVRE XI

**COLLECTION DES UNIVERSITÉS DE FRANCE**
*publiée sous le patronage de l'ASSOCIATION GUILLAUME BUDÉ*

# ANTHOLOGIE GRECQUE

## TOME X

## ANTHOLOGIE PALATINE

### LIVRE XI

TEXTE ÉTABLI ET TRADUIT
PAR
ROBERT AUBRETON
*Professeur à l'Université de Rouen*

Deuxième tirage

PARIS
LES BELLES LETTRES
2002

*Conformément aux statuts de l'Association Guillaume Budé, ce volume a été soumis à l'approbation de la commission technique, qui a chargé M. F. Buffière d'en faire la révision et d'en surveiller la correction avec le concours de M. R. Aubreton.*


*95 boulevard Raspail, 75006 Paris*
*www.lesbelleslettres.com*

*Première édition 1972*

*ISBN : 2-251-00015-1*
*ISSN : 0184-7155*

*MANIBUS*

*ALPHONSI DAIN*

*S.*

*LIVRE XI*

# ÉPIGRAMMES BACHIQUES ET SATIRIQUES

# AVANT-PROPOS

*L'édition de l'*Anthologie de Planude *m'avait été confiée par mon regretté maître, Alphonse Dain. A peine m'étais-je mis au travail qu'il me demandait d'éditer les épigrammes bachiques et satiriques de l'*Anthologie Palatine. *J'avais pensé jouir, comme d'habitude, de ses conseils éclairés, puisqu'il s'agissait d'un genre littéraire multiforme et assez rare dans la littérature grecque; or, il décédait quelques semaines plus tard: je lui dédie cet ouvrage à titre d'hommage posthume.*

*C'est sur sa demande que j'ai joint à la traduction des notes assez abondantes: il estimait que, plus que d'autres, ces épigrammes spirituelles réclamaient cette intervention de l'éditeur.*

*Je dois tous mes remerciements à M. Félix Buffière. Ses conseils éclairés et la finesse de son jugement m'ont permis de déceler dans nombre d'épigrammes le mot à mettre en valeur ou la pointe cachée; il m'a évité nombre d'erreurs. Certaines des épigrammes de ce livre lui étaient si familières qu'il en avait déjà rédigé une traduction rythmée. J'ai cru ne pouvoir mieux faire que de lui en emprunter quelques-unes.*

*A M. Louis Robert, je dirai toute ma gratitude: il a bien voulu me communiquer le résultat de ses recherches sur des épigrammes, en particulier sur celles de Lucillius.*

*Je dois dire encore ma reconnaissance à mes proches collaborateurs, à M. Gabriel Rochefort qui a revu l'apparat critique, à M. Marcel Cuvigny et au regretté Pierre Husson qui ne m'ont pas épargné leurs conseils.*

R. A.

# NOTICE

## I. La tradition manuscrite.

**Le Palatinus gr. 23.**

Le livre XI de l'*Anthologie Palatine* occupe dans le manuscrit P les pages 507, ligne 5, à 568, soit trente et un folios répartis entre les quaternions 32 et 36 [1]. Il se compose de quatre cent cinquante épigrammes; mais cinq d'entre elles y figurent deux fois [2], neuf sont des répétitions des livres V, VII, IX et X [3]; en revanche, certaines épigrammes forment bloc et n'ont pas été séparées par le copiste, alors que les critiques modernes y voient des épigrammes distinctes [4]. Le total se réduit donc à quatre cent quarante-deux pièces.

1. Pour plus de précision, le livre XI commence au recto du quatrième folio du quaternion 32 et s'achève au verso du second folio du quaternion 36.

2. A la page 552, le scribe répète les épigrammes XI, 119 et 118 à la suite de XI, 332, alors qu'elles se trouvaient déjà à la page 524 avec une légère différence de leçon et de lemme; à la page 557, l'épigramme XI, 195 est intercalée entre XI, 361 et 362 sans que Preisendanz le mentionne. Enfin, au terme de ce livre, page 568, on lit de nouveau XI, 255 et 294 en une *sylloge* ajoutée postérieurement, la *Sylloge* $\Sigma^{\pi}$. Ces répétitions seront notées $P^b$ dans l'apparat critique.

3. A la page 508, on lit V, 161 entre XI, 9 et 10 (omission de Preisendanz) et IX, 519 entre XI 12 et 13; à la page 544, entre XI, 282 et 283 : VII, 683, 684, 688 (v. 3-4), 686, 688 (v. 1-2), 687 et, aux pages 548 et 549, entre XI, 316 et 317 : XI, 501 et 487. La *sylloge* $\Sigma^{\pi}$ (p. 568) ajoute IX, 51, 127, 748; X, 30.

4. Il s'agit des épigrammes 47-48 (p. 514), 117-118 (p. 525), 281-282 (p. 544), 297-298 (p. 547), 313-314 (p. 548) et 358-359 (p. 556); le scribe B a toutefois noté ces dernières d'un sigle qui marque la séparation ∗, mais sans lemme ou indication d'auteur.

En fait, dans le *Palatinus*, ce livre appelé onzième par les éditeurs[1] se compose de deux parties distinctes qui auraient pu recevoir une numérotation séparée. Si on qualifie ces épigrammes de bachiques et de satiriques, c'est que le scribe a donné à chaque partie un titre particulier. A la page 507, en effet, on lit la mention suivante : τὸ συμποτικὸν εἶδος ἐκ σκωμμάτων σύγκειται καὶ συμβουλῆς τῶν παλαιῶν ἀεὶ παρὰ τὸν πότον ἀλλήλους ἀποσχεδιαζόντων· ἵν' οὖν μηδὲ τούτων ἀμοιρῇς, καὶ ἐξ αὐτῶν ὑπέταξα τὰ ἐμπεσόντα et, six feuilles plus loin, à la page 518, après l'épigramme 64, un autre titre précède les épigrammes σκωπτικά : πολλὴ κατὰ τὸν βίον τῶν σκωπτικῶν ἐπιγραμμάτων ἡ χρῆσις· φιλεῖ γάρ πως ἄνθρωπος ἢ αὐτὸς εἴς τινας παίζειν ἢ ἑτέρου πρὸς τοὺς πλησίον ἀποσκώπτοντος ἀκούειν, ὅπερ, οἶμαι, διὰ τῶν ἑξῆς τοῖς παλαιοῖς γενόμενον ἐπιδείξομεν[2].

C'est sans doute cette division très inégale — soixante-quatre épigrammes bachiques et trois cent soixante-dix-huit satiriques — qui a incité les éditeurs à unir en un seul livre deux sections qui, dans le *Cycle* d'Agathias, par exemple, étaient nettement séparées[3]. Nous avons affaire, de toutes manières, à une division assez factice.

1. C'est Jacobs qui le premier a donné à cet ensemble le titre de livre XI dans son édition *Anthologia graeca ad fidem codicis olim Palatini, nunc Parisini ex apographo Gothano edita*, Lipsiae, 1813-17.

2. On lit dans le manuscrit : γινόμενον ἐπιδείξωμεν. De ces titres que le copiste a placés en tête de chaque section, nous proposons une traduction dans notre article : *La tradition manuscrite des épigrammes de l'Anthologie grecque* dans *Revue des Études Anciennes*, LXX (1968), p. 64 et 65. Ils ont été rédigés, nous le prouvons, pour une édition antérieure et moins complète de l'Anthologie.

3. Si on se réfère au préambule d'Agathias (*Anth. Pal.*, IV, 4, 67-87), ce *Cycle* comprenait des épigrammes ainsi réparties : votives, descriptives, funéraires, anecdotiques, *satiriques*, amoureuses et *bachiques*. Pour *l'Anthologie* de Céphalas, il n'est fait mention que des épigrammes amoureuses, votives, funéraires et descriptives (cf. P. Waltz, *Anth. Pal.*, t. I, p. XXVII).

Convenait-il de classer parmi les συμποτικά toutes les épigrammes contenant une allusion au vin et aux beuveries? Et le terme σκωπτικόν, répondant davantage au mot « spirituel » qu'au mot « satirique » dans son sens latin, peut aussi bien comprendre des épigrammes érotiques, votives ou descriptives, dès que l'auteur se livre à un jeu de mots ou à une attaque personnelle.

Il en est de même pour un certain nombre d'épigrammes érotiques ou de παιδικά : un jeu de mots a incité l'auteur de l'anthologie que reproduit P à les inclure dans ce livre plutôt que dans les livres V ou XII [1]. C'est ce qui explique des dittographies [2], qui se sont présentées aussi en d'autres livres de l'*Anthologie Palatine* [3]; ces épigrammes ont toutes été déjà publiées dans les livres antérieurs [4].

1. Par exemple, XI, 21, 22, 29, 30, 36, 52, 108, 218, 220, 225, 261, 272.

2. L'épigramme IX, 519 peut être considérée comme bachique et la répétition s'explique: Alcée est l'auteur de cette pièce comme de l'épigramme XI, 12 qui la suit, et toutes deux attaquent le roi de Macédoine, Philippe. L'épigramme IX, 487 appartient à Palladas comme XI, 317 qui la suit; spirituelle, elle peut, à la rigueur, être considérée aussi comme bachique. Celle qui la précède, IX, 501 serait davantage à sa place dans le livre XI; anonyme comme l'épigramme XI, 36 qui la précède, elle doit avoir été empruntée au même recueil. Pour V, 161, il s'agit d'une confusion étonnante; rien de bachique dans ces courtisanes qui se débarrassent de leurs amants. Mais on comprend que les épigrammes VII, 686-688 se trouvent incluses dans le livre XI : elles sont plus satiriques que funéraires; on peut seulement s'étonner de ne pas y trouver VII, 681 et 682 qui se rapportent à ce même Gessios: son ambition démesurée lui fut fatale. Voir *Anth. Pal.*, t. IV, p. 4, note 3 et t. V, p. 142, note 5.

3. Voir *Anth. Pal.*, t. II, p. 3; t. III, p. 365; t. IV, p. 465; t. VII, p. x-xi.

4. Si l'épigramme XI, 275 se retrouve dans un autre livre, à la page 214 de P, c'est qu'il s'agit d'une addition marginale due à une main récente, près de l'épigramme VII, 41 qui est attribuée également à Callimaque. C'est pourquoi elle n'a pas été éditée dans ce livre VII.

*Le Marcianus 481.*

La section II de Planude forme un ensemble très homogène puisque, à de rares exceptions près, on n'y trouve que des épigrammes du livre XI de l'*Anthologie Palatine.* Mais on sait que l'*Anthologie planudéenne* a été composée en partant de deux manuscrits désignés par les lettres *a* et *b*, que Planude a collationnés successivement [1]. La section II$^{a}$ occupe les folios 21$^{v}$ à 29$^{v}$ de ce *Marcianus*, soit les quaternions 3 (f° 4) et 4 (f° 4). On lit en tête de cette partie : **ἐν τῷδε τῷ δευτέρῳ τμήματι σκωπτικῶν ὄντι περιέχεται κεφάλαια τάδε· εἰς ἀγωνιστάς, εἰς ἀδύνατον, εἰς ἀνοήτους**, etc. La section II$^{b}$, de son côté, se trouve au quaternion 12 qui correspond aux folios 87$^{v}$ à 90$^{r}$ du manuscrit vénitien. Dès le début, Planude se reporte à la mention initiale de la section précédente par ces mots : **ὅμοια τοῖς ἐν τῷ πρώτῳ τμήματι, μετὰ τὸ γραφῆναι ἐκεῖνα ἐξ ἑτέρου βιβλίου συναθροισθέντα κατὰ κεφάλαια,**

1. Ce travail fut réalisé par Planude bien avant l'année 1299, puisque c'est à cette date qu'il ajouta à son *codex* la partie finale, la *Métaphrase de S. Jean* de Nonnos. Après quoi, il effectua la correction qu'il termina en 1301 (voir à ce sujet, P. Maas, *Griechische Paläographie*, p. 94, dans Gercke-Norden, *Einleitung*, 1, 9 [1924], et C. Gallavotti, *Planudea*, dans le *Bolletino del Comitato per la preparazione dell' Edizione Nazionale dei classici greci e latini*, VII, 1959, p. 30, note 10). Remarquons qu'entre les deux parties de son *Anthologie* Planude a inséré l'œuvre de Théognis, les *Monostiques* de Ménandre et, avant quatre épigrammes d'Euclide, Théon et Hermès Trismégiste, l'*ecphrasis* εἰς τὰ ἐν Πυθίοις θερμά attribuée à Paul le Silentiaire, mais qui, en fait, est l'œuvre de Léon Magister Choirosphactès (*Rivista Studi Orientali*, X (1923-1925), p. 212-248). Cela donne à supposer que le manuscrit fut complété au fur et à mesure des trouvailles et, par conséquent, que la collation de *a* par Planude est bien antérieure à 1299. Lors de la recension de *b*, à la fin de chaque section, Planude laissa un certain nombre de lignes en blanc (vingt après I$^{b}$, douze après II$^{b}$, seize après III$^{b}$) comme s'il s'attendait à trouver encore des épigrammes qu'il pourrait inclure en ces diverses sections. On peut s'étonner qu'il n'ait pas procédé à des additions, car il connaissait des épigrammes provenant d'autres sources, telle la *Sylloge Laurentiana*; voir *infra*, p. 11.

ὄφειλον τὰ δὲ σὺν ἐκείναις γράφεσθαι ἕκαστα κεφάλαια σὺν τῷ ἁρμόζοντι κεφαλαίῳ.

La première partie comporte deux cent quatre-vingt-neuf épigrammes et la section *b* quatre-vingt-douze, soit un total de trois cent quatre-vingt-un. Mais Planude a distribué quelques épigrammes de notre livre XI en d'autres sections de son *Anthologie* : quinze se lisent dans la section $I^a$ et onze dans la section $I^b$ ; si l'on ajoute l'épigramme XI, 442 reportée dans la section $IV^a$, on arrive à un total de quatre cent huit [1]. Il faut toutefois retrancher quelques épigrammes étrangères au livre XI de l'*Anthologie Palatine* et qui se trouvent incluses [2] dans cette section II, tout en tenant compte de quelques épigrammes réunies en une seule [3] ou répétées en deux sections différentes [4] ; on constatera, en définitive, que cinquante-deux épigrammes connues par l'*Anthologie Palatine* sont absentes de l'*Anthologie planudéenne* [5].

On s'est demandé la raison de ces absences. S'agit-il de suppressions systématiques de Planude ? Est-ce au au contraire le fait des manuscrits qu'il a compilés ? On a prétendu qu'il avait refusé les pièces érotiques [6]. Or,

1. On trouve dans la section $I^a$ : XI, 13, 15, 18, 42, 50-53, 193, 281, 282, 323, 386, 419, 420 ; dans la section $I^b$ : XI, 12, 22, 275, 348, 352, 356, 364, 385, 388, 416, 423.

2. La section $II^a$ contient aussi VI, 291 ; VII, 683, 684, 686, 687, 688 ; IX, 177, 484, 486, 487, 519 ; et la section $II^b$ : VII, 399 ; IX, 229, 377 ; X, 100, 118 ; *A. Pl.*, 19, 20.

3. Cela arrive plus rarement que dans le *Palatinus*. On relève seulement 47-48 ; 241-242 ; 313-314.

4. L'épigramme 275 se trouve répétée en $I^b$, 37, 2 (f° $85^v$) et $II^b$, 18,4 (f° $88^v$), l'épigramme 398 en $II^a$, 13, 17 (f° $23^v$) et $II^b$, 6, 4 (f° $87^r$) ; ces répétitions sont certainement dues à une distraction.

5. Sont absentes de la recension de Planude : XI, 2, 4, 6, 11, 21, 27, 29, 30, 34, 35, 36, 37, 40, 44, 65, 66, 73, 108, 109, 180, 185, 212, 218, 223, 236, 262, 269, 286, 308, 314, 326, 327, 328, 329, 332, 336, 339, 344, 345, 358, 359, 360, 361, 362, 363, 396, 407, 411, 438, 439, 440. 441.

6. En effet, au folio 68 de l'édition planudéenne, au début de la section VII, correspondant au livre V de *l'Anthologie Palatine*, on lit : ἐν τῷδε τῷ ἑβδόμῳ τμήματι περιέχεται ἑταιρικὰ

il est curieux d'en trouver un certain nombre dans son *Anthologie*, et des plus choquantes. Toutefois, il est difficile de croire que les *deux* manuscrits qui furent en sa possession avaient été déjà l'objet d'une censure antérieure.

On sait que Planude a élaboré une classification systématique tout à fait différente de celle qui avait pu être imaginée par Agathias ou Céphalas, en sorte que, chez lui, les lemmes indiquent une catégorie; de plus, ces lemmes sont classés suivant un ordre alphabétique de **εἰς ἀγωνιστάς** jusqu'à **εἰς χωλούς**. Ils sont au nombre de cinquante-trois pour la section *a*, de vingt-sept pour la section *b* [1]; c'est-à-dire que certaines catégories ne se trouvent plus représentées dans la section *b*. Chaque catégorie comprend de une à vingt-huit épigrammes. Par conséquent, la séparation que faisait le *Palatinus* entre

τινα ἀποφθέγματα, τὰ μὲν ὡς ἐγκώμια, τὰ δ' ὡς ἐπιστολαί, τὰ δ' ὡς ἂν ἕκαστον ἔτυχεν, ὅσα μὴ πρὸς τὸ ἀσεμνότερον καὶ αἰσχρότερον ἀποκλίνεται· τὰ γὰρ τοιαῦτα πολλὰ ἐν τῷ ἀντιγράφῳ ὄντα παρελιπόμην. Cf. en particulier, Stadtmüller, t. I, p. XXIII et 80; P. Waltz, t. I, p. L et t. II, p. 4. Cette attitude, compréhensible devant tout un groupe important de pièces érotiques ou pédérastiques, était-elle déjà celle de Planude au moment où il écrivait la section II$^a$? Parmi les cinquante épigrammes absentes de l'*Anthologie planudéenne*, il est piquant de noter qu'une vingtaine à peine sont pédérastiques ou inconvenantes (21, 22, 29, 30, 36, 65, 108, 218, 220, 223, 262, 326, 327, 328, 329, 339); que, par ailleurs, on en trouve d'autres aussi choquantes dans les sections *a* et *b*, et que Planude n'a pas jugé opportun d'éliminer : 217, 224, 225 conservées par *a* et 217, 220-222 en provenance de *b*. Mais l'épigramme 395, sur la πορδή, a été supprimée de la première *sylloge* par grattage, postérieurement à la copie britannique du XIV$^e$ s. (voir p. 8, note 1). On la retrouve, biffée cette fois, dans l'apographe parisien D.

1. Voir *Appendice* I, p. 68. H. Beckby, dans son édition de l'*Anthologie*, Munich, 1957, t. IV, p. 564, fait erreur en ne comptant que vingt-six lemmes. Il oublie εἰς δυσωδεῖς, devant l'épigramme XI, 239, entre les lemmes εἰς δυσειδεῖς (8) et εἰς δολίους (9). Il faut donc corriger toute sa numération dans la section II$^b$, à partir du lemme 9. Voir notre article *Sur une édition de l'Anthologie Palatine* dans *Bull. Assoc. G. Budé*, 4$^e$ série (1967), 3, p. 349.

épigrammes bachiques et satiriques n'existe plus : c'est uniquement sous le lemme **συμποτικὰ ἀστεΐσματα** que Planude réunit les épigrammes bachiques dont le nombre est réduit à trente-neuf. Toutefois l'ordre des épigrammes à l'intérieur de chaque catégorie prouve que les manuscrits qui furent les sources du savant moine suivaient déjà l'ordre que nous connaissons par le *Palatinus* [1]. Pourtant il y a des déclassements : ils semblent dus plutôt à des hésitations de Planude qu'à des essais de classification à l'intérieur de chaque série ou à un ordre différent dans les *codices* utilisés [2].

C'est probablement en raison de cette classification

1. De cet ordre identique entre le *Palatinus* et les *codices* employés par Planude, on a d'autres preuves encore plus nettes : a) au *lemme* εἰς δῶρα (II$^a$, 17), on a l'ordre XI, 295; IX, 487; XI, 317; or, dans le *Palatinus*, on lit IX, 487 avant XI, 317 à la page 548 (il y avait aussi avant IX, 487 l'épigramme IX, 501; mais Planude l'a supprimée, l'ayant déjà trouvée au livre IX incluse dans le groupe 499-501, et il l'avait classée en I$^a$, 88); *b*) au lemme συμποτικὰ ἀστεΐσματα (II$^a$, 47), l'épigramme IX, 519 est incluse entre XI, 9 et 14; or, c'est exactement ce que l'on trouve à la page 508 du *codex* P (l'absence des épigrammes 10-13 s'explique fort bien : Planude, qui ignore 11 et 12, ne trouve 10 que dans son *codex b*; 13 avait déjà été classée dans une autre catégorie : I$^a$, 36); *c*) au lemme εἰς πόρνας (I$^a$, 70), on lit l'épigr. V, 161 juste avant XI, 18; c'est encore la place que le *Palatinus* lui donne à la page 508 après XI, 9; on vient de voir ce que Planude a fait de 10-14; 15 et 16 ont dû être classées après hésitation : elles sont en fin des lemmes I$^a$, 31 et II$^a$, 3 et l'épigr. 17 n'est connue de Planude que par le *codex b*; *d*) dans le lemme εἰς τολμητίας (II$^a$, 48) l'ordre VII, 683, 684, 686, 688, 687, est exactement celui que l'on trouve dans P, aux pages 544-547 entre XI, 282 et 283; au contraire, aux pages 314-315, ces épigrammes se trouvaient dans l'ordre normal; mais Planude ne s'occupera de notre livre VII que dans sa section III.

2. Voici quelques exemples : lemme 3, épigr. 421, 429, 432, 304, 16; lemme 5, épigr. 216, 272, 224, 215; lemme 7, épigr. 296, 369, 249; lemme 9, épigr. 67-78, 72, 74, 256, 374, 408, 202; lemme 13, épigr. 76, 196, 203, 198-201; lemme 50, épigr. 165 et, après une série ascendante, 387, 413, 264, 270, 271, 389, 391.

nouvelle que tous les lemmes fournis par la tradition sont omis par Planude et remplacés par les siens. Les indications d'auteurs sont abondantes dans la section *a*; au contraire, dans la section II$^b$, elles sont une exception.

Il est heureux que l'on possède ces deux travaux successifs de Planude pour juger de son œuvre [1]; par la suite ces deux sections furent fondues en une seule, chaque épigramme prenant sa place logique dans l'ensemble; ce travail a dû être exécuté du vivant de Planude puisqu'on possède un commentaire — que l'on peut croire autographe — de diverses épigrammes choisies dans une édition qui ne distinguait plus les deux sections [2]. Le *Marcianus* 481 est donc une ébauche de l'édition planudéenne, un préarchétype, l'archétype étant le manuscrit considéré comme perdu et que nous avons retrouvé, malheureusement mutilé [3], le *Parisinus gr.* 2744 que nous désignerons par le sigle C. Les autres *codices*, tels les *Parisini gr.* 2739 et 2740, n'en sont que des copies plus ou moins proches. Cela est sûr pour ce dernier manuscrit, malgré les nombreuses erreurs qu'il comporte; elles sont dues à un scribe inexpérimenté qui, au demeurant, effectua lui-même les corrections. Mais le scribe connaissait une autre tradition qui parfois le rapproche du *Palatinus*. Le premier *codex*, une copie soignée de Michel Apostolios vers 1450 [4], accentue les divergences et la parenté avec C n'est plus patente. Entre cet exemplaire et le *Marcianus* il n'existe que bien peu de différences pour ce qui concerne le livre XI.

1. Il existe du *Marcianus* une copie intégrale, le *Britannicus add.* 16409; voir Douglas C. C. Young, *On Planudes's edition of Theognis and a neglected apograph of the Anthologia Planudea* dans *Parola del Passato*, X (1955), p. 197 et ss.; Gallavotti, *op. cit.*, p. 27. Cette copie est postérieure à des corrections du *Marcianus* (XI, 47; 195).

2. Il s'agit du *Marcianus app. gr.*, XI, 1 (*coll.* 481). Voir ci-dessous, p. 10, note 5.

3. R. Aubreton, *L'archétype de la tradition planudéenne de l'Anthologie grecque* dans *Scriptorium*, XXII, (1969), p. 69-87.

4. C'est ce qu'indiquent les filigranes: ciseaux et fleur (Briquet, 3368 et 5684).

**Les Syllogae minores.**

La *sylloge* E *(Euphemiana)*, qui date du xe siècle, donne un ensemble de sept épigrammes appartenant au livre XI : 277, 220, 108, 106, 107, 255 et 293. Plus loin, on lit encore 378 entre deux épigrammes que les deux *Anthologies palatine* et *planudéenne* ignorent. L'unique pièce bachique se trouve en fin de la *sylloge*, c'est l'épigramme 61 [1].

La *sylloge Parisina*, représentée par le sigle S, comprend le *Parisinus gr. suppl.* 352, ($S^s$) dans lequel se lisent quatorze épigrammes du livre XI dans l'ordre suivant : 54 (v. 5-6), 55, 47, 48, 50 tirées des épigrammes bachiques, et 227, 157, 255, 273, 299, 301, 338, 349, 390 provenant des σκωπτικά. Ce même manuscrit présente encore les épigrammes 51 et 53 que l'on ne retrouve pas dans le *Parisinus gr.* 1630 ($S^p$). Ce deuxième *codex* ne contient en effet que la partie centrale de cette *sylloge*; mais, on y trouve encore, cinquante-sept folios plus loin (fo 194), l'épigramme 389. Jacobs [2] avait affecté ce *codex* du sigle B.

Disséminées parmi les cent vingt pièces que contient

1. Les divers manuscrits qui contiennent cette *sylloge* ne présentent pas le même nombre d'épigrammes. Dans la *sylloge* du *Parisinus gr.* 2720 ($E^R$), de quatre-vingt-une épigrammes, les poèmes appartenant au livre XI portent les numéros 9, 38-44, 75; dans le *Laurentianus* 57-29 ($E^F$) qui comporte soixante-dix-sept épigrammes, la numération est la suivante : 5, 34-40, 80, 77. Enfin, dans le *Parisinus gr.* 1773 ($E^P$), on lit à la suite de la même *sylloge* de soixante-quatorze épigrammes un appendice de dix épigrammes dans lequel 61 se trouve répété; l'ordre est le suivant : 5, 33-39, 70, 74-83.

2. Il nous a paru plus clair, pour éviter toute confusion entre les indicatifs des manuscrits et ceux des scribes de P, d'adopter les sigles $S^S$ et $S^P$, au lieu de S et B. Le manuscrit $S^S$ présente un ensemble de cent quatorze épigrammes, dont le *Palatinus* ne connaît que soixante-quatorze. La localisation des épigrammes du l. XI est la suivante : 60-72, 86, 95 et, dans le ms. $S^P$, 10-22, les épigr. 157 et 235 étant transférées après 349. La numération donnée par l'éd. Beckby pour ce dernier manuscrit est erronée, bien qu'elle soit en dépendance des *Anecdota graeca Parisina* de Cramer (IV, p. 365-388). Voir *art. cit*, dans BAGB, 1967, p. 349.

la *sylloge* Σ, représentée par le *Laurentianus* 57-29 ($\Sigma^F$) et le *Parisinus gr.* 1773 ($\Sigma^P$), quatre épigrammes seulement appartiennent au livre XI : 193, 323, 414, 442. Le *codex* parisien ajoute, au f° 275, l'épigramme 389 [1].

Parmi les cinquante-six pièces de la *sylloge* $\Sigma^\pi$, il n'y a que trois épigrammes du livre XI : 255, 294 et 442 [2]; et parmi les cinquante-quatre pièces de la *sylloge Barberino-Vaticana*, une seule appartient à ce livre : l'épigramme 108[3].

Au fur et à mesure du dépouillement des manuscrits, on découvre de nouvelles *syllogae* [4]; nous en ajouterons quatre sans que, probablement, la liste soit exhaustive : la *sylloge R* (*Paris. gr.* 1765) contient XI, 414, 297, 220, 108, 61 ; une seule épigramme du l. XI apparaît respectivement dans les *syllogae* F (*Laurent.* 91-8) : XI, 375 ; H (*Paris. gr.* 3019) : XI, 193 et O (*Laurent.* 32-50) : XI, 323.

Issue, certainement, de *l'Anthologie planudéenne*, la *sylloge Vaticana* présente soixante-quinze épigrammes correspondant aux livres IX et X de *l'Anthologie Palatine*. On y trouve cependant XI, 50 (10), 352 (49) et 79 deux fois répétée (66 et 73) [5].

1. Ces épigrammes occupent les places suivantes : 30, 42, 82, 116. On ne trouve pas dans cette *sylloge* l'ordre établi par Planude et les leçons des épigrammes sont nettement différentes de celles du *Marcianus*. Elle doit reproduire un extrait de ces *syllogae* indépendantes qui ont existé à l'époque où s'est constituée l'Anthologie de Céphalas et l'*Anthologie Palatine*. P. Waltz (t. I, p. LV), après Stadtmüller, estime qu'elle vient de Planude; et A.S.F. Gow (*The greek Anthology, Hellenistic Epigrams*, Cambridge, 1965, p. LXI, note 2) persiste à croire en cette dépendance.

2. Voir p. 1, note 2 et p. 17 note 1.

3. Cette *sylloge*, composée surtout d'épigrammes érotiques, est connue par deux manuscrits du XVI^e siècle, le *Barberinianus gr.* 123 ($\text{App.}^V$) et le *Vaticanus gr.* 240 ($\text{App.}^M$).

4. R. Aubreton, *op. cit.*, R.E.A., p. 75-77. Des éditions ou études anciennes ont parfois cité les leçons de ces *syllogae*, mais sans mentionner clairement leur source.

5. Si la tête de file de cette *sylloge* est le *Marcianus* XI, 1 (*coll.* 452) une quinzaine de *codices* offrent le même ensemble; voir C. Gallavotti, *op. cit.*, fasc. VIII, p. 11-16. Il s'agit des

Également en relation avec Planude, mais antérieure à son *Anthologie*, la *sylloge Laurentiana* contient cent soixante-huit poèmes. Dix-huit d'entre eux appartiennent au livre XI : 50, 61, 156, 193, 238, 251, 252, 292, (v. 3-4) 293, 294, 303, 349, 381, 391, 395, 401, 428, 432. On les trouve exactement dans cet ordre dans le *codex*. On peut donc penser que cette *sylloge* est en dépendance d'un des manuscrits qui fut utilisé par Planude et dans lequel les épigrammes suivaient déjà le classement que l'on retrouve dans le *Palatinus* [1].

***Manuscrits secondaires.***

On lit encore, dispersées dans divers *codices*, quelques épigrammes du livre XI. Le *Laurentianus* 56-3, du XV$^{e}$ siècle, donne deux épigrammes dont XI, 251 : c'est un manuscrit qui comporte des textes planudéens [2]. Le

*Vaticani gr.* 18, 20, 87, 98, 100, 123, 926, 1404; *Vaticanus Urbinas gr.* 152; *Laurentiani* 55-7; 74-13; *Ambrosianus gr.* E 81 sup. (*coll.* 295); *Parisinus gr.* 2562; *Coislin.* 341. Ajoutons encore deux *codices* qui ont échappé à l'auteur : *Parisini suppl. gr.* 1164 et 1199. Voir p. 20, note 1.

1. Cette *sylloge* est en dépendance du *Laurentianus* 32-16, manuscrit composite auquel a collaboré Manuel Planude à l'époque où il devint moine sous le nom de Maxime, soit aux environs de 1283. Elle n'est donc pas en dépendance de l'*Anthologie planudéenne*, mais la précède. On y trouve une double *sylloge* d'épigrammes, celle des folios $3^{v}$-$6^{v}$ que Gallavotti rétablit à leur place originale, entre les f$^{os}$ 323 et 324, à laquelle Planude a ajouté de sa main une épigramme (f$^{o}$ $6^{v}$) avant la souscription finale (f$^{o}$ $8^{v}$) : elle comprend cent cinq épigrammes des livres VII, IX, X, XI, et des pièces, inconnues de l'*Anthologie Palatine*, que l'on retrouve dans ce qu'on a appelé le livre XVI, soit l'*Anthologie de Planude.* La deuxième *sylloge* L$^{s}$ (f$^{os}$ $381^{v}$-$384^{v}$) n'intéresse pas notre livre XI, mais les seuls libres XIV et XV et encore l'*Anthologie de Planude*; il s'y ajoute des poèmes inconnus des deux anthologies. Voir notre article, *Michel Psellos et* l'*Anthologie Palatine* dans l'*Antiquité classique*, XXXVIII (1969), p. 459-462. — Le *Vaticanus Barberinianus gr.* 4 donne une partie de la première *sylloge* (f$^{o}$ $170^{v}$) : XI, 50, 61, 156, (f$^{o}$ $167^{v}$), 193, 251, 252, 292 (v. 3-4). Voir C. Gallavotti, *op. cit.*, fasc. VII, p. 37-50.

2. L'autre épigramme est IX, 115.

*Parisinus gr.* 1765 (*Sylloge* R) offre l'épigramme XI, 61. L'épigramme XI, 292 se lit dans le *Monacensis gr.* 330; elle se rencontre aussi dans le *Laurentianus* 59-44, qui est un *corpus* d'œuvres de Planude et de Moschopoulos; mais elle n'est pas incluse parmi les vingt-trois épigrammes qui se lisent aux folios 235-239 : elle se trouve au dernier folio, 311, précédée de la mention ὑπερειμένος; la leçon est identique à celle de la *sylloge Laurentiana* [1]. Citons encore, sans prétendre être complet, le *Vindobonensis phil. gr.* 311 qui donne l'épigramme 50, le *Vindobonensis theol. gr.* 203 qui présente l'épigramme 352.

Enfin, le *Matritensis gr.* 4562 (*olim* N. 24) offre une copie d'une partie de l'*Anthologie planudéenne* qui fut exécutée à Milan vers 1464 par Constantin Lascaris. Le classement y est tout à fait différent. Cette *sylloge* ne cite que cinq épigrammes du livre XI parmi les quatre cent soixante-sept épigrammes choisies : ce sont 50, 275, 375, 388 et 419 [2].

En définitive, ces *syllogae* apportent rarement un texte plus satisfaisant, et c'est l'*Anthologie Palatine* avec l'édition planudéenne qui nous ont conservé les leçons les plus correctes et, sans aucun doute, originales.

***Citations et témoignages.***

Rares sont les pièces de ce livre dont témoigne l'épigraphie : les épigrammes bachiques ou plaisantes ne sont pas de celles que l'on reproduit sur la pierre. Toutefois, trois d'entre elles se retrouvent dans les recueils d'inscriptions. L'épigramme 38, plus descriptive que

1. Contrairement à la *Sylloge Vaticana*, il ne semble pas que ce soit sur l'édition définitive de Planude qu'aient été prélevées les épigrammes de ce *corpus*, mais sur le *Marcianus* lui-même.

2. Voir Iriarte, *Regiae Bibliothecae Matritensis Codices Graeci*. La référence est donnée habituellement non pas d'après le folio du ms., mais d'après les pages du catalogue d'Iriarte. Voici les concordances : *Matr.* f° 102, 8 (Iri. 90, 7) : XI, 275; *Matr.* f° 122, 13 (Iri. 106, 5) : XI, 388; *Matr.* f° 122, 12 (Iri. 106, 3) : XI, 50; *Matr.* f° 123, 5 (Iri. 106, 10) : XI, 419 : *Matr.* f° 123, 13 (Iri. 107, 3) : XI, 375.

bachique, a dû être inspirée par une stèle ou une gemme : elle se lit dans le *Corpus Inscriptionum graecarum*, II, 7298. L'autre, 193, est attestée par deux inscriptions, l'une chrétienne, l'autre païenne; mais c'est davantage son caractère talismanique, dû au mot **φθόνος**, qui lui a valu cette diffusion [1]. Enfin, une autre épigramme **ἀδέσποτον** se lit sur la stèle de Cerellia Fortunata à Rome (XI, 8) [2].

Les citations d'épigrammes faites par des écrivains sont également trés réduites et n'intéressent qu'une dizaine de poèmes du livre XI. Deux épigrammes attribuées à Anacréon (47, 48) se lisent évidemment dans les manuscrits qui citent les *Anacreontea*, mais avec des variantes notables [3] : la première comporte cinq vers de plus, et la seconde onze; on lit également celle-ci dans Aulu-Gelle [4], mais chez lui les variantes sont importantes, et il ignore deux vers rapportés par l'*Anthologie.* Palladas utilise pour l'épigramme 286 deux vers de Ménandre [5], et deux épigrammes attribuées à Démodocos sont citées par Constantin VII Porphyrogénète; ce sont les pièces 237 et 238; cette dernière se lit également chez J. Lydus [6]. Un vers de Callimaque dans l'épigramme 183 de Lucillius est cité, de mémoire sans doute, par Élien et Eustathe [7]. Diogène Laërce rapporte une autre adaptation par Diogène le Cynique d'un vers de l'épigramme 269 [8]. Le distique d'Aratos 437 se lit chez Macrobe, Étienne de

1. BCH 17 (1893), p. 291; 24 (1900), p. 291-299.
2. *I. G.* XIV, 1746; Voir W. Peek, *Griechische Vers-Inschriften*, I, *Grab-Epigramme*, (Berlin, 1955), 1906, l. 9-12.
3. C'est ce même *Palatinus gr.* 23 qui est le manuscrit de base de ces *Anacreontea*; on les lit aux pages 675-691. Voir aussi ed. Preiss, pièces 4 et 8.
4. Aulu-Gelle, 19, 9, 6.
5. *Monostiques* 413 et 133.
6. Constantin Porphyrogénète, *De thematibus*, I, 21, 17 et I, 21, 11; Jean Lydus, *De magistratibus*, III, 57.
7. Élien, *Var. hist.*, VIII, 9; Eustathe, 522, 15 (*Ad Iliad.*, E, 64). Le vers de Callimaque est le fragment 2, 51 (éd. Pfeiffer). L'épigramme 130 cite aussi deux mots de Callimaque : Eustathe 870, 6 (*Ad Iliad.*, Λ, 632).
8. Diogène Laërce, VI, 50.

Byzance et Eustathe dans son *Commentaire de l'Iliade*[1]; ce dernier, dans son *Commentaire de l'Odyssée*, fait état d'une épigramme faussement attribuée à Apollonius de Rhodes (275) [2]. Une épigramme sur Homère (442) est empruntée à la *Vie* du poète et Tzetzès la cite dans son commentaire [3]. Enfin, une seule épigramme byzantine est reproduite en partie par Théodore d'Hyrtacène: 292 [4].

## II. — Attributions et lemmes.

***Les scribes.*** Le livre XI est écrit dans son ensemble de la main du scribe que Preisendanz [5] a désigné par le sigle B, et auquel on doit toute une partie du *Palatinus*, soit les pages 453 à 642 (IX, 564-XIV). On considère généralement cette main comme la plus ancienne parmi celles qui ont contribué à la rédaction de ce manuscrit composite [6]. Nous avons prouvé le con-

1. Macrobe, *Sat.*, V, 20, 8; Étienne de Byzance, Γάργαρα; Eustathe, 986, 48 (*Ad Iliad.*, T, 292).
2. Eustathe, 1422, 30 (*Ad Odys.*, α, 349).
3. *Vitae Homeri* (éd. Wilamowitz) p. 28-29; Tzetzes, *Exeg.*, p. 8.
4. Theodoros Hyrtacensis, *Ep.* 61.
5. *Anthologia Palatina, Codex Palatinus et Codex Parisinus phototypice editi*, Leyde, 1911, p. XXVI et LXX-LXXIV.
6. *Ibid.*, p. LXX et p. XVII, où l'auteur précise « *saeculo fere decimo tribuendum* ». Voir encore l'opinion de A. Desrousseaux citée par P. Waltz, *Anth. Pal.*, t. I, p. XLII-XLIII et t. VII, p. XX. C'est encore l'avis de A. S. F. Gow, *The Greek Anthology : sources and adscriptions*, 1958, p. 10. Mais cette datation n'est pas la conséquence d'une étude paléographique sérieuse des écritures de ce *codex*; Preisendanz écrit en note : « Spalettus autem in ed. Anacreonteorum praefatione ad candidum lectorem data librum circa x saeculum fuisse confectum ait » (*Anacreontis convivialia semiambia*, Romae, in aedibus J. Spaletti, 1778). La même *impression* fait écrire à C. B. Hase (éd. Didot, p. XIII) — mais à propos de l'*Index Vetus* — « scriptura saec. circiter decimi ». C'est la date que retient H. Omont dans son *Inventaire sommaire des mss. grecs de la*

traire; c'est une main de la seconde moitié du XI^e siècle et qui, chronologiquement, succède normalement au copiste A. C'est une très belle minuscule ancienne à laquelle se mêlent déjà des déformations de lettres; les onciales y sont encore rares, alors qu'elles sont employées dans les titres et les lemmes intercalés dans le texte comme dans les lemmes marginaux; mais ces dernières onciales sont intégrées au corps de la minuscule.

Dès le haut de la page 518, qui constitue le verso du premier folio du quaternion 33, et dès le v. 4 de l'épigramme XI, 66, une autre main se substitue à B : on l'appelle $B^2$. Cette minuscule, de même type que la précédente, mais dont certaines lettres sont légèrement penchées à droite, est plus liée, plus aiguë aussi, et le scribe utilise aussi un registre d'onciales que B ignorait. Les déformations de minuscules s'accentuent. A cette main appartiennent certainement les lemmes correspondants, en une onciale carrée qui dénote une certaine application du scribe. Cette main disparaît à la page 524, au centre même de la ligne 21 (XI, 118, 1), et le scribe B reprend sa copie, mais non sans avoir vérifié le travail exécuté par son remplaçant [1]. On ne peut donc penser

*B.N.*, t. III (1888). Toutefois, Jacobs datait ce *codex* du XI^e siècle (*Animadversiones in epigrammata Anthologiae graecae*, Lipsiae, 1796, p. LXIV). Un paléographe comme Wattenbach écrivait : « saeculo undecimo scriptus », à la suite des travaux de Wilken, G. Finsler et Ch. Graux. Avant eux déjà V. Rose (*Anacreontis carmina*, Teubner, Lipsiae, 1868) hésitait entre les X^e et XII^e siècles; mais c'est le XI^e siècle que retenait P. Masqueray dans sa *Bibliographie pratique de la littérature grecque*, 1914. Malgré les avis quasi unanimes des critiques depuis un demi-siècle, nous avons apporté la preuve que c'est cette date qui doit être retenue : l'écriture et l'histoire de la composition du *codex* P nous ramènent à cette époque. Voir notre article *La tradition manuscrite des épigrammes de l'Anthologie grecque* dans *R.E.A.* (1968), p. 45-47.

1. Cette remarque tend à prouver que c'est tout l'ensemble du *Palatinus* qui est composite et non uniquement, comme on l'a trop dit, la première partie. Il est intéressant de noter qu'à partir du milieu de la page 522 (XI, 102), les indications marginales de la main du scribe $B^2$ sont rares; celles que l'on

que ces pages 518-523 correspondaient à une lacune qui aurait été compensée tardivement : c'est une pure substitution momentanée de scribe, pour une raison qui nous échappe.

Il est à noter que ces deux copistes, contrairement à l'habitude du scribe J, écrivent en retrait le pentamètre de chaque distique avec une belle régularité. Pour ce faire, ils ont réglé à la pointe le côté gauche de leur page d'un double trait vertical qui délimite le début des vers de chaque distique [1]. A droite de la page, en une marge délimitée par un autre trait vertical en bordure de feuille et les doubles traits du verso, se lisent les lemmes et indications d'auteurs, sauf quand ces indications sont faites dans le texte même en une petite onciale [2]. Ces notes marginales suffiraient à indiquer le début de chaque épigramme ; toutefois, l'initiale est habituellement mar-

trouve pour XI, 115, 116 sont des additions du scribe B. Mais déjà le même scribe avait ajouté le lemme de XI, 86 et 87 à la page 521. $B^2$ n'a donc pas eu le temps de terminer la tâche qui lui avait été assignée. A la page 518, les lemmes des épigrammes ont dû être répétés deux fois, le scribe $B^2$ les ayant placés un vers trop haut. Il semble que c'est le lemmatiste *l* qui écrivit εἰς γραῖαν μυρίνου et εἰς γραῖαν λυκίλλου. Ce serait son unique intervention dans ce livre. Mais le grattage des deux mentions primitives semble avoir été le fait d'un scribe moderne qui donna à chaque pièce de l'*Anthologie* une numérotation, puisqu'on lit encore le numéro $78^b$ qu'il avait attribué au lemme supprimé.

1. Voir en particulier les rectos, p. 549, 551, 565 et les versos p. 536, 554, 564. Nous signalons — tardivement — ce détail que l'éditeur des livres antérieurs avait omis.

2. Les lemmes inclus dans le texte sont accompagnés de l'indication d'auteur : on les trouve dans les épigrammes 82, 127, 138, 153, 159, 165, 174, 185, 204, 209, 243, 245, 269, 270, 278, 280, 281, 283, 292, 295, 344, 379, 380, 411, 417, 426, 437. Seules les épigrammes 270 et 292 ne comportent pas le nom d'auteur. Pour l'épigramme 292, au lemme inclus dans le texte ὕπαρχον πόλεως ἐπὶ Βαλεντινιανοῦ καὶ Βάλεντος s'en ajoute un autre, marginal, qui prouve une double source : εἰς τὸν φιλόσοφον γενόμενον Παλλαδᾶ. C'est toujours la main du scribe B.

quée, dans la marge de gauche, par une *paragraphos*, souvent répétée sous une autre forme en fin d'épigramme; deux points l'accompagnent. L'usage de la majuscule à l'initiale est fréquent, mais sans régularité. Les deux scribes observent la règle des trente-trois lignes à la page déjà adoptée par le scribe A et que J respecte beaucoup moins.

A la fin du livre XI, page 568, une main postérieure a profité de la page aux trois quarts blanche pour ajouter, après l'épigramme 441, plusieurs pièces de cette *sylloge* $\Sigma^{\pi}$ qui n'a rien à voir avec l'ensemble de l'*Anthologie Palatine*, mais qui lui a été intégrée dans les éditions, quand ces épigrammes se rencontrent pour la première fois [1]; tel est le cas de la dernière de ces sept épigrammes ajoutées à cette page et qui porte dans nos éditions de l'*Anthologie* le numéro 442.

***Les noms d'auteurs.*** Rares sont dans le *Palatinus* les épigrammes anonymes du l. XI : on n'en relève que cinquante-huit [2]. Sinon, chaque épigramme comporte une attribution, contrairement à ce qui a été observé dans les autres livres [3]. Les

1. Le début de cette *sylloge* $\Sigma^{\pi}$ se trouve dans les quatre premiers folios du *Palatinus* ($A^{v}$-$E^{r}$ ou $\alpha'$-$\zeta'$); elle continue page 448, à la fin du livre IX et ici à la fin du livre XI. La suite se trouve pages 707-709, sur des feuilles ajoutées à la fin du manuscrit, à la suite du quaternion 44. Ces épigrammes furent malencontreusement intégrées dans les éditions de l'*Anthologie Palatine*: ce sont les épigrammes VI, 256; VII, 307; IX, 51, 127, 442, 748, 823-827; X, 30, 104; XI, 255, 294, 442 et 41-51 du livre XV. Les autres appartiennent à l'*Anthologie de Planude* (28) et à l'*Appendice* de Cougny (2).

2. Sont anonymes dans le *Palatinus* : XI, 3, 8, 51, 52, 53, 56, 86, 108, 109, 125, 126, 145, 149, 151, 166, 193, 202, 203, 220, 222, 244, 250, 260, 261, 262, 267 à 273, 282, 297, 298, 316, 334 à 339, 342 à 345, 356, 358 à 360, 394, 411, 416, 417, 420, 425, 426, 442. A. S. F. Gow, *Sources...*, p. 22, n'en compte que cinquante-trois.

3. P. Waltz, *op. cit.*, t. IV, p. 27; t. VII, p. 21, signale qu'un grand nombre d'attributions manquent aux livres VII et IX. Mais il s'agit souvent d'inscriptions.

noms d'auteurs sont normalement accompagnés de leurs ethniques; toutefois, certains font défaut ou comportent une erreur [1]. En général, ces indications sont parfaitement lisibles, bien qu'il semble y avoir confusion, par exemple entre Lucillius et Lucien [2]. Les doubles attributions sont rares et prouvent une double source [3]; quant aux épigrammes répétées dans le livre XI, leurs attributions sont habituellement convergentes [4]. Il convient de relever une divergence dans l'orthographe du mot « Lucillius »

1. L'ethnique manque pour Alcée de Messénie, épigr. 12; Antipater de Thessalonique : 23, 31, 37, 158, 219, 224, 415 (on le trouve pourtant en 20 et 327); Éuénos d'Ascalon : 49; Macédonios de Thessalonique : 27, alors qu'on le trouve partout ailleurs. Au contraire, on lit Argentarius pour Marcus Argentarius : 26, 38, 320 et Zonas pour Diodore Zonas : 43. Pour les épigrammes de Léonidas, on ne lit aucune précision; mais P écrit Λεωνίδου quand il y a isopséphie (épigr. 70 et 199), Λεωνίδα dans les autres cas (9, 187). Pour l'épigramme 213 (Λεωνίδου), le doute subsiste puisqu'il s'agit d'un distique sans isopséphie possible, et l'épigramme 200 est notée τοῦ αὐτοῦ, mais il n'y a pas de valeurs numériques correspondantes entre les deux distiques. Il semble donc que, hormis les deux premières épigrammes citées, toutes doivent être attribuées à un autre Léonidas. Voir l'apparat critique de IX, 42.

2. L'erreur — si erreur il y a — ne peut provenir de la confusion entre Λουκιανοῦ et Λουκιλλίου. Il faudrait plutôt y voir une mélecture de la mention marginale abrégée λουκι/ ou mieux des lettres onciales ΛΟΥΚΙΛΛΙΟΥ et ΛΟΥΚΙΑΝΟΥ. Elle est donc ancienne et remonte à des manuscrits antérieurs à la translittération, ce qui explique pourquoi on la retrouve dans toute la tradition. Relevons aussi Ευινου (49), πειου (333) et Νικαίου (398). Cf. Preisendanz, *op. cit.*, p. LXXV.

3. XI, 102 : Ἀμμιανοῦ, οἱ δὲ Νικάρχου, et 415 : Ἀντιπάτρου ἢ Νικάρχου.

4. L'épigramme 118 n'a pas de titre à la page 524. C'est alors qu'intervient le changement de scribe, mais l'épigr. 119 porte la mention τοῦ αὐτοῦ ; p. 552, dans l'ordre inverse, 119 est répétée et attribuée à Callicter. L'épigramme 294 est attribuée à Lucillius p. 546, à Lucien par le scribe $\Sigma^{\pi}$, p. 568.

dans les pièces attribuées à ce poète : à la forme Λουκιλλίου de Planude s'oppose Λουκίλλου dans le *Palatinus*[1].

Cependant ces attributions ne vont pas sans poser certains problèmes quand on les compare à celles que nous fournit le *codex* de Planude, ou plutôt les deux *codices* utilisés pour la rédaction du *Marcianus*. Nous l'avons déjà dit [2], si le *codex a* dont s'est servi Planude comporte la mention des noms d'auteurs pour la plupart des épigrammes [3], le *codex b* ne présente pour cette section que de rares attributions. Or, il existe entre les attributions du *Marcianus* et celles du *Palatinus* une quarantaine de divergences.

Il est évident que le système du moine byzantin qui consiste à classer les épigrammes suivant la matière, donc à leur faire perdre l'ordre primitif qui était celui des *codices* où il les recueillait, pouvait provoquer nombre

1. Cependant le *Palatinus* connaît l'orthographe correcte dans les épigr. 10, 249, 264, 308, 388. Relevons encore la graphie Μακεδονίου des épigrammes 58, 61, 63, à la place de Μακηδονίου.

2. Voir plus haut, p. 4. La grande erreur de Sakolowski (*op. cit.*, p. 17-21), répétée par A. Linnenkugel (*De Lucillio Tharraeo*, Paderborn, 1926, p. 5-18), est de ne pas distinguer ce qui est en provenance de chaque manuscrit; ils interprètent l'absence habituelle d'une attribution dans le *codex b* comme si elle équivalait à la mention ἄδηλον, et ils confondent aussi les mentions qui sont lues dans l'autographe de Planude avec celles qui sont fournies par les apographes ou les éditions postérieures.

3. Il faut évidemment mettre à part les épigrammes anonymes chez Planude. A celles qui nous sont connues par la tradition du *codex* P, il faut ajouter pour le *Marcianus*, section *a* : 47-48, 74, 137, 214, 275, 372, 432; la mention de l'épigramme 74 est d'une autre main. Au contraire, les seules épigrammes de la section *b* qui comportent mention d'auteurs sont 1, 5, 10, 12, 22, 129, 205, 239. Pour l'épigramme 275 qu'on lit en *a* et en *b*, la mention manque dans les deux sections; la double mention signalée pour l'épigramme 102 (voir p. 18 note 3) se trouve également chez Planude; elle est omise pour 415.

d'erreurs : le terme τοῦ αὐτοῦ, tant de fois répété, pouvait être repris par inadvertance et provoquer des confusions. Et nous savons par ailleurs que Maxime Planude était un homme distrait. Il suffit de regarder son œuvre de copiste dans le *Marcianus* pour se rendre compte des innombrables erreurs de lecture ou de copie dont il se rend coupable, erreurs, empressons-nous de le dire, qu'il corrige presque toujours immédiatement [1]. Par conséquent, ce facteur psychologique ne plaide pas en faveur des attributions de Planude quand il est en conflit avec le *Palatinus* [2]. Toutefois, il ne faut pas exagérer, et il convient de rechercher si ces divergences sont le fait de Planude ou de ses modèles.

Tout d'abord, en de nombreux endroits, Planude se montre précis et prend soin de noter exactement l'auteur, malgré les déplacements d'épigrammes. Il le fait soit en remplaçant l'indication d'auteur par la mention τοῦ αὐτοῦ lorsque, chez lui, l'épigramme se trouve à la suite d'une pièce déjà attribuée à cet auteur [3]; soit en conservant la mention τοῦ αὐτοῦ, mais dans une suite différente de celle adoptée par ses modèles [4]; soit enfin

1. H. Beckby a rendu service en relevant, dans son apparat critique, les corrections sans valeur philologique et dues seulement à la distraction. Une autre preuve de cette distraction, nous l'avons trouvée dans un autre manuscrit, le *Marcianus gr.* XI, 1 (*coll.* 452) qui semble aussi être un autographe de Planude et dont les pages ont été interverties non par une erreur du relieur, mais par une inadvertance du copiste durant son travail. Il faut remarquer que Gallavotti (*op. cit.*, fasc. VIII, p. 12) n'est pas d'accord sur cette attribution. En fait, il s'agit de l'écriture rapide d'un brouillon : on ne peut la comparer à celle d'un texte nettement élaboré.

2. Nous partons du fait établi par J. Basson (*De Cephala et Planude syllogisque minoribus*, Diss. Berlin, 1917) que le manuscrit P et le *Marcianus gr.* 481 ont des ancêtres communs.

3. Τοῦ αὐτοῦ signifie Lucillius dans les épigr. 276 (après 234), 278 (après 138); Palladas dans 299 (après VII, 687), 307 (après 273), 323 (après X, 44); Antipater dans 24 (après 20).

4. Pour Lucillius 311 (après 277), 312 (après 136); pour Palladas 341 (après 303) et 386 (après X 48 et 94).

par l'indication précise du nom en tête d'une suite, alors que son modèle écrivait τοῦ αὐτοῦ pour avoir déjà noté antérieurement le nom du poète [1].

Dans les huit épigrammes de la section II[b] pour lesquelles il y a indication d'auteur, on relève quatre divergences dues, on peut le croire, au modèle de Planude. Les épigrammes 10, 129 et 239 sont marquées Λουκιανοῦ, alors que le *Palatinus* en attribue deux à Lucillius (10, 239) [2] et la troisième à Céréalios (129); l'épigramme 5 est attribuée à Parménion par Planude alors que le manuscrit P l'attribue à Callicter. Comme Planude ignore l'épigramme 4 qui, elle, est notée Παρμενίωνος par P, on peut penser que la confusion revient à celui qui a supprimé la pièce, donc à Planude ou au manuscrit

1. Planude écrit Lucillius en 309 (après 294 de Palladas), 389 (après 271 anonyme), 390 (après 427 de Lucien), 392 (après 372 d'Agathias), 393 (après 285 de Palladas); Palladas en 283 (après 433 de Lucien), 287 (après 268 d'Ammien), 304 (après 432 de Lucien), 375 (après 400 de Lucien), 378 (après 322 d'Antiphane), 387 (après 366 de Macédonius); Julien Antécessor 369 (après 296 de Timon); Macédonius 380 (après 355 de Palladas); Nicarque en 18 (après V, 161 d'Hédylos); Lucien dans 431 (après 316 de Lucillius). Est-ce encore par distraction que Planude répète des mentions inutiles comme dans l'épigramme 315? Elle est notée τοῦ αὐτοῦ par P, et fait aussi partie chez Planude de tout un ensemble attribué à Lucillius (174-178, 183-184): or, Planude répète la mention Λουκιλλίου.

2. On a déjà vu l'origine possible de cette confusion, (*supra*, p. 18, note 2). En fait aucune épigramme du *cobex b* ne porte l'attribution à Lucillius.

C'est encore la raison sans doute pour laquelle, dans les *Scholia Wecheliana* (éditées par A. Wechel à Francfort en 1600, d'après les notes marginales d'une édition de J. Lascaris à Florence en 1494), l'épigramme 17 est attribuée à Lucien, alors que le *Palatinus* l'attribue à Nicarque, et qu'elle est sans mention dans le *codex b* de Planude. Le scholiaste se référait à l'édition planudéenne qui, si elle omet cette attribution pour l'épigramme même, a noté Λουκιανοῦ l'épigramme 10 qui précède immédiatement cette scholie.

*b* [1]. Pour les épigrammes 293-294 une erreur est due à Planude, alors que pour 295 la fausse attribution est le fait de P [2].

En d'autres lieux, c'est Planude qui a raison. L'épigramme 7, que le *Palatinus* attribue à Nicandre, ne correspond pas à l'esprit du poète de Claros : Planude — ou son modèle — répare, en l'attribuant à Nicarque, une confusion facile de graphie. En marge de l'épigramme 111, le scribe de P omet la mention d'origine; ce qui ne l'empêche pas de faire précéder les épigrammes 112-116 des mots **τοῦ αὐτοῦ** [3]. Planude avait bien lu dans son modèle **Λουκιλλίου** avant le distique 111. La mention **πειου** accompagne l'épigramme 333; elle n'a aucun sens et Planude écrit : **Καλλικτῆρος**, comme il attribue aussi

1. Le thème des épigrammes 4 et 5 est semblable et favorisait le passage du titre de l'une au texte de l'autre.

2. Le manuscrit P inscrit les mentions suivantes : Palladas (292), τοῦ αὐτοῦ (293), Lucillius (294), τοῦ αὐτοῦ (295). Planude, de son côté, indique : Palladas (292), τοῦ αὐτοῦ = Lucillius (293), τοῦ αὐτοῦ = Palladas (294), Palladas (295). Or, dans le *Marcianus*, l'épigramme 293 se lit dans la marge inférieure du f° 24$^{v}$, après l'épigramme 259 attribuée à Lucillius, provoquant ainsi la première confusion : prélevée sur un ensemble sans doute attribué à Palladas et ajoutée après coup, elle a été recopiée avec sa mention τοῦ αὐτοῦ, et sans qu'on tienne compte de la mention de l'épigramme 259; il faut donc la restituer à Palladas. L'épigramme 294, marquée Lucillius dans P, se retrouve à la page 568 de la main du scribe $\Sigma^{\pi}$ qui l'attribue cette fois à Lucien, selon la confusion de lecture habituelle. Planude trouvant cette pièce de Lucillius intercalée dans un ensemble de Palladas (XI, 289-290) a provoqué la confusion. Mais, c'est le scribe P qui se trompe pour l'épigramme 295 et les critiques donnent raison à Planude qui, plaçant cette épigramme après un distique noté ἄδηλον (337), écrit nettement Παλλαδᾶ. Relevons que toutes les pièces placées par Planude sous ce lemme εἰς δῶρα sont de Palladas.

3. A l'inverse, relevons une distraction de Planude : dans l'épigramme 317, il omet la mention d'auteur; mais il place cette épigramme après IX, 487 et XI, 295 qui sont bien de Palladas et les suivantes IX, 484 et 486 portent le nom du même poète.

avec raison à Nicarque le groupe 119-122 [1] et à Lucillius l'épigramme 394 anonyme dans P [2].

Relevons encore que, dans les cas de désaccord avec le *Palatinus*, certaines attributions semblent avoir été faites de propos délibéré par Planude. L'épigramme 155 est marquée par P τοῦ αὐτοῦ, soit Lucillius; Planude la donne à Ammien comme le groupe 156-157 [3]. L'épigramme

1. Le cas de cette épigramme 333 et du groupe 119-122 est curieux. On trouve dans le *Palatinus* tout un groupe d'épigrammes (328-332) attribué à Nicarque. Entre 332 et 333 sont incluses deux épigrammes précédées l'une de la mention Καλλικτῆρος, l'autre du rappel τοῦ αὐτοῦ, tandis qu'à la suite, l'épigramme 333 n'a que cette mention énigmatique : πειου; ce sont les épigrammes 119 et 118. Ces deux épigrammes se lisaient déjà à leur place normale; par malchance, l'épigramme 118 est liée à 117 de Straton, et le groupe 119-122 est accompagné des mentions τοῦ αὐτοῦ. Or, ces mêmes épigrammes chez Planude sont notées Νικάρχου. Qui a raison? Il semble que la mention Καλλικτῆρος de l'épigramme 119 devait, à l'origine, se rapporter à l'épigramme 333. Mais, dans un état antérieur à P, on aura ajouté, en marge du groupe 328-332 de Nicarque, les deux autres épigrammes du même poète; un copiste provoqua la confusion en les transférant dans le texte après avoir inscrit l'attribution se rapportant à l'épigramme 333 et ceci confirme l'attribution à Nicarque du groupe 119-122. Dans les deux cas c'est Planude qui a conservé la bonne tradition. Quant à la mention πειου ainsi, que l'avait pressenti Preisendanz, elle représente une correction ou une leçon se rapportant au v. 5 de l'épigramme 332 qui est incomplet; on doit lire sans doute πείθου. Le transfert à 333 a provoqué la mélecture.

2. On pourrait invoquer le fait que, placée sous le lemme 40 après l'épigramme 312 de Lucillius, l'épigramme 394 fut l'objet chez Planude d'une confusion d'attribution; mais la critique est d'accord sur cette restitution et Martial imite cette épigramme (III, 50).

3. Pourtant, vu l'imitation par Martial (IX, 28), on est tenté de donner raison au *Palatinus*; mais Ammien peut s'être inspiré du poète latin. Pour une autre épigramme XI, 408, attribuée à Lucien et qui fut aussi imitée par Martial (III, 43), Planude écrit : Λουκιλλίου. Ajoutons encore le cas des épigrammes 420 et 427-436 attribuées à Lucien. Elles se trouvent toutes réparties sous des lemmes différents dans

244, anonyme dans P, reçoit de Planude la même attribution que les épigrammes antérieures 241-243 [1]. On ne trouve pour l'épigramme 268 aucune mention dans P : Planude l'attribue à Ammien alors qu'elle vient immédiatement après 267 marquée ἄδηλον dans les deux traditions. Si l'épigramme 281 est marquée τοῦ αὐτοῦ — c'est-à-dire Palladas — par P, Planude la place après IX, 503 de ce même Palladas avec la mention Λουκιλλίου : mais, si le lemme est juste, il ne semble pas qu'on puisse en accepter l'attribution. L'épigramme 316 est considérée comme anonyme par P : le τοῦ αὐτοῦ de Planude après l'épigramme 258 signifie bien Lucillius.

En définitive, les divergences dues à une distraction de Planude se réduisent à un petit nombre; elles s'expliquent facilement soit par la suppression de l'une

l'édition de Planude. C'est donc de propos délibéré que Planude a inscrit leurs attributions, même si dans son manuscrit *a* elles étaient notées à la suite. Or, le scribe dans P a omis toute mention devant le distique 428. Le *Marcianus* place cette pièce après 431, qu'il attribue à Lucien, et la fait précéder de la mention τοῦ αὐτοῦ. L'épigramme suivante 429 est notée τοῦ αὐτοῦ par P, bien que la précédente soit sans mention. Planude la considère comme ἄδηλον après l'épigramme 422 d'Antiochos (lemme 3). Il note aussi expressément Λουκιανοῦ devant l'épigramme 420 sans mention dans le *Palatinus*. Mais le distique 430, placé après 292 avec la mention τοῦ αὐτοῦ est ainsi attribué à Palladas, et de la même manière 433, placé après 215, passe de Lucien à Lucillius. Ces attributions à Lucien par la tradition de P sont contestées par la critique : Helm les décerne en bloc à Lucillius, Setti, Sakolowski, Stadtmüller et Franke y voient l'œuvre d'Ammien. Toutefois Beckby, d'après Dübner, maintient cette attribution à Lucien. — Pour un autre groupe également attribué à Lucien par la tradition de P (400-405), Planude ne connaît que 401-405 par son *codex b*, donc sans attribution à un auteur; seule, l'épigramme 400 se lit dans le *codex a* qui est d'accord avec P pour l'attribution à Lucien. Il est très difficile de trancher ce cas, c'est pourquoi nous nous en tiendrons à la tradition de P. Voir toutefois notre note sur l'épigramme 431.

1. Dans le *codex a* elle devait être précédée de la mention τοῦ αὐτοῦ; en l'insérant sous le lemme 35 après deux pièces anonymes du lemme 34, Planude répète le nom Nicarque.

ou l'autre épigramme dans le manuscrit *a* dont il se servit [1], soit par la proximité d'une épigramme dans la nouvelle répartition planudéenne [2].

Faut-il relever la confusion **'Αββιανοῦ** pour **'Αμμιανοῦ**? Elle prouve, toutefois, ce dont on pouvait se douter, que le *codex a* était écrit en minuscule; on connaît la confusion fréquente entre **β** et **μ** [3].

Les cinquante-huit épigrammes anonymes du *Palatinus* peuvent se répartir en trois catégories : quinze sont notées **ἀδέσποτον** [4], seize **ἄδηλον** [5], et vingt-sept ne comportent aucune mention [6]. Si **ἄδηλον** semble marquer une incertitude d'attribution, **ἀδέσποτον** conviendrait davantage aux épigrammes votives et on pourrait en dire autant des épigrammes sans titre [7].

1. L'épigramme 72 est attribuée à Bassos par P et Planude la note Νικάρχου; c'est le lemme de l'épigramme 71 dont le texte avait disparu du *codex a* et que Planude ne connaît que par *b* qui, ainsi que *a*, ignore 73. L'épigramme 95, qui est de Lucillius dans P, est marquée 'Αμμιανοῦ : elle a été contaminée par les épigrammes 97 et 98 qui la suivent dans le *Marcianus*, le *codex a* ignorant l'épigramme 96. Enfin, pour la même raison, l'épigramme 343, anonyme dans P, est notée Παλλαδᾶ par Planude : dans le *codex a*, elle se trouve immédiatement après l'épigramme 341 de Palladas, et 342 ne sera lue par Planude que dans le *codex b*.

2. L'épigramme 173 attribuée à Philippe par P est notée τοῦ αὐτοῦ par Planude qui la place après 172 de Lucillius. L'épigramme 195, de Dioscoride suivant la tradition de P, est marquée Λουκιλλίου dans le *Marcianus* pour se trouver après 189 du même poète : Planude corrigera par la suite. Citons encore l'épigramme 310 de Lucillius : elle est attirée par 287 et ainsi attribuée à Palladas.

3. XI, 13-16; 146-147.

4. Mention ἀδέσποτον : 3, 8, 125, 151, 193, 222, 250, 334-339, 342, 356.

5. Mention ἄδηλον : 51-53, 56, 86, 108, 126, 145, 149, 166, 202, 220, 260-262, 267.

6. Sans mention : 109, 203, 244, 268-273, 282, 297, 298, 316, 343-345, 358-360, 394, 411, 416, 417, 420, 425, 426, 442.

7. A.S.F. Gow (*Sources*..., p. 21-29), après Waltz (*op. cit.*, t. I, p. x, note 4), croit que ἀδέσποτον est davantage réservé aux inscriptions et épigrammes votives. Dans ce livre XI,

Planude ne nous éclaire pas davantage. Des épigrammes marquées **ἀδέσποτα** dans P, le manuscrit *b* en cite six [1], et *a* sept [2]; mais il note **ἄδηλα** 193 et 337 [3]. Seulement trois **ἄδηλα** apparaissent dans le *codex b*; presque toutes les autres se lisent dans *a*. On compte donc cent soixante-trois épigrammes sans mention dans le *codex b* et six seulement dans le *codex a* qui, on l'a vu, a procédé à sept attributions inconnues de P [4]. En sorte qu'il ne manque dans l'édition planudéenne que deux épigrammes **ἄδηλα**, deux **ἀδέσποτα** et huit épigrammes sans mention aucune [5].

Le seul fait à retenir pour le moment c'est que presque toutes les **ἄδηλα** se trouvent dans les deux cent soixante premières épigrammes.

De toute évidence, nous avons posé le problème des attributions planudéennes en partant du préarchétype vénitien; car l'archétype parisien et les autres manuscrits, en opérant l'unification des titres en provenance des *codex a et b*, ont provoqué un nouveau bouleversement des attributions. On n'a pas relevé d'erreurs consécutives à ces transferts dans le livre XI. Toutefois, partout où l'attribution à un poète avait été omise par le *Marcianus*, le scribe du *Parisinus gr.* 2744 a écrit **ἄδηλον.**

On relève quelques modifications du texte dans l'archétype et les apographes; ainsi, le scribe du *Parisinus gr.* 2739 semble avoir connu pour quelques épigrammes

ces conclusions prises dans leur ensemble (cf. ci-dessous, p. 35, note 2) ne sont pas valables : quatre ἀδέσποτα seulement peuvent provenir d'inscriptions ou d'œuvres d'art (151, 193, 250, 335); mais on peut dire la même chose de deux ἄδηλα (145, 149).

1. Proviennent du *codex b*, ἀδέσποτα : 151, 222, 335, 338, 342, 356; ἄδηλα : 149, 220, 261.

2. Proviennent du *codex a* : ἀδέσποτα : 3, 8, 125, 193, 250, 334, 337; ἄδηλα 51-53, 56, 86, 126, 145, 166, 202, 260, 267; sans indication d'auteur : 203, 270-272, 282, 442.

3. Ces deux épigrammes sont ἀδέσποτα dans le manuscrit P.

4. Sont attribuées à Nicarque 244, à Ammien 268, à Palladas 273 et 343, à Lucillius 316 et 394, à Lucien 420.

5. Planude ignore les ἀδέσποτα 336, 339, les ἄδηλα 108, 262, et les épigrammes 108-109, 269, 344, 345, 358-360, 411, n'ont aucune mention d'auteur.

une tradition qui est celle du *Palatinus*. Nous avons cru utile de le faire apparaître dans l'apparat critique [1].

*Les lemmes.* Qu'ils soient marginaux ou inclus dans le texte, les lemmes apparaissent soit pour caractériser une épigramme, soit comme titre pour toute une catégorie. Dans les épigrammes bachiques 1 à 64, on ne lit qu'un seul lemme à l'épigramme 12 d'Alcée : **εἰς Φίλιππον**. Dans les épigrammes **σκωπτικά**, tout un groupe est marqué de divers lemmes par le scribe B[2] : épigrammes 66 à 73 : **εἰς γραῖαν** [2]; puis **εἰς γραῖαν κωφήν** (74), **εἰς πύκτας** (75). De l'épigramme 77 à 81, le lemmatiste reprend seulement le nom de la personne à laquelle s'adressent les vers : **εἰς Στρατόφοντα** (77), etc. C'est seulement à partir de l'épigramme 82 que l'on trouve des divisions systématiques, et on lit à la suite les sections : **εἰς δρομέας** (82), **εἰς μακρόν** (87), **εἰς μικροὺς καὶ λεπτούς** (88), **εἰς ἰατρούς** (112), **εἰς ποιητάς** (127), **εἰς γραμματικούς** (138), **εἰς ῥήτορας** (141), **εἰς φιλοσόφους** (153), **εἰς μάντεις** (159), **εἰς μικρολόγους** (165), **εἰς κλέπτας** (174), **εἰς κιθαρῳδούς** (185) [3], **εἰς κουρέας** (190), **εἰς φθονερούς** (192), **εἰς θηρατάς** (194), **εἰς αἰσχρούς** (196), **εἰς ἀπλήστους** (205) [4], **εἰς παροριστήν** (209), **εἰς δειλούς** (210), **εἰς ζωγράφους** (212), **εἰς ἀσελγεῖς** (216), **εἰς πονηρούς** (226), **εἰς νομικούς** (233), **εἰς βαρυόδμους** (239).

A partir de l'épigramme 243, se lisent soixante lemmes qui servent de titre à une seule épigramme; ils répètent souvent des titres que l'on a trouvés ci-dessus, mais ils

1. Le *Paris. gr.* 2740 issu du prototype *Paris. gr.* 2744 est le travail d'un scribe qui lit mal et qui doit souvent se corriger.

2. Dans l'épigramme 70, le scribe note εἰς, oublie γραῖαν, et continue en indiquant le nom de l'auteur. Ce scribe B[2] commet des fautes qui sont dues à la prononciation : ἰσοψίφου (70), πουκτάς (75).

3. Cette mention est ainsi complétée : ἀλλὰ μὴν καὶ τραγῳδοὺς καὶ κωμῳδούς.

4. Un lemme spécial est attribué à l'épigramme 204 et inséré dans le texte : εἰς Αἰγύπτιον ῥήτορα.

n'indiquent plus des catégories d'épigrammes du même genre. La plupart de ces lemmes sont de la main du scribe B, et il en est de même des indications d'auteur [1]. Toutefois, à propos d'un lemme particulier à une épigramme, on trouve assemblées quelques pièces sur le même sujet; par exemple sur les danseurs : 253-255 (lemme : εἰς ἀφυεῖς ὀρχηστάς), sur les laids : 266-268 (lemme : εἰς αἰσχρόν), sur les voleurs : 283-285, sur les insolents : 295-304. A partir de l'épigramme 300, les lemmes se font plus rares et se rapportent à des cas très précis : à propos d'une statue érigée à Constantinople (269), sur un cocher de l'hippodrome (344), etc. On ne relève aucune scholie dans cette partie du codex.

Planude, on l'a dit, abandonne la plupart de ces lemmes, que ses manuscrits les aient possédés ou non, et on lira, en fin de notice, la liste de ses propres titres.

## III. — Composition du livre XI

***Le problème de la composition.*** A première vue, les deux parties du *Palatinus* qui forment ce qu'il est convenu d'appeler le livre XI présentent une certaine systématisation : le compilateur semble avoir recherché à travers les divers recueils d'épigrammes qu'il avait à sa disposition toutes celles que l'on pouvait raisonnablement dénommer συμποτικά et σκωπτικά; un grand nombre d'entre elles est précédé d'un lemme qui indique la catégorie à laquelle elles appartiennent. En fait, cet ordre n'est qu'apparent et ne répond à une réalité que pour les pièces qui vont jusqu'à l'épigramme 248. Ainsi donc, il faut distinguer trois groupes d'épigrammes : *a*) un groupe bachique (1-64); *b*) un groupe d'épigrammes plaisantes, ordonnées (65-247); *c*) enfin, un troisième groupe qui

1. Il faut excepter les parties écrites par le scribe $B^2$, XI, 66-118, et les épigrammes de la fin du livre XI, du scribe $\Sigma^{\pi}$. Il semble pourtant que le lemme de l'épigramme 257 soit aussi du scribe $B^2$.

laisse une impression de désordre total et qui contraste avec le précédent (248-442).

Le groupe bachique n'est précédé d'aucun lemme particulier, et ne se conforme à la dénomination de **συμποτικά** que si on lui donne un sens très large. On y chante le vin et l'ivresse [1]; la bonne chère [2] et l'amour [3] sont des thèmes très proches si tant est qu'ils procurent le bonheur; même l'idée de la mort [4] incite à mieux jouir de la vie; rassembler sous cette étiquette des épigrammes qui plaignent les affamés et maudissent ceux qui offrent à leurs hôtes mauvais vin et mauvaise couche [5] est encore acceptable. En revanche, certains thèmes n'ont que faire dans ce groupe, telles ces épigrammes qui moquent le matamore (16), le nouveau riche (17), la pauvreté (37), la maternité artificielle (18), la richesse (12) et les femmes (50). D'autre part, une dizaine d'entre elles traite de l'amour grec [6] tandis que d'autres sont plus satiriques que bachiques [7].

Avec l'épigramme 65 commencent les épigrammes **σκωπτικά** sur les vieillards (65-74), les athlètes (75-86) [8] les grands et les petits, les obèses et les maigres (87-111). A partir de l'épigramme 82 apparaissent les lemmes dont nous avons parlé : coureurs, grands, maigres, médecins, poètes, grammairiens, orateurs, philosophes, devins, avares, voleurs, citharèdes, barbiers, envieux, chasseurs, laids, gourmands, insatiables, craintifs, peintres, impudents (ou pédérastes), méchants, fripons, malodorants, tels sont les thèmes autour desquels l'auteur du recueil

1. Épigrammes 19, 20, 23, 25-28, 31, 33, 35, 38, 39, 43-49, 53, 57, 60, 61, 63, 65, auxquelles s'ajoutent les pièces sur la célébration des mystères 40, 42.

2. XI, 35, 39.

3. XI, 29, 30.

4. XI, 8, 13, 15, 43.

5. XI, 11, 12, 14, 65.

6. XI, 21, 22, 24, 36, 51, 52, 60-64.

7. XI, 1, 4, 5, 7, 12, 32.

8. Dans ce groupe, on lit un lemme de la main de B$^2$ en 82 : εἰς δρομέας.

a rangé les diverses épigrammes. En fait, il n'y a là aucun classement logique ou alphabétique comme on pouvait en trouver dans la *Couronne* de Philippe ou dans l'*Anthologion* de Diogénien et, à l'intérieur de chaque catégorie, on ne distingue aucun ordre particulier.

A partir de l'épigramme 243, on l'a déjà remarqué, le nombre des lemmes augmente à une cadence précipitée : alors que pour les cent soixante-et-une épigrammes comprises entre XI, 82 et 242, les lemmes sont au nombre de vingt-deux, pour les deux cents épigrammes suivantes il y en a cinquante-neuf. Rarement ils caractérisent une catégorie, puisqu'ils portent d'ordinaire sur une seule pièce. D'autre part, si certains des thèmes traités sont nouveaux : sur un mauvais cheval, sur un podagre, sur un navire qui menace ruine [1], etc., le plus grand nombre de ces épigrammes aurait pu facilement entrer dans les classifications précédemment établies, et cela sans aucun effort du compilateur, puisque le travail initial était effectué.

L'explication habituellement donnée est que cette *Anthologie Palatine* reproduirait en grande partie l'*Anthologie* compilée par Céphalas au xe siècle, et que ce dernier aurait tout d'abord tenté de classer ces épigrammes par matières; par paresse ou inattention, il n'aurait pas été jusqu'au bout de sa tâche [2]. Cette explication ne serait valable que si on constatait seulement là une interruption brusque, signe de lassitude. Si le même phénomène se reproduit dans les diverses parties de l'ouvrage, il faut chercher une autre raison [3].

1. XI, 259, 403, 414.

2. P. Waltz, *op. cit.*, t. I, p. XLI.

3. Waltz signale (t. IV, p. 22) que dans le livre VII on observe un ordre rationnel dans les épigrammes 1-363; mais la seconde moitié est désordonnée. Dans le livre IX, c'est exactement le contraire : jusqu'à l'épigramme 584 c'est le désordre; soudain une nouvelle partie apparaît, très ordonnée : ce sont les épigrammes *ecphrastiques*, et on soupçonne qu'il s'agit là d'une nouvelle partie de l'œuvre de Céphalas. P. Waltz écrit à ce sujet : « Nous sommes frappés aussitôt par le con-

Nous savons, certes, par les mentions initiales des livres V, VI, VII, IX de l'*Anthologie Palatine* que Constantin Céphalas réunit des épigrammes amoureuses, votives, funéraires et descriptives, correspondant à nos livres V, VI, VII, IX; mais il n'est pas fait mention d'épigrammes satiriques et bachiques [1]. Toutefois, comme Céphalas s'est inspiré du *Cycle* d'Agathias, on peut supposer que ces deux types d'épigrammes se trouvaient dans son anthologie comme dans l'œuvre de son modèle [2]. De cette présence on trouve confirmation dans le fait que le *Palatinus* a séparé les deux parties par un préambule identique à ceux qu'on lit au début de chaque livre et qui, nous l'avons montré, étaient l'œuvre de Céphalas [3].

***Les épigrammes bachiques.***

Or, on le sait, les véritables épigrammes bachiques sont les épigrammes 23-64. De plus, dans cet ensemble, se dégagent une vingtaine de pièces (23-46) classées suivant un ordre alphabétique qui, pour être inverse (ω-α), n'en est pas moins réel; et toutes sont l'œuvre de poètes qui ont figuré dans la *Couronne* de

traste entre l'ordonnance régulière de la dernière partie où, à partir de l'épigramme 584, non seulement on ne trouve, à de très rares exceptions près, que des descriptions de monuments ou d'œuvres d'art, mais où les pièces qui concernent le même ouvrage ou des objets de même nature sont le plus souvent réunies, et l'impression de profond désordre que laisse la lecture de tout ce qui précède » (*Ibid.*, t. VII, p. XLI). Voir notre article dans *R. E. A.* (1968), p. 43 et ss.

1. P. Sakolowski, *op. cit.*, p. 72-73; Preisendanz, *op. cit.*, p. XXXV-XXXIX; P. Waltz, *op. cit.*, t. I, p. XXVII.

2. P.Waltz, *op. cit.*, t. I, p. 117, προοίμιον Ἀγαθίου, v. 81-87 :
Ναὶ τάχα καὶ πέμπτοιο χάρις θέλξειεν ἀέθλου,
ὁππόθι κερτομέοντες ἐπεσβόλον ἦχον ἀοιδῆς
γράψαμεν... Ἐν ἑβδομάτῃ δὲ μελίσσῃ
εὐφροσύνας Βάκχοιο φιλακρήτους τε χορείας
καὶ μέθυ καὶ κρατῆρα καὶ ὄλβια δεῖπνα νοήσεις.

3. Voir ci-dessus, p. 2 et notre article, *R.E.A.*, p. 63 et suiv.

Philippe [1]. Les dix dernières (54-64) appartiennent certainement au *Cycle* d'Agathias puisqu'elles sont les œuvres de poètes contemporains [2]. Entre les deux, on a un groupe de sept épigrammes (47-53) d'origine incertaine [3], mais, fait intéressant, les seules épigrammes bachiques qui apparaissent dans les *syllogae minores* [4] appartiennent seulement aux groupes 47-53 et 54-64. Dans les vingt premières épigrammes, le désordre est évident : ce début ressemble étrangement à une fin de *sylloge* où l'on aurait rassemblé les poèmes au fur et à mesure de leur rencontre, une fois le travail de compilation terminé [5].

Il semble évident que cette section bachique a été recopiée à l'envers le jour où on la fit passer au début

1. Les auteurs en sont Antimédon, Antipater de Thessalonique, Antistius, Apollonidès, Automédon, Crinagoras, Diodore Zonas, Euénos, Onestès, Macédonios de Thessalonique, Marcus Argentarius, Philippe, Philodème, Polémon. Quant aux épigrammes 47 et 48, attribuées à Anacréon, on ne peut dire si elles appartenaient à la *Couronne* de Méléagre ou si, négligées par le poète, elles ont été recueillies par Philippe. Gow ne les cite pas dans son recueil des épigrammes de la *Couronne.* Ce même raisonnement est valable pour les rares épigrammes antérieures à Philippe et qui ont pour auteur des poètes que Méléagre connaît, tels Alcée de Messène (12), Callimaque (2 et, plus tard, 362), Dioscoride (195, 363) Hédylos (414); une seule épigramme de Méléagre : 223.

2. Sakolowski ne pense pas qu'Agathias ait introduit dans son recueil des œuvres des poètes antérieurs (*op. cit.*, p. 59-63). Mais A. Cameron (*The Cycle of Agathias* dans *JHS*, 76 (1966), p. 7) montre que Agathias a inclus dans son cycle des poèmes oubliés (préface : διαλανθάνοντα ἔτι...).

3. Avec quatre ἄδηλα, ce sont des épigrammes d'Euénos, Automédon et Anacréon.

4. *Sylloge* E : 61; *Sylloge Parisina* : 47, 48, 50, 54, 55; *Sylloge Vaticana* : 50; *Sylloge Laurentiana* : 50, 61 comme dans le *Parisinus gr.* 2722. L'épigramme 50 d'Automédon se retrouve en d'autres manuscrits.

5. C'est dans cette partie que se trouvent les quatre épigrammes d'Ammien, pourvues de la mention Ἀββιανοῦ, faute évidente d'un copiste (mais on retrouve l'erreur dans l'épigramme 146).

des épigrammes satiriques; et cela dut être antérieur à la confection du manuscrit P [1]. Céphalas commença donc sa collection par les épigrammes tirées d'Agathias, puis il recourut à l'œuvre de Philippe[2]. Ainsi, placé en position finale, le recueil bachique était destiné à recevoir toutes les additions postérieures[3], comme ce fut le cas à la fin des livres IX, XI, et XV pour le *Palatinus* (*sylloge* $\Sigma^{\pi}$). Quant aux dernières épigrammes, soit 1-22, rien ne nous assure qu'elles firent partie de son recueil, et leurs auteurs sont presque tous des poètes de l'*Anthologion* de Diogénien [4].

***Les épigrammes satiriques ordonnées.*** La partie satirique commençant avec l'épigramme 65, on peut dès l'abord faire certaines constatations. Hors un groupe d'épigrammes attribuées à des poètes ayant collaboré à la *Couronne* de Philippe [5], la plus grande partie de ces pièces est l'œuvre de poètes dont

1. De fait, les *codices a* et *b* de Planude, qui ignorent l'ample travail de l'*Anthologie Palatine*, offrent des groupes d'épigrammes dans le même ordre que P en particulier sous le lemme συμποτικὰ ἀστεΐσματα (lemme 47 dans $II^a$, 23 dans $II^b$). Ils se réfèrent, avons-nous dit, à une tradition antérieure au *Palatinus* et qui était connue de ses auteurs.

2. L'esprit qui a présidé à cette collection est bien précisé dans cette introduction : « Le genre bachique est fait de railleries mêlées de conseils qu'improvisaient toujours les Anciens dans leurs beuveries. Afin donc que tu n'en sois pas dépourvu, j'ai pris parmi les épigrammes celles qui me tombaient sous la main ». Voir notre article *R.E.A.* (1968), p. 64-65.

3. Cela pose tout de même un problème, puisque le préambule du l. XII prouve que cette collection pédérastique revient, en partie du moins, à Céphalas. Faut-il supposer que ce fut une addition tardive ou que certaines copies l'ignorèrent? Cela semble évident si on se rappelle que les *codices a* et *b*, dont usa Planude, semblent ignorer ce genre d'épigrammes.

4. Sur Diogénien et son Anthologie, voir R.E., $V^1$, col. 778; P. Sakolowsky, *op. cit.*, p. 3 et 52; P. Waltz, *op. cit.*, t. I, p. XX.

5. Ce ne sont là que des pièces éparses : Antiphile (66, 168), Antipater (158, 219, 224), Bassus (72), Parménion (65), Myrinos et Philippe (67, 173).

Diogénien aurait collectionné les épigrammes [1]; mais de longues séries appartiennent à Lucillius, poète dont les autres livres de l'*Anthologie Palatine* ne présentent que quelques œuvres éparses [2]. Il est notable que ces séries ne sont nullement classées selon l'ordre alphabétique cher à Diogénien; mais il y a une répartition par matières qui paraît remonter à un ordre original, et la plupart des lemmes des épigrammes 65 à 245 concernent des épigrammes lucilliennes [3]. On peut donc imaginer un emprunt à une collection d'épigrammes qui ne comprenait que les œuvres de Lucillius; et ce serait cette collection qui aurait inspiré à Céphalas l'ordonnance de cette partie [4].

1. Ce sont les mêmes Ammien, Callicter, Nicarque et Lucillius qui se trouvaient déjà dans la partie bachique; on peut ajouter Denys le Sophiste (182).

2. On ne trouve Lucillius qu'en V, 68; VI, 164, 166; IX, 55, 572, (IX 573, 574 et X, 122 sont douteuses). Au contraire le livre XI présente de nombreux ensembles: 75-81; 83-85; 87-95; 99-101; 103-106; 112-116; 131-143; 153-155; 159-161; 163-165; 174-178; 189-192; 205-208; 210-212; 245-247; 256-259; 264-266; 276-279; 308-312.

3. On ne relève jusqu'à 253 que quatre lemmes intéressant des épigrammes de Nicarque (82, 243, 251, 252), un pour une épigramme de Pollien (127), et de Palladas (203), deux pour Ammien (207, 226). Par la suite ces lemmes n'affectent que des épigrammes de Lucillius (256-259, 264-266, 278, 279, 295, 312, 315, 391) et de Palladas (280-284, 288-289, 291, 292, 299, 306, 333, 373).

4. Évidemment nous n'avons pas de preuve certaine d'une édition des épigrammes de Lucillius, et l'on peut se demander quelle était l'ampleur de *l'Anthologion* de Diogénien si on en enlève ces œuvres. Mais, d'une part, Diogénien avait usé de l'ordre alphabétique que l'on ne retrouve pas dans les séries lucilliennes; d'autre part ces séries semblent répondre à un ordre déjà établi. Enfin, un tel recueil a dû exister si on tient compte de l'influence de Lucillius sur son contemporain Martial (voir H. Beckby, *op. cit.*, t. I, p. 43). L. Herrmann, a même tenté de reconstituer ce recueil (*Le second Lucillius*, Bruxelles, 1958). Déjà Sakolowski avait défendu cette thèse (*op. cit.*, p. 20) et songé à cette édition lucillienne; voir *Appendice I*, p. 61.

La même remarque peut être faite à propos de Nicarque et d'Ammien [1]. Enfin, le terme ἄδηλον se lit presque uniquement dans ce groupe d'épigrammes [2]. Aussi hésite-t-on à affirmer que ces épigrammes sont en dépendance directe de l'*Anthologion* de Diogénien [3]. N'est-il pas opportun de rappeler que Céphalas a voulu seulement donner des exemples d'épigrammes σκωπτικά et non rassembler tout ce qu'il trouvait. C'est ce qui appert de son introduction : « On fait grand usage durant la vie des épigrammes ironiques; c'est que l'homme aime tantôt à se moquer d'autrui, tantôt à prêter l'oreille aux plaisanteries lancées contre le voisin. Que c'est bien ce qui a toujours

1. Il semble plutôt que Céphalas ait intercalé les épigrammes de ces poètes sous les lemmes correspondants de Lucillius. De ces deux poètes on ne trouve, hors le livre XI, que de rares poèmes : d'Ammien IX, 573 et peut-être *Plan.*, 20; de Nicarque V, 38-40 et peut-être V, 67, 98; IX, 576.

2. Comme ce terme est employé surtout dans les épigrammes de cette première partie (voir ci-dessus, p. 25, note 5) on peut soupçonner que c'était le terme dont se servit habituellement Diogénien ou plutôt Céphalas pour désigner les poèmes anonymes. Notons encore que les seules épigrammes ἀδέσποτα se rapportant à des représentations sculpturales ou picturales ou à des inscriptions intéressent précisément ces épigrammes : 151, 193, 250. Voir ci-dessus, p. 25, note 7. Enfin deux pièces sans aucun lemme, 203, 244, peuvent aussi provenir de ces *syllogae*.

3. P. Waltz avait déjà signalé que le livre IX ne contenait aucun extrait de cet *Anthologion* (t. VII, p. XLVII). De Léonidas d'Alexandrie on sait qu'il existait aussi un recueil de poèmes; mais seules les épigrammes 70 et 199 peuvent lui être attribuées avec certitude. Les quatre pièces de Pollien (127, 128, 130, 167) doivent-elles, elles aussi, être rattachées au travail de Diogénien? Quant à Céréalios (129, 144), Callès (232) et Théodoros (198), on ne sait à quelle époque les placer. De la période postérieure à Agathias, on ne relève que Straton (117, 225) et Palladas (204). Il est évident que les épigrammes 108, 109 ne sont attribuées à l'empereur Julien que par suite d'une erreur grossière. On en parlera en son temps.

existé chez les anciens, nous le montrerons par les vers qui suivent [1]. »

*Les épigrammes satiriques désordonnées.*

Dans le désordre que présente le troisième groupe (249-442), et qu'on a de la peine à attribuer à l'auteur des deux premières parties, on trouve encore des traces d'anthologies antérieures. On a voulu reconnaître des bribes d'ordre alphabétique qui prouveraient des emprunts à ces recueils [2]. De la *Couronne* de Philippe doivent provenir les épigrammes 317-322 et 324-327, ces deux groupes alphabétiques (α-τ) étant séparés par l'épigramme 323 de Palladas [3], et aussi le groupe 346-348 (μ-ω) [4].

Au *Cycle d'Agathias* se rattachent peut-être les épigrammes 349-357 [5] et 365-387, où on distingue un ensemble ο-π de cinq pièces [6]. Mais, dans cette série, on relève les épigrammes 383-387 qui sont attribuées à Palladas, comme on a pu remarquer plus haut les deux

1. R. Aubreton, *art. cit.*, dans *R.E.A.* p. 64-65.

2. Sakolowski, *op. cit.*, p. 78-79; quoiqu'on puisse croire qu'il s'agit de coïncidence, il est remarquable que dans la deuxième partie aucune série de ce genre ne se soit présentée.

3. Il est curieux de noter que ce groupe alphabétique commençant par les initiales αντ- est précédé d'une épigramme de Palladas de mêmes initiales (317); il se termine par une épigramme aux initiales τη-, et l'épigramme suivante (328), quoique rattachée à un autre groupe, puisqu'elle est de Nicarque, présente les mêmes initiales. Ne serait-ce que simple coïncidence? Est-il besoin de citer l'opinion de Th. Birt (*Der antike Buchwesen*, 1882, p. 388)? Sans raison valable, il a soutenu que les épigrammes 215-312 appartenaient au recueil de Philippe.

4. Ces épigrammes manquent dans le manuscrit *a* de de Planude.

5. Hormis 349, tout ce groupe est inconnu également du *codex a.* Il relève seulement d'Agathias et de Palladas.

6. Ce sont encore des pièces attribuées à Agathias et Palladas auxquelles se mêlent cinq épigrammes de Macédonius et un groupe de trois de Julien Antecessor. Sur les rapports du *Cycle* d'Agathias et de l'*Anthologie* de Céphalas, voir A. Cameron, *op. cit.*, p. 7.

séries 280-293 et 299-307 du même poète. Elles ne présentent aucun ordre alphabétique; elles peuvent cependant avoir appartenu au livre V d'Agathias. Mais, comme il y eut publication d'une collection des épigrammes de Palladas, on ne peut déterminer si ces ensembles proviennent de ce recueil ou des emprunts qu'Agathias lui aurait faits pour son propre *Cycle*.

Enfin, touchant l'*Anthologion* de Diogénien, la situation est tout à fait différente de celle que l'on a pu constater dans les épigrammes ordonnées et les indices seront très nets : c'est tout un ensemble alphabétique que l'on trouve entre les épigrammes 388 et 436. Il se divise en trois parties : 388-398 (α-τ); 399-413 (γ-ω); 417-436 (α-θ). Les attributions à des auteurs qui figurent dans la compilation de Diogénien incitent également à rattacher à cette anthologie les groupes 249-266, 308-315 où l'on distingue peut-être huit épigrammes en ordre alphabétique (θ-ο et α-ε), et 329-333 (δ-φ). Enfin, les deux groupes 388-398 et 313-315 sont les seuls où des épigrammes de Lucillius se suivent en ordre alphabétique, ce qui peut n'être que le fait du hasard [1]. Quant aux groupes 400-405 et 427-436, épigrammes attribuées à Lucien et distribuées suivant un ordre alphabétique (ι-ο; δ-θ) elles prouveraient que des œuvres de cet écrivain étaient incluses dans cet *Anthologion* [2]. Il n'est pas étonnant de retrouver, en outre, dans ce fatras des épigrammes sans indication de provenance ou notées ἀδέσποτον.

En définitive, on n'a pas tendance à faire remonter à Céphalas ces deux cents épigrammes; mais il convient de remarquer que les deux *codices* de Planude doivent

1. Il se pourrait aussi que ce soit, de l'œuvre de Lucillius, ce qui serait parvenu grâce à l'*Anthologion* de Diogénien; voir *supra*, p. 34, note 4.

2. P. Waltz, *op. cit.*, t. I, p. xx, note 3. Sakolowski estime que les œuvres de Lucien ne devaient pas faire partie de l'*Anthologion* de Diogénien : leur ordre alphabétique semblerait prouver le contraire d'autant plus que le deuxième groupe (407-436) appartient à une suite alphabétique liée à des poètes inclus dans l'*Anthologion*.

dater de cette période où était en voie d'achèvement [1] cette *sylloge* qui, de Céphalas, devait aboutir à *l'Anthologie Palatine*.

***Conclusion.*** De toute manière, le *Palatinus* nous transmet une tradition dont il est loin d'être le premier témoin. On a remarqué que, pour les attributions, Planude conservait parfois des indications plus conformes à la réalité. L'apparat critique révèlera que, assez souvent, la leçon transmise par Planude est préférable à celle de P et il ne semble pas qu'il s'agisse alors de restitutions de philologues. Le *Palatinus* comme les manuscrits *a* et *b* de Planude permettent donc d'entrevoir différentes étapes de la *sylloge* en cours de formation.

Le tableau ci-après permettra de mieux juger de nos conjectures et de nos conclusions concernant la composition du livre XI.

1. Il n'y a évidemment aucun espoir de pouvoir reconstituer les deux *codices* dont s'est servi Planude. Toutefois, on peut conclure que le *codex b*, beaucoup moins soigné que le *codex a*, contenait presque tout ce que nous pouvons lire dans le livre XI : après son apport de quatre cent dix vers, il ne manque plus à l'*Anthologie planudéenne* que deux cent quinze vers par rapport à l'*Anthologie Palatine*. Si vraiment les épigrammes se trouvaient dans l'ordre où elles se lisent dans cette anthologie, on doit constater que les grosses lacunes qui pourraient laisser croire que le *codex a* avait perdu des feuillets ou que certaines pages étaient mutilées, sont rares. En tenant compte à la fois des épigrammes qui manquent dans les deux *codices* et de celles qu'ajoute le manuscrit *b*, et en ne citant que les exemples les plus favorables à cette mutilation éventuelle, les suites de vers absents opposées au nombre de vers cités ne permettent pas de conclure à des mutilations totales de pages ou d'extrémité de feuillets. Dans les exemples ci-dessous, on indiquera en italique le nombre de vers omis; épigr. 1 à 49 : *6*, 6, *8*, 12, *14*, 40, *10*, 16, *24*, 12, *48*, 6, *10*, 10, *6*; épigr. 65 à 81 : *10*, 12, *12*, 40, *8*; épigr. 297 à 332 : *13*, 22, *6*, 10, *8*, 12, *12*, 34, *34*, 4, *4*; épigr. 343 à 442 : 4, *25*, 6, *129*, 14, *6*, 20, *16*, 16, *6*, 24, *10*, 8, *6*, 32, *8*, 18, *48*, 12, *16*, 14, *12*, 10. Ailleurs on ne constate que l'omission de l'une ou l'autre épigramme au milieu d'un ensemble important.

| Épigrammes | | Anthologies |
| --- | --- | --- |
| A. 1-64 | 64-54 | Agathias |
| | 53-47 | ἄδηλα |
| | 46-23 | Philippe : α-ω |
| | 22-1 | fin des épigrammes bachiques |
| B. 65-248 | 65-72 | Philippe |
| | 72-242 | Diogénien ou emprunts à édition de Lucillius |
| C. 249-442 | 249-266 | Diogénien |
| | 267-273 | ἄδηλα |
| | 274-279 | Diogénien ou édition de Lucillius |
| | 280-293 | Agathias ou édition de Palladas |
| | 294-298 | Divers |
| | 299-307 | Agathias ou édition de Palladas |
| | 308-315 | Diogénien 309-312 : θ-ο, 313-315 : α-ε (Lucillius) |
| | 317-322 | Philippe } α-τ |
| | 324-327 | Philippe } α-τ |
| | 329-333 | Diogénien ou édition de Nicarque (δ-φ) |
| | 334-345 | ἀδέσποτα et divers |
| | 346-348 | Philippe : μ-ω |
| | 349-357 | Agathias |
| | 359-361 | Divers |
| | 365-387 | Agathias 377-381 : ο-π |
| | 388-398 | Diogénien : α-τ (Lucillius : α-π ; 388-393) |
| | 399-413 | Diogénien : γ-ω (Lucien : ι-ο ; 400-405) |
| | 417-436 | Diogénien : α-θ (Lucien : δ-θ ; 427-436) |

## IV. — Forme littéraire des épigrammes

Ces quatre cent quarante-deux épigrammes du livre XI sont, généralement, de courtes pièces en distiques élégiaques ; elles comportent, pour la plupart, deux, quatre ou six distiques [1]. On ne compte que vingt-quatre épi-

1. On en compte respectivement cent cinquante trois, cent sept et cent vingt.

grammes de huit vers [1], six de dix vers [2] et huit seulement dépassent ce chiffre avec douze, quatorze, dix-huit, vingt et vingt-deux vers; six de ces dernières ont pour auteur Agathias le Scholastique [3] et deux Nicarque [4].

On ne trouve que dix-huit pièces d'un mètre différent, la plupart anonymes. Huit sont faites d'hexamètres dactyliques [5]; deux pièces composées de dimètres iambiques sont attribuées à Anacréon [6]; enfin, aux huit pièces faites de trimètres iambiques [7], il faut rattacher quatre monostiques de ce même mètre et qui sont des additions postérieures [8] en fin de livre (*Sylloge* $\Sigma^{\pi}$).

Le vers est, en général, très régulier. On notera dans un hexamètre une finale ταχίων, où le ι est compté pour long. Des licences se rencontrent en quelques pentamètres. Lucien use de brèves à la finale de l'hémistiche [9], et l'hiatus apparaît parfois à la diérèse [10]; à cette place, on note que les poètes usent parfois de monosyllabes [11]; Ammien enfin s'amuse à forger un mot qui

1. XI, 34, 41, 44, 57, 58, 59, 63, 73, 110, 130, 141, 158, 171, 203, 321, 324, 330, 346, 361, 374, 399, 403, 410, 411.

2. XI, 60, 117, 351, 359, 379, 401.

3. XI, 64 et 376 (12 vers), 365 (14 vers), 352 (18 vers), 354 (20 vers), 382 (22 vers). — Rappelons que c'est également Agathias qui écrivit la plus longue épigramme de *l'Anthologie* : IX, 482. Elle compte quatorze distiques élégiaques.

4. XI, 74 et 328 (12 vers).

5. XI, 295, 297, 298, 345, 356, 367, 368, 424.

6. XI, 47, 48.

7. XI, 108, 286, 287, 289, 291, 358, 359, 360.

8. XI, 438-441.

9. XI, 410, 6; 431, 2; 435, 2. Et c'est une des raisons qui nous ont incité à ne pas suivre la critique qui attribue ces épigrammes à Lucillius. Voir F. Dübner, *op. cit.*, p. 393, épigr. 431.

10. XI, 74, 10; 151, 2; 171, 8; 237, 2.

11. Ἦν : 4; νῦν : 30, 6; 98, 2; 157, 4; 166, 4; δὴ : 34, 2; 142, 2; 157, 2; article : 101, 2; 136, 2; 318, 4; pronom relatif : 43, 2; 253, 6; adjectif possessif : 173, 2; 209, 4; 379, 2; et encore : 80, 2; 82, 6; 113, 2; 137, 4; 164, 4; 170, 4; 180, 2; 331, 2; 362, 4, sans parler des monosyllabes en dépendance de prépositions ou d'enclitiques.

occupe tout un hémistiche à la manière d'Aristophane [1].

Ces épigrammes se répartissent entre soixante-trois poètes. Six appartiennent à ces auteurs dont Méléagre avait réuni un certain nombre de poèmes dans sa *Couronne* [2], quarante-quatre furent composées par des poètes de la *Couronne de Philippe* [3], parmi lesquels on distingue Antipater de Thessalonique avec dix épigrammes. Des poètes de l'*Anthologion* de Diogénien, on compte peut-être deux cent quinze épigrammes [4] : cent vingt-quatre sont attribuées à Lucillius — si tant est que l'on doive inclure ce poète dans cette *sylloge* [5] — trente-et-une à Nicarque, vingt-cinq à Ammien et autant à Lucien. Du *Cycle* d'Agathias, on ne compte que soixante pièces, parmi lesquelles quarante-six appartiennent à Palladas et dix à Agathias [6].

Ces chiffres donnent une idée des poètes qui ont le plus cultivé l'épigramme ironique ou sarcastique et des époques qui les ont le plus prisées.

***Poètes du Cycle de Méléagre.***

Il est difficile de caractériser l'inspiration des poètes antérieurs à 150 av. J.-C. : leurs œuvres sont par trop restreintes dans ce livre de l'*Anthologie*. Est-ce à dire que les vers bachiques ou plaisants faisaient défaut dans l'œuvre de Méléagre ? Il le semble

1. XI, 17, 4 et 5 ; 134, 4. On notera le même hémistiche en deux épigrammes d'Ammien : XI, 230 et 231.

2. Ces chiffres ne sont qu'approximatifs, puisque les épigrammes anonymes peuvent avoir appartenu à ces diverses *syllogae*. On ne compte pas parmi ces épigrammes de la *Couronne* celles qui sont attribuées à Apollonius de Rhodes (275), et à Anacréon (47-48), puisqu'on conteste toute valeur à ces attributions.

3. Deux attributions à Antipater et Parménion sont douteuses.

4. Ou, du moins, des poètes dont les œuvres furent utilisées dans cet *Anthologion*. Il faut ajouter une vingtaine d'épigrammes d'attribution douteuse.

5. Voir ci-dessus, p. 34, note 4.

6. Les autres poètes de ce *Cycle* sont mieux représentés dans d'autres livres de notre *Anthologie*.

bien. Car on ne peut oublier que, dans le recueil alexandrin de vers élégiaques qui nous est parvenu sous le nom de Théognis, nombreux sont les vers bachiques que Méléagre aurait pu, s'il l'avait voulu, intégrer dans sa *Couronne*. Mais ces distiques du recueil théognidien ont une tendance moralisatrice et engagent à garder la mesure dans l'usage du vin [1], — ce qu'on trouvera rarement dans le livre XI — alors que la joie des festins, l'oubli et le désir de jouir avant la mort y sont plus rarement évoqués. En revanche, on sait que tout symposion donnait naissance à des chants bachiques; on conserve, en particulier, d'un groupe de poètes alexandrins que Méléagre nomme conjointement [2]: Posidippe, Hédylos et Asclépiade, de nombreux petits poèmes bachiques que l'on connaît par l'*Anthologie Palatine* ou par un *sylloge* d'épigrammes mêlées [3] que nous a conservée un papyrus londonien [4]. S'ils n'ont pas été réunis dans le livre XI, c'est sans doute que la *Couronne de Méléagre* ne comptait que quatre parties et ignorait cette classification en épigrammes spirituelles et bachiques. Certaines ont donc été classées parmi les épigrammes amoureuses — amour et vin se confondent souvent — et Agathias comme Céphalas les y ont conservées dans leurs livres VI et I tandis que l'*Anthologie Palatine* les répartissait entre ses livres V et XII ou les renvoyait parmi les épigrammes de mètres divers du l. XIII [5]. Des contemporains de Méléagre, seul

1. Si on trouve parfois dans le recueil théognidien l'appel à la joie des festins (533-534; 413-414; 997-1002; 1039-1040) et au plaisir (877-878; 973-978; 983-988), nombreux sont les vers qui incitent à la mesure dans l'ivresse (209-212; 413-414; 466-496; 497-498; 503-508; 509-510; 837-840; 873-876). Notons au passage deux pièces qui semblent comporter un jeu de mots ou une énigme (261-266; 861-864).

2. P. Waltz, *op. cit*, t. I, p. 112 : προοίμια, v. 45-46.

3. R. A. Pack, 1593 : *Pap. lit.* London 60, British Museum, m. 589 A. Voir F. Lasserre dans *Rh. Museum*, 102 (1959), p. 222-247.

4. Voir l'étude que T. D. L. Webster a consacré à ces épigrammes dans *Hellenistic Poetry and Art*, London, 1964, p. 38-56.

5. Par exemple, XII, 31, 49, 50, 51.

Alcée de Messène est représenté dans les συμποτικά, et c'est plutôt le résultat d'une erreur : ce sont des vers vengeurs contre le roi Philippe de Macédoine [1]. Parmi les épigrammes σκωπτικά, Dioscoride s'insurge contre les mœurs de la cour alexandrine et le mauvais goût des spectateurs au théâtre [2], Callimaque déplore les effets de sa critique : il n'a plus d'amis, et Hédylos inaugure toute la longue série des satires contre les médecins et la maladie [3]. Hormis les sous-entendus de Cratès [4], la satire est plus visible que le sarcasme.

*Les épigrammes bachiques.*

Déjà, au siècle d'Auguste, Horace, en imitant les poètes grecs, avait composé des odes qui chantaient et le vin et les plaisirs de la table. Il est possible que les poètes grecs du premier siècle après J.-C. lui soient à leur tour redevables de cette inspiration, car c'est certainement la *Couronne* de Philippe qui présente la première tout un groupe de ces épigrammes. On y trouve des vers d'Éuénos et d'Onestès qui parlent de modération [5]; n'est-ce pas le vin qui inspire le drame satyrique et sa douce raillerie [6]?; La danse du thiase par un tout jeune enfant émerveille Antistios, Diodore Zonas chante avec émotion une coupe bellement ouvragée [7] et Apollonidas invite à boire largement pour noyer les soucis [8]. Mais déjà apparaît la pointe, la recherche du mot. Antipater veut profiter de la boisson et la sobriété est un vice; l'eau est cause de méchants vers, comme de la calomnie : c'est une méchante monture pour se rendre aux Enfers [9].

Antimédon oppose la lutte âpre de la vie, « homo

1. XI, 12.
2. XI, 195, 363.
3. XI, 123, 362, 414.
4. XI, 218.
5. XI, 45, 49.
6. XI, 32.
7. XI, 40, 43.
8. XI, 25.
9. XI, 20, 23, 24, 31.

homini lupus », à la fraternité des beuveries[1], Marcus Argentarius relève que les beaux principes n'empêchent pas les philosophes de mourir tout comme les francs buveurs; et il reproche à Bacchus de ne pas lui prêter assistance [2]. La préciosité apparaît chez Philippe dans la lutte du lierre et de la vigne et il est piquant d'entendre le philosophe épicurien Philodémos se réjouir d'un bon repas, chercher dans la simplicité de nouveaux plaisirs ou, au contraire, se résigner à une vie moins joyeuse par nécessité ou impuissance [3].

L'inspiration bachique disparaît de nouveau de l'*Anthologie* à l'époque de Diogénien [4] pour ne réapparaître que dans le *Cycle* d'Agathias. Macédonios, dit le Consul, trouve des accents presque épiques pour chanter le vin qui donne force, courage et gaité, en maudissant buveurs d'eau, médecins et végétariens, tous ceux qui ignorent le vin [5]. Et Paul le Silentiaire semble l'imiter [6]. D'Agathias, on lit quelques scènes agréables de beuveries : ce sont à peine des épigrammes, plutôt des historiettes comme on en lira parmi les σκωπτικά, et qui ne sont pas sans art [7]. Des poètes de son temps, seul Palladas évoque avec sincérité et une certaine émotion son désir d'oublier dans le vin la vieillesse et l'approche de la mort [8]. Mais chez tous ces poètes, qu'ils soient du Ier ou du Ve siècle, c'est toujours ce même thème que l'on s'efforce de renouveler incessamment.

1. XI, 46.
2. XI, 26, 28.
3. XI, 30, 33, 35, 41, 44. P. Laurens (*Martial et l'épigramme grecque au 1er siècle après J.-C.* dans *Revue des Etudes Latines*, XLIII, 1965, p. 325) voit dans ce poète philosophe l'inventeur du billet d'invitation à dîner sous forme d'épigramme.
4. P. Waltz fait erreur quand il croit que cette note bachique était caractéristique de l'*Anthologion* (*op. cit.*, t. I, p. XXI). On n'y lit guère que l'épigramme 1 de Nicarque, et c'était la dernière de cette partie inversée.
5. XI, 58, 59, 61, 63.
6. XI, 60.
7. XI, 57, 64.
8. XI, 54, 55, 62.

*Les épigrammes satiriques.*

Les trois cent quatre-vingt-dix épigrammes σκωπτικά du livre XI n'apportent qu'un nombre très restreint d'allusions à des faits réels ou historiques [1]. Dioscoride évoque un événement qui dut se passer à la cour des Ptolémée à la fin du troisième siècle et les regrets de Callimaque — s'ils sont authentiques — sont un peu antérieurs [2]. Lucillius cite Néron qui, à Nauplie, se donna en spectacle et on devine, chez Ammien, les luttes de prestige entre cités d'Asie Mineure au deuxième siècle [3]. La satire du philosophe Thémistius, devenu préfet de Constantinople, remonte à l'époque de Théodose et c'est sans doute un chef politique de la même époque que veut stigmatiser le même Palladas [4]. L'épigramme anonyme 359 se réfère probablement à un évêque d'Alexandrie du v^e siècle. Deux épigrammes attaquent l'empereur Anastase qui vécut au sixième siècle et les luttes de l'hippodrome qui surexcitent les passions lui sont postérieures [5].

Mais, contrairement à cette tendance à l'actualisation du sujet qu'on a regardée comme une des caractéristiques de l'épigramme au i^er siècle [6], dans ce livre XI, la réalité de l'événement est toujours secondaire; l'essentiel, c'est la satire, la vengeance et l'indignation qui cherchent à s'exprimer de manière spirituelle. On peut même se demander si l'événement n'est pas un simple prétexte. Des sujets sont traditionnellement source de plaisanterie, tels les Cappadociens qui provoquent déjà au v^e siècle avant J.-C. les distiques de Démodocos; Lucien se moque de leur rhétorique et à l'époque de Justinien, leur esprit entreprenant inspire la satire [7]. Citons encore le bavar-

1. Voir F. Guglielmino, *Epigrammi satirici del libro XI dell' Antologia*, Catane, 1931; V. Longo, *L'epigramma scoptico greco*, Gênes, 1967.
2. XI, 363, 362.
3. XI, 185, 98.
4. XI, 292, 340.
5. XI, 270, 271, 344.
6. H. Beckby, *op. cit.*, t. I, p. 39-40; P. Laurens, *article cité*, p. 325.
7. XI, 236, 237, 436, 238.

dage des avocats : « Passons au déluge » dira à sa manière Lucillius [1].

L'épigramme satirique s'exprime de diverses manières. Le plus souvent c'est le récit rapide d'un fait dont on tire une conclusion inattendue, un souhait ironique, une apostrophe [2], une interrogation, l'expression d'un regret [3] ou un encouragement [4]. Le poète cède la parole à son personnage ou organise un dialogue [5]. Il donne à l'épigramme la forme d'une épitaphe, d'une dédicace, décrit une stèle, une gemme [6]; il s'amuse à poser une énigme ou place devant un dilemme [7]. L'historiette rapide et amusante caractérise Lucillius et Nicarque; Palladas et Agathias transforment l'épigramme en un long récit où s'exprime le personnage ridicule [8].

*Les procédés.* Pour susciter le rire, l'épigrammatiste emploie divers moyens. Le plus élémentaire est le jeu de mots sous la forme du calembour ou de la contrepetterie [9]. La suppression ou la substitution de lettres dans un mot provoque des développements amusants [10] comme, d'autre part, la modification des finales [11]; l'iotacisme contribue à augmenter ces con-

1. XI, 141.
2. Par exemple XI, 212, 319, 321, 346.
3. XI, 30.
4. XI, 19, 50, 51, 56, 59.
5. XI, 155, 330.
6. XI, 38, 298, 426, 150, 151.
7. XI, 280..., 272, 403.
8. Voir la série des petits ou des athlètes de Lucillius (XI, 75 et ss.) mais surtout de Palladas et Agathias XI, 64, 351, 354, 365, 376, 379, 382.
9. XI, 182 : χοῖρος, ἴδιον et χοιρίδιον; 188 : 'Απόλλων et ἀπόλλω; 320 : 'Αντιγόνη et ἀντία γούνατ'; 338 : ἐν ὀπῇ et ἐνοπήν; 374 : Λαοδίκη et λαοῖς ἔνδικα.
10. βουλεύειν et δουλεύειν (260, 337), κόλαξ et κόραξ (323), χείλων et λείχων (112), Μάρκος et ἄρκος (231), Ταβλιόπη et Καλλιόπη (273), 'Αντόνιος et ὤνιος (282), Μάσταυραι et σταυρός (230).
11. XI, 297 : δρῖλος et δριμύς; 383 : κριθῇ en devenant κρῖ souligne que la ration de blé d'un âne se trouve diminuée de moitié.

fusions [1], c'est évident. On met à profit les doubles-sens d'un terme [2]; un mot en suggère un autre [3], et parfois même, le jeu se fait en passant du grec au latin [4]. Il suffira souvent de rapprocher certains termes ou de les transposer de manière inattendue [5]. Ou bien le poète s'amuse à fabriquer une expression nouvelle et l'épigramme est tout entière imaginée pour provoquer cet effet à surprise [6]. Évoquer les personnages mytholo-

1. Τυτθόν peut se lire τιτθόν; *donne-moi le sein* pour *donne-moi un peu à boire* (298); les plats, πίνακας, sont des remèdes à la faim, πείνης ἄκος, et peuvent devenir πεινάλους, *faméliques*, (313-314); enfin le *matelas* devient stèle, τὴν τύλην στήλην. La prononciation provoque d'autres confusions : λούεσθαι et καταλυομένην : la vieille a-t-elle pris sa retraite ou n'a-t-elle pas encore dépensé en bains tout son argent (256)? Toute une histoire de sourds est bâtie sur ces confusions (74) et un navire périt non pas par la faute du *Notus*, mais de νότις, le *suc du pin*, la *poix*, πίσσον qui se révèle non plus πίστην mais ἀπιστοτέρην (248).

2. Par exemple les deux sens de φιλεῖν, *aimer* et *embrasser* (219-252).

3. Ἰσικίων, les *saucisses*, remplacent Ἰσιακῶν, les *fêtes d'Isis* (212); l'*embarcation*, εἰκόσορος, devient σορός, le *cercueil* (332); ἄσημος κοῦφος suggère la fausse monnaie, ἐπίσημος κοῦφος (371). Une fausse étymologie de ἐτεθήπεα suggère τάφος et par conséquent φόνον (204).

4. En opposant les sens empruntés au latin et au grec on en arrive à rendre par ἀριθμῷ et μέτρῳ exactement le contraire du sens habituel (146); les Ides et les Nones se confondent avec les verbes *donner* et *acheter* (180); enfin ἐνοχλέω suggérera *enucleo* du latin (126).

5. Citons, par exemple, le verbe κατατέμνει appliqué au bourreau et non au chirurgien dans l'épigramme 280, ou encore θόρυβον appliqué à μορφῆς et ὕβριν à σώματος (412) : on attendait plutôt le contraire. N'est-il pas fatalement balourd cet homme né à Assos de Mysie, le pays renommé pour ses pierres meulières? Et l'épigramme se termine par un jeu de mots : ὅλμος ἄτολμος.

6. Tels ἀπεχάλκισε (283), καππαδοικιζόμενος (238); et Nicarque, comme Aristophane, n'hésite pas à créer Διονυσιπηγανόδωρος et Ἱπποκρατιππιάδης (17) qui suggèrent l'un le jardinier, l'autre le descendant des Pisistratides ou l'éleveur de chevaux. Pour répondre à Ἴσθμια Céréalios trouve παρίσθμια,

giques à propos de faits communs est plaisant : le supplice d'un voleur sera le même que celui d'Héraclès, ravisseur des pommes d'or des Hespérides, le feu; si Niobé incarne tout ce qui semble pétrifié, en particulier les mauvais danseurs, une folie meurtrière fait évoquer Oedipe, et un mauvais plat de grives, les oiseaux du lac Stymphale [1].

Que ne peut-on suggérer par l'emploi des doubles sens? Les mots les plus anodins évoquent des situations scabreuses ou l'amour grec, et donnent prétexte aux plus graves accusations d'immoralité [2].

Un autre procédé fréquemment employé dans l'épigramme spirituelle est la parodie. En les détournant de leur sens primitif, des citations de vers connus d'Homère, d'Archiloque ou d'Aratos provoquent évidemment leur effet de surprise; un exemple frappant en est cette **τριπορνεία** imaginée par Nicarque et qui est un centon homérique [3]. Il faut reconnaître que certaines épigrammes, que par suite de certaines ressemblances la

*l'amygdalite* (129), en face de Πύθια, il inventera παραπύθια, le concours poétique n'étant que prétexte à cet amusement. A οἰνοχαρής, l'*amateur de vin*, il substituera οἰνοχάρων, le *Charon du vin* (12). Voir encore à propos des grammairiens ἀοιδομάχος, λογολέσχης, γραμματολικριφίς, νηπυτιεύομαι (140).

1. XI, 184, 253-255, 246, 228, 96, 14. L'épithète habituelle des sandales d'Hermès est *ailées*; on ne s'attend pas aux chaussures *orthopédiques* d'un médecin infirme (124).

2. Il faudrait relever presque toutes les épigrammes pédérastiques; citons, à titre d'exemple, XI, 139, 216, 220, 221, 284, 318, 329. Un cas très net est celui de cette épigramme de critique littéraire (228) : pas un nom ne conserve son sens primitif.

3. XI, 328. C'est surtout Lucillius qui use de ce genre de citations homériques : *Il.*, I, 1 (132 et 400), IV, 1 (189), VI, 143 (134), V, 145 (191), IX, 403 (313); *Od.*, III, 271 (140), XIX, 163 (253); chez Palladas *Il.*, IV, 101 (378); XX, 58 (349); *Od.*, II, 262 (351). Automédon cite de même *Il.*, IX, 503 (361) et Macedonius, *Il.*, VIII, 69 (380). La description de la coupe (48) fait penser au *Bouclier d'Achille* et le début de l'épigramme 58 aux cadeaux d'Agammennon dans l'épisode de l'*Ambassade.*

critique a voulu attribuer à tel ou tel poète, peuvent n'être que le résultat d'une parodie, d'une imitation plaisante d'un prédécesseur [1] ou même d'un poète contemporain. C'est ainsi qu'on reprendra de manière spirituelle une épigramme inspirée par une œuvre célèbre d'Apelle [2]. Ailleurs, c'est un proverbe ou encore une expression habituelle qui est détournée de son sens normal [3]. Les formules employées dans les inscriptions pour une dédicace, un ex-voto, ou pour louer quelque haut fonctionnaire sont aussi parodiées [4] les épigrammes sur les malheureux athlètes s'inspirent des suscriptions des statues élevées en l'honneur [5] des vainqueurs et, à leur tour, ces statues provoquent des comparaisons plaisantes : l'athlète trop lent, le cheval qui demeure sur place et l'acteur sans gestes ou sans voix ne sont plus des vivants, mais se trouvent pétrifiés [6].

Il est évident qu'avant tout on recherche le trait. Il est piquant qu'un dieu ait moins de puissance que le chirurgien pour aveugler, qu'Eurysthée soit, de préférence

1. Par exemple l'épigramme anonyme 86 doit être rapprochée de l'épigramme 119 de Nicarque.

2. XI, 174, de Lucillius; la même œuvre de ce peintre ionien que s'attacha Alexandre suscite aussi les ἐκφράσεις de l'*Anthologie de Planude* (*A. Pl.* 178-181) ou du livre XV.

3. Ammien (400) transforme εὗρε θέος τὸν ἀλατρόν en ἡ ποδάγρα τὸν ἑαυτῆς ἄξιον εὗρεν. Calléas (332) fait une application du proverbe οἶνος ἐλέγχει τὸν τρόπον. La parodie est évidente, en 417, de ἄλλην δρῦν βαλάνιζε. Une épigramme anonyme (223), faussement attribuée à Méléagre, accole un verbe à une expression familière et en dénature le sens : βινεῖν εἶπ' ἰδίῳ στόματι.

4. Voir par exemple l'offrande d'un bonnet (150), les os du crâne ou les vertèbres d'un athlète offerts en ex-voto à Zeus (258). A propos des épigrammes 285 et 292, L. Robert a relevé l'emploi de termes qui sont employés habituellement dans les formules de louange (*Hellenica*, IV, p. 39 et 40) et qui deviennent ici un blâme. N'est-ce pas une formule rituelle qui est reprise au v. 1 de l'épigramme 324 ou dans l'épigramme 226?

5. XI, 84, 86.

6. XI, 85, 259, 145-151.

au spécialiste, salué du nom de médecin : ceux qu'il envoya aux Enfers revinrent. Même une vipère est empoisonnée par le sang d'un Cappadocien. Sous le pinceau d'un peintre surgissent des monstres; mais l'excès de fidélité nuit : le modèle, un obèse importun, occupe trop d'espace [1] ! Un bain de jouvence pour la vieille, c'est un bouillon de Pélias; ou bien Dioscoride invite à procréer toutes les courtisanes d'Alexandrie : à ces bâtards tous les honneurs sont promis. La gourmandise donne des ailes à un coureur incapable : « qu'il coure avec la bouche », dira Lucien. Et n'est-elle pas amusante cette épigramme où le même satirique, tout en parodiant le poète Aratos, chante la louange de la grammaire en terminant par ce trait : « O grammaire, dépotoir universel ! » [2]. Quelle réalité doit-on attribuer enfin à ces vols de statues? N'est-ce pas simple imagination? Car il est piquant que soit dérobé le dieu Hermès, le patron des voleurs, ou Apollon, détecteur des vols [3] !

*Les thèmes.* Les sujets qui attirent particulièrement la satire sont de tous temps les disgrâces physiques. Sans doute la vieillesse enlève-t-elle tout charme, quoique parfois le poète se demande si Hadès est encore en vie, lui qui épargne une vieille courtisane [4]. Mais l'objet de la risée n'est-ce pas celle qui ne se résigne pas, qui au contraire, par tous les moyens, essaie de réparer les outrages des ans? Et ce sont les bains, les cheveux postiches ou la teinture, les fausses dents, les fards : à vouloir devenir Hélène, on n'en est pas moins Hécube ou Cybèle ! [5] « Tu auras beau faire », dira Antiphile avec cruauté.

1. XI, 125, 116, 237, 212-215, 250.
2. XI, 256, 363, 208, 431.
3. XI-400; 176-177. Nombreux sont les traits qu'on pourrait encore citer, tel cet acteur qui avait une occasion unique de débarrasser le spectateur de sa présence en se tuant, comme le personnage qu'il incarnait (254).
4. XI, 72.
5. XI, 73, 374; 66; 256; 310, 69, 398; 374, 418; 370, 408; 69, 353, 408.

Il est curieux que les odeurs aient provoqué un tel nombre d'épigrammes. Le manque d'hygiène, surtout de la bouche, suggère de pénibles comparaisons, et les démons eux-mêmes y sont plus sensibles qu'aux exorcismes [1] ! La vérité c'est que l'épigrammatiste y trouve un moyen de censurer certaines mœurs [2].

Dans la catégorie des laids, les longs nez occupent une place majeure ! Un homme ? non, un nez ! Un nez crochu sera un harpon pour la pêche, une échelle en cas d'incendie, une chaîne d'arpenteur, bref un outil à tout faire. Et on s'amuse à en tirer des conséquences grotesques [3].

Parmi les disgraciés, les « petits » fournissent de longues séries. Lucillius se plaît en particulier à user d'hyperboles; on pourrait dire : de plus en plus fort ! Dans l'eau, ils surnagent, une saucière les abrite, ils ont le pied plus fin qu'une aiguille; une toile d'araignée les embarrasse, une feuille les étourdit, un coup d'éventail, un souffle les enlèvent dans les airs; ce ne sont même plus des atomes, mais des composants d'atome [4] ! Et voici les scènes de pendaison, d'enlèvement, un concours de maigres; enfin, le petit légionnaire, contre qui pourrait-il se battre [5] ? L'exagération finit même par enlever à ces vers toute force comique; l'Anthologie en est peut-être cause qui cite ces épigrammes les unes après les autres ? Mais le trait le plus humain, c'est bien quand ces êtres minuscules songent à se comparer à Phaéthon, à Ganymède ou à Héraclès ! [6].

Les mêmes hyperboles se rencontrent à propos de paresseux : pour ne pas se lever l'un préfère la maladie, l'autre avoue gratuitement un meurtre et demeure en

1. XI, 219, 239, 240, 242, 427. Dans l'épigramme 239, c'est par l'accumulation des comparaisons que le poète donne une idée de l'infection qui accompagne Télésilla; mais toutes se rapportent non à la vie réelle, mais à la mythologie.

2. XI, 220, 241, 252, 415.

3. XI, 198, 199; 200, 267, 203; 268, 405, 406.

4. XI, 100, 105, 102, 106, 127, 101, 106, 103.

5. XI, 111, 290, 265.

6. XI, 108, 48, 95.

prison; un troisième évite de se rendormir: il courait, en songe [1].

L'un des thèmes préférés c'est la satire de l'avare. L'affirmation se répète: prêter son argent à intérêt, vouloir toujours acquérir sans jouir de ses biens, c'est folie et pauvreté; la mort viendra et tant mieux pour les héritiers ! La ruine pour un avare n'est pas un mal, dira-t-on : il ne vivait pas mieux avant: « une vie de mule », affirmera Lucien [2]. Saisie sur le vif, voici la mort de l'avare, à moins que l'odeur de la menue monnaie ne le rétablisse ou que de graves motifs ne le sauvent du suicide : la corde ou la tombe sont trop chères ! Le comble n'est-ce pas, par économie, de tuer ses propres enfants [3] ?

A cette satire de l'avare, s'apparentent les épigrammes sur les pingres et leurs repas misérables, si riches soient-ils; citons encore la scène où survient l'invité suivi de ses clients; il ne reste plus rien pour les autres, même pour le maître de maison [4], tant ce parasite connaît son métier.

On lit encore de longues séries d'épigrammes sur les incapables. Ceux-là se proclament orateurs; mais ce ne sont qu'analphabètes, qui accumulent solécismes et sottises: leur science n'est que bavardage, logomachie, accumulation de formules empruntées aux auteurs classiques; ils assomment par leurs déclamations [5].

Les mauvais poètes sont de vieux rabacheurs: « ils nous font mourir », dira Lucillius. Et le poète qui se fait accompagner de ses œuvres dans la mort menace même les Enfers. Ce qu'on leur reproche surtout c'est de répéter, de piller Homère [6].

Mauvais peintres dont les œuvres ne sont que caricatures, mauvais chanteurs qui provoquent la mort de leurs auditeurs et font souhaiter d'être sourds, mauvais acteurs ou mauvais danseurs sont tour à tour objets de satire; et si un histrion vend sa défroque, c'est l'Olympe

1. XI, 311, 276, 277.
2. XI, 209, 166-168, 173, 294, 309, 264, 317.
3. XI, 289-290, 165, 169, 170, 172.
4. XI, 325, 387, 413, 471, 311, 312.
5. XI, 347, 436; 152, 146, 148, 376; 140, 142, 143, 144.
6. XI, 131, 135, 132, 133, 130.

qu'il brade [1]. En fait, on ne peut assurer que ces personnages représentent des contemporains. Là encore on soupçonne que l'épigramme a été composée pour elle-même.

A quoi se réduit la science des astrologues? Ou bien ce sont des oracles donnés après l'événement, ou bien leur amphibologie est signe même de l'ignorance. Les charlatans en arrivent à s'abuser eux-mêmes, alors que leurs croyances ne sont que risibles. Les vols de statues de Saturne ou d'Apollon prouvent l'inanité de cette mantique. « Aux bêtes ceux qui ne parlent que des animaux du Zodiaque ! » conclura Lucillius [2], et son allusion ne répond que trop à la réalité.

Mais les corporations qui inspirent le plus grand nombre d'épigrammes plaisantes sont celles des philosophes, des grammairiens, des médecins et des athlètes. Les premiers ne sont que des clochards barbus, dont toute la science ne tient qu'à des formules empruntées à Platon. Respectés du vulgaire, ils ont trouvé le bon métier pour qui ne veut rien faire. Et Agathias donne un long exemple de leurs dissertations fumeuses [3].

Les grammairiens ne sont, eux aussi, que des ignorants, capables de tous les solécismes et d'en faire faire aux autres ! Ils se font passer pour savants eux qui, avec puérilité, ne cessent d'éplucher les textes homériques, de les répéter, de les commenter, revenant toujours sur les mêmes thèmes. Et les injures pleuvent sur eux : teignes à arguties, punaises rongeuses, chicaneurs ès livres, roquets de Zénodote, chasseurs de particules, détracteurs de chefs-d'œuvre, chiens hargneux de Callimaque qui ignorent toute beauté. Heureux ceux qui arrivent à abandonner la profession, car même aux Enfers ils sont le tourment des damnés [4].

1. XI, 433, 212, 213; 186-188; 253-255, 189.
2. XI, 159, 162-165, 184; 164; 183, 160.
3. XI, 153-158; 430; 354.
4. XI, 138, 146, 148, 140, 278, 321, 322, 347, 378, 383, 14, 400. Dans un article que nous avons connu trop tard, *The Garlands of Meleager and Philip* (dans *Greek Roman and*

Mais, des Enfers, les grands pourvoyeurs ce sont les médecins. Maladroits, les oculistes font perdre la vue, même aux statues ! Les chirurgiens sont des fléaux : au nom de leur art ils vont jusqu'au bout : le bossu est mort, mais on l'avait redressé; cet autre, s'il eût vécu, aurait boité; et Lucillius peint une affreuse scène de chirurgie [1]. Quant aux médecins, leur simple vue tue les malades : on peut même dire qu'ils travaillent de connivence avec les employés des pompes funèbres : ce sont de véritables croque-mort ! On les accuse même de vol; en définitive, ce sont des captateurs de testaments [2].

Les athlètes offrent une longue série. Ce qui frappe les satiriques ce sont les blessures dont sont victimes les pugilistes, visages ravagés, amputations; ils sont horribles, méconnaissables. Et cela inspire des histoires inattendues. Il y a aussi les athlètes inaptes au pentathle, à la course; la verve du satirique s'exerce à leur propos. Faut-il parler de défaite quand le coureur semble figé sur place? Et on érige des statues non au vainqueur, mais au vaincu [3]! Toutes ces séries épuisent les paradoxes.

Évidemment les femmes ne sont pas absentes : traditionnellement la plaisanterie s'exerce à leurs dépens. Au bonheur du célibataire, on oppose les malheurs de l'homme marié et ces décrets de Justinien qui empêchent le divorce. L'un narre les malheurs conjugaux de l'athlète à la retraite; et ce grammairien qui parle des disgrâces de Ménélas ne connaît pas les siennes. D'où des souhaits de mort qui ne sont que jeu sans doute, et les louanges pour celui qui eut la chance d'enterrer son épouse, en conservant sa dot. Quant aux filles, que d'ennuis elles procurent ! Mieux vaut une bonne hernie [4] !

*Byzantine Studies*, 9 (1968), 3, p. 339), A. Cameron montre que très souvent dans son édition Philippe imite les poètes qu'il cite : c'est le cas de son épigramme 321 par rapport à 322 qui est d'Antiphane.

1. XI, 126, 117, 112, 131, 140, 121.
2. XI, 257, 122, 118, 124, 122, 223, 125, 113.
3. XI, 75-78, 70, 83-86.
4. XI, 378, 79, 278, 375-381, 202, 205, 206, 393.

*Lucillius et Nicarque.*

C'est donc au Ier siècle après J.-C. qu'a commencé à se développer ce genre spirituel et sarcastique. Déjà, au siècle précédent, l'arrivée à Rome de ces *graeculi* érudits, intelligents et brillants, encore tout imprégnés de la pensée et de l'art alexandrins, avait provoqué toute une littérature nouvelle; Catulle, et Horace surtout, avaient naturalisé l'esprit grec et sa poésie. Mais à l'époque impériale, ces Grecs sont complètement intégrés dans la vie romaine; ils peuvent parler en Romains et critiquer sans choquer. De plus, la vie publique a, pour ainsi dire, disparu et, dans cette société où les catégories sociales ont de plus en plus tendance à s'accuser, rhéteurs, philosophes, grammairiens, astrologues abondent et ont envahi le monde des lettres. Les ambitieux ne songent qu'à gagner de l'argent, les oisifs qu'à se divertir dans les beuveries et les festins, non sans y inviter des poètes, des rhéteurs qui y lisent leurs œuvres. Les jeux du cirque, les athlètes du stade, là où les coutumes grecques sont demeurées, passionnent le peuple.

C'est l'époque où Lucillius apparaît sinon comme le créateur, du moins comme le maître de l'épigramme satirique. Si aucune épigramme bachique n'a pour auteur Lucillius, il n'y a aucun des thèmes précédemment cités auquel il n'ait largement participé. Il regardait certainement les gens vivre autour de lui, et certains événements du jour ont pu l'inspirer. Mais la plupart de ses pièces démontrent chez lui une volonté délibérée d'être spirituel : voler des bœufs, c'est un fait commun, mais voler également le bouvier est inattendu. S'agit-il d'un naufrage ? C'est toute la mer qui se précipite dans le navire ! Le fautif ? Le pilote qui veut régner sur les mers ! Inattendue encore cette conclusion : le naufragé redoute non pas d'être transformé en rocher, mais de voir ce sort nouveau chanté par un mauvais poète [1]. Comme on l'a déjà remarqué [2], il y a chez Lucillius un « univers poétique irréel », une imagination comique intellectuelle,

1. XI, 178, 248, 247, 216.
2. P. Laurens, *article cité*, p. 335.

un humour qui, même quand il insiste, ne semble jamais s'adresser à des personnages particuliers; ce sont des types que l'on se plaît à rendre de plus en plus comiques sans jamais les individualiser [1].

Lucillius sera abondamment imité, plagié par la suite, ne serait-ce que par son contemporain, Martial; car il n'est pas sans talent. Son principal mérite réside dans le fait qu'il est un créateur. Ses épigrammes sont bien frappées, le plus souvent sans longueurs; il est fertile en inventions, le trait tombe précis, souvent inattendu. Il sait choisir ses expressions, et ne cherche pas le succès dans la chronique scandaleuse. Par son œuvre, on a une

1. On a fortement attribué au caractère romain, pratique, réaliste, sensible au bouffon, le passage de l'épigramme lucillienne à celle de Martial. Il semble qu'on n'ait pas prêté suffisamment attention à l'influence du poète grec satirique Archiloque, comme de son contemporain Hipponax. Il est clair pourtant que ces poètes, peu goûtés des Alexandrins, reprennent vie et influence dès le IIe siècle avec Lucilius, le satirique, mais surtout, au Ier siècle, avec le *Catalepton* de *l'Appendix Virgiliana* et les *Odes* et *Épodes* d'Horace. Les uns et les autres ont largement repris les thèmes et les manières réalistes de ces poètes du VIIe siècle, leurs invectives directes et personnelles, leur satire sociale, cette ironie qui s'exerce au détriment de soi-même et de ses meilleurs amis, les apologues animaliers; et tout cela se retrouve chez Martial. Mais il est étonnant que ce soient les poètes romains qui aient repris leurs modes de pensée; les épigrammatistes grecs n'ont pas été marqués fortement eux-mêmes par le poète parien. On ne retrouve que des imitations plus verbales que réelles. Par exemple : l'épigramme 47 du pseudo-Anacréon fait allusion à Gygès et à ses richesses (fragment 22 Diehl), thème repris par Macédonios, au Ve siècle (XI, 58); deux poètes de la *Couronne* de Philippe (XI, 29 et 30) font allusion à la perte de leur virilité, comme Archiloque (fragment 34 Diehl, et 246-247 Lasserre); les satires des vieilles femmes s'inspirent de celles de la fille de Lycambès (XI, 66 et 67). C'est dans les fragments de Diehl 27 et 115 que se lit la comparaison de la corneille : on la retrouve chez Lucillius et Myrinos. Straton, comme Nicarque, se souviennent peut-être du σαλευμένη et πονευμένη qui se lisent dans les fragments 28 et 49 de Diehl (XI, 225, 328).

idée du monde dans lequel il vivait, pour lequel il écrivait, auquel il voulait plaire [1]. Mais on ne peut perdre de vue que ces épigrammes du livre XI semblent l'essentiel de l'œuvre qu'il nous a laissée. Quand on compare cette œuvre réduite aux livres d'épigrammes de Martial, on sent toute la différence entre les deux poètes [2]. Il y a chez le latin plus de vie, de variété, de personnages réels; plus de sincérité aussi, d'émotion et de personnalité, bien qu'on ne puisse, à la lecture de Martial, s'empêcher de se souvenir de Lucillius. Dans toutes ces épigrammes, la personne de Lucillius ne se laisse deviner peut-être que dans les distiques sur l'amitié; il se pourrait qu'il nous confie une triste expérience du mariage et de la pauvreté dans l'épigramme 388; les enfants ne semblent pas lui avoir donné de grandes joies, tandis que les malheurs conjugaux d'autrui semblent lui inspirer plutôt de la commisération [3]. Aussi regrette-t-on de ne rien savoir de ce poète dont la figure demeure mystérieuse [4].

Nicarque est un contemporain de Lucillius dont toute l'œuvre d'épigrammatiste, une quarantaine de pièces, se trouve également dans ce livre. Il reprend certains thèmes traités par Lucillius et tente de les rendre plus piquants.

1. L. Robert a commencé, dès 1966, dans ses leçons au Collège de France, l'étude des épigrammes de Lucillius consacrées aux athlètes; après diverses publications, c'est son exposé de 1967 à la Fondation Hardt : *Épigrammes satiriques de Lucillius sur les athlètes* paru dans *L'Épigramme grecque*, Vandœuvres, 1969 qui apporte la plus récente contribution à la connaissance de ce poète attachant, auquel M. P. Laurens doit consacrer également une étude.

2. A propos de cette influence sur Martial, voir K. Prinz, *Martial und die griechische Epigrammatik*, Vienne, 1911; E. Pertsch, *De V. Martiale graecorum poetarum imitatore*, Berlin, 1911; Cl. W. Mondell, *Martial and the satiric epigram* dans *Classical Philology*, XVII, 1922, p. 1-20; H. Poeschl, *Typen aus der Anthologie Palatina und der Epigramm Martialis*, Leipzig, 1931; O. Autore, *Marziale e l'epigramma greco*, Palerme, 1937; P. Laurens, *article cité*, p. 325-341.

3. XI, 390, 393, 215, 278.

4. Voir ci-dessous p. 61, Appendice I.

Les naufrages, les prudentes réponses de l'astrologue, le concours des maigres, les quiproquos de la sourde sont de son invention, comme aussi une « histoire de fous » que la surdité lui inspire [1]. Les petits faits de la vie de tous les jours l'amusent : l'homme qui devient chauve en se faisant teindre ou la pénible ascension chez un ami qui demeure au dernier étage d'un immeuble [2]. A l'opposé de Lucillius, il n'hésite pas à faire des **δυσωδεῖς** et des **δυσειδεῖς** l'objet de sa satire.

De cette époque qui n'est plus celle où les Romains cultivés étaient employés dans la bataille politique, où chacun débattait des intérêts immédiats de la cité, on peut écrire ce qui fut dit de l'époque de Catulle : « Atmosphère des salons où une société raffinée et désoccupée fait pâture quotidienne de ces épigrammes, les compare, les juge, et en appelle d'autres dont le fond ne variera guère, mais dont la forme peut toujours être plus inattendue ou plus piquante... Le but est de proposer à des gens très avertis des comprimés de poésie, d'exécution parfaite et spirituelle. Les allusions, les énigmes, les rappels louangeurs ou malveillants, l'enchâssement d'un mot précieux ou une affectation de simplicité propre à charmer des esprits blasés assurent de longues résonances à ces très menus chefs-d'œuvre. L'art y frôle l'artificiel; l'esprit joue avec le réel; la description se condense en impression; l'expérience en pointe [3]. »

***Ammien, Lucien et le cycle d'Agathias.***

Au siècle suivant relevons les noms d'Ammien et de Lucien. Le premier confond souvent poésie et mauvais jeu de mots sur le matamore, le juge, le mauvais lit ou encore sur le nom d'un scélérat. Toutefois ses invectives ne manquent pas de vie et de hardiesse. Il reprend certaines plaisanteries sur le petit homme en les exagérant, c'est lui qui relève ironiquement les manies

1. XI, 162, 110, 74, 251.
2. XI, 348, 330.
3. J. Bayet, *Catulle, la Grèce et Rome* dans *Influence grecque sur la poésie latine de Catulle à Ovide*, Vandœuvres, 1953, p. 18.

stylistiques des rhéteurs. On retrouve souvent dans ses vers la chronique de sa cité, Smyrne.

Lucien pratique l'épigramme à l'emporte-pièce pour caractériser un sot, un cynique chauve, un philosophe barbu. Il aime à faire un mot en appelant mendiant un riche, ivrogne un tempérant, opposant la peau noire d'un Indien à l'éclat du soleil [1]. On croit reconnaître l'auteur des contes dans certaines historiettes : la mort du bavard, le cynique gourmand, le grammairien et le médecin. Il compose ironiquement deux hymnes, l'un à la grammaire, l'autre à la goutte. Ces vers paraissent répondre à l'esprit de l'homme de Samosate [2].

Du *Cycle* d'Agathias on retiendra surtout Palladas qui est le plus représentatif de l'épigramme byzantine. Ses quarante σκωπτικά ne représentent que le tiers de sa contribution à cette *Anthologie*. Avant tout il aime le jeu de mots. A lui appartiennent les pièces sur Calliopè, le baudet du grammairien, la laideur héréditaire, le parallèle du corbeau et du flatteur ou le forgeron boiteux [3]. On lui doit les anecdotes sur le garçon brasseur, locataire de sa boutique, sur le triste vainqueur des jeux ou sur les usuriers [4]. Nous parle-t-il vraiment de lui quand il dit sa pauvreté, ses démêlés avec sa femme et la grammaire, ses sentiments misogynes, sa passion de la satire [5], et lorsque, devenu vieux, il cherche dans le vin l'oubli de la vieillesse et de sa peur de la mort ? On ne sait. Mais à ces pièces où il révèle une certaine personnalité s'opposent toutes celles où il reprend des thèmes traditionnels qui, pour se trouver groupés dans le même recueil, peuvent paraître fastidieux [6].

Enfin une dizaine d'épigrammes sont dues à Agathias. L'inspiration bachique n'est pour lui qu'un prétexte ; car il aime décrire de petites scènes comme celle de la beuverie où ses applaudissements vont au vieil ivrogne qui sup-

1. XI, 294, 397, 429, 425.
2. XI, 274, 410, 401, 400, 408.
3. XI, 373-383, 353, 323, 307.
4. XI, 351, 386, 289, 290.
5. XI, 303, 378, 351, 340, 341, 54, 55, 62.
6. XI, 204, 255, 263, 280, 299, 300, 304, 305, 349.

plante la jeunesse; et le pressoir est l'occasion d'un joli tableau où il unit le vin et l'amour. Ses préférences vont ailleurs : il se plaît à bafouer les stupides parleurs, qu'ils soient citharistes, philosophes, astrologues, médecins ou bien rhéteurs se faisant passer pour juristes [1]. Mais ses épigrammes semblent toujours trop longues, surtout quand il reprend des thèmes rebattus comme celui du petit homme, ou du goinfre [2]. On y trouve trop la marque de l'école.

Tel est ce livre XI de l'Anthologie; Il n'est pas sans intérêt pour qui veut prendre conscience de ce qu'était l'humour chez les Grecs. Si on fait la part de ce qui peut paraître fastidieux, excessif ou de mauvais goût dans un tel recueil, on mesurera le charme, le plaisir, l'intérêt que pouvaient procurer ces rapides esquisses, boutades, parodies, et souvent surenchères. Il faut les prendre le plus souvent comme de simples récréations de lettrés à l'heure où le vin relâche les esprits.

Mais pour le lecteur du xx^e^ siècle, la lecture n'en est pas aisée, et l'on peut appliquer plus généralement à ces poètes spirituels grecs ce jugement de L. Robert sur l'un d'entre eux : « Lucillius, la plupart du temps, en notre siècle, a été jugé sévèrement par des gens qui, apparemment, ne pouvaient respirer que l'air de l'épopée, de l'élégie, de la haute poésie. Un poète satirique est normalement bourré d'allusions, de jeux de mots et de parodies. Pour le comprendre il faut prendre les moyens de connaître la société de son temps et le vocabulaire des milieux qu'il ridiculise ou fustige. Pour cela, il faut étudier les « réalités »; pour cela, il ne faut pas se borner aux monuments de la littérature, mais connaître et interpréter les documents épigraphiques, archéologiques, etc [3]. »

C'est dire qu'une édition de ce genre n'est qu'un apport modeste à la meilleure compréhension de ces épigrammes.

1. XI, 57, 64, 352, 354, 365, 376, 382.
2. XI, 372, 379.
3. *Dans l'amphithéâtre et dans les jardins de Néron: une épigramme de Lucillius*, dans *C.R. de l'Acad. des Inscr. et Belles Lettres*, 1968, p. 280 et ss.

# APPENDICE I

## Lucillius

L'existence de Lucillius pose nombre de problèmes [1], ne serait-ce que celui des dates. Dans le livre IX, l'épigramme 572 révèle sa pauvreté et les dons qu'il reçut de Néron. C'est un premier jalon. Mais ceux qui ont voulu voir dans les personnages cités dans les épigrammes de Lucillius des individus ayant effectivement vécu à son époque, tels le rhéteur Flaccus et le médecin Magnus [2], sont obligés de maintenir Lucillius en vie jusqu'en 120 tout au moins, donc à l'époque d'Hadrien. S'il avait vingt ans à l'époque de Néron, il en aurait eu alors au moins soixante-dix. Mais on sait maintenant que ces personnages sont fictifs et n'apportent aucun élément pour la chronologie du poète. Il faut donc abandonner cette thèse.

D'autre part, nombre des épigrammes de Lucillius rappellent celles de Martial. A les comparer, on a l'impression qu'elles ont servi de modèle au poète latin. Mais les dates approximatives de Martial sont 40-104, et on ne trouve dans ses œuvres, ni chez aucun contemporain, aucune allusion au poète grec ni à ses épigrammes, alors que Martial cite ses amis et connaissances : Juvénal,

1. Les meilleures études sur Lucillius sont celles de A. Garzya, *Lucillius* dans *Giornale Italiano di Filologia*, VIII, 1955 p. 21-34 et de P. Crupi, *L'epigramma greco di Lucillio* (*Collectanea di Studi greci*, XLII, Naples, 1964. Voir encore Gudeman, *Lukillos*, dans R. E., XIII, 2, col. 1785 et suiv.

2. XI, 148 et 281.

Quintilien, Pline, Licinianus, Maternus, Silius Italicus [1], etc. Doit-on supposer une action réciproque à une époque où l'épigramme fleurit et se répand largement?

Déjà P. Sakolowski [2] avait tenté d'identifier le poète Lucillius avec Lucilius Junior qui fut le correspondant de Sénèque, et dont on sait qu'il cultivait l'épopée [3]. D'autres ont voulu l'appeler Lucillius de Tarrhea [4]. Mais ce poète vécut-il à Rome? Or Lucillius est un romain ou tout au moins un italien. L. Herrmann a repris à son compte la première thèse avec plus d'insistance encore. Pour lui, Flaccus et Magnus sont des contemporains de Sénèque. Cela lui permet de brosser une biographie sommaire [5] de l'auteur des épigrammes auquel il attribue en outre l'*Etna*, le *Ciris*, l'*Octavie* et une *Cléopâtre*. La thèse est ingénieuse, malgré les divergences orthographiques [6] qui sont incontestables puisque la graphie Λουκιλλίου est attestée par la métrique (XI, 196). On comprendrait alors l'influence que Lucillius aurait pu avoir sur Martial, puisque les épigrammes ne seraient que les œuvres de jeunesse d'un homme qui, après des années de pauvreté, se serait acquis une situation enviable de procurateur impérial en diverses provinces, et qui aurait été le confident de Sénèque en sa vieillesse. Lucillius aurait alors vécu entre les années 20 et 80.

M. L. Robert, en situant exactement le cadre de

1. Voir Pline le Jeune, V, 3, 5; Tacite, *Dialogues des Orateurs*, 10; Aulu-Gelle, XI, 9. Et aussi O. Autore, *Marziale e l'epigramma greco*, Palerme 1937.

2. *De Anthologia Palatina quaestiones*, Lipsiae, 1983, p. 5 et ss.)

3. I. G., XIV, 884.

4. A. Linnenkugel, *De Lucillio Tarrhaeo epigrammatum poeta, grammatico, rhetore*, Paderborn, 1926.

5. L. Herrmann, *Le Second Lucillius*, dans *Collection Latomus*, fascicule 34, Bruxelles, 1958. Quant à la restitution faite par Herrmann du *codex* des épigrammes lucilliennes (*op. cit.*, p. 7-14; 67-102), elle n'est pas sans audace, et l'auteur ne nous éclaire pas suffisamment sur sa méthode pour qu'on puisse lui reconnaître un caractère scientifique.

6. Voir ci-dessus, p. 19 et note 1.

l'épigramme XI, 184, soit la Maison Dorée avec les immenses et superbes jardins que Néron put créer après l'incendie de Rome de 64, a su déterminer la date approximative de cette composition [1], puisque Néron mourut en 68.

Plusieurs épigrammes font état de concours athlétiques, dramatiques, de pantomimes, et l'on sait combien cet empereur y prenait goût; mais quand le poète affirme que « Nauplios fut toujours préjudiciable aux Grecs », il ne peut avoir écrit ces vers qu'après la mort de celui qui s'était produit dans cette ville comme citharède. Cela permet de croire que, protégé de Néron, Lucillius connut son ἀκμή au plus tard vers la mort du prince, sans cesser de produire toutefois après sa disparition, sous les Antonins.

Vers 70, le poète Martial avait trente ans; il y avait quelques années qu'il était arrivé à Rome venant de sa lointaine Ibérie, et c'est vers cette même date de 70 que son *Liber Spectaculorum*, sans doute un premier essai d'épigrammes, le fit connaître de Titus. Le poète latin avait eu tout le temps de connaître les petits poèmes de Lucillius et de les « naturaliser » dans ce qui pouvait se rapporter à la vie romaine.

C'est à Naples, selon L. Robert [2], que dut vivre Lucillius. En effet, le vocabulaire agonistique qu'il emploie prouve qu'il a vécu, non pas à Rome qui ignora ce genre de compétition jusqu'au moment où Domitien le mettra à l'honneur dans les *Capitalia*, mais en milieu grec, dans une ville importante où se continuaient les traditions grecques, où existaient des jeux semblables à ceux de la Grèce et qui rivalisait avec leur gloire passée. C'est le cas de Naples où Auguste avait créé les célèbres *Sebasta* [3].

1. Voir *Dans l'amphithéâtre...*, p. 280 et 287.
2. L. Robert, *Les épigrammes satiriques de Lucillius*, p. 287.
3. L. Robert cite dans *Antiquité classique*, XXXVII (1968), p. 416, une inscription sur l'enterrement d'un athlète Marcus Alfidius en ce Ier siècle. Sa longueur et les termes employés prouvent toute l'ampleur de ces *Sebasta* au temps de Lucillius. Voir encore du même, *Deux concours grecs à Rome* dans *C.R.A.I.* 1970.

Il semble donc que l'on doive écarter les thèses précédemment élaborées. Que le monde romain ait ignoré ce poète semble presque chose normale. Il vécut non pour les Romains, mais pour son milieu grec. Si Néron le connut, c'est sans doute quand il se rendit lui-même à Naples. L'inspiration de Lucillius ne pouvait intéresser l'aristocratie romaine et on peut supposer qu'il n'eut pas, comme Martial, des relations avec Sénèque ou Quintilien. Leur monde était différent et sans communications réelles : n'étaient-ils pas tous deux, comme Martial, des ibériques ?

# APPENDICE II

## Lemmes de la section II dans l'autographe de Planude

| | II$^a$ | | II$^b$ |
|---|---|---|---|
| 1 | εἰς ἀγωνιστάς (f° 21$^r$) | 1 | εἰς ἀγωνιστάς (f° 87$^r$) |
| 2 | εἰς ἀδύνατον. | | |
| 3 | εἰς ἀνοήτους (f° 22$^r$) | 2 | εἰς ἀνοήτους |
| 4 | εἰς ἁρπαγάς | | |
| 5 | εἰς ἀσελγεῖς | 3 | εἰς ἀσελγεῖς |
| 6 | εἰς ἀστρονόμους | 4 | εἰς ἀστρονόμους |
| 7 | εἰς βραχεῖς (f° 22$^r$) | 5 | εἰς βραχεῖς |
| 8 | εἰς βαλανεῖον ψυχρόν | | |
| 9 | εἰς γραίας | 6 | εἰς γραίας |
| 10 | εἰς γραμματικούς (f° 23$^r$) | 7 | εἰς γραμματικόυς (f° 87$^r$) |
| 11 | εἰς γυναῖκας | | |
| 12 | εἰς δειλούς | | |
| 13 | εἰς αἰσχρούς [1] (f° 23$^r$) | 8 | εἰς δυσειδεῖς. |
| 14 | εἰς δυσωδεῖς | 9 | εἰς δυσωδεῖς (f° 88$^r$) |
| 15 | εἰς δόλιον | 10 | εἰς δολίους |
| 16 | εἰς δούλους | | |
| 17 | εἰς δῶρα (f° 24$^r$) | | |
| 18 | εἰς ἐρῶντα | | |
| 19 | εἰς ζωγράφους | | |
| 20 | εἰς ἡγεμόνας | 11 | εἰς ἡγεμόνας |
| 21 | εἰς θυγατέρας | | |
| 22 | εἰς ἰατρούς (f° 24$^r$) | 12 | εἰς ἰατρούς |
| 23 | εἰς ἵππους | | |
| 24 | εἰς κιθαρῳδούς καὶ τραγῳδούς (f° 25$^r$) | | |
| 25 | εἰς κλέπτας | 13 | εἰς κλέπτας |
| 26 | εἰς κουρέας | 14 | εἰς κουρέας |
| 27 | εἰς κυβευτάς | | |

1. Le *Parisinus gr.* 2739 corrige l'erreur évidente : εἰς δυσειδεῖς qui est conservée par le *Paris. gr.* 2740 et sans doute, par conséquent, par l'archétype *Paris. gr.* 2744.

| II[a] | II[b] |
|---|---|
| 28 εἰς κυνηγούς | |
| 29 εἰς κωμῳδόν | |
| 30 εἰς κωφούς | |
| 31 εἰς λαιμάργους (f° 25[r]) | 15 εἰς λαιμάργους |
| 32 εἰς λεπτοὺς καὶ μικρούς (f° 26[r]) | 16 εἰς μικρούς |
| 33 εἰς μακρούς | |
| 34 εἰς μεθύσους | 17 εἰς μεθύσους |
| 35 εἰς μιλιάριον ψυχρόν | |
| 36 εἰς νομικούς | |
| 37 εἰς ὀκνηρούς | 18 εἰς ὀκνηρούς (f° 88[r]) |
| 38 εἰς ὀρχηστάς | |
| 39 εἰς παχεῖς | |
| 40 εἰς ποιητάς (f° 26[r]) | 19 εἰς ποιητάς |
| 41 εἰς πλοῖα (f° 27[r]) | 20 εἰς πλοῖα |
| 42 εἰς πολυτεχνεῖς | |
| 43 εἰς πονηρούς | 21 εἰς πονηρούς |
| 44 εἰς πορδήν | |
| 45 εἰς παροριστάς | |
| 46 εἰς ῥήτορας (f° 27[r]) | 22 εἰς ῥήτορας (f° 89[r]) |
| 47 συμποτικὰ ἀστεῖσματα (f° 28[r]) | 23 συμποτικὰ ἀστεῖσματα (f° 89[r]). |
| 48 εἰς τολμητίας | |
| 49 εἰς ὑβριστάς (f° 29[r]) | 24 εἰς ὑβριστάς, |
| 50 εἰς φειδωλούς (f° 29[r]) | 25 εἰς φειδωλούς |
| 51 εἰς φθονερούς | |
| 52 εἰς φιλοσόφους | 26 εἰς φιλοσόφους |
| 53 εἰς χωλούς | 27 εἰς χωλούς (f° 90[r]). |

# APPENDICE III

ÉPIGRAMMES COMPOSÉES D'AUTRES MÈTRES
QUE LE DISTIQUE ÉLÉGIAQUE

| | | | |
|---|---|---|---|
| XI, | 47 | Dimètre iambique | (Anacréon) |
| | 48 | — | — |
| | 108 | Trimètres iambiques | Anonyme |
| | 286 | — | Palladas |
| | 287 | — | — |
| | 289 | — | — |
| | 291 | — | — |
| | 296 | Hexamètres dactyliques | Timon |
| | 297 | — | Anonyme |
| | 298 | — | — |
| | 345 | — | — |
| | 356 | — | — |
| | 358 | Trimètres iambiques | Anonyme |
| | 359 | — | — |
| | 360 | — | — |
| | 367 | Hexamètres dactyliques | Julien Antecessor |
| | 368 | — | — |
| | 424 | — | Pison |
| | 438 | Trimètre iambique | Ménandre |
| | 439 | — | Diphilos |
| | 440 | — | Pittacos |
| | 441 | — | Philiscos |

# SIGLES (1)

| | |
|---|---|
| P | *Palatinus Heidelbergensis gr.* 23 (XIe siècle). |
| $P^a$, $P^b$ | Première et seconde version de P (pour les épigrammes deux fois répétées). |
| B, $B^2$, J : | Main des scribes B, $B^2$ et J. |
| Plan. | *Marcianus gr.* 481 (*coll.* 863) manuscrit autographe de Planude (vers 1300). |
| $\text{Plan.}^{a,b}$ | Sections *a* et *b* du *Marcianus*, correspondant aux *codices a* et *b* collationnés par Maxime Planude. |
| C | *Parisinus gr.* 2744, prototype planudéen (1300-1305) et *Parisinus gr.* 2722 (fo 33). |
| D | *Parisinus gr.* 2739 (XVe siècle). |
| E | *Sylloge Euphemiana* (Xe siècle);<br>$E^F$ *Parisinus gr.* 1773 (XVe siècle);<br>$E^P$ *Laurentianus* LVII-29 (XVe siècle);<br>$E^R$ *Parisinus gr.* 2720 (XVIe siècle). |
| F | *Sylloge Florentina*: *Laurentianus* XCI-8 (XVIe siècle). |
| H | *Sylloge* H : *Parisinus gr.* 3019 et 2865 (XVe et XVIe siècles) *Matritensis Bibl. nat.* 4635, olim N. 114 (XVIe siècle). |
| K | *Sylloge* K : *Laurentianus* LIX-44 (XIVe siècle). |
| L | *Sylloge Laurentiana : Laurentianus* XXXII-16 (vers 1280). |
| M | *Matritensis Bibl. nat.* 4562, olim N. 24 (XVIe siècle). |
| N | *Parisinus gr.* 2740 (XVe siècle). |
| O | *Laurentianus* XXXII-50 (XVIe siècle). |
| Q | *Londiniensis mus. Brit. Addit.* 16409 (1300), apographe de Plan. |

1. Malgré notre désir, nous n'userons dans cette édition que de certains de ces sigles et nous continuerons à désigner certains manuscrits par leur lieu d'origine, afin de ne pas provoquer une rupture dans cette collection commencée par P. Waltz.

| | |
|---|---|
| R | *Sylloge* R : *Paris. gr.* 1765 (xvii^e siècle). |
| S | *Sylloge Parisina* ou *Crameriana :* |
| | $S^S$ *Parisinus suppl. gr.* 352 (xiii^e siècle) ; |
| | $S^P$ *Parisinus gr.* 1630 (xiv^e siècle). |
| Σ | *Sylloge* Σ : |
| | $\Sigma^F$ *Laurentianus* LVII-29 (xv^e siècle) ; |
| | $\Sigma^P$ *Parisinus gr.* 1773 (xv^e siècle). |
| $\Sigma^\pi$ | *Sylloge* $\Sigma^\pi$ : |
| | *Palatinus Heidelbergensis gr.* 23 (xi^e-xii^e siècle). |
| V | *Sylloge Vaticana :* |
| | *Marcianus app. gr.* XI, 1 [*coll.* 542] (xiv^e siècle) ; |
| | *Parisinus Coislinianus* 341 (xiv^e siècle) ; |
| | *Parisinus gr.* 2562 (xiv^e siècle), etc. |
| App. B.-V. | *Appendix Barberino-Vaticana.* |
| $App.^M$ | *Vaticanus Barberinianus gr.* 123 (xiv^e siècle) ; |
| $App.^V$ | *Vaticanus gr.* 240 (xiv^e siècle). |
| *m* | Leçon commune aux divers manuscrits. |
| *Schol. Wechel.* | Scholia Wecheliana, éd. de Wechel (1600). C'est à ce manuscrit que l'on se réfère quand on parle de scholies dans le commentaire; voir p. 2, note 2. |

Les chiffres placés à la suite du sigle d'un *codex* indiquent la place occupée par l'épigramme dans ce manuscrit.

# LIVRE XI[A]

# ÉPIGRAMMES BACHIQUES

## 1

### DE NICARQUE

Aux fêtes d'Hermès [1], Aphrodisios nous apportait six conges de vin. Il trébucha : tous furent consternés. « Oui du Centaure aussi le vin [2] fut la perte ! » Ah ! que n'a-t-il aussi causé la nôtre ! Car, maintenant, c'est lui que nous avons perdu.

## 2

### DE CALLICTER

Théodore, fils d'Eschyle, pourquoi contre moi cette lutte de braves Ne l'empêcheras-tu pas? Tous ont des pierres [3] !

1. Les fêtes d'Hermès ou *Hermaia* comportaient des jeux athlétiques réunissant enfants des gymnases et adolescents des palestres. Mais le quatrième jour du mois est aussi consacré à ce dieu. Ce culte avait un caractère bachique (Daremberg-Saglio, *Dict. antiq. grecques et romaines*, III, 131 *b*).

2. Réminiscence d'Homère, *Od.*, XXI, 295 : le centaure Eurytion provoqua la fameuse lutte des Centaures et des Lapithes; mais là où Homère disait ἄασε, *il troubla l'esprit*, Nicarque écrit ἀπώλεσεν, *il perdit;* et, tout le jeu de mots repose sur ce terme. Pourtant ce vers était déjà cité avec la même variante ὤλεσεν deux siècles auparavant par Alcée de Messène (XI, 12); voir encore de Callimaque l'épigramme 61 (éd. Cahen).

## LIBER XI[A]

# ΣΥΜΠΟΤΙΚΑ ΕΠΙΓΡΑΜΜΑΤΑ

1

## ΝΙΚΑΡΧΟΥ

Ἑρμαίοις ἡμῖν Ἀφροδίσιος ἓξ χόας οἴνου
αἴρων, προσκόψας πένθος ἔθηκε μέγα.
Οἶνος καὶ Κένταυρον ἀπώλεσεν· ὡς ὄφελεν δὲ
χἠμᾶς· νῦν δ' ἡμεῖς τοῦτον ἀπωλέσαμεν.

Tit. Τὸ συμποτικὸν εἶδος ἐκ σκωμμάτων σύγκειται καὶ συμβουλῆς τῶν παλαιῶν ἀεὶ παρὰ τὸν πότον ἀλλήλους ἀποσχεδιαζόντων· ἵν' οὖν μὴ δὲ [μηδὲ edd.] τούτων ἀμοιρῇς, καὶ ἐξ αὐτῶν ὑπέταξα τὰ ἐμπεσόντα scribae B manu in textu scr. P.
Plan., II$^{b}$, 23, 6. — **1** χόας Plan. : χοὰς PC ‖ **3** hab. Hom., *Od.*, XXI, 295.

2

## ΚΑΛΛΙΚΤΗΡΟΣ

Αἰσχυλίδα Θεόδωρε, τί μοι μεμάχηνται ἄριστοι;
Οὐ διακωλύσεις; Πάντες ἔχουσι λίθους.

**1** ἄριστοι Jacobs : οἱ ἄριστοι P.

## 3

### Anonyme.

J'aurais voulu être riche comme Crésus le fut jadis, et régner sur la grande Asie. Mais lorsque je regarde Nicanor, le fabricant de cercueils, que je songe à quoi il destine ses étuis [1], alors oui, je répands ma farine [2], je me grise de cotyles et toute l'Asie je la vends, pour des parfums et des couronnes!

## 4

### DE PARMÉNION

A son propre voisin sa femme est complaisante; lui, il ronfle et s'engraisse. Voilà bien un travail facile: ne pas naviguer, ne pas bêcher son champ et ronfler tout son saoul, la panse bien garnie. On se laisse entretenir grassement, aux dépens d'autrui [3]!

## 5

### DE CALLICTER DE MAGNÉSIE

Pour l'homme qui, chez lui, trouve son blé sans l'acheter, la femme est une « corne d'Amalthée » [4]!

1. Γλωσσόκομον est proprement l'étui dans lequel on gardait les anches de flûte. On en est venu aux sens de boîte, caisse et cercueil.

2. Jacobs, après d'autres, a pensé qu'il s'agissait ici d'un mélange de farine et de vin (*Il.*, XI, 639; Athénée, X, 432). Dans ces distiques qui, selon Weigand, seraient l'œuvre de Palladas, et dont le dernier vers semble une réminiscence d'un poète comique : στεφάνους παράσχου ζῶντι σαυτῷ καὶ μύρα (*Att. comoed. fragm.*, Anon. 1404 éd. Edmonds), l'auteur exprime son mépris de la richesse : il préfère beuveries et festins.

## 3

### Ἀδέσποτον.

Ἤθελον ἂν πλουτεῖν, ὡς πλούσιος ἦν ποτε Κροῖσος
καὶ βασιλεὺς εἶναι τῆς μεγάλης Ἀσίης.
Ἀλλ' ὅταν ἐμβλέψω Νικάνορα τὸν σοροπηγόν,
καὶ γνῶ πρὸς τί ποιεῖ ταῦτα τὰ γλωσσόκομα,
ἀκτήν που πάσσας καὶ ταῖς κοτύλαις ὑποβρέξας,
τὴν Ἀσίην πωλῶ πρὸς μύρα καὶ στεφάνους.

Plan., IIa, 47, 1. — Palladae trib. Weigand.
**5** πάσσας Plan. : πάσας P ‖ **6** Ἀσίην P : Ἀσίαν Plan.

## 4

### ΠΑΡΜΕΝΙΩΝΟΣ

Αὐτῷ τις γήμας πιθανὴν τῷ γείτονι ῥέγχει
καὶ τρέφεται· τοῦτ' ἦν εὔκολος ἐργασία,
μὴ πλεῖν, μὴ σκάπτειν, ἀλλ' εὐστομάχως ἀπορέγχειν,
ἀλλοτρίᾳ δαπάνῃ πλούσια βοσκόμενον.

*Paris. Coisl.* 352. — **4** ἀλλοτρίᾳ Plan. : ἀλλοτρίω P.

## 5

### ΚΑΛΛΙΚΤΗΡΟΣ ΜΑΝΗΣΙΟΥ

Ὅστις ἔσω πυροὺς καταλαμβάνει οὐκ ἀγοράζων,
κείνου Ἀμαλθείας ἁ γυνά ἐστι κέρας.

Plan., IIb, 23, 7. — Tit. Καλλικτῆρος P : Παρμενίωνος Plan. ‖ Μανησίου gentile nomen corr. Preisendanz : Μαντισίου P Μαρτισίου Saumaise ‖ **2** Ἀμαλθείας Plan. : Ἀμαλθαιάς P Ἀμαλθίας C ‖ ἁ γυνά P : ἡ γυνή Plan.

## 6

Du même.

Un ménage de pauvres? Un vrai combat de chiens : bagarre, injures, coups, taloches, tourments et procès [1].

## 7

DE NICARQUE

Personne, Charidémos, à caresser sa femme ne peut à longueur d'existence prendre un plaisir profond. Rien tant ne plaît à la nature que d'être émoustillée, de changer d'épiderme; c'est en somme loin du foyer qu'elle cherche les unions amoureuses [2].

## 8

⟨DE NICARQUE⟩

Que ni les parfums, ni les couronnes ne viennent à ma stèle de pierre marquer ta déférence; n'allume pas non plus de bûcher. Ce sont là vaines dépenses.
Si tu veux me faire des cadeaux, fais-le de mon vivant. A humecter de vin mes cendres, tu ne feras que boue; le mort, lui, ne boira pas! [3]

1. L'épigramme est gnomique : pas de bonheur pour les pauvres. La même idée est reprise plus longuement, plus spirituellement aussi par Lucillius et Automédon (XI, 50 et 388).
2. C'est l'éternel thème de l'amour impossible dans le mariage : R. Flacelière, *L'amour en Grèce*, p. 218. Le φιλόκνισος aime à caresser, à être excité aussi; ἀλλοτριόχρως provoque un double sens : changer de couleur et aussi d'épiderme. Quant à la lecture ξενοκυσταπάτην, elle ne pouvait donner un sens satisfaisant, l'un de ses éléments étant indiscernable. Au contraire, en lisant avec Schneider κύσθος (αἰδοῖα), le néologisme est chargé de sens érotique : tromper sa femme dans des unions clandestines.

## 6

### Τοῦ αὐτοῦ.

Πτωχοῦ ἐστι γάμος κυνέα μάχα, εὐθὺ κυδοιμός,
 λοιδορίαι, πλαγαί, ζημία, ἔργα, δίκαι.

1 κυνέα Jacobs : κυανέα P ‖ 2 πλαγαί Jacobs : πληγαί P.

## 7

### ΝΙΚΑΡΧΟΥ

Οὐδεὶς τὴν ἰδίην συνεχῶς, Χαρίδημε, γυναῖκα
 κινεῖν ἐκ ψυχῆς τερπόμενος δύναται·
οὕτως ἡ φύσις ἐστὶ φιλόκνισος, ἀλλοτριόχρως,
 καὶ ζητεῖ διόλου τὴν ξενοκυσθαπάτην.

Plan., II[a], 47, 2. — Tit. Νικάρχου Plan. : Νικάνδρου P ‖ 2 κινεῖν P Plan.[ac] : αἰνεῖν Plan. βινεῖν Paton [e litterarum κβ confusione et similitudine sensus; cf. Aristoph., *Ranae*, 148] ‖ 3 φύσις Plan. : ῥύσις P ‖ ἀλλοτριόχρως Toup : ἀλλότριος χρώς *m* ‖ 4 ξενοκυσθαπάτην Schneider : -σταπάτην *m*.

## 8

### ⟨ΝΙΚΑΡΧΟΥ⟩

Μὴ μύρα, μὴ στεφάνους λιθίναις στήλαισι χαρίζου,
 μηδὲ τὸ πῦρ φλέξῃς· ἐς κενὸν ἡ δαπάνη.
Ζῶντί μοι, εἴ τι θέλεις, χάρισαι· τέφρην δὲ μεθύσκων
 πηλὸν ποιήσεις, κοὐχ ὁ θανὼν πίεται.

Plan., II[a] 47, 3; Kaibel, *Ep. gr.*, 646; Peek, *Gr. Vers-Ins.*, I, 1906, l. 9-12. *IG*, xiv, 1796; *CIL*, vi, 14672. — Tit. Νικάρχου e Stadtmüller nos : ἀδέσποτον *m* ‖ 1 λιθίναις στήλαισι χαρίζου *m* : στήλλῃ χαρίσῃ, λίθος ἐστίν lapis ‖ 2 φλέξῃς *m* : φλέξεις lapis βρέξῃς Scaliger ‖ ἐς P : εἰς Plan. ἰς lapis ‖ 3 εἴ τι θέλεις, χάρισαι· τέφρην *m* : εἴ τι ἔχεις, μετάδος, τέφραν lapis ‖ 4 κοὐχ *m* : καὶ οὐκ lapis ‖ πίεται P : τίεται Plan. in lapide hi uersus leguntur : τοῦτο ἔσομαι γὰρ ἐγώ· σὺ δὲ τούτοις γῆν ἐπιχώσας εἰπὲ ὅτι οὐκ ⟨ὢν⟩ ἦν τοῦτο πάλιν γέγονα.

## 9

### DE LÉONIDAS [1]

Ne va pas encore après souper, lorsque mon estomac ne veut plus rien entendre, faire dresser devant moi tétines de truie et tranches de jambon. Ainsi les paysans n'ont que faire, après la moisson, de pluie intempestive et les matelots du zéphyr, une fois rentrés au port [2].

## 10

### DE LUCILLIUS

Vous connaissez l'usage de nos petits soupers; pour aujourd'hui, Aulus, je vous convie à un dîner selon nos nouvelles règles [3] : le poète, à table, n'aura pas la parole; et toi-même, tu n'auras, ni ne créeras de problèmes grammaticaux [4].

## 11

### Du même.

Je ne te savais pas auteur tragique, Épicrate, ni joueur de flûte, ni, pour tout dire, de ces gens auxquels il est permis d'avoir un chœur. Aussi t'avais-je invité seul [5]. Et toi, te voilà, traînant à ta suite toute une troupe de danseurs, et tu leur fais passer tous les plats [6]... par derrière.

1. D'ordinaire, Léonidas d'Alexandrie s'oblige à des lois métriques acrobatiques. Doit-on croire que, primitivement, l'*isopséphie* était respectée dans les deux distiques? Ou s'agit-il d'un autre Léonidas?

2. N'est-il pas spirituel de donner une forme poétique à deux proverbes afin d'appuyer une constatation terre-à-terre : la délicatesse des mets ne rend pas l'appétit?

## 9

## ΛΕΩΝΙΔΟΥ

Μὴ πάλι μοι μετὰ δόρπον, ὅτ' οὐκέτι γαστέρα πείθω,
οὔθατα καὶ χοίρων ἄντα τίθει τεμάχη·
οὐδὲ γὰρ ἐργοπόνοισι μετὰ στάχον ὄμβρος ἄκαιρος
χρήσιμος, οὐ ναύταις ἐν λιμένι ζέφυρος.

Plan., II[a], 47, 4. — Tit. Isopsephia offensa quis sit auctor difficile constat — primi distichi litteris 7780, uersibus ultimis 8164 ualentibus — Leonidae tamen Alexandrino potius quam Leonidae Tarentino tribuendum docto Jacobs uid. ‖ **2** ἄντα Piccolos : ἄρτα P ἄρτι Plan. ἀρτὰ Saumaise alii alia ‖ **3** μετὰ C : μέγα Plan. [pc] μέγαν P Plan. [ac].

## 10

## ΛΟΥΚΙΛΛΙΟΥ

Τὸν τοῦ δειπναρίου νόμον οἴδατε· σήμερον ὑμᾶς,
Αὖλε, καλῶ καινοῖς δόγμασι συμποσίου.
Οὐ μελοποιὸς ἐρεῖ κατακείμενος, οὔτε παρέξεις
οὔθ' ἕξεις αὐτὸς πράγματα γραμματικά.

Plan., II[b], 23, 8. — Tit. Λουκιλλίου P : Λουκιανοῦ Plan. uide notitiam p. 21.

## 11

## Τοῦ αὐτοῦ.

Οὐκ ᾔδειν σε τραγῳδόν, Ἐπίκρατες, οὐδὲ χοραύλην,
οὐδ' ἄλλ' οὐδὲν ὅλως, ὧν χορὸν ἔστιν ἔχειν·
ἀλλ' ἐκάλουν σε μόνον· σὺ δ' ἔχων χορὸν οἴκοθεν ἥκεις
ὀρχηστῶν, αὐτοῖς πάντα διδοὺς ὀπίσω.

**2** ἄλλ' οὐδὲν Saumaise : ἄλλον οὐδέν' P ‖ **3** ἥκεις Saumaise : ἵκεις P ‖ **4** ὀρχηστῶν, αὐτοῖς Saumaise : ορχηστο... τοις lacuna VII litterarum relicta P.

S'il en est ainsi, étends donc tes esclaves sur les lits, et nous, nous nous mettons là, à leurs pieds.

## 12
## D'ALCÉE ⟨DE MESSÉNIE⟩

« Le vin perdit aussi le Centaure », Épicrate [1], et tu n'es pas son unique victime, ni Callias [2], à l'aimable jeunesse. Vraiment la joie du vin [3] est meurtrière chez ce borgne [4]. Puisses-tu, au plus vite, du fond de l'Hadès, lui porter la même santé !

## 13
## D'AMMIEN

L'aurore après l'aurore se répète [5], et pour nous, insouciants, soudain surgira la sombre mort [6]. Elle rendra les uns languissants, les autres desséchés, quelques-uns boursouflés [7] ; tous, elle les conduira au même gouffre.

## 14
## Du même.

Sur invitation, on m'offrit hier l'hospitalité. A l'heure du sommeil, je me suis couché sur un matelas, celui de Gorgone ou bien de Niobé [8] ! Personne ne l'avait

1. Nouvelle réminiscence proverbiale d'Homère (*Od.*, XXI, 295); l'ivresse d'Eurytion (*A. P.* XI, 1) et le combat des Lapithes et des Centaures, sont des motifs habituels de la lapidaire et de la peinture grecques.

2. Épicrate et Callias, l'un poète comique, l'autre tragique, furent empoisonnés par Philippe de Macédoine lors d'un festin. Il s'agit de Philippe V qui perdit la bataille de Cynocéphales contre le consul Flaminius et Alcée de Messène poursuivit de sa haine ce prince « en qui la cruauté était innée », selon le mot de Plutarque (*Aratus*, 49), et qui régna de 220 à 178. Déjà en 205, à la suite de sa paix humiliante avec Rome, il s'était brouillé avec ces poètes avant de décider leur mort. Selon une autre hypothèse, il s'agirait de l'amiral rhodien Epicratès et d'un Délien, Callias, agent de Philippe. Mais nombreuses furent les autres victimes du monarque (*Class. Quart.*, 37, 4 et suiv.).

Εἰ δ' οὕτω τοῦτ' ἐστί, σὺ τοὺς δούλους κατάκλινον,
ἡμεῖς δ' αὖ τούτοις πρὸς πόδας ἐρχόμεθα.

6 αὖ τούτοις Jacobs : αὐτοῦ σοι P.

## 12

## ΑΛΚΑΙΟΥ ⟨ΜΕΣΣΗΝΙΟΥ⟩

Οἶνος καὶ Κένταυρον, Ἐπίκρατες, οὐχὶ σὲ μοῦνον,
ὤλεσεν ἠδ' ἐρατὴν Καλλίου ἡλικίην.
Ὄντως οἰνοχάρων ὁ μονόμματος, ᾧ σὺ τάχιστα
τὴν αὐτὴν πέμψαις ἐξ Ἀΐδεω πρόποσιν.

Lemma B : εἰς Φίλιππον P.
PLAN., $I^{b}$, 33, 1. — Tit. Μεσσηνίου nos : om. *m* ‖ 3 οἰνοχάρων P : ὠμοχάρων PLAN. qui interpretatur *crudelis Charon* sicut Philippi cognomen.

## 13

## ΑΜΜΙΑΝΟΥ

Ἠὼς ἐξ ἠοῦς παραπέμπεται, εἶτ' ἀμελούντων
ἡμῶν ἐξαίφνης ἥξει ὁ πορφύρεος,
καὶ τοὺς μὲν τήξας, τοὺς δ' ὀπτήσας, ἐνίους δὲ
φυσήσας, ἄξει πάντας ἐς ἓν βάραθρον.

PLAN., $I^{a}$, 36, 5. — Tit. Ἀμμιανοῦ P : Ἀββιανοῦ PLAN. e litterarum β et μ confusione ‖ 1 Ἠὼς Brunck : ἢ ὡς *m* ‖ 4 ἐς PLAN. : εἰς P.

## 14

## Τοῦ αὐτοῦ.

Ἐχθὲς ἐπὶ ξενίαν κληθείς, ὅτε καιρὸς ὕπνου μοι,
τύλῃ ἐπεκλίνθην Γοργόνος ἢ Νιόβης,

PLAN., $II^{a}$, 47, 6. — Tit. Τοῦ αὐτοῦ P : Ἀββιανοῦ PLAN. Ἀμμιανοῦ C ‖ 2 τύλῃ P : τύλη PLAN. ‖ ἐπεκλίνθην PLAN. : ἐπεκλίθην P.

tissé; mais à la scie ou à la hache, des carrières on l'avait découpé et jusque chez Proclos on l'avait amené. Si je ne m'étais bien vite éveillé, Proclos eût fait pour moi de ce matelas un tombeau ou une stèle [1]!

## 15

Du même.

Si c'est ta décision, Lucius, de n'enterrer des sénateurs que ceux dont le nom commence par A, ton frère également en fait partie. Mais si, ce qui est vraisemblable, tu marches en suivant l'ordre alphabétique, dès maintenant je t'en préviens : je me nomme Origène [2].

## 16

⟨Du même.⟩

Cyllos et Leuros, deux fougueux lanciers thessaliens [3].
Mais de ces lanciers, le plus fou, c'est Cyllos !

## 17

DE NICARQUE

Stéphanos était à la fois jardinier et miséreux. Maintenant, il est monté en grade : il est riche, et le

1. Jeu de mots : τὴν τύλην στήλην, qui était accentué par l'iotacisme. S'agit-il simplement d'une épigramme sarcastique à propos de la dureté des lits qu'offrait à ses hôtes ce Proclos? On a voulu voir en lui un homme de main chargé par l'empereur Valens († 378) de faire disparaître notre auteur. Il faudrait alors dissocier le poète Ammien qui vécut sous Trajan et Hadrien de celui que Planude appelle « Abbianos », par confusion, croit-on, des lettres μ et ϐ de la minuscule, et auquel il attribue six épigrammes (XI, 13 à 16, 146 et 147). Voir *Introduction*, p. 25.

ἣν οὐδεὶς ὕφηνεν, ἀπέπρισε δ' ἢ πελεκήσας
  ἐκ τῶν λατομιῶν ἤγαγεν εἰς τὰ Πρόκλου.
Ἐξ ἧς, εἰ μὴ θᾶττον ἐπηγέρθην, Πρόκλος ἄν μοι
  τὴν τύλην στήλην ἢ σορὸν εἰργάσατο.

5 ἐξ ἧς PLAN. : ἐξῆς P.

## 15

### Τοῦ αὐτοῦ.

Εἰ μὲν τοὺς ἀπὸ ἄλφα μόνους κέκρικας κατορύσσειν,
  Λούκιε, βουλευτὰς καὶ τὸν ἀδελφὸν ἔχεις·
εἰ δ', ὅπερ εὔλογόν ἐστι, κατὰ στοιχεῖον ὁδεύεις,
  ἤδη σοὶ προλέγω, Ὠριγένης λέγομαι.

PLAN., I$^{a}$, 31, 3. — Tit. Τοῦ αὐτοῦ P : Ἀββιανοῦ PLAN.

## 16

### ⟨Τοῦ αὐτοῦ.⟩

Κύλλος καὶ Λεῦρος, δύο Θεσσαλοὶ ἐγχεσίμωροι·
  Κύλλος δ' ἐκ τούτων ἐγχεσιμωρότερος.

PLAN., II$^{a}$, 3, 5. — Tit. suppl. nos : Ἀββιανοῦ PLAN. om. P ‖ 1 Θεσσαλοὶ P$^{pc}$ PLAN. : Θεσαλοί P$^{ac}$.

## 17

### ΝΙΚΑΡΧΟΥ

Ἦν Στέφανος πτωχὸς κηπεύς θ' ἅμα· νῦν δὲ προκόψας
  πλουτεῖ, καὶ γεγένητ' εὐθὺ Φιλοστέφανος,

PLAN., II$^{b}$, 23, 9. — Tit. Νικάρχου P : om. PLAN. Luciano trib. *scholia Wecheliana* ‖ 1 ἦν P PLAN. : ὢν C ‖ κηπεύς θ' Jacobs : καὶ παῖς *m* ‖ 2 Φιλοστέφανος P$^{pc}$ PLAN. : Φλο- P$^{ac}$.

voilà devenu sans tarder Philostéphanos, pour avoir ajouté quatre belles lettres au Stéphanos d'hier !

Le moment venu, il sera Hippocratippiade [1] ou, à cause de ses débauches, Dionysiopeganodôros [2]. Mais, pour toute la gent policière de l'agora, il reste Stéphanos !

## 18

Du même.

Sans affronter la grossesse, Philaenion a donné une fille à Héliodore; elle est venue toute seule. Et lui, il est tout chagrin de la fille ! Six jours se passent, et on va répétant que Philaenion a mis au monde un fils !

Ainsi, on congédie Boubastis ! Car, si chacune se met à enfanter comme cette dame, quel est le rôle de la déesse [3] ?

## 19

DE STRATON

Bois donc et fais l'amour, Démocrate ! Nous ne boirons pas éternellement et nous n'aurons pas toujours des garçons à aimer !

Alors, ceignons nos têtes de couronnes [4], oignons-nous de parfums, avant que d'autres ne les portent sur nos tombes. Que pour l'instant mes os s'enivrent à satiété; et qu'après ma mort Deucalion [5] les engloutisse dans ses ondes !

1. Cette épigramme de Nicarque rejoint celles d'auteurs anonymes réunies dans ce même livre (260, 358) et aussi Martial VI, 17. En montant dans l'échelle sociale, le jardinier éprouve le besoin de changer de nom : c'est une maladie de tous les temps (voir encore Démosthène, *Sur la Couronne*, 130; Lucien, *Songe*, 14 et 31; Timon, 22). Philostéphanos insiste sur la nouvelle passion du nouveau riche pour les festins où l'on aime être couronné. Hippocratippiade, c'est une redondance pour signifier « aux chevaux victorieux »; le nom suggère le propriétaire d'une riche écurie et même, comme fils d'Hippias, une parenté avec les Pisistratides.

τέσσαρα τῷ πρώτῳ Στεφάνῳ καλὰ γράμματα προσθείς·
ἔσται δ' εἰς ὥρας Ἱπποκρατιππιάδης,
ἢ διὰ τὴν σπατάλην Διονυσιοπηγανόδωρος·
ἐν δ' ἀγορανομίῳ παντὶ μένει Στέφανος.

**4** ἔσται PLAN. : ἔστα P ‖ Ἱπποκρατιππιάδης P : -τιππιδίας PLAN.

## 18

### Τοῦ αὐτοῦ.

Οὐκ ἐν γαστρὶ λαβοῦσα Φιλαίνιον Ἡλιοδώρῳ
θήλειαν τίκτει παῖδ' ἀπὸ ταὐτομάτου.
Τοῦ δ' ἐπὶ θηλείῃ λυπουμένου, ἓξ διαλείπει
ἤματα, καὶ τίκτειν ἄρσενα παῖδ' ἔφατο.
Οὕτως Βούβαστις καταλύεται· εἰ γὰρ ἑκάστη
τέξεται ὡς αὐτή, τίς θεοῦ ἐστι λόγος;

PLAN., I[a], 70, 3. — Tit. Τοῦ αὐτοῦ P : Νικάρχου PLAN. ‖ **1** Οὐκ ἐν P : τῇ μὲν PLAN. ‖ **2** ἀπὸ ταὐτομάτου PLAN. : ἀπαυτομ- P ‖ **6** τέξεται PLAN. : τεύξεται P.

## 19

### ΣΤΡΑΤΩΝΟΣ

Καὶ πίε νῦν καὶ ἔρα, Δαμόκρατες· οὐ γὰρ ἐς αἰεὶ
πιόμεθ', οὐδ' αἰεὶ παισὶ συνεσσόμεθα.
Καὶ στεφάνοις κεφαλὰς πυκασώμεθα, καὶ μυρίσωμεν
αὐτούς, πρὶν τύμβοις ταῦτα φέρειν ἑτέρους.
Νῦν ἐν ἐμοὶ πιέτω μέθυ τὸ πλέον ὀστέα τἀμά·
νεκρὰ δὲ Δευκαλίων αὐτὰ κατακλυσάτω.

PLAN., II[a], 47, 7. — **1** πίε Brunck : πίνε *m* ‖ νῦν P : om. PLAN. ‖ ἔρα P : τέρπου PLAN. ‖ Δαμόκρατες P : Δημοκρ- PLAN. ‖ **2** αἰεὶ παισὶ συνεσσόμεθα Brunck : ἀεὶ π. συνεσόμεθα P αἰεὶ τέρψιος ἑξόμεθα PLAN. ‖ **4** αὐτούς PLAN. : αὔτοὐς P ‖ **5** ἐν PLAN. : om. P ‖ **6** κατακλυσάτω J. Lascaris: -κλασάτω *m*.

## 20

## D'ANTIPATER DE THESSALONIQUE

Arrière, vous tous qui chantez vertugadin, luminaire et caelacanthe [1], race de poètes amateurs d'arguties [2], qui ne recherchez pour vos vers qu'ornements acrobatiques et ne buvez à la fontaine sacrée qu'une onde insipide.

Ce jour, nous célébrons par des libations la fête d'Archiloque et du mâle Homère [3]. Le cratère n'admet pas les buveurs d'eau claire !

## 21

## DE STRATON

Hier, le « petit lézard » d'Agathon était un doigt de rose. Mais maintenant c'est un bras de rose qu'il possède [4] !

## 22

## Du même.

Dracon est un éphèbe, trop beau. Mais puisqu'il est dragon [5], comment laisse-t-il un autre serpent s'enfiler dans son trou ?

1. Ce sont les pédants qu'attaque ici Antipater, ceux qui recherchent les vers compliqués, les mots précieux, nouveaux et surannés. Ces trois mots λοκκή, λοφνίς, καμασήν sont, pour ainsi dire, des hapax et désignent un type rare de manteau, une torche de résine et une espèce de poisson inconnue de nous. Sur ces termes, voir Hésychius, λόκος; Tzetzès, *Sch. ad Lycophronem*, 48; et Athénée, VIII, 334b. Nous les traduisons par des équivalents plus modernes.

2. Sur le sens exact d'ἀκανθολόγος, voir XI, 322 et 347.

3. Pour Antipater, la plupart des modernes ne sont pas des poètes, et il rappelle que la vraie source de la poésie c'est Homère, Archiloque... et aussi le vin qui donne l'inspiration. Le reste n'est que recherche savante de buveurs d'eau claire !

## 20

## ΑΝΤΙΠΑΤΡΟΥ ΘΕΣΣΑΛΟΝΙΚΕΩΣ

**Φεύγεθ' ὅσοι λόκκας ἢ λοφνίδας ἢ καμασῆνας**
**ᾄδετε, ποιητῶν φῦλον ἀκανθολόγων,**
**οἵ τ' ἐπέων κόσμον λελυγισμένον ἀσκήσαντες,**
**κρήνης ἐξ ἱερῆς πίνετε λιτὸν ὕδωρ.**
**Σήμερον Ἀρχιλόχοιο καὶ ἄρσενος ἦμαρ Ὁμήρου**
**σπένδομεν· ὁ κρητὴρ οὐ δέχεθ' ὑδροπότας.**

Plan., II$^{a}$, 47, 8. — Tit. Ἀ. θεσσα (λονικέως) signo arctationis adposito *m* ‖ **1** φεύγεθ' Plan. : φεύγετ' P ‖ καμασῆνας cum Athenaeo VIII, 334 b consentit : καμ.σηνας P καμασήνας Brunck καμϊσήνας Plan. καμισύνας D καμισκῦας CH καμασύνας *Wechel.* ‖ **3** λελυγισμένον P : λελιγυσμ- Plan. ‖ **6** κρητὴρ οὐ δέχεθ' Plan. : κρατὴρ οὐ δέχετ' P.

## 21

## ΣΤΡΑΤΩΝΟΣ

**Πρῴην τὴν σαύραν Ἀγάθων ῥοδοδάκτυλον εἶχεν·**
**νῦν δ' αὐτὴν ἤδη καὶ ῥοδόπηχυν ἔχει.**

Altero modo iteratum in XII, 242. — **1** σαύραν Jacobs : σαυραν P σαῦραν Dübner.

## 22

## Τοῦ αὐτοῦ.

**Ἔστι Δράκων τις ἔφηβος ἄγαν καλός· ἀλλὰ δράκων ὢν**
**πῶς εἰς τὴν τρώγλην ἄλλον ὄφιν δέχεται;**

Plan., I$^{b}$ 42, 3. — Tit. Τοῦ αὐτοῦ P : Στράτωνος Plan.

## 23

### D'ANTIPATER ⟨DE THESSALONIQUE⟩

Ils me prédisent une mort prochaine les savants astrologues. Eh bien, soit ! Mais je ne m'en soucie guère, Séleucus [1]. Tout homme ne descend qu'une seule fois aux Enfers; et si notre descente est plus rapide, plus vite nous irons voir Minos [2]. Buvons. Car, voyons, la monture pour la vraie route, c'est le vin. Pour les piétons, il n'y a que sente vers l'Hadès [3].

## 24

### Du même.

O Hélicon de Béotie [4], souvent jadis de tes fontaines tu as fait couler pour Hésiode une onde inspiratrice. Maintenant encore, ce jeune homme, ton homonyme [5], d'une source qui mieux encore suspend toute inquiétude, nous verse un breuvage bachique qui nous vient d'Ausonie [6]. Ah ! je voudrais pour moi ne boire qu'une seule coupe versée par cet échanson plutôt que mille autres de ton cru, ô fontaine de Pégase [7] !

## 25

### D'APOLLONIDAS

Tu dors, mon ami? Mais le skyphos lui-même te crie : « Réveille-toi ! Ne prends pas plaisir à t'entraîner au jour fatal [8]. »

1. Si ce Séleucus est l'ami de Tibère, nous sommes renseignés sur l'époque où vécut le poète.

2. Minos, qui régna sur la Crète sans doute vers les XVI^e^ ou XV^e^ siècles, passe pour en avoir été le législateur et Zeus le choisit, en raison de sa sagesse, pour juger les Morts en compagnie de son frère Rhadamanthe. Antipater use à son endroit du terme d'ἐπόπτης qui marque les connaissances et la contemplation des initiés aux mystères.

## 23

## ΑΝΤΙΠΑΤΡΟΥ ⟨ΘΕΣΣΑΛΟΝΙΚΕΩΣ⟩

**Ὠκύμορόν με λέγουσι δαήμονες ἀνέρες ἄστρων·**
**εἰμὶ μέν, ἀλλ᾽ οὔ μοι τοῦτο, Σέλευκε, μέλει.**
**Εἰς Ἀΐδην μία πᾶσι καταίβασις· εἰ δὲ ταχίων**
**ἡμετέρη, Μίνω θᾶσσον ἐποψόμεθα.**
**Πίνωμεν· καὶ δὴ γὰρ ἐτήτυμον εἰς ὁδὸν ἵππος**
**οἶνος, ἐπεὶ πεζοῖς ἀτραπὸς εἰς Ἀΐδην.**

Plan., $\mathrm{II}^{b}$, 23, 10. — Tit. Ἀντιπάτρου P : om. Plan. ‖ Θεσσαλονίκεως suppl. nos ‖ **3** μία πᾶσι P : πάντεσσι Plan. ‖ ταχίων Bothe : τάχϊον Plan. τάχειον P ‖ **4** Μίνω Plan. : Μήνω P ‖ **5** πίνωμεν Plan. : πίνομεν P ‖ δὴ γὰρ P : γὰρ δὴ Plan.

## 24

## Τοῦ αὐτοῦ.

**Ὦ Ἑλικὼν Βοιωτέ, σὺ μέν ποτε πολλάκις ὕδωρ**
**εὐεπὲς ἐκ πηγέων ἔβλυσας Ἡσιόδῳ·**
**νῦν δ᾽ ἡμῖν ἔθ᾽ ὁ κοῦρος ὁμώνυμος Αὔσονα Βάκχον**
**οἰνοχοεῖ κρήνης ἐξ ἀμεριμνοτέρης.**
**Βουλοίμην δ᾽ ἂν ἔγωγε πιεῖν παρὰ τοῦδε κύπελλον**
**ἓν μόνον, ἢ παρὰ σεῦ χίλια Πηγασίδος.**

Plan., $\mathrm{II}^{a}$, 47, 9. — Tit. Τοῦ αὐτοῦ *m* carmine post ep. 20 transposito Plan. ‖ **3** βάκχον Plan. : βάκχουν P.

## 25

## ΑΠΟΛΛΩΝΙΔΟΥ

**Ὑπνώεις, ὠταῖρε· τὸ δὲ σκύφος αὐτὸ βοᾷ σε·**
**« Ἔγρεο, μὴ τέρπου μοιριδίῃ μελέτῃ. »**

Plan., $\mathrm{II}^{a}$, 47, 10. — **1** ὑπνώεις Plan. : ὑπνωηις P ‖ ὠταῖρε Saumaise : ὦ ἑταῖρε *m* ‖ **2** μοιριδίῃ *m* : gl. θανασίμῳ superscr. Plan C.

Pas de trêve, Diodore ! Laisse-toi avec fougue glisser vers Bacchus et bois vite le vin pur [1] jusqu'à vaciller sur tes genoux. C'est qu'il sera long, bien long le temps où nous ne boirons plus ! Allons, dépêche-toi ! La sagesse va de pair avec la blancheur de nos tempes !

## 26

### DE ⟨MARCUS⟩ ARGENTARIUS

Je chancelle, ivre de vin pur. Allons, qui me sauvera de Bromios [2], moi et mes jambes vacillantes?
Quel dieu injuste j'ai trouvé ! Alors que moi je te porte, ô Bacchus, toi, en sens contraire tu me déportes !

## 27

### DE MACÉDONIOS ⟨DE THESSALONIQUE⟩

Poussière âpre et parfumée de Sorrente, salut ! Et toi, terre de Pollentia, qui as toute la douceur du miel; et toi, Asté, glèbe trois fois désirée [3], c'est de votre sein que le groupe des trois Grâces a tiré et pétri pour Bromios cette argile bachique [4], bien commun des riches et des pauvres; c'est pour les uns la vaisselle de leurs stricts besoins, pour les autres un luxe [5] qu'exigent leurs plaisirs.

1. Boire le vin pur est anormal : il était toujours mélangé d'eau. G. Giangrande (*op. cit.*, p. 131) interprète cela comme une coutume plutôt barbare que grecque. Voir p. 90, n. 2.

2. Dionysos c'est Bromios, le *frémissant*, le *grondant*, le vin nouveau qui fermente et bouillonne selon l'interprétation donnée, par Héraclite (*Allég. homer.*, 35). Voir F. Buffière, *Les mythes d'Homère et la pensée grecque*, p. 242.

3. Pour un sujet aussi terre à terre, le poète use de formes ioniennes et forge de nouveaux mots, tels βρομιώδης et τριζυγής. Sorrente, Pollentia et Asté sont des villes de Campanie et de Ligurie, célèbres pour leur argile (Pline, *Hist. nat.*, XXXV, 46, 2).

Μὴ φείσῃ, Διόδωρε· λάβρος δ' εἰς Βάκχον ὀλισθών,
ἄχρις ἐπὶ σφαλεροῦ ζωροπότει γόνατος.
Ἔσσεθ', ὅτ' οὐ πιόμεσθα, πολὺς πολύς· ἀλλ' ἄγ' ἐπείγου·
ἡ συνετὴ κροτάφων ἅπτεται ἡμετέρων. 6

3 ὀλισθών Plan. : ὀλισθῶν P ‖ 5 πολὺς πολύς P : πολὺς χρόνος Plan. ‖ 6 συνετὴ P : πολιὴ Plan. fort. servandum.

## 26

## ⟨ΜΑΡΚΟΥ⟩ ΑΡΓΕΝΤΑΡΙΟΥ

Σφάλλομαι ἀκρήτῳ μεμεθυσμένος· ἀλλὰ τίς ἆρα
σώσει μ' ἐκ Βρομίου γυῖα σαλευόμενον;
Ὡς ἄδικον θεὸν εὗρον, ὁθούνεκεν αὐτὸς ἐγὼ σέ,
Βάκχε, φέρων ὑπὸ σοῦ τἄμπαλι παρφέρομαι.

Plan., II[a], 47, 11. — Tit. Μάρκου suppl. nos : om. *m* ‖ 2 μ' ἐκ Plan. : με ἐκ P ‖ 3 ὁθούνεκεν Gow : ὁθ' οὕνεκεν C ὅθ' οὕνεκα Plan. Brunck ὅτ' εἵνεκεν P ὁθείνεκεν Jacobs ‖ ἐγὼ σέ Plan. : ἔγωγε P ‖ 4 τἄμπαλι P : τοὔμπαλιν Plan.

## 27

## ΜΑΚΗΔΟΝΙΟΥ ⟨ΘΕΣΣΑΛΟΝΙΚΕΩΣ⟩

Συρρέντου τρηχεῖα μυρίπνοε, χαῖρε, κονίη,
καὶ Πολλεντίνων γαῖα μελιχροτάτη,
Ἀστή θ' ἡ τριπόθητος ἀφ' ἧς βρομιώδεα πηλὸν
φύρησαν Βάκχῳ τριζυγέες Χάριτες,
πλούτου καὶ πενίης κοινὸν κτέαρ· οἷς μὲν ἀνάγκης
σκεῦος, τοῖς δὲ τρυφῆς χρῆσι περισσοτέρη.

Tit. Θεσσαλονίκεως ex *Epigr.* XI, 39 nominatim Thessalonicensi tributa suppl. nos ‖ 1 Συρρέντου Brunck : συρέντου P ‖ 3 ἀστή θ' ἡ τριπόθητος Jacobs : ἀϊσταί θ' αἱ τριπόθητοι P ἐστὶ γὰρ αἱ τριπόθητος, ἀφ' ὧν Brunck.

## 28

### DE ⟨MARCUS⟩ ARGENTARIUS

Mort, tu seras étendu sous cinq pieds de terre; les charmes de l'existence, les rayons du soleil, tu ne les verras plus. Ainsi donc, prends une coupe de vin pur, siffle-la joyeusement, Quinctius, en tenant dans tes bras une très jolie fille. Et si tu songes parfois à l'immortelle sagesse, sache-le bien, Cléanthe comme Zénon s'en furent dans les profondeurs de l'Hadès [1] !

## 29

### D'AUTOMÉDON

Convie ! Appelle ! Tout est prêt [2]. Mais, si l'on vient, que feras-tu? Rends-toi compte, Automédon. Plus flasque qu'une salade [3], lui si rigide et plein de vie, le voilà bel et bien mort et enfoui au plus profond de tes cuisses... Ah ! on se moquera bien de toi, si tu t'exposes à naviguer sans armement, marin qui n'a pas de rame dans les mains [4] !

## 30

### DE PHILODÈME

O moi qui, auparavant, cinq fois, neuf fois...; maintenant, ô Aphrodite ! à peine une seule fois du début de la nuit au lever du soleil ! Hélas ! cela même est bien court : souvent, déjà à demi-mort, il se meurt. C'est le mal de Termeros [5] !

1. Zénon de Cition, le fondateur de l'école stoïcienne, mourut en 264 avant J.-C.; son disciple et continuateur, Cléanthe d'Assos en 232. A la vertu, à cette immortalité que célèbre le Lycée plus que le Portique, le poète oppose la mort qui attend tout homme et il conclut : Ne songe pas à la sagesse; qu'importe la vertu. Jouissons !

2. Pour signifier les préparatifs d'un galant, le poète use des termes d'invitation à un repas. On peut encore y voir des termes de marine : « Largue, amène, tout est paré » qui inspireraient le dernier trait où le mot rame a un sens spécial.

## 28

## ⟨ΜΑΡΚΟΥ⟩ ΑΡΓΕΝΤΑΡΙΟΥ

Πέντε θανὼν κείσῃ κατέχων πόδας, οὐδὲ τὰ τερπνὰ
ζωῆς οὐδ' αὐγὰς ὄψεαι ἠελίου·
ὥστε λαβὼν Βάκχου ζωρὸν δέπας ἕλκε γεγηθώς,
Κίγκιε, καλλίστην ἀγκὰς ἔχων ἄλοχον.
Εἰ δέ σοι ἀθανάτου σοφίης νόος, ἴσθι Κλεάνθης
καὶ Ζήνων Ἀΐδην τὸν βαθὺν ὡς ἔμολον.

Plan., II$^b$, 23, 11. — Tit. Μάρκου suppl. nos : Ἀργενταρίου P om. Plan. ‖ **3** ζωρὸν Plan. : ζωρὸς P ‖ **4** ἄλοχον P : ἄκοιτιν contra metrum Plan. ‖ **5** ἀθανάτου Boissonade : ἀθάνατος *m*.

## 29

## ΑΥΤΟΜΕΔΟΝΤΟΣ

Πέμπε, κάλει· πάντ' ἐστὶν ἕτοιμά σοι· ἢν δέ τις ἔλθῃ,
τί πρήξεις; Σαυτῷ δὸς λόγον, Αὐτόμεδον.
Αὕτη γὰρ σισάρου λαγαρωτέρη πρὶν ἀκαμπὴς
ζῶσα, νεκρὰ μηρῶν πᾶσα δέδυκεν ἔσω.
Πόλλ' ἐπὶ σοὶ γελάσουσιν, ἀνάρμενος ἂν παραβάλλῃ
πλώειν, τὴν κώπην μηκέτ' ἔχων ἐρέτου.

**3** αὕτη Jacobs : αὐτὴ P ‖ σισάρου Dindorf : λαχάνου P ‖ λαγαρωτέρη Gow : σισαρωτέρη P ‖ **6** ἐρέτου P : ἐρέτης Boissonade.

## 30

## ΦΙΛΟΔΗΜΟΥ

Ὁ πρὶν ἐγὼ καὶ πέντε καὶ ἐννέα, νῦν, Ἀφροδίτη,
ἓν μόλις ἐκ πρώτης νυκτὸς ἐς ἠέλιον.
Οἴμοι καὶ τοῦτ' αὐτὸ κατὰ βραχύ· πολλάκι δ' ἤδη
ἡμιθανὲς θνῄσκει· τοῦτο τὸ Τερμέριον.

**3** οἴμοι καὶ τοῦτ' αὐτὸ Jacobs : οἴμοι καὶ τοῦτ' P ‖ **4** τερμέριον Pauw : τερμόριον P.

Ah ! vieillesse ! vieillesse ! Que nous feras-tu donc plus tard, si jamais on y parvient, puisque maintenant déjà nous sommes à ce point flétris ?

## 31

### D'ANTIPATER <DE THESSALONIQUE>

Pour moi, je ne redoute pas le coucher des Pléiades [1], ni le flot hurlant de la mer autour du cruel écueil, ni même le ciel immense flamboyant d'éclairs autant que ne m'effrayent un méchant homme ou ces buveurs d'eau qui se rappellent nos propos [2].

## 32

### D'ONESTOS

D'une Muse enjouée Bacchus a inventé la veine railleuse, ô Sicyone, alors qu'en tes murs il menait le cortège des Grâces. Car très douce est sa critique, et sous le rire se dissimule la pique : même l'homme soûl au citadin inculque la sagesse [3].

## 33

### DE PHILIPPE

Furtives, rampantes, flexibles, tes vrilles, lierre, s'avancent en chœur, et tu étreins le gracieux enfant de la grappe, le cep de Bromios.

Mais ce n'est pas nous que tu enchaînes ; c'est ta mort que tu provoques. Car qui voudrait de lierre ceindre ses tempes, s'il n'a mis Bromios en son cratère [4] ?

1. De même que les étoiles des Pléiades, qui faisaient partie de la constellation du Taureau, donnaient par leur apparition au mois de mai le départ à la vie maritime, ainsi leur disparition en novembre mettait un terme à la navigation : c'était la période des tempêtes méditerranéennes (Hésiode, *Trav. et Jours*, 617). Ces trois vers d'inspiration épique débouchent sur une malédiction d'autant plus inattendue que le poète regarde comme synonymes méchants et buveurs d'eau claire.

Ὦ γῆρας, γῆρας, τί ποθ' ὕστερον, ἣν ἀφίκηαι,
ποιήσεις, ὅτε νῦν ὧδε μαραινόμεθα;

## 31

## ΑΝΤΙΠΑΤΡΟΥ ⟨ΘΕΣΣΑΛΟΝΙΚΕΩΣ⟩

Οὔ μοι Πληϊάδων φοβερὴ δύσις, οὐδὲ θαλάσσης
ὠρῦον στυφελῷ κῦμα περὶ σκοπέλῳ,
οὐδ' ὅταν ἀστράπτῃ μέγας οὐρανός, ὡς κακὸν ἄνδρα
ταρβῶ καὶ μύθων μνήμονας ὑδροπότας.

Plan., II^a, 47, 12. – Tit. Θεσσαλονίκεως suppl. Beckby : Σιδονίου coni. Brunck om. *m* ‖ **2** ὠρῦον Saumaise : ωρυμον P ὀρνύμενον Plan. ‖ **4** ταρϐῶ Plan. : τάρϐω P ταρϐέω Brunck.

## 32

## ΟΝΕΣΤΟΥ

Μούσης νουθεσίην φιλοπαίγμονος εὕρετο Βάκχος,
ὦ Σικυών, ἐν σοὶ κῶμον ἄγων Χαρίτων·
δὴ γὰρ ἔλεγχον ἔχει γλυκερώτατον, ἔν τε γέλωτι
κέντρον· χὠ μεθύων ἀστὸν ἐσωφρόνισεν.

Plan., II^a, 47, 13. — **4** ἐσωφρόνισεν Plan. : -φρόνιζεν P.

## 33

## ΦΙΛΙΠΠΟΥ

Λάθριον ἑρπηστὴν σκολιὸν πόδα, κισσέ, χορεύσας,
ἄγχεις τὴν Βρομίου βοτρυόπαιδα χάριν·
δεσμεῖς δ' οὐχ ἡμᾶς, ὀλέκεις δὲ σέ· τίς γὰρ ἕλοιτο
κισσὸν ἐπὶ κροτάφοις, μὴ κεράσας Βρόμιον;

Plan., II^a, 47, 14. — **3** ἕλοιτο Plan. : ὀλεῖται P ἕλοιτ' ἄν Jacobs.

## 34

## DE PHILODÈME

Encore et toujours ces giroflées blanches [1] et les accents de la lyre; encore ces vins de Chios et cette myrrhe syriaque... Ah, non! mener sans désemparer cette vie de fêtard et avoir dans les bras une courtisane assoiffée, non, cela je ne le veux pas [2]: je hais tout ce qui mène à la folie.

Mais ceignez-moi de narcisses; des sons de la flûte [3] réjouissez mes oreilles; oignez mes membres d'essences de safran; humectez mes entrailles d'un bon vin de Mitylène [4], et mariez-moi à une belle fille toute simple [5]!

## 35

## Du même.

Artemidoros [6] nous a fait don d'un chou, Aristarque de viandes salées, Athénagoras de petits oignons, Philodème de foie d'oie, Apollophanès de deux mines [7] de viande de porc, et il nous en restait encore trois d'hier. Allons! du vin, des couronnes, des sandales, du parfum! Achète tout cela, enfant; et, dès la dixième heure [8], je veux que l'on serve.

## 36

## DE PHILIPPE

Quand tu étais beau, Archestratos [9], et qu'avec tes joues vermeilles tu enflammais les cœurs des jeunes hommes, de notre amitié tu ne tenais aucun compte. Mais tandis que tu folâtrais avec d'autres, ta fraîcheur comme une rose s'est flétrie [10]. Maintenant que la souillure

1. Les giroflées blanches et violettes (λευκοίνος, λευκόϊον, λευκοίων) étaient les fleurs qui venaient les premières lors de la saison des fleurs, aussitôt après les pluies d'automne (Athénée, 689 d; Théophraste, *Hist. Plant.*, VI, 8,1). Ce sont des fleurs chères par excellence; mais aussi, dit Athénée, elles sont les plus parfumées et facilitent la digestion.

## 34
## ΦΙΛΟΔΗΜΟΥ

Λευκοΐνους πάλι δὴ καὶ ψάλματα, καὶ πάλι Χίους
οἴνους, καὶ πάλι δὴ σμύρναν ἔχειν Συρίην,
καὶ πάλι κωμάζειν, καὶ ἔχειν πάλι διψάδα πόρνην
οὐκ ἐθέλω· μισῶ ταῦτα τὰ πρὸς μανίην.
Ἀλλά με ναρκίσσοις ἀναδήσατε, καὶ πλαγιαύλων
γεύσατε, καὶ κροκίνοις χρίσατε γυῖα μύροις,
καὶ Μιτυληναίῳ τὸν πνεύμονα τέγξατε Βάκχῳ,
καὶ συζεύξατέ μοι φωλάδα παρθενικήν.

1 et 2 δὴ Sylburg : δεῖ P ‖ 3 ἔχειν Brunck : ἔχει P.

## 35
## Τοῦ αὐτοῦ.

Κράμβην Ἀρτεμίδωρος, Ἀρίσταρχος δὲ τάριχον,
βολβίσκους δ' ἡμῖν δῶκεν Ἀθηναγόρας,
ἡπάτιον Φιλόδημος, Ἀπολλοφάνης δὲ δύο μνᾶς
χοιρείου, καὶ τρεῖς ἦσαν ἀπ' ἐχθὲς ἔτι.
Χῖον, καὶ στεφάνους, καὶ σάμβαλα, καὶ μύρον ἡμῖν
λάμβανε, παῖ, δεκάτης εὐθὺ θέλω παράγειν.

3 μνᾶς Brunck : μνὰς P ‖ 5 Χῖον Gow : ᾠόν P ‖ στεφάνους Reiske : στέφανος P ‖ 6 παῖ Meineke : καὶ P.

## 36
## ΦΙΛΙΠΠΟΥ

Ἡνίκα μὲν καλὸς ἦς, Ἀρχέστρατε, κἀμφὶ παρειαῖς
οἰνωπαῖς ψυχὰς ἔφλεγες ἠϊθέων,
ἡμετέρης φιλίης οὐδεὶς λόγος· ἀλλὰ μετ' ἄλλων
παίζων, τὴν ἀκμὴν ὡς ῥόδον ἠφάνισας.

2 οἰνωπαῖς Brunck : οἰνωπαις P οἰνωπός Pauw.

d'un poil obscurcit ton teint, tu recherches un ami; tu lui offres le chaume, après avoir donné à d'autres tes épis.

## 37

### D'ANTIPATER <DE THESSALONIQUE>

Déjà c'est la fin des beaux jours, Épiclès, et de la ceinture du Bouvier ont surgi les splendides éclats d'Arcturus [1]. Déjà aussi les grappes de raisin ont souvenance de la serpette et tel donne à sa cabane [2] sa couverture hivernale. Toi qui n'as en ta demeure ni le chaud duvet d'un manteau ni celui d'une tunique, tu te morfondras [3] en maudissant l'Étoile.

## 38

### DU ROI POLÉMON [4]

La gracieuse panoplie du mendiant [5], cruche et pain, la voici, et aussi une couronne de feuillage humide de rosée; et puis ce crâne d'un défunt, citadelle sacrée du cerveau, suprême bastion de l'âme.

« Bois, proclame cette gravure, mange et enveloppe-toi de fleurs. Voilà ce qu'on devient bien vite » [6].

## 39

### DE MACÉDONIOS DE THESSALONIQUE

Hier, j'ai bu avec une femme dont la renommée n'est pas saine. Esclaves, brisez les coupes [7] !

1. Arcturus — *le gardien de l'Ourse* en face de laquelle il brille — est une étoile de la constellation du Bouvier (XI, 31). L'épithète φθινόπωρον, appliquée à l'apparition de cette étoile, n'est pas tout à fait juste, puisqu'il s'agit en vérité de la fin du mois de septembre, comme le dit Sophocle (*Œdipe-Roi*, 1137) : ἐξ ἦρος εἰς 'Αρκτοῦρον ἐκμήνους χρόνους.

2. 'Αμφερέρει paraît un hapax.

3. L'expression exacte *tu te dessèches* exprime le dénuement du pauvre hère qui n'a ni de quoi se vêtir, ni de quoi se nourrir.

Ὡς δ' ἐπιπερκάζεις μιαρῇ τριχί, νῦν φίλον ἕλκων,
τὴν καλάμην δωρῇ, δοὺς ἑτέροις τὸ θέρος.

37

## ΑΝΤΙΠΑΤΡΟΥ ⟨ΘΕΣΣΑΛΟΝΙΚΕΩΣ⟩

Ἤδη τοι φθινόπωρον, Ἐπίκλεες, ἐκ δὲ Βοώτου
ζώνης Ἀρκτούρου λαμπρὸν ὄρωρε σέλας·
ἤδη καὶ σταφυλαὶ δρεπάνης ἐπιμιμνήσκονται,
καί τις χειμερινὴν ἀμφερέφει καλύβην.
Σοὶ δ' οὔτε χλαίνης θερμὴ κροκύς, οὔτε χιτῶνος
ἔνδον· ἀποσκλήσῃ δ' ἀστέρα μεμφόμενος.

Tit. Θεσσαλονίκεως suppl. nos ‖ **5** κροκύς Huschke : κροκυαί P.

38

## ΠΟΛΕΜΩΝΟΣ ΒΑΣΙΛΕΩΣ

Ἡ πτωχῶν χαρίεσσα πανοπλίη ἀρτολάγυνος
αὕτη, καὶ δροσερῶν ἐκ πετάλων στέφανος,
καὶ τοῦτο φθιμένοιο προάστιον ἱερὸν ὀστεῦν
ἐγκεφάλου, ψυχῆς φρούριον ἀκρότατον.
« Πῖνε » λέγει τὸ γλύμμα « καὶ ἔσθιε καὶ περίκεισο
ἄνθεα· τοιοῦτοι γινόμεθ' ἐξαπίνης. »

Plan., $\mathrm{II}^b$, 23, 12; CIG, II, 7298 (v. 5-6). — Tit. Πολεμῶνος βασιλέως P : om. Plan. ‖ **4** ἀκρότατον Plan. : ἀκρόστατον P ‖ **6** γινόμεθ' *m* : γεινόμεθα lapis.

39

## ΜΑΚΗΔΟΝΙΟΥ ΘΕΣΣΑΛΟΝΙΚΕΩΣ

Ἐχθές μοι συνέπινε γυνή, περὶ ἧς λόγος ἔρρει
οὐχ ὑγιής. Παῖδες, θραύσατε τὰς κύλικας.

Plan., $\mathrm{II}^b$, 23, 13. — Tit. Μακηδονίου Θεσσαλονίκεως P : om. Plan.

## 40

### D'ANTISTIUS

Cléodémos, fils d'Eumène, est encore un petit bonhomme; mais avec des enfants, il danse, lui qui est encore petit, dans un thiase de bambins [1]. Voilà qu'il a ceint une peau de faon tachetée et qu'au-dessus de sa tête blonde il agite un lierre. O toi, maître, fils de Cadmos, fais qu'il devienne grand, afin que devenu notre myste, ce bambin puisse à son tour conduire des thiases de jeunes hommes.

## 41

### DE PHILODÈME

A mes trente ans viennent s'ajouter encore sept années, nouvelles pages déchirées [2] au livre de ma vie; déjà aussi mes cheveux se parsèment de fils blancs, messagères, Xanthippe, de l'âge de la sagesse. Mais chants, causeries, et banquets me tiennent encore à cœur, et le feu couve en mon âme insatiable. Allons, vite, Muses, écrivez la vraie conclusion [3], celle qui mettra un terme à ma folie, ô maîtresses [4].

## 42

### DE CRINAGORAS

Bien que tu mènes toujours une vie sédentaire, que tu n'aies pas navigué sur les mers, ni couru les chemins sur

1. D'après le poème, il n'y avait pas d'âge, au Ier siècle ap. J.-C., pour entrer dans ces cortèges délirants de Dionysos, s'il est vrai que cet Antistios, dont c'est l'unique épigramme dans ce livre, est le contemporain de Néron (Tacite, *Annales*, XVI, 14). Le dieu du vin est petit-fils de Cadmos, le fondateur de Thèbes, puisque sa mère Sémélè est fille du héros et d'Harmonia. C'est donc un éloge public du fils d'Eumène.

2. Sur ἤδη σχιζόμεναι voir Gow, *The Garland of Philip*, II, 3261 et G. Giangrande, *R. E. G.*, LXXXI (1968), p. 49.

## 40

## ΑΝΤΙΣΤΙΟΥ

Εὐμένεος Κλεόδημος ἔτι βραχύς· ἀλλὰ χορεύει
σὺν παισὶν βαιῷ μικρὸς ἔτ' ἐν θιάσῳ·
ἠνίδε καὶ στικτοῖο δορὴν ἐζώσατο νεβροῦ
καὶ σείει ξανθῆς κισσὸν ὑπὲρ κεφαλῆς·
ὦνα σύ μιν Καδμεῖε τίθει μέγαν, ὡς ἂν ὁ μύστης
ὁ βραχὺς ἡβήτας αὖθις ἄγοι θιάσους.

**1** Εὐμένεος Jacobs : Εὐμενέος P ‖ **5** ὦνα σύ μιν Καδμεῖε d'Orville : ωνας ὑμῖν Καδμε P ‖ **6** ἄγοι d'Orville : ἄγει P.

## 41

## ΦΙΛΟΔΗΜΟΥ

Ἑπτὰ τριηκόντεσσιν ἐπέρχονται λυκάβαντες,
ἤδη μοι βιότου σχιζόμεναι σελίδες·
ἤδη καὶ λευκαί με κατασπείρουσιν ἔθειραι,
Ξανθίππη, συνετῆς ἄγγελοι ἡλικίης.
Ἀλλ' ἔτι μοι ψαλμός τε λάλος κῶμοί τε μέλονται,
καὶ πῦρ ἀπλήστῳ τύφετ' ἐνὶ κραδίῃ.
Αὐτὴν ἀλλὰ τάχιστα κορωνίδα γράψατε, Μοῦσαι,
ταύτην ἡμετέρης, δεσπότιδες, μανίης.

Plan., II^b, 23, 14. — Tit. Φιλοδήμου P : om. Plan. ‖ **2** βιότου Plan. : βρότου P ‖ **3** uersum om. spatio relicto Plan. ‖ **4** ξανθίππη Saumaise : ξανθίππης Plan. ξανθίπη P ‖ **6** ἐνὶ Plan. : ἐν P ‖ **7-8** om. Plan.

## 42

## ΚΡΙΝΑΓΟΡΟΥ

Εἰ καί σοι ἑδραῖος ἀεὶ βίος, οὐδὲ θάλασσαν
ἔπλως, χερσαίας τ' οὐκ ἐπάτησας ὁδούς,

Plan., I^b, 27, 3.

la terre ferme, allons ! dirige-toi vers la terre de Cécrops, afin de contempler ces fameuses nuits et les fêtes sacrées de la grande Déméter [1]. A ton retour, même parmi les vivants, tu seras exempt de soucis; et quand tu rejoindras la grande foule ⟨ des morts ⟩, tu auras l'âme plus légère.

## 43

### DE ZONAS

Donne-moi cette coupe si joliment ouvrée de cette terre dont je suis né, sous laquelle je reposerai une fois mort [2].

## 44

### DE PHILODÈME

Demain, dès la neuvième heure, ô très cher Pison, il t'emmène vers sa modeste chaumière, le disciple aimé des Muses, et il t'offre à dîner en ce jour anniversaire, le vingtième du mois [3]. Si tu n'y trouves pas de mamelles de truie arrosées d'un vin de Chios, du moins, tu y verras de francs compagnons, tu y entendras des accents bien plus suaves que ceux de la terre des Phéaciens [4]. Et si, par hasard, tu tournes aussi vers nous tes regards, Pison [5], cette frugalité deviendra pour nous un anniversaire somptueux [6].

## 45

### D'ONESTOS

Boire à volonté est toujours agréable; veut-on vous y forcer, voilà une insolence dommageable tant au vin

1. Inattendu ici cet appel vers les mystères, ceux d'Eleusis, située près d'Athènes, la terre de Cécrops, le héros qui est considéré comme le fondateur mythique de la ville. Après ce voyage, l'initié revient avec la certitude de la paix, de la vie éternelle, en conséquence non de ses vertus, mais de sa participation comme myste aux connaissances secrètes de la vie. C'est, dans ce livre, l'unique épigramme de Crinagoras qui, incorporé à la *Couronne* de Philippe, a laissé dans l'*Anthologie* une œuvre qui n'est pas sans valeur. Mais est-elle bien ici à sa place?

ἔμπης Κεκροπίης ἐπιβήμεναι, ὄφρ' ἂν ἐκείνας
Δήμητρος μεγάλης νύκτας ἴδῃς ἱερῶν,
τῶν ἄπο κἂν ζωοῖσιν ἀκηδέα, κεὖτ' ἂν ἵκηαι
ἐς πλεόνων, ἕξεις θυμὸν ἐλαφρότερον.

3 ἂν P : ἐν Plan. ‖ ἐκείνας Brunck : ἐκείναις *m* ‖ 4 Δήμητρος Plan. : Δημήτριος P ‖ μεγάλης Stadtmüller : μεγάλας *m* ‖ 5 κἀν Plan. : κην P.

## 43
## ΖΩΝΑ

Δός μοι τοὐκ γαίης πεπονημένον ἁδὺ κύπελλον
ἇς γενόμην καὶ ὑφ' ᾇ κείσομ' ἀποφθίμενος.

Plan., II$^b$, 23, 15. — Tit. Ζωνᾶ P : om. Plan. ‖ 2 ᾇ Plan. : ᾧ P.

## 44
## ΦΙΛΟΔΗΜΟΥ

Αὔριον εἰς λιτήν σε καλιάδα, φίλτατε Πείσων,
ἐξ ἐνάτης ἕλκει μουσοφιλὴς ἕταρος,
εἰκάδα δειπνίζων ἐνιαύσιον· εἰ δ' ἀπολείψεις
οὔθατα καὶ Βρομίου χιογενῆ πρόποσιν,
ἀλλ' ἑτάρους ὄψει παναληθέας, ἀλλ' ἐπακούσῃ
Φαιήκων γαίης πουλὺ μελιχρότερα·
ἢν δέ ποτε στρέψῃς καὶ ἐς ἡμέας ὄμματα, Πείσων,
ἄξομεν ἐκ λιτῆς εἰκάδα πιοτέρην.

2 ἕταρος Saumaise : ἑταρις P ‖ 3 ἀπολείψεις Brunck. : ἀπολείψῃς P ‖ 6 πουλὺ υ supra ο scripto P$^{pc}$.

## 45
## ΟΝΕΣΤΟΥ

Αὐτοθελὴς ἥδιστος ἀεὶ πότος· ὃς δέ κ' ἀνάγκῃ,
ὑβριστὴς οἴνῳ τ' ἐστὶ καὶ οἰνοπότῃ·

Plan., II$^a$, 47, 15. — 1 πότος Plan. : ποτός P.

qu'au buveur. L'un, à la dérobée, on l'épanche sur le sol; et l'autre, fréquemment, on l'emmène sous terre vers l'onde amère du Léthé.

Francs buveurs, grand bien vous fasse ! Boire autant qu'il nous plaît, voilà pour moi la mesure certaine de tout plaisir [1].

## 46

### D'ANTIMÉDON DE CYZIQUE [2]

Hommes, nous le sommes le soir quand nous buvons; mais dès qu'arrive le point du jour, nous nous réveillons, véritables fauves dressés les uns contre les autres.

## 47

### [D'ANACRÉON] [3]

Je n'ai cure de Gygès [4], le seigneur de Sardes; la soif de l'or ne me possède pas, et je ne porte nulle envie aux tyrans. Ce que j'aime c'est inonder ma moustache d'huile

1. Nouvelle profession de foi épicurienne : liberté et mesure. Cette modération est la source même de tout plaisir prolongé. Onestos de Corinthe ou de Byzance nous est connu par diverses épigrammes, sans que l'on puisse dire si c'est le même poète et à quelle époque il vécut. La place, dans le livre XI, de ses deux poèmes (35 et 45) qui ne sont pas sans talent, le classe vraisemblablement dans la *Couronne* de Philippe. Voir Gow-Page, *The Garland of Philip.*, II, 301.

2. Comme le fait remarquer Gow (*op. cit.*, II, p. 74), c'est l'unique épigramme du poète de Cyzique que Philippe ait incluse dans sa *Couronne.* On rapprochera ces vers de ceux de Théognis, 475 et ss.

3. Le *codex* J, notre *Palatinus,* est le seul à attribuer ce poème à Anacréon. Voir H. Ouvré, *Méléagre de Gadara,* p. 75-80.

4. Ce poème est une exception parmi les distiques élégiaques de ce livre XI; il est composé de dimètres iambiques catalectiques. Or, les manuscrits omettent τὰ et lisent Γύγαο

τὸν μὲν γὰρ γαίῃ προχέει κρύφα· τὸν δ' ὑπὸ γαίῃ
πολλάκι πρὸς Λήθης ἤγαγε πικρὸν ὕδωρ.
Πουλυμεθεῖς χαίροιτε· τὸ δ' ὁππόσον ἡδὺ ποθῆναι,
μέτρον ἐμοὶ πάσης ἄρκιον εὐφροσύνης.

**5** πουλυμεθεῖς PLAN. : πουλὺ μεθείς P ‖ τὸ δ' PLAN. : τὰ δ' P

## 46

## ΑΝΤΙΜΕΔΟΝΤΟΣ ΚΥΖΙΚΗΝΟΥ

Ἄνθρωποι δείλης, ὅτε πίνομεν· ἢν δὲ γένηται
ὄρθρος, ἐπ' ἀλλήλους θῆρες ἐγειρόμεθα.

PLAN., II$^{a}$, 47, 16. — Tit. Ἀντιμέδοντος *m* : Αὐτομέδοντος CD et edd. plan. ‖ Κυζικηνοῦ PLAN. : Κυζηκηνοῦ P.

## 47

## [ΑΝΑΚΡΕΟΝΤΟΣ]

Οὔ μοι μέλει ⟨τὰ⟩ Γύγεω
τοῦ Σαρδίων ἄνακτος,
οὔθ' αἱρέει με χρυσός,
οὐ δὲ φθονῶ τυράννοις·
ἐμοὶ μέλει μύροισι
καταβρέχειν ὑπήνην·

PLAN., II$^{a}$, 47, 17; S$^{s}$,61; S$^{p}$,11; Preis, *Anacreontea*, 8; Cramer, *Anecd. gr.*, 376. — Tit. Ἀνακρέοντος P : om. PLAN. S ‖ **1** τὰ ex Archilocho (fr. 25 Bergk) codiceque A Anacreontis suppl. Jacobs.; quod ad conseruandum metrum creticum fugiendo recte uidetur : om. *m* ‖ Γύγεω *m* : Γύγαο PLAN. Γύγου ANACR. *cod.* A Γύγεο γρ. *cod.* A$^{mg}$ ‖ **2** Σαρδίων *m* : Σαρδέων ANACR. A *Anecd.* ‖ **3** οὔθ' αἱρέει *m* : οὔθ' αἶρει S$^{p}$ οὐδ' εἷλε πώ ANACR. ‖ με χρυσός *m* : με ζῆλος ANACR. ‖ **4** οὐ δὲ φθονῶ PLAN. ANACR. : οὐ φθονέω S οὐδ' ἀρνέω P$^{ac}$ οὐκ αἰνέω eadem manu P$^{pc}$ ‖ τυράννοις PLAN. ANACR. A : τυράννους P ‖ **5** et **7** ἐμοὶ P$^{pc}$ PLAN.$^{pc}$Q : ἔμ'οὐ P$^{ac}$ PLAN.$^{ac}$ ἐμοῦ S ‖ μύροισι *m* : μύροισιν ANACR.

parfumée [1]. Ce que j'aime, c'est me couronner la tête de roses. C'est aujourd'hui qui m'importe; demain, qui le connaît?

## 48

[Du même.]

Cisèle l'argent, Héphaistos, et fais-moi non pas une armure, mais une coupe bien profonde [2]. Creuse-la autant que tu le peux, et grave-moi sur la vasque [3], non des constellations ni des Chars, ni le farouche Orion [4], mais

forme ionienne qui comporte une erreur métrique (υ-υ). La leçon éolienne Γύγεω fut sans doute restaurée par Planude pour conformer le vers au mètre (-υ-). L'adjonction de τὰ améliore le vers, mais oblige à y voir une synizèse (υ--). Cette référence à Gygès, le fondateur de la dynastie des Mermnades qui, jusqu'à Crésus, gouverna la Lydie, est devenue un lieu commun de la poésie grecque depuis Archiloque.

C'est ce même thème qu'évoque plus tard en l'imitant le poète Macédonios (xi, 58).

1. ὑπήνη est opposé à πώγων. Ainsi donc le port de la barbe semble avoir disparu à cette époque : la moustache reste de mode chez les élégants épicuriens.

2. Le poète précise l'œuvre d'art qu'il désire. La matière est l'argent et Héphaistos, le dieu artiste qui a travaillé pour tant de héros et de dieux, sera chargé de réaliser ce travail artistique. Il y a donc là une parodie : il ne s'agit plus de lutte héroïque, mais d'héroïques buveurs pour lesquels la quantité compte autant que la qualité.

3. L'expression κατ' αὐτοῦ peut aussi bien signifier : sur la surface extérieure qu'à l'intérieur de la coupe. Le long travail du ciselage est bien rendu par le présent de l'impératif opposé à l'ébauche générale de l'œuvre qui est notée par un aoriste. Les diverses couleurs, vert de la vigne et pourpre des grappes, pouvaient être rendues par des incrustations.

4. Aux représentations célestes du Bouclier d'Achille telles que les décrit Homère (*Il.*, XVIII, 483 et suiv.) : soleil, constellations parmi lesquelles étincelaient le Chariot de l'Ourse et Orion, le buveur oppose des représentations bachiques. On connaît de ces coupes autour desquelles s'enroulent des pampres de vignes.

ἐμοὶ μέλει ῥόδοισι
καταστέφειν κάρηνα.
Τὸ σήμερον μέλει μοι·
τὸ δ' αὔριον τίς οἶδεν;

**7** ῥόδοισι P : ῥόδοισιν Anacr. ‖ **10** οἶδεν $S^s$ Anacr. : οἶδε $S^p$ Plan. ‖ post u. 10 quinque uersus Anacreontis habet *codex* J : ὡς οὖν ἔτ' εὔδι' ἔστιν / καὶ πῖνε καὶ κύβευε / καὶ σπένδε τῷ Λυαίῳ / μὴ νοῦσον[νοῦσος Anacr. A], ἥν τις ἔλθῃ, / λέγῃ· [λέγει Anaer. A] « σὲ μὴ δεῖ πίνειν ».

## 48

[Τοῦ αὐτοῦ.]

Τὸν ἄργυρον τορεύσας,
Ἥφαιστέ, μοι ποίησον
πανοπλίαν μὲν οὐχί,
ποτήριον δὲ κοῖλον
ὅσον δύνῃ βάθυνον.
Ποίει δέ μοι κατ' αὐτοῦ
μήτ' ἄστρα μήτ' ἁμάξας,

Plan., $II^a$, 47, 18; $S^s$,61; $S^p$,12; Preis, *Anacreontea* 4 : Cramer, *Anecd. gr.*, 376; Gell., XIX, 9, 6. Hi uersus cum praecedenti carmine in Anacreontis codicibus [A excepto] cohaerent. — Tit. Τοῦ αὐτοῦ P Plan. : om. S ‖ **1** τορεύσας *m* : τορέυων Anacr. *cod.* A ‖ **3** πανοπλίαν *m* : πανοπλίας Gell. uersum om. P ‖ inter uersus 3 et 4 τί γὰρ μάχαισι κἀμοὶ in Anacr. Gell. legitur : om. *m* ‖ **5** βάθυνον *m* : βαθύνας Anacr. ‖ **6** ποίει δέ *m* : καὶ μὴ ποίει Gell. ‖ μοι *m* : με $S^p$ ‖ κατ' αὐτοῦ *m* : κατ' αὐτὸ Gell. ‖ **7** μήτ'... μήτ' Anacr. Gell. : μηδ'... μὴ P μηδ'... μὴ δ' Plan. ‖ ἁμάξας Plan. : ἀμαξας P ἁμάξαν Anacr. Gell. ‖ **8-11** om. Gell. ‖ post u.7 in Gell. et u.11 in Anacr. hi uersus leguntur : τί πλειάδων μέλει μοι / τί δ' ἄστερος βοωτέω; [τί γὰρ καλοῦ βοώτου; Anacr. *cod.* A]/ποιῆσον ἀμπελούς μοι/καὶ βότρυας κατ' αὐτῶν / καὶ μαινάδας τρυγώσας / ποίει δὲ ληνὸν οἴνου / ληνοβάτας πατοῦντας / τοὺς σατύρους γελῶντας [uersus καὶ μαινάδας — γελῶντας om. Gell.] / καὶ χρυσέους πατοῦντας [καὶ χρυσοῦς τοὺς Ἔρωτας / καὶ Κυθέρην γελῶσαν Anacr. A]/ ὁμοῦ καλῷ Λυαίῳ / Ἔρωτα καὶ Βάθυλλον [κἀφροδίτην Anacr. A]. Cum lemmate τοῦ αὐτοῦ εἰς ποτήριον ἀργυροῦν in Anacr. *cod.* A, quod est *Palatinus*, p. 675.

des vignes d'un vert tendre et des grappes étincelantes autour du Beau Dieu qui libère des soucis.

## 49

## D'EUÉNOS

Ni trop ni trop peu, telle est la meilleure mesure de Bacchus; car il est cause de chagrin ou de folie[1].

Il apporte la joie quand il est mélangé, quatrième partenaire des trois Nymphes[2]; alors, il prépare merveilleusement aux plaisirs du lit. Mais, s'il prend l'avantage, il détourne des Amours et plonge dans un sommeil voisin de la mort.

## 50

## D'AUTOMÉDON

Heureux tout d'abord qui ne doit rien à personne; ensuite qui n'est pas marié et, en troisième lieu, celui qui demeure sans enfants[3]. Si, dans un accès de folie, on se marie, quelle faveur du ciel que d'enterrer bientôt son épouse, tout en conservant sa grosse dot[4]! Sache cela,

1. C'est encore le thème de la modération appliqué à l'usage du vin; on a voulu rendre à Euénos certains vers sur le même sujet et qui sont, traditionnellement, attribués à Théognis : 467-496; 509-510. Voir à ce sujet F. Buffière, *Les Mythes d'Homère et la pensée grecque*, p. 326 et suiv.

2. Chez les Grecs, il était de règle de verser dans le cratère deux parties d'eau pour une de vin, parfois même deux mesures de vin pour trois d'eau. La périphrase τρισὶν Νύμφαισι τέταρτος indique que le poète conseille de tremper le vin de trois parties d'eau. C'est déjà un conseil qu'Hésiode donnait au VIIe siècle : τρὶς ὕδατος προχέειν, τὸ δὲ τέτρατον ἱέμεν οἴνου (*Trav. et Jours*, 596) : le vin antique était un vin épais, donc fortement alcoolisé qu'Hésiode qualifiait de αἴθοπα οἶνον (*ibid.*, 592). Ce procédé de concentration simplifiait à la fois le problème de la conservation et celui du transport. C'est donc au moment de s'en servir que se faisait l'opération du mélange qui était tout un art. Les proportions dépendaient

μὴ στυγνὸν Ὠρίωνα,
ἀλλ' ἀμπέλους χλοώσας
καὶ βότρυας γελῶντας
σὺν τῷ καλῷ Λυαίῳ.

## 49

## ΕΥΗΝΟΥ

Βάκχου μέτρον ἄριστον, ὃ μὴ πολὺ μηδ' ἐλάχιστον·
ἔστι γὰρ ἢ λύπης αἴτιος ἢ μανίης.
Χαίρει κιρνάμενος δὲ τρισὶν Νύμφαισι τέταρτος·
τῆμος καὶ θαλάμοις ἐστὶν ἑτοιμότατος·
εἰ δὲ πολὺς πνεύσειεν, ἀπέστραπται μὲν Ἔρωτας,
βαπτίζει δ' ὕπνῳ γείτονι τοῦ θανάτου.

Plan., II$^{b}$, 23, 16. — Tit. Εὐήνου leg. Jacobs : Ευινου P om. Plan. ‖ **3** κιρνάμενος δὲ τρισὶν Νύμφαισι τέταρτος P : κιρνάμενος τρισὶ Νύμφαις τέτρατος αὐτὸς Plan. ‖ **5** ἀπέστραπται Plan. : ἀπέστρα P ‖ **6** βαπτίζει δ' P : βαπτίζεται δ' Plan. ‖ τοῦ Plan. : τῶ P.

## 50

## ΑΥΤΟΜΕΔΟΝΤΟΣ

Εὐδαίμων πρῶτον μὲν ὁ μηδενὶ μηδὲν ὀφείλων·
εἶτα δ' ὁ μὴ γήμας· τὸ τρίτον, ὅστις ἄπαις.
Ἢν δὲ μανεὶς γήμῃ τις, ἔχει χάριν, ἢν κατορύξῃ
εὐθὺς τὴν γαμετήν, προῖκα λαβὼν μεγάλην.

Lemma : παραίνεσις κοινή S$^{p}$.

Plan., I$^{a}$, 15, 6; S$^{s}$,63; S$^{p}$,13; Cramer, *Anecd. gr.*, p. 376; *Laurentianus* 32-16 (11), *Matritensis gr.* 24 (Iriarte, 106, 3); *Vindobonensis philos. gr.* 311; *Syll.* V : *Marc. gr.* 452; *Paris. Coislin.* 341 (11). — Tit. Αὐτομέδοντος *m* : om. S$^{s}$ ‖ **1** εὐδαίμων *m* : εὐτυχὴς superscr. *Marc.* : εὐδαίμων μὲν *Laurent.* ‖ **3** γήμῃ *m* : μίγῃ S$^{p}$ ‖ **4** εὐθὺς *m* : εὐθὺ *Marc.* ‖ μεγάλην *m* : μεγίστην S.

sois sage et laisse donc Épicure rechercher où est le vide et quelle est l'essence des monades [1].

## 51

ANONYME.

Jouis du temps présent : tout se flétrit rapidement. Un seul été a fait d'un jeune chevreau un bouc barbu [2] !

## 52

ANONYME.

Dans les mailles [3] de l'amour des jeunes garçons tu es pris, Thrasybule, et tu halètes comme un dauphin qui, sur la grève, soupire après le flot. Non, même la serpe de Persée [4] ne te suffit pour couper le filet qui t'enserre !

## 53

ANONYME.

La rose un court instant s'épanouit. Si tu passes ton chemin et que tu reviennes la chercher, tu ne trouveras plus une rose, mais des épines [5].

du but même de la beuverie ou de la qualité des hôtes. C'est ainsi qu'Achille, lors de l'*Ambassade*, demande à Patrocle un plus grand cratère et un mélange ζωρότερον, *plus fort* (*Il.* IX, 203). Dans le cas présent, il faut fuir l'excès et l'ivresse : le vin doit procurer gaieté et plus fine perception des plaisirs.

1. Automédon a bien résumé les deux bases essentielles de la physique épicurienne : l'existence du vide (Lucrèce, *De la nature*, I, 330-418) et la matière éternelle qui se présente sous forme de corps indestructibles, les « primordia rerum » (*ibid.*, 503-515 ; 599-634). Mais son véritable but c'est d'opposer aux recherches abstraites un cynisme tout pragmatique, peut-être même simplement une parodie d'Hésiode.

2. Exemple qui semble tout bucolique et d'une vérité qui a inspiré plus d'un poète. Mais le second vers a une résonance tout érotique : c'est la transformation rapide du jeune enfant aimé en éphèbe. Voir *A. P.* XI, 216.

Ταῦτ' εἰδὼς σοφὸς ἴσθι· μάτην δ' Ἐπίκουρον ἔασον
ποῦ τὸ κενὸν ζητεῖν, καὶ τίνες αἱ μονάδες.

5 ἴσθι *m* : ἔσσο *Laurent.* ‖ Ἐπίκουρον *m* : ἐπὶ κοῦρον Plan. *Marc.* ‖ **6** κενὸν *m* : κοινὸν [κενὸν in mg. eadem manu] $S^p$ ‖ τίνες αἱ *m* : τίν' αἱ $S^s$.

## 51

### Ἄδηλον.

Τῆς ὥρας ἀπόλαυε· παρακμάζει ταχὺ πάντα·
ἓν θέρος ἐξ ἐρίφου τρηχὺν ἔθηκε τράγον.

Plan., $I^a$, 88, 6; $S^s$,86; Cramer, *Anecd. gr.*, p. 389. — Tit. ἄδηλον *m* : om. S ‖ **1** ταχὺ *m* : om. S. ‖ **2** ἐξ *m* : ἀντ' $S^p$.

## 52

### Ἄδηλον.

Παιδείῳ, Θρασύβουλε, σαγηνευθεὶς ὑπ' ἔρωτι
ἀσθμαίνεις, δελφὶς ὥς τις ἐπ' αἰγιαλοῦ
κύματος ἱμείρων· δρέπανον δέ σοι οὐδὲ τὸ Περσέως
ἀρκεῖ ἀποτμῆξαι δίκτυον ᾧ δέδεσαι.

Plan., $I^a$, 26, 12. — **1** παιδείῳ P : παρθενικῷ Plan. ‖ θρασύβουλε d'Orville : θρασύδουλε *m*.

## 53

### Ἄδηλον.

Τὸ ῥόδον ἀκμάζει βαιὸν χρόνον· ἢν δὲ παρέλθῃς
ζητῶν εὑρήσεις οὐ ῥόδον, ἀλλὰ βάτον.

Plan., $I^a$, 88, 7; $S^s$,95; Cramer, *Anecd. gr.*, p. 385. In docti Cramer codice, qui $S^s$ denominatur cum carmine XII, 29 hi uersus cohaerentur quod perperam probant Meineke, Dilthey et Dübner. — Tit. Ἄδηλον *m* : om. S ‖ **1** τὸ *m* : καὶ praecedenti carmini per hanc uocem disticho iuncto $S^s$ ‖ ἢν *m* : lacuna fere III litt. $S^s$ ‖ παρέλθῃς Buffière : παρέλθῃ *m*.

## 54

### DE PALLADAS

En ma vieillesse, les femmes me raillent et me disent de contempler dans le miroir les restes de mon jeune âge. Quant à moi, que je porte des cheveux blancs ou noirs, je ne m'en soucie guère, alors que je chemine vers le terme de ma vie.

Avec des huiles au doux parfum, des couronnes aux larges feuilles et le suc de Bromios, je mets un terme aux pensers amers [1] !

## 55

### Du même.

A boire ! Que Bacchus dissipe mes soucis et réchauffe la glace de mon cœur [2].

## 56

### Anonyme.

Bois et jouis. Car de quoi sera fait demain, de quoi sera fait l'avenir? Personne ne le sait. Ne te précipite pas, ne te fatigue pas; selon tes moyens, fais plaisir, partage avec d'autres, mange et calcule en mortel. Entre

1. Ce poète de Chalcis en Eubée représente à la fin du IVe siècle ap. J.-C., alors que le christianisme a supplanté nettement le paganisme, la vieille tradition des Ἕλληνες, fidèles à l'antique morale. Une cinquantaine de ses épigrammes, soit un tiers de cette œuvre, se trouvent dans cette section.

2. Ce sont encore les soucis du vieillard qui voit venir la mort; Théognis déjà voulait trouver dans le vin un remède à ses soucis (v. 883-884). Faut-il réunir ces deux épigrammes 54 et 55 comme le veulent Jacobs et Dübner fidèles à la tradition de la *Sylloge Parisina?* Le *Palatinus* et Planude les séparent nettement; mais le texte de Planude est très différent : « dissipe nos soucis que réduit à néant le vin pur de ces coupes de cristal ».

## 54

## ΠΑΛΛΑΔΑ

Γηραλέον με γυναῖκες ἀποσκώπτουσι, λέγουσαι
εἰς τὸ κάτοπτρον ὁρᾶν λείψανον ἡλικίης.
Ἀλλ' ἐγὼ εἰ λευκὰς φορέω τρίχας εἴτε μελαίνας,
οὐκ ἀλέγω, βιότου πρὸς τέλος ἐρχόμενος.
Εὐόδμοις δὲ μύροισι καὶ εὐπετάλοις στεφάνοισι
καὶ Βρομίῳ παύω φροντίδας ἀργαλέας.

Plan., II$^a$, 47, 19; S$^s$,60; S$^p$,10; Cramer, *Anecd. gr.*, p. 376. — Tit. Παλλαδᾶ P Plan. : om. S ‖ **1-4** om. S ‖ **3** φορέω Plan. : φέρω P ‖ **5-6** insequenti carmini jungunt S ‖ **5** εὐόδμοις *m* : εὐόδμοισι S$^p$ p. corr. ‖ δὲ P Plan. : δὴ S om. S$^p$ ‖ μύροισι S$^p$ p. corr. Plan : μύροις PS ‖ **6** καὶ PS : τῷ Plan. ‖ παύω P Plan. : παῦσον S.

## 55

## Τοῦ αὐτοῦ.

Δὸς πιέειν, ἵνα Βάκχος ἀποσκεδάσειε μερίμνας
ἂψ ἀναθερμαίνων ψυχομένην κραδίην.

Plan., II$^a$, 47, 20; S$^s$,60; S$^p$,10 qui ambo codd. S paenultimum ultimumque antecedentis carminis uersus huic disticho iungunt. — **2** ἂψ PS : αἶψα δ' Aldus Manutius ed. 1521 [ῥηγνυμένας καθαραῖς εὐυάλοις φιάλαις alius traditionis lectionem scr. Plan., altera lectione in margine manu recentiore scripta].

## 56

## Ἄδηλον.

Πῖνε καὶ εὐφραίνου· τί γὰρ αὔριον ἢ τί τὸ μέλλον
οὐδεὶς γινώσκει. Μὴ τρέχε, μὴ κοπία,

Plan., II$^a$, 47, 21. — Tit. ἄδηλον *m* : Palladae tribuerunt Weigand, Zerwes, Frank. — **2** γινώσκει P : γιγν- Plan.

vivre et ne plus vivre [1], pas la moindre distance. Toute la vie, c'est cela, un simple porte-à-faux. Si tu sais en jouir, tout est à toi; si tu meurs, tout passe à un autre, et toi tu n'as rien !

## 57

### D'AGATHIAS LE SCHOLASTIQUE

Il s'est rempli le ventre d'un bon vin parfumé, le vieil Œnopion, et pas une minute il n'a déposé sa coupe. Mais, encore altéré, il faisait des reproches à sa main : au cratère elle ne puisait plus rien... ! Quant aux jeunes, ils ronflent et n'ont plus de force, même pas celle de compter le nombre de coupes [2] qu'on est encore en train de boire !

Bois, vieillard, et longue vie à toi. C'est en vain que le divin Homère prétend que la jeunesse écrase la vieillesse [3].

## 58

### DE MACÉDONIOS, PERSONNAGE CONSULAIRE.

Ce n'est pas l'or, ni les villes sans nombre de l'univers que je désirais, ni encore toutes les richesses qu'au dire d'Homère [4] Thèbes possédait, mais que ma coupe arrondie [5] déborde de ce vin qui libère des soucis [6], et que mes lèvres sans fin se baignent de son flot. Avec moi, buvait le chœur bruyant de mes vénérables amis, tandis que le reste des humains peinait au travail de nos vignes [7].

1. Cette épigramme n'évoque pas du tout la confusion possible entre la vie et la mort selon la théorie socratique (Platon, *Apol.*, 40 c) qu'Euripide a évoquée dans diverses tragédies : « Qui sait si vivre n'est pas être mort, et si être mort ne passe pas aux Enfers pour être vivant (*Polyide, fragm.* 638; *Phrixos, fragm.* 833; *Erechthée, fragm.* 361 Nauck), et Aristophane dans ses *Grenouilles* (1082 et 1477) : κατέδειξ' οὗτος... φασκούσας οὐ ζῆν τὸ ζῆν et τίς δ' οἶδεν εἰ τὸ ζῆν μέν ἐστι κατθανεῖν. C'est plutôt l'instabilité de la vie qu'évoque le poète et la tragédie encore en a tiré les mêmes conclusions que l'épigrammatiste : « Tiens-toi en joie, bois, compte comme étant à toi la vie de chaque jour et le reste au destin. Honore aussi la divinité qui est de beaucoup la plus agréable aux mortels,

ὡς δύνασαι χάρισαι, μετάδος, φάγε, θνητὰ λογίζου·
  τὸ ζῆν τοῦ μὴ ζῆν οὐδὲν ὅλως ἀπέχει.
Πᾶς ὁ βίος τοιόσδε, ῥοπὴ μόνον· ἂν προλάβῃς, σοῦ,
  ἂν δὲ θάνῃς, ἑτέρου πάντα, σὺ δ' οὐδὲν ἔχεις.

**5** ῥοπὴ Saumaise : ῥοπὴν *m* ‖ προλάβῃς P : προλάβῃ Plan. ‖ σοῦ Saumaise : σόν P τις Plan.

## 57

## ΑΓΑΘΙΟΥ ΣΧΟΛΑΣΤΙΚΟΥ

Γαστέρα μὲν σεσάλακτο γέρων εὐώδεϊ Βάκχῳ
  Οἰνοπίων, ἔμπης δ' οὐκ ἀπέθηκε δέπας·
ἀλλ' ἔτι διψώων ἰδίῃ κατεμέμφετο χειρί
  ὡς ἀπὸ κρητῆρος μηδὲν ἀφυσσαμένῃ.
Οἱ δὲ νέοι ῥέγχουσι, καὶ οὐ σθένος οὐδ' ἀπ' ἀριθμοῦ
  τὰς κύλικας γνῶναι τὰς ἔτι πινομένας.
Πῖνε, γέρον, καὶ ζῆθι· μάτην δ' ἄρα θεῖος Ὅμηρος
  τείρεσθαι πολιὴν ἐκ νεότητος ἔφη.

Plan., II[a], 47, 22. — **7** γέρον Plan. : γέρων P.

## 58

## ΜΑΚΗΔΟΝΙΟΥ ΥΠΑΤΟΥ

Ἤθελον οὐ χρυσόν τε καὶ ἄστεα μυρία γαίης,
  οὐδ' ὅσα τὰς Θήβας εἶπεν Ὅμηρος ἔχειν·
ἀλλ' ἵνα μοι τροχόεσσα κύλιξ βλύσσειε λυαίῳ
  χείλεος ἀενάῳ νάματι λουομένου
καὶ γεραρῶν συνέπινε λάλος χορός, οἱ δὲ περισσοὶ
  ἀνέρες ἐργατίναι κάμνον ἐφ' ἡμερίσιν.

Plan., II[a], 47, 23. — Tit. Μακηδονίου ὑπάτου P : Μακεδονίου ὑπ. Plan. ‖ **5** λάλος P : φίλων Plan.

Le vin pour moi, c'est tout mon bonheur, mon ami de toujours ! Point ne me soucie des consuls lamés d'or [1], quand j'ai ma coupe à la main [2] !

## 59

### Du même.

Grands buveurs [3], athlètes du souverain Iacchos, à l'ouvrage ! Organisons le festin bruyant où l'on combat la coupe à la main, faisons couler à flots, en libation, les dons du dieu d'Icaros, le Libérateur [4]. Que d'autres prennent soin d'honorer les dons de Triptolème, là où ne sont que bœufs, charrues, timon et manche d'arare, épis aussi, ces vestiges du rapt de Perséphone. Si, d'aventure, il faut nous mettre sous la dent quelque nourriture, à des buveurs de vin c'en est assez des raisins secs de Bromios [5].

## 60

### DE PAUL LE SILENTIAIRE

Nous, les buveurs de vin, nous offrirons des libations au dieu libérateur qui éveille le rire [6]; avec nos verres nous repousserons le souci, ce bourreau des humains ! Qu'en son estomac gavé de pain l'homme de la terre, accablé de fatigues, digère de Perséphone au sombre manteau la mère nourricière [7]. Les viandes viles et sanglantes des festins tueurs de taureaux, nous les laisserons aux fauves et aux oiseaux mangeurs de charognes. Et les arêtes des êtres pourvus de nageoires [8], arêtes qui déchirent les lèvres, qu'à leur tour on les abandonne à ceux qui préfèrent l'Hadès au soleil.

Aphrodite » (*Alceste*, 78 et suiv.) et aussi le tragique anonyme : « A tous les mortels, je veux conseiller de vivre dans le plaisir le jour d'aujourd'hui. Le mort n'est plus que néant, une ombre sous terre. Il nous faut, tandis que nous vivons, jouir de cette vie qui est brève. » (*fragm.* 95 Nauck. Il est intéressant de noter qu'ici les sentiments épicuriens sont tempérés de sentiments altruistes : la vie est courte : il faut donc rechercher son bien-être, mais aussi partager avec d'autres.

Οὗτος ἐμοὶ πολὺς ὄλβος, ἀεὶ φίλος· οὐδ' ἀλεγίζω
τῶν χρυσέων ὑπάτων, τὴν φιάλην κατέχων.

## 59

### Τοῦ αὐτοῦ.

Χανδοπόται, βασιλῆος ἀεθλητῆρες Ἰάκχου,
ἔργα κυπελλομάχου στήσομεν εἰλαπίνης,
Ἰκαρίου σπένδοντες ἀφειδέα δῶρα Λυαίου·
ἄλλοισιν μελέτω Τριπτολέμοιο γέρα,
ἧχι βόες καὶ ἄροτρα καὶ ἱστοβοεὺς καὶ ἐχέτλη
καὶ στάχυς, ἁρπαμένης ἴχνια Φερσεφόνης.
Εἴ ποτε δὲ στομάτεσσι βαλεῖν τινα βρῶσιν ἀνάγκη,
ἀσταφὶς οἰνοπόταις ἄρκιος ἡ Βρομίου.

Plan., $\mathrm{II}^{a}$, 47, 24. — **3** σπένδοντες Plan. : σπευδ- P ‖ **5** καὶ ἱστοβοεὺς Plan : καὶ om. P.

## 60

### ΠΑΥΛΟΥ ΣΙΛΕΝΤΙΑΡΙΟΥ

Σπείσομεν οἰνοποτῆρες ἐγερσιγέλωτι Λυαίῳ
ὤσομεν ἀνδροφόνον φροντίδα ταῖς φιάλαις.
Σιτοδόκῳ δ' ἄγραυλος ἀνὴρ βαρύμοχθος ἰάλλοι
γαστρὶ μελαμπέπλου μητέρα Φερσεφόνης·
ταυροφόνων δ' ἀμέγαρτα καὶ αἱμαλέα κρέα δόρπων
θηρσὶ καὶ οἰωνοῖς λείψομεν ὠμοβόροις·
ὀστέα δ' αὖ νεπόδων ταμεσίχροα χείλεσι φωτῶν
εἰξάτω οἷς Ἀΐδης φίλτερος ἠελίου·

Plan., $\mathrm{II}^{a}$, 47, 25. — **1** σπείσομεν Plan. : σπείσαμεν P ‖ **2** ὤσομεν ἀνδροφόνον Plan. : ὤσαμεν ἀνδροφόνων P ‖ **4** Φερσεφόνης [φ$^1$ supra π] P : Φερσεφόνη Plan. ‖ **5** αἱμαλέα P : αἱμαλέων Plan. ‖ **7** δ' αὖ νεπόδων Plan. : γὰρ ἐπόδων P.

Pour nous, que le vin, source de bonheur, soit notre nourriture et notre boisson. A d'autres, le désir d'obtenir l'ambroisie !

## 61

### DE MACÉDONIOS, Personnage consulaire

Hier, j'étais malade. S'approcha de moi un ennemi, un médecin, qui m'interdit le nectar des coupes. Il me dit de boire de l'eau, ce pauvre sot [1], qui ne savait même pas que le ressort des mortels, assure Homère [2], c'est le vin !

## 62

### DE PALLADAS

Mourir, une obligation pour tous les humains [3], et il n'est mortel qui sache si demain il vivra. Sûr de cette évidence, homme, prends ton plaisir [4] et trouve en Bromios l'oubli de la mort. Jouis aussi de l'Amour [5], au fil de tes jours éphémères. De tout le reste, laisse la Fortune en décider.

## 63

### DE MACÉDONIOS, Personnage consulaire

Hommes qui célébrez les mystères de Bacchus, le dieu sans souci, dans les espoirs qui naissent de nos vignes [6]

1. Ἀνεμώλιος a pour sens *léger, vide comme le vent.* Encore une épigramme contre tous ceux qui se révèlent ennemis du vin. Voir G. Giangrande, *op. cit.*, p. 168.

2. Macédonios oppose la science d'Homère (*Il.*, III, 246; VI, 161) à celle des médecins. Dans d'autres épigrammes cette présence médicale suffit pour achever le malade (XI, 119 et ss.).

3. Μέροψ marque davantage l'idée de « né de la terre », alors que θνητός insiste sur l'idée de la mort.

4. C'est l'*euphrosyné* épicurienne. Voir A. Rivaud, *Histoire de la philosophie*, I, p. 348 et suiv.

ἡμῖν δ' ὀλβιόδωρον ἀεὶ μέθυ καὶ βόσις ἔστω
καὶ ποτόν· ἀμβροσίην δ' ἄλλος ἔχειν ἐθέλοι.

**9** ἀεὶ PLAN. : ἀεὶ καὶ P ‖ ἔστω PLAN. : ἔστιν P ‖ **10** δ' PLAN. : om. P ‖ ἐθέλοι PLAN. : ἐθέλει P.

## 61

## ΜΑΚΗΔΟΝΙΟΥ ΥΠΑΤΟΥ

Χθιζὸν ἐμοὶ νοσέοντι παρίστατο δήϊος ἀνὴρ,
ἰητρὸς δεπάων νέκταρ ἀπειπάμενος·
εἶπε δ' ὕδωρ πίνειν, ἀνεμώλιος, οὐδ' ἐδιδάχθη
ὅττι μένος μερόπων οἶνον Ὅμηρος ἔφη.

PLAN., II$^{a}$, 47, 26; E$^{F}$,77; E$^{R}$,75 et 84; *Laurentianus*, 32-16 (21); *Parisinus gr.* 1765 (39). — Tit. Μακηδονίου ὑπάτου P : Μακεδονίου ὑπ. PLAN. om. E$^{R}$ ‖ **2** ἀπειπάμενος *m* : ἀπειπῶμ signo arctationis addito E.

## 62

## ΠΑΛΛΑΔΑ

Πᾶσι θανεῖν μερόπεσσιν ὀφείλεται, οὐδέ τις ἐστὶν
αὔριον εἰ ζήσει θνητὸς ἐπιστάμενος.
Τοῦτο σαφῶς, ἄνθρωπε, μαθὼν εὔφραινε σεαυτόν,
λήθην τοῦ θανάτου τὸν Βρόμιον κατέχων.
Τέρπεο καὶ Παφίῃ τὸν ἐφημέριον βίον ἕλκων·
τἄλλα δὲ πάντα Τύχῃ πράγματα δὸς διέπειν.

PLAN., II$^{a}$, 47, 27. — **5** Παφίῃ P : σκίρτα PLAN.

## 63

## ΜΑΚΗΔΟΝΙΟΥ ΥΠΑΤΟΥ

Ἀνέρες, οἷσι μέμηλεν ἀπήμονος ὄργια Βάκχου,
ἐλπίσιν ἡμερίδων ῥίψατε τὴν πενίην.

PLAN., II$^{a}$, 47, 28. — Tit. Μακηδονίου ὑπάτου P : Μακεδ. ὑπ. PLAN.

noyez votre misère. Allons ! qu'un cratère soit ma coupe et que, tout près, le pressoir remplace la jarre [1]; c'est là que réside la franche gaieté. Dès que j'aurai bu un cratère de ce « Libérateur », je lutte, si tu le veux, contre les fils de Canastra [2]. Je ne crains ni la mer redoutable, ni même la foudre, ayant au cœur la solide confiance que confère l'indomptable Bromios.

## 64

## D'AGATHIAS LE SCHOLASTIQUE

Nous foulions aux pieds l'énorme monceau des fruits de Iacchos, tout en rythmant en cadence une chanson bacchique. Déjà le moût coulait sans fin et, telles de petites barques, des coupes de bois voguaient sur les vagues sucrées. Avec elles, nous arrivions à puiser cette liqueur toute prête sans l'arroser, bien sûr, aux ondes tièdes des Naïades.

Mais la belle Rodanthé se pencha sur le pressoir : elle illuminait le flot de l'éblouissement de sa beauté. Sur l'heure, tous les cœurs étaient troublés; il n'y en avait pas un parmi nous que ne domptât Bacchus et la déesse de Paphos. Infortunés ! l'un glissait doucement à nos pieds, sans se refuser; l'autre, nous donnait seule l'espérance et se jouait de nous [3] !

1. Les jarres sont les tonneaux des Grecs et se retrouvent dans les entrepôts dès la plus haute antiquité. La gradation est humoristique : de la coupe au cratère, de la jarre au pressoir !

2. C'est aux champs Phlégréens, sur le promontoire de Pallène, en Macédoine de Thrace, dans la plaine de Canastra, qu'eut lieu la lutte des Géants contre les dieux (F. Vian, *La guerre des Géants*, p. 189). L'audace du buveur de vin ne connaît plus de limites : il est prêt comme les géants à affronter Zeus et sa foudre. L'épithète de Bromios, le *Grondant*, convient au dieu qui inspire de tels sentiments.

Αὐτὰρ ἐμοὶ κρητὴρ μὲν ἔοι δέπας, ἄγχι δὲ ληνὸς
ἀντὶ πίθου, λιπαρῆς ἔνδιον εὐφροσύνης.
Αὐτίκα δ' ἡμετέροιο πιὼν κρητῆρα Λυαίου
παισὶ Καναστραίοις μάρναμαι, ἢν ἐθέλῃς.
Οὐ τρομέω δὲ θάλασσαν ἀμείλιχον, οὐδὲ κεραυνούς,
πιστὸν ἀταρβήτου θάρσος ἔχων Βρομίου.

**4** ἀντὶ πίθου P : ἄγχι πίθος Plan. ‖ **6** Καναστραίοις Plan. : καναναστρεοις P ‖ μάρναμαι, ἢν ἐθέλῃς Herrmann : μαρναμένην ἐθέλῃς P μαρναμένην ἐθέλω Plan.

## 64

## ΑΓΑΘΙΟΥ ΣΧΟΛΑΣΤΙΚΟΥ

Ἡμεῖς μὲν πατέοντες ἀπείρονα καρπὸν Ἰάκχου
ἄμμιγα βακχευτὴν ῥυθμὸν ἀνεπλέκομεν.
Ἤδη δ' ἄσπετον οἶδμα κατέρρεεν· οἷα δὲ λέμβοι
κισσύβια γλυκερῶν νήχεθ' ὑπὲρ ῥοθίων,
οἷσιν ἀρυσσάμενοι σχέδιον ποτὸν ἤνομεν ἤδη,
θερμῶν Νηϊάδων οὐ μάλα δευόμενοι.
Ἡ δὲ καλὴ ποτὶ ληνὸν ὑπερκύπτουσα Ῥοδάνθη
μαρμαρυγῇς κάλλους νᾶμα κατηγλάϊσεν.
Πάντων δ' ἐκδεδόνηντο θοαὶ φρένες, οὐδέ τις ἡμέων
ἦεν, ὃς οὐ Βάκχῳ δάμνατο καὶ Παφίῃ.
Τλήμονες, ἀλλ' ὁ μὲν εἷρπε παραὶ ποσὶν ἄφθονος ἡμῖν·
τῆς δ' ἄρ' ὑπ' ἐλπωρῇ μοῦνον ἐπαιζόμεθα.

Plan., II[a], 47, 29. — **4** νήχεθ' Plan. : νήχετ' P ‖ **5** ἀρυσσάμενοι P[ac] Plan. : ἀρησσ- P[pc] ποτὸν P πότον Plan. ‖ ἤνομεν ἤδη Plan. : ἠνομενηδὴ P ‖ **8** μαρμαρυγῆς P : μαρμαρυγῇ Plan. ‖ **12** τῆς Plan. : τοῖς P ‖ ἐλπωρῇ Plan. : ἐλπωρὴ P.

# LIVRE XI[B]

# ÉPIGRAMMES SATIRIQUES

## 65

### DE PARMÉNION [1]

Entre la faim et une vieille, le choix est difficile ! Il est pénible d'avoir faim; le partage de la couche est plus douloureux encore [2] ! Affamé, Phillis souhaitait la vieille; mais, au lit, il optait pour la faim. Voyez la perplexité d'un garçon sans fortune [3].

## 66

### D'ANTIPHILOS DE BYZANCE

Que tu tendes la peau ridée de tes joues toutes crevassées, que tu soulignes au charbon ton regard sans sourcils, que tu teignes en noir tes cheveux blancs, et qu'autour de tes tempes tu suspendes bien drues [4] de petites bouclettes frisées au fer, tout cela n'est rien, femme ridicule, et tu as beau faire [5]...

1. D'après le *Palatinus*, ici commence une nouvelle section : aux épigrammes συμποτικά succèdent les épigrammes spirituelles ou σκωπτικά, comme l'indique la mention. Voir ci-dessus p. 2 et 33.

2. Plus brièvement, plus cyniquement encore, Martial a dit (IX, 80) : « Duxerat esuriens locupletem pauper anumque : uxorem pascit Gellius et futuit. » Ce poème devait figurer dans la *Couronne* de Philippe; il appartient donc au Ier siècle après J. C. Voir épigramme 4.

3. Après le premier distique d'allure gnomique, le poète en vient à l'application humoristique.

4. Déjà πυρίφλεκτα et βοστρύχια donnent l'idée de *frisé*, c'est pourquoi nous avons donné à οὖλα le sens de *touffu*; ces bouclettes servent à masquer un début de calvitie. Chez la vieille de Martial (IX, 37), tout est postiche : cheveux, dents, et jusqu'aux sourcils. Et cet art de souligner les yeux de traits charbonneux, nous le retrouvons chez Juvénal (II, 93-94).

## LIBER XI[B]

# ΣΚΩΠΤΙΚΑ ΕΠΙΓΡΑΜΜΑΤΑ

### 65

### ΠΑΡΜΕΝΙΩΝΟΣ

Λιμοῦ καὶ γραίης χαλεπὴ κρίσις· ἀργαλέον μὲν
πεινῆν, ἡ κοίτη δ' ἔστ' ὀδυνηροτέρα.
Πεινῶν εὔχετο γραῦν· κοιμώμενος εὔχετο λιμὸν
Φίλλις· ἴδ' ἀκλήρου παιδὸς ἀνωμαλίην.

Tit. : πολλὴ κατὰ τὸν βίον τῶν σκωπτικῶν ἐπιγραμμάτων ἡ χρῆσις· φιλεῖ γάρ πως ἄνθρωπος ἢ αὐτὸς εἴς τινας παίζειν, ἢ ἑτέρου πρὸς τοὺς πλησίον ἀποσκώπτοντος ἀκούειν, ὅπερ, οἶμαι, διὰ τῶν ἑξῆς τοῖς παλαιοῖς γινόμενον ἐπιδείξωμεν [γενόμενον ἐπιδείξομεν P] scribae B manu in textu P.

**2** ἡ Jacobs : καὶ P ‖ ἔστ' ὀδυνηροτέρα Reiske : εἰ τὸ δυνηροτέρα P.

### 66

### ΑΝΤΙΦΙΛΟΥ ΒΥΖΑΝΤΙΟΥ

Κἢν τείνῃς ῥακόεντα πολυτμήτοιο παρειῆς
χρῶτα καὶ ἀβλεφάρους ὦπας ἐπανθρακίσῃς,
καὶ λευκὴν βάψῃς μέλανι τρίχα, καὶ πυρίφλεκτα
βοστρύχια κροτάφοις οὖλα περικρεμάσῃς,
οὐδὲν ταῦτα, γελοία, καὶ ἢν ἔτι πλείονα ῥέξῃς.
. . . . . . . . . . . . . . . . . . . . . . . . . . . . . . . . . . . . . . .

Lemma B : εἰς γραῖαν [γραῖραν a.corr.] in margine cum titulo P.

**2** ἐπανθρακίσῃς Meineke : ἐπ' ἀνθρακιῇ P ‖ **3** βάψῃς Jacobs : βάψεις P ‖ **5** γελοία Meineke : γελοῖα P ‖ ἢν ἔτι πλείονα Jacobs : ηνίτι πλεῖον P ‖ **6** lacunam non indicat codex P quam suspicantur omnes edd.

## 67
## DE MYRINOS

U, c'est quatre cents [1]. Mais toi, tu as deux fois autant d'années, délicate Laïs, Hécube et corneille [2], mère de Sisyphe et sœur de Deucalion ! Allons ! teins tes cheveux blancs et appelle-nous tous : « Papa ! ».

## 68
## DE LUCILLIUS

Tes cheveux, Nikylla, on dit que tu les teins ! Mais ces cheveux d'un si beau noir, tu les as achetés au marché [3] !

## 69
## Du même.

Elle a teint ses cheveux blancs cette Thémistonoé, trois fois vieille comme une corneille. Et la voilà soudain devenue non pas jeune belle, mais... Cybèle [4].

1. Il s'agit d'une vieille maniérée qui, pour tenter de se faire passer pour une jeune fille, met la bouche en cœur dans cette position que prennent les lèvres pour former le son *u* qui, en numération, vaut 400. Voir Gow, *Garland of Philip*, II, 322.

2. L'opposition entre la « délicate Laïs » et κορωνεκάβη, mot forgé et qui évoque à la fois la vieille épouse de Priam et les corneilles qui vivent plusieurs centaines d'années, ne paraît pas suffisante au poète; il ajoute les épithètes : *mère de Sisyphe* et *sœur de Deucalion*; de ce dernier, fils de Prométhée et de Célaeno, descendait, comme du Noé de la Bible, la deuxième génération humaine. Qu'importe au poète si, entre Sisyphe et Deucalion, il y a deux générations, puisque Sisyphe était fils d'Éole, petit-fils d'Hellen, lui-même fils de Deucalion; ce qu'il veut, c'est suggérer la plus lointaine antiquité, qui contraste avec cette tentative de rajeunissement qui va jusqu'à user du langage enfantin.

Martial avait connu femme de ce genre (I, 100) : « Afra a de « petites mamans » et de « petits papas »; mais, de ces papas et de ces mamans on peut la dire grand' maman ! » Voir Épictète, *Entret.*, III, 24, 53. Mais Gow songe à une vieille prostituée qui hèle les passants.

## 67

## ΜΥΡΙΝΟΥ

Ὗ τετρηκόσι᾽ ἐστίν· ἔχεις δὲ σὺ τοὺς ἐνιαυτούς
δὶς τόσσους, τρυφερὴ Λαῒ κορωνεκάβη,
Σισύφου ὦ μάμμη, καὶ Δευκαλίωνος ἀδελφή.
Βάπτε δὲ τὰς λευκὰς καὶ λέγε πᾶσι « Τατᾶ ».

Lemma J : εἰς γραῖαν in margine cum titulo P.
PLAN., II$^a$, 9, 1. — **1** Ὗ corr. Beckby : ὃ P ὗ PLAN. ‖ τετρηκόσι᾽ PLAN. : τετριηκόσι P ‖ ἐστίν P : ἐστί PLAN. ἔτη PLAN. p. corr. recentiore manu ‖ **2** Λαῒ κορωνεκάβη Saumaise : λαῒ κορῶν ἐκάβη P λαοντακόρων᾽ ἐκάβη PLAN.$^{ac}$ πεντακόρων᾽ ἐκάβη, PLAN.$^{pc}$ C ‖ **3** Σισύφου P : σίσυφος PLAN. ‖ μάμμη PLAN. : μάμη P ‖ **4** δὲ PLAN. : om. P.

## 68

## ΛΟΥΚΙΛΛΙΟΥ

Τὰς τρίχας, ὦ Νίκυλλα, τινὲς βάπτειν σε λέγουσιν,
ἃς σὺ μελαινοτάτας ἐξ ἀγορᾶς ἐπρίω.

Lemma J : εἰς γραῖαν in margine adscr. P.
PLAN., II$^a$, 9, 2. — Tit. Λουκιλλίου PLAN.$^{pc}$ : Λουκίλλου P Λουκιανοῦ PLAN.$^{ac}$ ‖ **2** μελαινοτάτας Brunck : μελανοτάτας PLAN. μελανωτάτας P.

## 69

## Τοῦ αὐτοῦ.

Τὰς πολιὰς βάψασα Θεμιστονόη τρικόρωνος
γίνεται ἐξαπίνης οὐ νέα, ἀλλὰ Ῥέα.

Lemma B$^2$ : εἰς γραῖαν P.
PLAN., II$^a$, 9, 3.

## 70

### DE LÉONIDAS ⟨D'ALEXANDRIE⟩

Philinos avait épousé une vieille femme au temps de sa jeunesse; maintenant qu'il est vieux, il prend fillette de douze ans ! Jamais en harmonie avec la déesse de Paphos ! Aussi est-il demeuré sans enfants; pour avoir semé jadis en terre stérile; et maintenant c'est pour d'autres qu'il a pris femme [1]: doublement frustré [2] !

## 71

### DE NICARQUE

Niconoé [3] fut une beauté; d'accord. Mais elle le fut à l'époque où Deucalion contemplait l'immensité des eaux. De cela, nous ne savons rien, nous autres; mais ce qui est certain, c'est que Niconoé ne devrait pas chercher un mari, mais une tombe [4] !

## 72

### DE BASSUS DE SMYRNE

Kytôtaris aux tempes blanches, la vieille qui a tant fait parler d'elle [5], a ravi à Nestor son record de longévité [6]. Plus longtemps que le cerf elle a contemplé la

1. L'allusion est claire; la vieille épouse ne pouvait plus avoir d'enfants et maintenant qu'il a épousé une fillette et qu'il a perdu sa virilité, d'autres se chargeront de la féconder ! A Philinos il manquera à la fois la terre et la semence. Voir sur le même thème, Théognis, 457 et ss.

2. C'est une caractéristique de Léonidas que de composer des vers « isopséphiques ». Voir épigramme XI, 9. Boissonade a compté qu'ici chaque distique correspond à un total de 7246. Le poème n'y a rien perdu de son art.

3. On a, d'Hédylos, au IIIe siècle av. J. C., une épigramme votive (VI, 292) sur une Niconoé qui gagna un prix de beauté. C'est peut-être la raison qui inspira à Nicarque l'usage de ce nom : ce serait alors une parodie.

## 70

## ΛΕΩΝΙΔΟΥ ⟨ΑΛΕΞΑΝΔΡΕΩΣ⟩

Γρῆϋν ἔγημε Φιλῖνος, ὅτ' ἦν νέος· ἡνίκα πρέσβυς,
δωδεκέτιν· Παφίῃ δ' ὥριος οὐδέποτε.
Τοιγὰρ ἄπαις διέμεινέ ποτε σπείρων ἐς ἄκαρπα,
νῦν δ' ἑτέροις γήμας ἀμφοτέρων στέρεται.

Lemma B² : εἰς Λεωνίδ(α) ἰσόψιφον P.
Plan., IIª, 9, 4. — Tit. Λεωνίδου Plan. om. P. Cum utriusque distichi litterae 7246 ualeant, Julio Leonidae Alexandrino trib. Jacobs qui 'Αλεξάνδρεως suppl. ‖ 2 Παφίῃ Boissonade : Παφίη *m* ‖ 3 τοιγὰρ Jacobs : τὸν γὰρ P καὶ γὰρ Plan. ‖ ποτε Beckby : ποτὲ P τότε Plan. ‖ ἐς Plan. : εἰς P.

## 71

## ΝΙΚΑΡΧΟΥ

Ἤκμασε Νικονόη· κἀγὼ λέγω· ἤκμασε δ' αὐτὴ
ἡνίκα Δευκαλίων ἄπλετον εἶδεν ὕδωρ.
Ταῦτα μὲν οὖν ἡμεῖς οὐκ οἴδαμεν, ἀλλ' ὅτι ταύτην
οὐκ ἄνδρα ζητεῖν νῦν ἔδει, ἀλλὰ τάφον.

Lemma B² : εἰς γραῖαν P.
Plan. IIᵇ, 6, 1. — Tit. Νικάρχου P : om. Plan. ‖ 1 Νικονόη Plan. Saumaise : Νεικονόη P ‖ αὐτὴ Plan. : ἀύτη P ‖ 2 εἶδεν Plan. : ἴδεν P.

## 72

## ΒΑΣΣΟΥ ΣΜΥΡΝΑΙΟΥ

Ἡ πολιὴ κροτάφοισι Κυτώταρις, ἡ πολύμυθος
γραῖα, δι' ἣν Νέστωρ οὐκέτι πρεσβύτατος,

Lemma B² : εἰς γραῖαν P.
Plan., IIª, 9, 5. — Tit. Βασσοῦ Σμυρναίου P : Νικάρχου Plan. uide notitiam p. 25 notula 1 ‖ 1 Κυτώταρις P : κοτυτταρίς Plan.

lumière et, en sa vieillesse, sur la main gauche [1], elle se met à compter pour la deuxième fois les ans. Elle vit, oui, et elle a bon pied bon œil comme une jeune épousée. Aussi, je me le demande : n'est-il rien arrivé à Hadès?

## 73

### DE NICARQUE

Elle était belle, la vieille, eh oui ! tu le sais bien, du temps qu'elle était jeune ! Mais alors elle demandait son salaire; maintenant à qui l'enfourche elle veut le donner !

Tu trouveras en elle une artiste. Et lorsqu'elle a bu à tes désirs tu la trouves plus docile encore. Car elle boit jusqu'à trois et même quatre setiers [2], à ta demande. Alors, elle envoie tout sens dessus dessous [3]; elle enlace, excite et s'offre. Lui fait-on quelque don; elle l'accepte. On ne lui donne rien? Son salaire, c'est alors son plaisir [4].

## 74

### Du même.

Par Zeus, Onésime, cette vieille sourde, envoie-la promener ! J'ai trop d'ennuis avec elle ! Nous lui disons d'apporter du fromage frais : et la voilà, non pas avec du fromage, mais du froment de l'année ! Récemment, j'avais mal à la tête et je lui demandais de la casse;

1. Cette numération par les mains était courante chez les anciens : de 1 à 100 sur la main gauche, de 100 à 1 000 sur la main droite; au delà, pour la deuxième fois, on se servait de la main gauche. Gow (*op. cit.*, II, p. 196) conteste cette explication empruntée à Nicolas de Smyrne (XIVe siècle) et reprise par Boissonade; mais il n'apporte pas d'autre solution.

2. Ce poète du Ier siècle vécut dans l'ambiance romaine; pour lui, l'unité de mesure des liquides est le *sextarius*, en grec ξέστη (= 0,54 l.) alors que l'unité grecque était le cotyle de 0,20 l. ou le chous, soit 8 cotyles (3,20 l.) Voir XI, 298.

3. Ce sont évidemment les ébats amoureux, normaux et anormaux.

4. Sur ces amours séniles, voir Martial, IX, 37.

ἢ φάος ἀθρήσασ᾽ ἐλάφου πλέον ἢ χερὶ λαιῇ
γῆρας ἀριθμεῖσθαι δεύτερον ἀρξαμένη,
ζώει καὶ λεύσσουσα καὶ ἀρτίπος, οἷά τε νύμφη,
ὥστε με διστάζειν μή τι πέπονθ᾽ Ἀΐδης.

**5** καὶ λεύσσουσα Plan. : κλέσσουσα [litt. αι supra κλ] P.

## 73

## ΝΙΚΑΡΧΟΥ

Γραῖα καλή· τί γάρ; Οἶσθας ὅτ᾽ ἦν νέα· ἀλλὰ τότ᾽ ᾔτει,
νῦν δ᾽ ἐθέλει δοῦναι μισθὸν ἐλαυνομένη.
Εὑρήσεις τεχνῖτιν· ὅταν δὲ πίῃ, τότε μᾶλλον
εἰς ὃ θέλεις αὐτὴν εὐεπίτακτον ἔχεις.
Πίνει γὰρ καὶ τρεῖς καὶ τέσσαρας, ἢν ἐθελήσῃς,
ξέστας, κἀκ τούτου γίνετ᾽ ἄνω τὰ κάτω·
κολλᾶται, κνίζει, παθικεύεται· ἤν τι διδῷ τις,
λαμβάνει· ἢν μὴ δῷ, μισθὸν ἔχει τὸ πάθος.

Lemma B² : εἰς γραῖαν.
**1** οἶσθας ὅτ᾽ ἦν νέα coni. Meineke: οἶσθα ὀτῆνεα P οἶσθ᾽ ὅτ᾽ ἔην νέα coni. Jacobs ‖ **2** δ᾽ ἐθέλει Brunck : δεθέλει P ‖ **3** εὑρήσεις τεχνῖτιν Saumaise : εὑρήσει τεχνίτην P ‖ **5** ἐθελήσῃς Jacobs : θέλησι P ‖ **6** κἀκ Brunck : ἐκ P ‖ **8** ἢν μὴ δῷ coni. Jacobs : ἡν μη διδῶ P.

## 74

## Τοῦ αὐτοῦ.

Τὴν δύσκωφον γραῖαν, Ὀνήσιμε, πρὸς Διός, ἔξω
ἔκβαλε· πολλὰ λίην πράγματά μοι παρέχει.
Ἢν αὐτῇ τυροὺς ἁπαλοὺς εἴπωμεν ἐνέγκαι,
οὐ τυρούς, πυροὺς δ᾽ ἔρχετ᾽ ἔχουσα νέους.

Lemma B² : εἰς γραῖαν κωφὴν P^mg.
Plan., IIª, 9, 6. — Tit. Τοῦ αὐτοῦ P : post *Ep.* 72 cum titulo recentiore manu transp. Plan. ‖ **3** ἢν Plan. : ἣν P.

elle m'apporta une casserole de terre cuite... Vas-tu lui demander du sirop, elle te présente un soliveau !... Ai-je faim ? « Donne-moi, lui dis-je, du chou. » Et la voilà qui m'apporte la chaise... percée. Réclames-tu du marc ? C'est un arc qu'elle apporte, et pour un arc, du marc. En un mot, ce que je dis, jamais elle ne le comprend ! C'est une honte qu'à cause d'une vieille, moi, j'aille me muer en crieur public, et que, sur le trottoir, je m'y exerce, tenu en éveil toute la nuit [1].

## 75

### DE LUCILLIUS [2]

Cet homme, cet Olympicos, tel que le voilà maintenant, Auguste [3], il avait jadis un nez, un menton, des sourcils, des oreilles, des paupières. Puis, inscrit sur le rôle des pugilistes [4], voilà qu'il a tout perdu au point que, de son patrimoine, il n'a même pu prendre sa part. Son frère avait de lui un petit portrait ; il le produisit en justice : C'est un autre homme, estima-t-on ; aucune ressemblance avec le portrait !

## 76

### Du même.

Avec un tel museau [5], Olympicos, ne te dirige pas vers une source ni, dans la montagne, vers quelque onde

1. Tout est jeu de mots en partant de consonances identiques : τυρούς-πυρούς ; πήγανον-τήγανον ; ὀπόν-δοκόν ; λάχανον-λάσανον ; ὄξον-τόξον. Cela oblige à faire quelques légères modifications dans la traduction, à écrire au lieu de *rue*, plante qui fournissait de l'huile et des antispasmodiques, le mot *casse* ; cette plante, sans avoir les mêmes propriétés que la précédente, annonce *casserole* qui remplace la *poële* du grec ; au *suc de figuier* qui sert à faire cailler le lait, on substitue le mot *sirop* qui peut répondre de loin à *soliveau* ; pour *légume* on écrira *chou* qui permet la confusion avec *chaise* ; enfin, *arc* et *vinaigre* n'offrant aucune correspondance phonétique, on a remplacé arbitrairement le second terme par *marc* opposé à *arc*, malgré la prononciation.

Πρῴην τὴν κεφαλὴν ἐπόνουν, καὶ πήγανον αὐτὴν
ᾔτουν· ἡ δ' ἔφερεν τήγανον ὀστράκινον.
Ἂν ὀπὸν αἰτήσω, δοκὸν εἰσφέρει· ἂν « Λάχανόν μοι »
εἴπω « δός » πεινῶν, εὐθὺ φέρει λάσανον.
Ὄξος ἐὰν αἰτῶ, τόξον φέρει· ἂν δέ γε τόξον,
ὄξος· ὅλως δ' ὃ λέγω οὔποτ' ἐπαισθάνεται.
Αἰσχρὸν τῆς γραός με χάριν κήρυκα γενέσθαι,
καὶ μελετᾶν ἔξω νυκτὸς ἐγειρόμενον.

**6** ὀστράκινον $P^{ac}$ Plan. : ὀτράκινον $P^{pc}$ ‖ **7** ἂν P : ἦν Plan. ‖ δοκὸν *m* : λοπὸν Boissonade ‖ **8** πεινῶν, εὐθὺ Plan. : πινῶν εὐθύς P ‖ **9** ἐὰν αἰτῶ Herrmann : ἂν αἰτήσω *m* ‖ δέ γε Plan. : δὲ P ‖ **10** ὅλως Plan. : ὅσλως P.

## 75

## ΛΟΥΚΙΛΛΙΟΥ

Οὗτος ὁ νῦν τοιοῦτος Ὀλυμπικὸς εἶχε, Σεβαστέ,
ῥῖνα, γένειον, ὀφρῦν, ὠτάρια, βλέφαρα·
εἶτ' ἀπογραψάμενος πύκτης ἀπολώλεκε πάντα,
ὥστ' ἐκ τῶν πατρικῶν μηδὲ λαβεῖν τὸ μέρος·
εἰκόνιον γὰρ ἀδελφὸς ἔχων προενήνοχεν αὐτοῦ,
καὶ κέκριτ' ἀλλότριος μηδὲν ὅμοιον ἔχων.

Lemma $B^2$ : εἰς πύκτας $P^{mg}$.
Plan., $II^a$, I, 1. — Tit. Λουκιλλίου Plan. : Λουκίλλου P ‖ **1** τοιοῦτος P : om. Plan. ‖ Σεβαστέ P : τὸ πρόσθεν Plan. ‖ **2** ὀφρῦν P : ὀφρύν Plan. ‖ **4** μηδὲ Plan.: μηδὲ τὸ P ‖ **5** αὐτοῦ P : αὐτός Plan. ‖ **6** ὅμοιον P : ὁμοῖον Plan.

## 76

## Τοῦ αὐτοῦ.

Ῥύγχος ἔχων τοιοῦτον, Ὀλυμπικέ, μήτ' ἐπὶ κρήνην
ἔλθῃς, μήτ' ἐν ὄρει πρός τι διαυγὲς ὕδωρ.

Lemma $B^2$ : εἰς αὐτὸ $P^{mg}$.
Plan., $II^a$, 13, 1. — Tit. Τοῦ αὐτοῦ P : Λουκιλλίου Plan. ‖ **2** ἐν ὄρει *m* : ἐνόρα Brodeau.

transparente. Car toi aussi, comme Narcisse, en regardant bien en face ton visage, tu tomberas mort, saisi d'une haine mortelle envers toi-même [1].

## 77

Du même.

Après vingt années, Ulysse revint sain et sauf en sa patrie; son physique, c'est son chien Argos qui le reconnut, dès qu'il le vit [2]. Mais toi, après quatre heures de lutte [3], Stratophon, ce n'est pas pour les chiens que tu es devenu méconnaissable, mais pour ta propre cité ! Et si tu veux regarder ton visage en ton miroir [4], tu l'affirmeras toi-même sous la foi du serment : « Je ne suis pas Stratophon ! »

## 78

Du même.

Ta tête est devenue un crible [5], Apollophanès, ou encore la marge inférieure de nos petits traités mangés des vers [6]. De fait, ce sont des galeries de fourmis, sinueuses et droites, ou bien la notation, lydienne ou phrygienne, du texte de nos poètes lyriques [7] ! Au reste, continue à boxer sans crainte [8]; car, si on te fend la tête de haut en bas, ce que tu as tu le garderas : tu ne peux en avoir plus...

1. C'est ici encore un « olympique ». Le dernier vers transposant une expression agonistique : *combattre jusqu'à la mort* devient *se haïr jusqu'à la mort* (L. Robert, *op. cit.*, p. 202).

2. Cette épigramme, que Planude place à la suite de XI, 75, reprend le thème de l'ἄγνωστος opposé à l'invincible, ἄλειπτος et autres épithètes du même genre. Mais le poète commence par évoquer la scène de la reconnaissance d'Ulysse (*Od.*, XVII, 301-302) qui contraste avec la suite.

3. L'opposition est très nette et la parodie évidente : vingt années d'absence égalent quatre heures de lutte; plus encore, ni chien, ni ami, ne peuvent l'identifier. Le comble c'est qu'il jure ne pas être lui-même ! Voir L. Robert, *op. cit.* p. 203.

4. Après le portrait (XI, 75), le reflet des eaux (XI, 76), cette fois c'est le miroir. Lucillius aime donner des variations sur un même thème.

Καὶ σὺ γάρ, ὡς Νάρκισσος, ἰδὼν τὸ πρόσωπον ἐναργές
τεθνήξῃ, μισῶν σαυτὸν ἕως θανάτου.

## 77

### Τοῦ αὐτοῦ.

Εἰκοσέτους σωθέντος Ὀδυσσέος εἰς τὰ πατρῷα
ἔγνω τὴν μορφὴν Ἄργος ἰδὼν ὁ κύων·
ἀλλὰ σὺ πυκτεύσας, Στρατοφῶν, ἐπὶ τέσσαρας ὥρας
οὐ κυσὶν ἄγνωστος, τῇ δὲ πόλει γέγονας.
Ἢν ἐθέλῃς τὸ πρόσωπον ἰδεῖν ἐς ἔσοπτρον ἑαυτοῦ,
« Οὐκ εἰμὶ Στρατοφῶν » αὐτὸς ἐρεῖς ὀμόσας.

Lemma B² : εἰς Στρατοφῶντα P^mg^.
Plan., IIª, 1, 2. — Tit. Τοῦ αὐτοῦ *m* : hoc carmen post *Ep.* 75 transp. Plan. ‖ **1** Ὀδυσσέος Plan. : Ὀδυσσέως P ‖ **2** Ἄργος P : ἀργὸς Plan. ‖ **5** ἐθέλῃς τὸ P : ἐθέλῃς δὲ Plan. ‖ ἔσοπτρον ἑαυτοῦ P : ἔσοπτρα σεαυτοῦ Plan. ‖ **6** ὀμόσας P^pc^ : ὀμώσας P^ac^ Plan.

## 78

### Τοῦ αὐτοῦ.

Κόσκινον ἡ κεφαλή σου, Ἀπολλόφανες, γεγένηται
ἢ τῶν σητοκόπων βυβλαρίων τὰ κάτω·
ὄντως μυρμήκων τρυπήματα λοξὰ καὶ ὀρθά,
γράμματα τῶν λυρικῶν Λύδια καὶ Φρύγια.
Πλὴν ἀφόβως πύκτευε· καὶ ἢν τρωθῇς γὰρ ἄνωθεν,
ταῦθ', ὅσ' ἔχεις, ἕξεις· πλείονα δ' οὐ δύνασαι.

Lemma B² : εἰς Ἀπολλοφάνην P^mg^.
Plan., IIª, 1, 3. — **1** ἡ P : om. Plan. qui litteram ι uocabuli κόσκινον sicut longam interpretatur ‖ **2** σητοκόπων Badius Ascensius : σιτο- *m* ‖ βυβλαρίων P Plan^pc^. : βιβλαρίων Plan^ac^.

## 79

DU MÊME.

Cléombrotos était pugiliste : il s'est retiré. Mais depuis son mariage, c'est à domicile qu'il a ses jeux Isthmiques et Néméens [1], avec leurs horions : une vieille femme bagarreuse qui cogne aussi dur qu'à Olympie et la vue de son ménage lui donne plus de frissons que jadis celle du stade. Qu'il reprenne son souffle [2], elle le corrige : les coups de tout un match pour l'obliger à la riposte ! Riposte-t-il ? Elle le corrige encore [3] !

## 80

DU MÊME.

Ce sont ses camarades de lutte qui ont érigé en ce lieu la statue d'Apis le pugiliste : il n'a jamais blessé personne [4] !

## 81

DU MÊME.

De tous les concours de pugilat que les Grecs organisent, il n'y en a pas un auquel, moi, Androléos, je n'aie pris part [5]. J'ai eu à Pise une seule oreille, une paupière à Platées [6] ; à Delphes, on m'emporte sans vie. A

1. Le vers 2 peut être inspiré de Pindare, *Ném.*, III, 29-30 : πλαγᾶν... Νεμέᾳ. L'hypallage semble évidente pour Ἰσθμίων καὶ Νεμέων πληγάς.

2. Tous les mots de cette épigramme sont empruntés au langage technique de la boxe : καταλύειν, la *retraite*, πληγή, τύπτειν, ἀναπνεύειν, *reprendre haleine*, ἀναδιδόναι, *rendre les coups* ; et jusqu'aux trois grands jeux antiques qui se trouvent mentionnés.

## 79

### Τοῦ αὐτοῦ.

Πύκτης ὧν κατέλυσε Κλεόμβροτος· εἶτα γαμήσας
ἔνδον ἔχει πληγῶν Ἴσθμια καὶ Νέμεα,
γραῦν μαχίμην τύπτουσαν Ὀλύμπια, καὶ τὰ παρ' αὐτῷ
μᾶλλον ἰδεῖν φρίσσων ἤ ποτε τὸ στάδιον.
Ἂν γὰρ ἀναπνεύσῃ, δέρεται τὰς παντὸς ἀγῶνος
πληγὰς ὡς ἀποδῷ· κἂν ἀποδῷ, δέρεται.

Lemma B$^2$ : εἰς Κλεόμβροτον P$^{mg}$.
Plan., II$^a$, 1, 4; *Sylloge* V : *Marcianus gr.* XI, 1 (71); *Paris. Coislin.* 341, (66 et 76). — **3** τὰ P : om. Plan. *Marc.* ‖ **5** δέρεται Plan. *Marc.* : δερ ται e duarum litterarum ras. [fort. κε] post δερ P.

## 80

### Τοῦ αὐτοῦ.

Οἱ συναγωνισταὶ τὸν πυγμάχον ἐνθάδ' ἔθηκαν
Ἆπιν· οὐδένα γὰρ πώποτ' ἐτραυμάτισεν.

Lemma B$^2$ : εἰς Ἄπιν P$^{mg}$.
Plan., II$^a$, 1, 1. — Tit. Τοῦ αὐτοῦ P : om. Plan. ‖ **2** Ἆπιν Plan. C$^{ac}$ : Ἄπιν P ἄπιν C$^{pc}$.

## 81

### Τοῦ αὐτοῦ.

Πᾶσαν ὅσαν Ἕλληνες ἀγωνοθετοῦσιν ἅμιλλαν
πυγμῆς Ἀνδρόλεως πᾶσαν ἀγωνισάμαν·
ἔσχον δ' ἐν Πίσῃ μὲν ἓν ὠτίον, ἐν δὲ Πλαταιαῖς
ἓν βλέφαρον· Πυθοῖ δ' ἄπνοος ἐκφέρομαι·

Lemma B$^2$ : εἰς Ἀνδρόλεων P$^{mg}$.
Plan., II$^b$, 1, 2. — Tit. Τοῦ αὐτοῦ P : om. Plan. ‖ **1** ὅσαν P : ὅσην Plan. ‖ **2** ἀγωνισάμαν P : ἀγωνισάμην Plan. ‖ **4** ἐκφέρομαι *m* : ἐκφερόμαν uoluit Geffcken.

mon père Démotélès, à mes concitoyens aussi, le héraut signifiait de m'enlever des pistes [1], mort ou estropié !

## 82

### DE NICARQUE

Charmos, en Arcadie [2], prenait part contre cinq concurrents à une course de fond. Prodige ! Oui, c'est la vérité, il arriva... septième ! « Ils étaient six », dira-t-on aussitôt, « comment put-il arriver septième ? ». Un de ses amis survint en criant : « Courage, Charmos ! » — il était en manteau [3]. Ainsi donc Charmos arriva septième; eût-il eu encore cinq autres amis, oui, Zoïle [4], il arrivait douzième !

## 83

### DE LUCILLIUS

Hier, le coureur du stade [5] Érasistratos, alors que tout était ébranlé, la terre immense n'a pu le remuer, lui seul !

## 84

### Du même.

Non, parmi mes adversaires, il n'y a personne qui, plus vite que moi, soit tombé, ni qui plus lentement ait couru [6] le stade. Du disque [7], je ne m'en suis absolument pas approché; mes pieds, jamais, pour le saut, je n'ai eu la

1. A la place de καρύσσετο, passif construit avec l'infinitif, on a voulu voir un moyen : « et mon père, par la voix du héraut, me fit réclamer, mort ou vif, par mes concitoyens. » L. Robert (*op. cit.*, p. 194) est d'accord avec notre traduction : c'est une proclamation solennelle devant famille et concitoyens, comme pour un vainqueur; et le pluriel σταδίων semble indiquer que cette proclamation était devenue pour Androléos une habitude. C'est encore, comme trait final, la parodie d'un thème agonistique fréquent : la couronne de la victoire ou la mort. Voir. L. Robert, *Hellenica*, XI-XII, 337 et REG, LXXVIII (1965), *Bull. Epigr.*, n° 182, p. 111, sur la mort dans un combat de boxe d'un pugiliste alexandrin.

Δαμοτέλης δ' ὁ πατὴρ καρύσσετο σὺν πολιήταις
ἆραι με σταδίων ἢ νεκρὸν ἢ κολοβόν.

5 καρύσσετο P : ἐκορύσσετο Plan. ‖ 6 ἆραι Plan. : αἶραι P ‖ με σταδίων P : μ' ἐκ σταδίων Plan.

## 82

## ΝΙΚΑΡΧΟΥ

Πέντε μετ' ἄλλων Χάρμος ἐν Ἀρκαδίᾳ δολιχεύων,
θαῦμα μέν, ἀλλ' ὄντως ἕβδομος ἐξέπεσεν.
«Ἓξ ὄντων» τάχ' ἐρεῖς «πῶς ἕβδομος;» Εἷς φίλος αὐτοῦ
« Θάρσει, Χάρμε » λέγων ἦλθεν ἐν ἱματίῳ.
Ἕβδομος οὖν οὕτω παραγίνεται· εἰ δ' ἔτι πέντε
εἶχε φίλους, ἦλθ' ἄν, Ζωΐλε, δωδέκατος.

Lemma B[2] : εἰς δρομέας uncialibus litt. pariter ac titulum P. Plan., II[a], 1, 5. — 5 παραγίνεται P : παραγίγνεται Plan. ‖ εἰ δ' ἔτι P : εἰ δέ τι Plan.

## 83

## ΛΟΥΚΙΛΛΙΟΥ

Τὸν σταδιῆ πρῴην Ἐρασίστρατον ἡ μεγάλη γῆ,
πάντων σειομένων, οὐκ ἐσάλευσε μόνον.

Plan., II[a], 1, 6. — Tit. Λουκιλλίου Plan. : Λουκίλλου P ‖ 1 σταδιῆ Scaliger : σταδίην *m* στάδιον Jacobs.

## 84

## Τοῦ αὐτοῦ.

Οὔτε τάχιον ἐμοῦ τις ἐν ἀντιπάλοισιν ἔπιπτεν,
οὔτε βράδιον ἐμοῦ γ' ἔδραμε τὸ στάδιον·
δίσκῳ μὲν γὰρ ὅλως οὐδ' ἤγγισα, τοὺς δὲ πόδας μου
ἐξᾶραι πηδῶν ἴσχυον οὐδέποτε·

Plan., II[a], 1, 7. — 2 ἐμοῦ γ' coni. Peck : ὅλως P ὅμως Brunek 3 ἤγγισα P : ἤγγυσα Plan.

force de les soulever. Un estropié lançait le javelot bien mieux que moi et, dans les cinq épreuves, je fus proclamé, le premier, cinq fois triplement battu [1].

## 85

Du même.

Une fois, l'hoplite Marcus passa à courir la moitié de la nuit [2]; aussi, avait-on procédé à la fermeture totale du stade. Tous les fonctionnaires l'avaient pris, en effet, pour une des statues de pierre [3] qui se trouvaient là en l'honneur d'un hoplite [4]. Qu'arriva-t-il? A la nouvelle saison, ce fut l'ouverture, et alors, Marcus arriva : il ne manquait qu'un stade à son stade [5].

## 86

⟨Du même [6].⟩

La distance d'un stade, Périclès l'a-t-il courue ou bien s'est-il assis? Absolument personne ne le sait. Une lenteur phénoménale [7] ! On avait encore dans les oreilles le bruit de la barrière [8] qu'on en couronnait un autre, et Périclès n'avait pas bougé d'un pouce.

1. Au v. 5, l'emploi du réel est plus vivant que l'irréel attendu : ἠκόντιζ' ἄν. La fin de l'épigramme est particulièrement soignée : l'athlète est proclamé πρῶτος, le *premier*, τριαζόμενος, *vaincu par trois chutes*; à la lutte, mieux encore πεντετριαζόμενος πέντε δ' ἀπ' ἄθλων : il n'a pas gagné une seule fois. Lucillius pousse loin la parodie (L. Robert, *op. cit.*, p. 238 et suiv.).

2. Parodie encore de la louange adressée aux athlètes qui savent tenir jusqu'à la tombée de la nuit, à la lutte. L'expression μέσην ποιεῖν est calquée sur ἱερὰν ποιεῖν, *faire match nul.* Voir L. Robert, *Hellenica*, VI, p. 46; XI-XII, p. 337 et Dittenberger, *Sylloge*, II, 686; III, 1073.

3. Des statues d'athlètes victorieux se dressaient donc autour du stade; mais pourquoi sont-elles de pierre et non de bronze? Selon Plutarque (*Préceptes d'hygiène*, 20), Ariston, pour noter la stupidité intellectuelle des athlètes, les comparait aux statues de pierre.

κυλλὸς δ' ἠκόντιζεν ἀμείνονα· πέντε δ' ἀπ' ἄθλων
πρῶτος ἐκηρύχθην πεντετριαζόμενος.

**5** ἠκόντιζεν Plan. : ἠκόντιζον P ‖ **6** πεντετριαζόμενος Plan. : πέντε τριαζόμενος P.

## 85

### Τοῦ αὐτοῦ.

Νύκτα μέσην ἐποίησε τρέχων ποτὲ Μάρκος ὁπλίτης,
ὥστ' ἀποκλεισθῆναι πάντοθε τὸ στάδιον.
Οἱ γὰρ δημόσιοι κεῖσθαί τινα πάντες ἔδοξαν
ὁπλίτην τιμῆς εἵνεκα τῶν λιθίνων.
Καὶ τί γάρ; Εἰς ὥρας ἠνοίγετο, καὶ τότε Μάρκος
ἦλθε, προσελλείπων τῷ σταδίῳ στάδιον.

Plan., II[a], 1, 8. — **2** πάντοθε Plan. : πάντοθεν P ‖ **5** γάρ; ex *Ep.* XI, 91 Brunck : γάρ *m* ‖ **6** στάδιον P : δίπλεθρον Plan.[pc] δὴ πλέον, Plan.[ac].

## 86

### ⟨Τοῦ αὐτοῦ.⟩

Τὸ στάδιον Περικλῆς εἴτ' ἔδραμεν εἴτ' ἐκάθητο,
οὐδεὶς οἶδεν ὅλως· δαιμόνιος βραδυτής.
Ὁ ψόφος ἦν ὕσπληγος ἐν οὔασι, καὶ στεφανοῦτο
ἄλλος, καὶ Περικλῆς δάκτυλον οὐ προέβη.

Plan., II[a], 1, 9. — Tit. Τοῦ αὐτοῦ sc. Lucillii cui hoc carmen L. Robert post Brodeum, Buretti necnon Herrmann trib. etsi u. 2 similis u. 3 Nicarchi *Ep.* 119 exstat : ἄδηλον [manu. B scribae in P] *m* ‖ **1** εἴτ'... εἴτ' P Plan.[sl] : εἴτ'... εἴτ' Plan. C ‖ ἐκάθητο P [supra ἔδραμεν man. rec. scr. Plan.[sl]] : καὶ οὐκί Plan. C ‖ **2** οἶδεν Plan. : εἶδεν P ‖ **3** ὕσπληγος P : ὕσπληγγος Plan. ‖ στεφανοῦτο P : στεφανοῦται Plan.

## 87

Du même.

Le grand Timomachos? Sa maison de cinq brasses [1] de long le contenait, s'il demeurait bien étendu sur le sol. Mais, voulait-il se mettre debout? Ses esclaves, dès le matin, devaient pratiquer dans le toit un trou de cinq pieds sur cinq [2] !

## 88

Du même.

La petite Érotion était en train de jouer : un moustique l'enleva. Et elle de dire : « Que faire, Zeus Père, si tu veux me posséder [3]? ».

## 89

Du même.

Le minuscule Hermogénès, lorsqu'il laisse choir un objet sur le sol, il le tire vers le bas avec une faux au long manche [4] !

1. L'*orgye* valant six pieds équivalait à 1,77 m et le corps occupait donc une longueur totale de 8,80 m.

2. Le pied carré valant 87 cm², les vingt-cinq pieds carrés représentent une ouverture de 1,50 m de côté. Μακρός s'applique donc ici à une taille et à une prestance cinq fois égales à la normale. L'histoire se résume : un grand bonhomme dans une petite maison. Mais la place de tous les mots a sa valeur : κεκλιμένον en fin de distique indique la position inattendue du géant dans sa maison; στῆναι au début du second distique prouve que, seul, notre homme ne peut bouger : aux autres d'agir.

3. Parodie de la légende de Ganymède enlevé par un aigle afin de servir d'échanson au Maître des Dieux auquel sa beauté avait inspiré un amour irrésistible. Ici l'enfant — une fille par opposition à Ganymède — est enlevée par un moustique et se croit l'objet de l'amour des dieux. C'est la première épigramme de toute la série des « petits ».

## 87

### Τοῦ αὐτοῦ.

Τιμόμαχον τὸν μακρὸν ὁ πεντόργυιος ἐχώρει
οἶκος, ὑπὲρ γαίης πάντοτε κεκλιμένον·
στῆναι δ' εἴ ποτ' ἔχρῃζεν, ἔδει τοὺς παῖδας ἀπ' ὄρθρου
τὴν ὀροφὴν τρῆσαι πέντ' ἐπὶ πέντε πόδας.

Lemma B² : εἰς μακρόν P^mg.
Plan., IIᵃ, 33, 1. — Tit. Λουκίλλου manu B scribae P : τοῦ αὐτοῦ hoc carmen post *Ep.* 392 transp. Plan. ‖ 1 πεντόργυιος Plan. : πεντόργυος P ‖ 2 οἶκος ex ὑπὸ calami errore Plan. : ἰόκοσι P ‖ 4 κε' supra πέντε praebet Plan.

## 88

### Τοῦ αὐτοῦ.

Τὴν μικρὴν παίζουσαν Ἐρώτιον ἥρπασε κώνωψ·
ἡ δέ· « Τί » φησίν « δρῶ, Ζεῦ πάτερ, εἴ μ' ἐθέλεις; »

Lemma B² : εἰς μικροὺς [καί suppl. Jacobs] λεπτούς P.
Plan., IIᵃ, 32, 1. — Tit. Τοῦ αὐτοῦ P : Λουκιλλίου Plan. ‖ 1 ἥρπασε Plan. : ἥρπασεν P ‖ 2 φησὶν δρῶ Hecker : φησίν δῶ *m* φησί πάθω Jacobs.

## 89

### Τοῦ αὐτοῦ.

Ὁ βραχὺς Ἑρμογένης, ὅταν ἐκβάλῃ εἰς τὸ χαμαί τι,
ἕλκει πρὸς τὰ κάτω τοῦτο δορυδρεπάνῳ.

Plan., IIᵇ, 5, 1. — Tit. Τοῦ αὐτοῦ P : om. Plan.

## 90

Du même.

Plein de ressentiment contre son père, ô Denys, le petit Marcus a dressé un noyau... et s'est pendu [1] !

## 91

Du même.

Dans un fétu de paille, il enfonça une arête, Stratonicos, le fluet. Puis il y attacha un cheveu et s'y pendit. Qu'arriva-t-il? Son poids ne l'entraîna pas vers le sol; mais bien haut par-dessus la potence, quoique le vent soit nul, le cadavre voltige [2]...

## 92

Du même.

Gaius a rendu hier le tout dernier soupir, ce fluet. Pour l'enterrement? Plus rien; pas la moindre trace. En fait, il est descendu chez Hadès, tout entier, tel qu'il était de son vivant [3]; au royaume souterrain des squelettes, dans sa légèreté sans pareille, il voltige. C'est une litière vide qu'ont levée sur leurs épaules ses compagnons de phratrie. Ils ont inscrit dessus : « C'est Gaius qu'on enterre ! [4] »

1. Πυρήν est un noyau, un pépin, même un grain de grenade. La petitesse du personnage est prouvée par la potence minuscule dont il se sert. Beckby suit la traduction latine de Groot en rendant *specillum* par *sonde*; en effet le mot πυρήν est employé par les médecins comme Galien, Paul d'Égine, pour désigner le bout arrondi de la sonde, son « pépin ». Dans ce cas, Marcus serait fils de chirurgien. Mais il semble que l'objet soit trop grand si on s'en rapporte aux autres épigrammes qui traitent du même sujet : XI, 91 et 111.

## 90

### Τοῦ αὐτοῦ.

Τῷ πατρὶ θυμωθείς, Διονύσιε, Μάρκος ὁ μικρὸς
πυρῆνα στήσας αὑτὸν ἀπηγχόνισεν.

PLAN., II$^{a}$, 32, 2. — **2** πυρῆνα P : πυρρῆνα PLAN. ‖ αὑτὸν PLAN. : αὐτὸν P.

## 91

### Τοῦ αὐτοῦ.

Ἐν καλάμῳ πήξας ἀθέρα Στρατόνικος ὁ λεπτός,
καὶ τριχὸς ἐκδήσας, αὑτὸν ἀπηγχόνισεν·
καὶ τί γάρ; Οὐχὶ κάτω βρῖσεν βαρύς· ἀλλ᾽ ὑπὲρ αὐτῶν,
νηνεμίας οὔσης, νεκρὸς ἄνω πέταται.

PLAN., II$^{a}$, 32, 3. — **1-2** om. PLAN. ‖ **2** αὑτὸν J. Lascaris ed. 1494 : αὐτὸν *m* ‖ **3** κάτω βρῖσει PLAN. : κατώβρισεν P.

## 92

### Τοῦ αὐτοῦ.

Γάϊος ἐκπνεύσας τὸ πανύστατον ἐχθὲς ὁ λεπτὸς
εἰς τὴν ἐκκομιδὴν οὐδὲν ἀφῆκεν ὅλως·
καὶ πέρας εἰς Ἀΐδην καταβὰς ὅλος, οἷος ὅτ᾽ ἔζη,
τῶν ὑπὸ γῆν σκελετῶν λεπτότατος πέταται.
Τὴν δὲ κενὴν κλίνην οἱ φράτορες ἦραν ἐπ᾽ ὤμων,
ἐγγράψαντες ἄνω· « Γάϊος ἐκφέρεται. »

PLAN., II$^{a}$, 32, 4. — **3** ὅλος ad metrum restituendum suppl. Brunck : om. P texto suspecto lacunam IV litt. reliquit PLAN. ‖ οἷος P : οἷοσπερ PLAN ‖ **4** λεπτότατος P : λεπτότερος PLAN.

## 93

Du même.

Les atomes d'Épicure? Un jour, Marcus le petit y fit un trou de la tête et passa à travers [1] !

## 94

Du même.

En jouant de la trompette [2], Marcus le fluet émit un tout petit souffle et, tout droit, tête première, il s'en alla dans l'Hadès !

## 95

Du même.

Qui, un jour d'été, trouva le petit Macron endormi, et par son pied menu l'entraîna dans son trou? Ce fut une souris. Et lui, tout désarmé qu'il était en ce trou, il étouffa la souris. « Zeus, notre Père, s'écria-t-il, tu as un deuxième Héraclès [3] ! ».

## 96

DE NICARQUE

Non, aux habitants de l'Arcadie les oiseaux du Stymphale [4] ne causèrent pas autant d'ennuis que ne m'en firent à moi ces cadavres de grives et leurs os décharnés,

1. Les atomes sont les éléments de base de la physique d'Épicure, donc les plus ténus. Lucillius a trouvé plus petit encore, en s'inspirant évidemment de Lucrèce.
2. Une triple interprétation peut être donnée de cette épigramme : Marcus manque à ce point de forces que le moindre effort suffit à lui retirer la vie. Il se peut encore qu'il soit enlevé par cette émission d'air jusqu'aux Enfers, ou même attiré jusque dans la trompette et projeté au sol κατὰ τῆς κεφαλῆς. A moins que le « recul » ne le fasse tomber à la renverse et ne l'expédie aux Enfers, tête première.

## 93

### Τοῦ αὐτοῦ.

Τῶν Ἐπικουρείων ἀτόμων ποτὲ Μάρκος ὁ λεπτὸς
τῇ κεφαλῇ τρήσας εἰς τὸ μέσον διέβη.

Plan., IIª, 32, 5. — **1** Ἐπικουρείων Plan. : ἐπικούρων P ‖ λεπτὸς P : μικρὸς Plan. ‖ **2** τῇ Plan. : τή P.

## 94

### Τοῦ αὐτοῦ.

Σαλπίζων ἔπνευσεν ὅσον βραχὺ Μάρκος ὁ λεπτός,
καὶ κατὰ τῆς κεφαλῆς ὀρθὸς ἀπῆλθε κάτω.

Plan., IIª, 32, 6. — **1** Σαλπίζων ἔπνευσεν P : εἰς σάλπιγγ' ἐνέπνευσεν Plan. ‖ **2** ὀρθὸς P : εὐθὺς Plan. ‖ ἀπῆλθε Plan. : ἀπῆλθεν P.

## 95

### Τοῦ αὐτοῦ.

Τὸν μικρὸν Μάκρωνα θέρους κοιμώμενον εὑρὼν
εἰς τρώγλην μικροῦ τοῦ ποδὸς εἵλκυσε μῦς·
ὃς δ' ἐν τῇ τρώγλῃ ψιλὸς τὸν μῦν ἀποπνίξας·
« Ζεῦ πάτερ » εἶπεν « ἔχεις δεύτερον Ἡρακλέα. »

Plan., IIª, 32, 7. — Tit. Τοῦ αὐτοῦ P : Ἀμμιανοῦ Plan. [uide notitiam p. 25, notula 1] ‖ **2** μικροῦ *m* : μικρὸς uoluerat Saumaise ‖ εἵλκυσε Plan. : εἵλκυσεν P ‖ **3** ψιλὸς Plan. : ψιλῶς P.

## 96

### ΝΙΚΑΡΧΟΥ

Ἀρκάδας οὐχ οὕτω Στυμφαλίδες, ὡς ἐμὲ κίχλαι
αἱ νέκυες ξηροῖς ἤκαχον ὀσταρίοις,

Plan., IIᵇ, 16, 2. — Tit. Νικάρχου P : om. Plan. ‖ **1** Ἀρκάδας Στυμφαλίδες οὐχ οὕτως ὡς litteris α supra οὕτως et β supra Στυμφαλίδες a scriba J additis P ordinem uerum rest. quem in *cod. b* leg. Plan. ‖ οὕτω Plan. : οὕτως P.

ces Harpies, ces vieilles carnes à dix pour une drachme ! Ah ! malheureuses ! allez au diable, vraies chauves-souris des prés !

## 97

D'AMMIEN

Pour le Stratonikeion [1] bâtissez une autre cité, ou alors bâtissez une autre ville pour ces habitants.

## 98

DU MÊME.

Que Métropolis soit d'abord une *polis* [2]; ensuite, qu'on l'appelle Métropolis. Mais non pas maintenant, quand elle n'est pas même une *polis* [3] !

## 99

DE LUCILLIUS

Proclus le tout petit soufflait sur le feu : la fumée l'a enlevé, et par la fenêtre elle s'en est allée avec lui ! Avec peine, Proclus nagea vers un nuage et, grâce à lui, redescendit sur terre, mille fois meurtri par les atomes [4].

## 100

DU MÊME.

Gaius était si léger qu'il ne plongeait qu'après avoir suspendu à son pied une pierre ou du plomb [5].

1. Depuis Planude, qui a classé cette épigramme dans le chapitre εἰς μάκρους, on a cru à un certain obèse du nom de Stratoniceius. L. Robert (*op. cit.*, p. 282) a fait justice de cette interprétation. Ce Stratonikeion était, à Smyrne, un temple élevé en l'honneur de Stratonicè, femme d'Antiochus I, et Ammien critique les projets d'extension de l'édifice qui vont poser des problèmes d'urbanisme.

Ἅρπυιαι, δραχμῆς ξηρὴ δεκάς. Ὦ ἐλεειναὶ
λειμώνων ἐτύμως, ἔρρετε, νυκτερίδες.

**4** ἐτύμως Plan. : ἑτοίμως P.

## 97

## ΑΜΜΙΑΝΟΥ

Τῷ Στρατονικείῳ πόλιν ἄλλην οἰκοδομεῖτε,
ἢ τούτοις ἄλλην οἰκοδομεῖτε πόλιν.

Plan., IIª, 33, 8.

## 98

## Τοῦ αὐτοῦ.

Ἔστω μητρόπολις πρῶτον πόλις, εἶτα λεγέσθω
Μητρόπολις· μὴ νῦν, ἡνίκα μηδὲ πόλις.

Plan., IIª, 32, 8. — Tit. Τοῦ αὐτοῦ hoc carmine post *Ep.* 95 transposito Plan. ‖ **1** εἶτα Plan. : εἴτα P.

## 99

## ΛΟΥΚΙΛΛΙΟΥ

Τὸν λεπτὸν φυσῶντα τὸ πῦρ Πρόκλον ἦρεν ὁ καπνός,
καὶ διὰ τῶν θυρίδων ἔνθεν ἀπῆλθεν ἔχων.
Ἀλλὰ μόλις νεφέλῃ προσενήξατο, καὶ δι' ἐκείνης
προσκατέβη τρωθεὶς μυρία ταῖς ἀτόμοις.

Plan., IIª, 32, 9. — Tit. Λουκιλλίου Plan. : Λουκίλλου P.

## 100

## Τοῦ αὐτοῦ.

Οὕτω κουφότατος πέλε Γάϊος, ὥστ' ἐκολύμβα
τοῦ ποδὸς ἐκκρεμάσας ἢ λίθον ἢ μόλιβον.

Plan., IIª, 32, 10. — **1** πέλε Plan. : πέλεν P ‖ ὥστ' ἐκολύμβα Plan. : ὥστε κολυμβᾶν P ‖ **2** μόλιβον Plan. : μόλιβδον P.

## 101

DU MÊME.

Démétrius éventait durant son sommeil la gracile Artemidora [1]; il la projeta hors de sa demeure !

## 102

D'AMMIEN, selon d'autres DE NICARQUE

Un jour, Diodore le menu tentait de retirer une épine : il perça l'aiguille avec son pied [2] !

## 103

DE LUCILLIUS

« C'est d'atomes, écrit Épicure, qu'est fait tout l'univers ». Il pensait que c'était là, Alcimos, l'élément le plus subtil. Si, en son temps, eût vécu Diophante, il eût écrit que l'univers était fait de Diophantes, tant il est subtil et bien plus que les atomes. Ou alors, il eût écrit que tout est composé d'atomes, sans doute; mais que c'est de Diophantes qu'en revanche, Alcimos, sont faits les atomes [3].

## 104

DU MÊME.

Menestratos chevauchait une fourmi [4] comme on l'eût fait d'un éléphant [5]. L'infortuné soudain glissa en arrière et se trouva étendu sur le sol. Il reçut une ruade et, sous le

1. Ce Démétrius est-il un lourdaud sans tact aucun? L'essentiel, c'est l'extrême légèreté de la jeune fille. Boissonade a interprété δῶμα comme la terrasse de la maison sur laquelle on prenait l'air durant la saison chaude.

2. C'est sans doute une imitation de Lucillius : le deuxième vers reproduit exactement celui de l'épigramme 308.

## 101

### Τοῦ αὐτοῦ.

Ῥιπίζων ἐν ὕπνοις Δημήτριος Ἀρτεμιδώραν
τὴν λεπτὴν ἐκ τοῦ δώματος ἐξέβαλεν.

Plan., II[b], 16, 1. — Tit. Τοῦ αὐτοῦ P : om. Plan. ‖ 1 ῥιπίζων Plan. : ῥηπίζων P ‖ 2 Ἀρτεμιδώραν Plan. : Ἀρτεμιδῶραν P.

## 102

### ΑΜΜΙΑΝΟΥ, οἱ δὲ ΝΙΚΑΡΧΟΥ

Ἐξαίρων ποτ' ἄκανθαν ὁ λεπτακινὸς Διόδωρος
αὐτὸς ἐτρύπησεν τῷ ποδὶ τὴν βελόνην.

Plan., II[a], 32, 11. — Tit. scriba B in margine suppl. P.

## 103

### ΛΟΥΚΙΛΛΙΟΥ

Ἐξ ἀτόμων Ἐπίκουρος ὅλον τὸν κόσμον ἔγραψεν
εἶναι, τοῦτο δοκῶν, Ἄλκιμε, λεπτότατον.
Εἰ δὲ τότ' ἦν Διόφαντος, ἔγραψεν ἂν ἐκ Διοφάντου
τοῦ καὶ τῶν ἀτόμων πουλύ τι λεπτοτέρου
ἢ τὰ μὲν ἄλλ' ἔγραψε συνεστάναι ἐξ ἀτόμων ἄν,
ἐκ τούτου δ' αὐτάς, Ἄλκιμε, τὰς ἀτόμους.

Plan., II[a], 32, 12. — Tit. Λουκιλλίου Plan. : Λουκίλλου scribae B manu usque ad *Ep.* 106 omnes titulos praeb. P ‖ 4 πουλύ Plan. : πολυ P.

## 104

### Τοῦ αὐτοῦ.

Ἱππεύων μύρμηκι Μενέστρατος ὡς ἐλέφαντι
δύσμορος ἐξαπίνης ὕπτιος ἐξετάθη,

Plan., II[a], 32, 13.

coup mortel [1], il s'écria : « O Envie, c'est ainsi en chevauchant, que périt aussi Phaéton [2]... »

## 105

Du même.

Je cherchais le grand Eumécius [3]. Et lui, il dormait sous une petite saucière [4], les bras étendus...

## 106

Du même.

Un vent léger l'enleva et Chairémon s'envola dans l'air serein, bien plus léger que fêtu de paille ! Et, vite, il eût fendu impétueusement les airs si dans une toile d'araignée il ne se fût emmêlé les pieds et n'y était demeuré accroché, étendu sur le dos [5]. Là donc, cinq jours et cinq nuits, il resta suspendu ; et le sixième, il descendit le long d'un fil de la toile [6].

## 107

Du même.

Une feuille de peuplier [7] que le vent emportait frappa Chairémon ; renversé, il était étendu et il gît là, sem-

1. L'humoriste accumule les traits : l'attitude du lutteur vaincu sur le dos ; la ruade d'une fourmi ; καίριον, le coup mortel suivant Hippocrate, et aussi, chez Homère, l'endroit vulnérable, car tout est sensible chez Ménestratos ; enfin l'exclamation finale.

2. Phaéton était fils du Soleil ; mais ignorant cette paternité il demanda au dieu de conduire son char un jour durant. Effrayé par l'altitude et la rencontre des animaux du Zodiaque, Phaéton descendit trop bas, monta trop haut dans le ciel, provoquant la colère de la Terre et des astres. Pour éviter un cataclysme, Zeus dut le foudroyer. Le poète s'amuse à cette évocation grandiloquente : le minuscule Ménestratos

λακτισθεὶς δ' ὡς εἶχε τὸ καίριον· « Ὦ φθόνε » φησίν
« οὕτως ἱππεύων ὤλετο καὶ Φαέθων. »

## 105

### Τοῦ αὐτοῦ.

Τὸν μέγαν ἐζήτουν Εὐμήκιον· ὃς δ' ἐκάθευδεν
μικρῷ ὑπ' ὀξυβάφῳ τὰς χέρας ἐκτανύσας.

Plan., IIª, 32, 14. — **1** δ' ἐκάθευδεν Brunck : δ'ἐκάθευδε Plan. δὲ κάθευδεν P.

## 106

### Τοῦ αὐτοῦ.

Ἀρθεὶς ἐξ αὔρης λεπτῆς ἐποτᾶτο δι' αἴθρης
Χαιρήμων ἀχύρου πολλὸν ἐλαφρότερος·
καὶ τάχ' ἂν ἐρροίζητο δι' αἰθέρος, εἰ μὴ ἀράχνῃ
τοὺς πόδας ἐμπλεχθεὶς ὕπτιος ἐκρέματο.
Αὐτοῦ δὴ νύκτας τε καὶ ἤματα πέντε κρεμασθεὶς
ἑκταῖος κατέβη νήματι τῆς ἀράχνης.

Lemma : εἰς λεπτὸν ἄνθρωπον E.
Plan., IIª, 32, 15; $E^F$,36; $E^P$,35; $E^R$,40. — **1** ἐποτᾶτο *m* : ἔστατο E ‖ **2** ἀχύρου *m* : ἀχυρὸν E ‖ **3** ἐρροίζητο Plan. : ἐρύζητο $P^{ac}$ ἐρρύζητο $P^{pc}$ ἐρρύξητο E ‖ **4** ἐμπλεχθεὶς *m* : ἐμπυχθεὶς E ‖ **5** τε καὶ *m* : καὶ E.

## 107

### Τοῦ αὐτοῦ

Αἰγείρου φύλλῳ πεφορημένῳ ἐξ ἀνέμοιο
πληγεὶς Χαιρήμων ὕπτιος ἐξετάθη.

Plan., IIª, 32, 16; $E^F$,37; $E^P$,36; $E^R$,41. — Tit. Τοῦ αὐτοῦ Plan. : his uersibus ad precedens carmen adscriptis om. PE ‖ **1** πεφορημένῳ Plan. : πεφορημένος $P^{pc}$ littera o omissa $P^{ac}$.

blable à Tityos, ou plutôt à une chenille [1], étalé sur le sol, comme un pantin [2].

## 108

ANONYME [3].

Conon a deux coudées; sa femme en a quatre. Dans le lit, quand leurs pieds se touchent, songe aux lèvres de Conon. Où se trouvent-elles [4]?

## 109

ANONYME.

Il n'y a rien sur quoi puisse pencher la tête le petit Démétrius. Il a beau se redresser, toujours il est plaqué au sol [5].

## 110

DE NICARQUE

Tout récemment, trois maigres faisaient un concours de maigreur : à qui reviendrait le titre de « roi des

accuse de sa mort cette jalousie qui est la réaction divine contre quiconque tente de s'élever trop haut. Il trouve une consolation dans cette comparaison finale, n'hésitant pas à faire de Phaéton un cavalier et non un conducteur de char.

1. Le παλϊκάμπη des manuscrits fut séparé en deux mots par Boissonade, de préférence à un « Palicampès », monstre inconnu qu'on interprétait comme équivalent à πιτυοκάμπτης, *celui qui courbe les pins*, surnom d'un brigand que Thésée abattit (Plutarque, *Thésée*, 8; Pausanias, II, I, 4) et qui se trouvait ainsi opposé à Tityos, ce géant, fils de Zeus, foudroyé pour avoir, sous l'incitation d'Héra, tenté de faire violence à Léto et dont le corps couvrait, dit-on, huit mille mètres carrés (*Od.*, XI, 577). On peut se demander si le πάλι κάμπη, l'excellente correction de Boissonade, n'a pas été inspiré par πιτυοκάμπη, *la chenille du pin* (Dioscoride, *Mat. méd.*, 6,2), mot que lui aurait suggéré le nom de la victime de Thésée.

Κεῖται δ' ᾗ Τιτυῷ ἐναλίγκιος ἢ πάλι κάμπῃ,
ἁπλώσας κατὰ γῆς σῶμα τὸ καννάβινον.

3 δ' ᾗ P : δὴ Plan. δὲ E ‖ πάλι κάμπῃ Boissonade : παλϊκάμπη E Plan. lacunam duarum litt. post παλϊ praebet P ‖ 4 καννάβινον E Plan. : κανάβιον P.

## 108

### Ἄδηλον.

Κόνων δίπηχυς, ἡ γυνὴ δὲ τεσσάρων·
ἐν τῇ κλίνῃ δὲ τῶν ποδῶν ἰσουμένων,
σκόπει Κόνωνος ποῦ τὸ χεῖλος ἔρχεται.

Lemma : ἄδηλον ἀστεῖον τοῦ σατὰν Ἰουλιανοῦ τοῦ παραβάτου E. App. B.-V., 1; $E^F$,35; $E^P$,34; $E^R$,39. R. 25 — Tit. ἄδηλον P in ras. corr. B scriba : Io id est Ἰουλιανοῦ scripsisse uidetur scriba $B^2$; probante Boissonade falsam Iuliani Caesaris designationem statuit Bidez, *Iuliani Imp. Epist. leg. fragm.*, p. 222, n. 175. ‖ 1 δίπηχυς P : δίπτυχης E ‖ τεσσάρων E : τεττάρων P τεττέρων App. B.-V. ‖ 2 ἰσουμένων PE : ἰσομένων App. B.-V.

## 109

### ⟨Ἄδηλον⟩

Οὐδ' ἐπικύψαι ἔχει Δημήτριος οὐδὲν ὁ μικρός·
ἔρριπται δὲ χαμαὶ πάντοτ' ἐπαιρόμενος.

Sine titulo hoc distichon a Planude aliisque syllogis ignoratum praecedenti carmini iunxit P : dubitat Dübner utrum Lucillio an Nicarcho sit tribuendum ‖ 2 ἔρριπται δὲ χαμαὶ Jacobs : ἀλλ' ἔρριπται χαμαὶ P ἀλλὰ χαμαὶ ἔρριπται perperam Boissonade.

## 110

### ΝΙΚΑΡΧΟΥ

Τρεῖς λεπτοὶ πρῴην περὶ λεπτοσύνης ἐμάχοντο,
τίς προκριθεὶς εἴη λεπτεπιλεπτότερος.

Plan., IIª, 32, 17. — Tit. a scriba $B^2$ exaratus uid.

maigres »[1] ! L'un d'eux, Hermon, fit montre d'une grande adresse et glissa au travers du chas d'une aiguille tout en tenant le fil. Démas, sortant d'un trou[2], se tint debout sur une toile d'araignée : la bestiole, élaborant ses fils, le tint suspendu. Mais Sosipatros s'écria : « Donnez-moi la couronne; car moi, si l'on me voit, je m'avoue vaincu : je ne suis qu'un souffle[3] ! »

## 111

DE LUCILLIUS

Voulant un jour s'étrangler, Diophante le menu prit un fil d'araignée et se pendit[4].

## 112

DU MÊME[5].

Avant de te passer cet onguent, Démocrate, dis adieu, malheureux, à la sainte lumière[6], tant il est sûr que Dion ne vous manque jamais ! Non content d'aveugler Olympicos, notre homme d'une statue à lui a fait sauter les yeux[7] !

## 113

DU MÊME.

La statue de marbre de Zeus, hier, le médecin[8] Marcus l'a touchée. C'était du marbre et c'était Zeus. Et pourtant aujourd'hui, on l'emporte !

1. Λεπτεπιλεπτότερος est composé comme φαυλεπιφαυλότατοι de l'épigramme 238.
2. Trou d'insecte probablement et non de souris comme en XI, 95; et c'est au bout d'un fil unique que l'araignée le suspend.
3. Pour le trait final, est-il imité de Martial, XI, 101 :
Thaida tam tenuem potuisti, Flacce, uidere?
Tu, puto, quod non est, Flacce, uidere potes
ou ce dernier le doit-il à Nicarque? On ne saurait décider puisque les deux poètes furent contemporains.

Ὧν ὁ μὲν εἷς, Ἕρμων, μεγάλην ἐνεδείξατο τέχνην,
καὶ διέδυ ῥαφίδος τρῆμα λίνον κατέχων·
Δημᾶς δ' ἐκ τρώγλης βαίνων ἐς ἀράχνιον ἔστη,
ἡ δ' ἀράχνη νήθουσ' αὐτὸν ἀπεκρέμασεν.
Σωσίπατρος δ' ἐβόησεν· « Ἐμὲ στεφανώσατ'· ἐγὼ γὰρ
εἰ βλέπομ', ἥττημαι· πνεῦμα γάρ εἰμι μόνον. »

**6** ἀπεκρέμασεν Plan. : -μασε P.

## 111
## ΛΟΥΚΙΛΛΙΟΥ

Βουλόμενός ποθ' ὁ λεπτὸς ἀπάγξασθαι Διόφαντος,
νῆμα λαβὼν ἀράχνης αὑτὸν ἀπηγχόνισεν.

Plan., II$^a$, 32, 18. — Tit. Λουκιλλίου Plan. : om. et in carminis sequentis margine scribae B manu τοῦ αὐτοῦ praeb. P; Planudi adsentiunt Saumaise, Engel et Sakolowski dum Nicarcho trib. Jacobs et Dübner uide notitiam p. 22 ‖ **2** ἀπηγχόνισεν Plan. : -χόνισε P.

## 112
## Τοῦ αὐτοῦ.

Πρίν σ' ἐναλείψασθαι, Δημόστρατε, « Χαῖρ', ἱερὸν φῶς »
εἰπέ, τάλας· οὕτως εὔσκοπός ἐστι Δίων.
Οὐ μόνον ἐξετύφλωσεν Ὀλυμπικόν, ἀλλὰ δι' αὐτοῦ
εἰκόνος ἧς εἶχεν τὰ βλέφαρ' ἐξέβαλεν.

Lemma B : εἰς ἰατρούς P.
Plan., II$^a$, 22, 11. — **2** οὕτως Plan. : οὔτω P ‖ εὔσκοπός P : εὔκοπος Plan. ‖ **3** δι' αὐτοῦ *m* : δὴ αὐτοῦ Boissonade διαυγῆ Jacobs διαυγοῦς Scaliger.

## 113
## Τοῦ αὐτοῦ.

Τοῦ λιθίνου Διὸς ἐχθὲς ὁ κλινικὸς ἥψατο Μάρκος·
καὶ λίθος ὢν καὶ Ζεύς, σήμερον ἐκφέρεται.

Plan., II$^a$, 22, 2. — Tit. Τοῦ αὐτοῦ B$^2$.

## 114

Du même.

« Le médecin Hermogénès, a dit l'astrologue Diophante [1], en a seulement pour neuf mois de vie. » Et lui de répondre en riant : « Qu'arrivera-t-il dans neuf mois, selon Cronos [2]? A toi d'y penser : mon action à ton égard est plus expéditive ! » Il parla, étendit la main, le toucha simplement. Alors ce Diophante, qui à autrui enlevait tout espoir, eut lui-même une attaque [3].

## 115

Du même.

Si tu as quelque ennemi, Denys, ne va pas attirer contre lui la malédiction d'Isis [4], d'Harpocratès, ni de quelque dieu qui sache aveugler, mais celle de Simon. Entre un dieu et Simon tu verras le plus fort.

## 116

Du même.

Qui vers l'Hadès, il y a bien longtemps suivant la légende, envoya, ô César [5] notre maître, le grand Héraclès, ce fut Eurysthée [6]. Mais ce jour, c'est moi qu'y

1. On peut appeler cette épigramme la double consultation. Le médecin ne prête aucune attention à la prédiction de Diophante — un nom que Lucillius affectionne — il connaît son propre talent qui défie toute divination.

2. Sur Cronos et son influence funeste voir XI, 183.

3. F. Buffière signale qu'on trouve chez Arrien (*Manuel*, 3, 22, 73) ἅπτεσθαι (τῶν σφυγμῶν) au sens médical de *tâter le pouls*, qui marquerait d'humour l'épigramme précédente ! De quelle mort meurt Diophante? Le verbe ἀποσκαρίζειν, presque un *hapax*, est un dérivé de σκαίρω, *bondir*. Il existe un ἀσκαρίζω que Photius prend pour une forme attique de σκαρίζω, mais qui est employé par Aristophane (*fragm.* 495 Kock) et Ménandre (*fragm.* 389 Kock). C'est pour les poissons sortis de

## 114

### Τοῦ αὐτοῦ.

Ἑρμογένην τὸν ἰατρὸν ὁ ἀστρολόγος Διόφαντος
εἶπε μόνους ζωῆς ἐννέα μῆνας ἔχειν.
Κἀκεῖνος γελάσας, « Τί μὲν ὁ Κρόνος ἐννέα μηνῶν »
φησὶ « λέγει, σὺ νόει· τἀμὰ δὲ σύντομά σοι. »
Εἶπε, καὶ ἐκτείνας μόνον ἥψατο· καὶ Διόφαντος
ἄλλον ἀπελπίζων αὐτὸς ἀπησκάρισεν.

PLAN., II$^a$, 22, 3. — Tit. Τοῦ αὐτοῦ B$^2$ ‖ **1** Ἑρμογένην P : Ἑρμογένη PLAN. ‖ **4** δὲ superscr. P ‖ **6** ἀπησκάρισεν Liddell Scott : ἀπεσκάρισεν *m*.

## 115

### Τοῦ αὐτοῦ.

Ἤν τιν' ἔχῃς ἐχθρόν, Διονύσιε, μὴ καταράσῃ
τὴν Ἶσιν τούτῳ μηδὲ τὸν Ἁρποκράτην,
μηδ' εἴ τις τυφλοὺς ποιεῖ θεός, ἀλλὰ Σίμωνα·
καὶ γνώσῃ τί θεὸς καὶ τί Σίμων δύναται.

PLAN., II$^a$, 22, 4. — Tit. Τοῦ αὐτοῦ B$^2$ ‖ **2** Ἶσιν PLAN. : ἴασιν P ‖ Ἁρποκράτην Casaubon : Ἀμφικράτην PLAN. Ἀμφικράτη C Ἀλφικράτη P.

## 116

### Τοῦ αὐτοῦ,

Εἰς Ἄϊδος κατέπεμψε πάλαι ποτέ, δέσποτα Καῖσαρ,
ὡς λόγος, Εὐρυσθεὺς τὸν μέγαν Ἡρακλέα·

PLAN., II$^a$, 22, 5. — Tit. Τοῦ αὐτοῦ scribae B$^2$ manu P.

expédie Ménophanès, le médecin. Alors, qu'on appelle médecin Eurysthée et non plus Ménophanès [1] !

## 117

[DE STRATON [2]]

Capiton, le médecin, a versé un collyre sur les yeux [3] de Chrysès. Il distinguait une grande tour à huit stades, un homme à un stade, une caille à une distance de douze coudées [4], et repérait aussi un pou à deux spithames. Maintenant, à un stade, il ne voit pas une ville, à deux plèthres il ne peut distinguer les pleins feux de notre phare ! A peine, à un spithame, voit-il un cheval, et au lieu d'une caille comme avant, il ne peut même distinguer une grande autruche !

Si Capiton continue ses collyres, notre homme ne verra même plus un éléphant, là debout à ses côtés !

## 118

DE NICARQUE [5]

Non, Phédon ne m'a pas donné de lavement, il ne m'a pas tâté le pouls; mais j'avais la fièvre, je me suis rappelé son nom, et je suis mort !

leur élément l'agitation convulsive. Diophante étouffe donc, *infarctus* ou angine de poitrine provoqués par l'émotion que sait si bien susciter ce «médecin». Lucillius, entre la menace de mort et la mort, a su ménager une scène pleine de vie et de réalisme.

1. Le monde à l'envers, semble dire Lucillius. Le triste Eurysthée fait figure de bienfaiteur en envoyant aux Enfers Héraclès, un vivant : n'en ramena-t-il pas des morts vers la lumière? Ménophanès est, au contraire, un véritable « pourvoyeur des Enfers »; il y envoie les vivants après avoir provoqué leur mort. L. Robert relève cette tendance du poète à transformer des contemporains en héros du passé (*op. cit.*, p. 265).

2. Les manuscrits se trompent-ils quand ils attribuent cette épigramme à Straton dont la muse a une tout autre inspiration? Toutefois, il était contemporain de cet Artemidoros Capiton qui vécut sous le règne d'Hadrien (117-138).

νῦν δ' ἐμὲ Μηνοφάνης ὁ κλινικός· ὥστε λεγέσθω
κλινικὸς Εὐρυσθεύς, μηκέτι Μηνοφάνης.

## 117

## [ΣΤΡΑΤΩΝΟΣ]

Ἰητρὸς Καπίτων Χρύσην ἐνέχρισεν ὁρῶντα
ὀκτὼ μὲν μακρὸν πύργον ἀπὸ σταδίων,
ἄνδρα δ' ἀπὸ σταδίου, διὰ δώδεκα δ' ὄρτυγα πηχῶν,
φθεῖρα δ' ἀπὸ σπιθαμῶν καὶ δύο δερκόμενον.
Νῦν δ' ἀπὸ μὲν σταδίου πόλιν οὐ βλέπει, ἐκ δὲ διπλέθρου
καιόμενον κατιδεῖν τὸν φάρον οὐ δύναται·
ἵππον ἀπὸ σπιθαμῆς δὲ μόλις βλέπει, ἀντὶ δὲ τοῦ πρὶν
ὄρτυγος οὐδὲ μέγαν στρουθὸν ἰδεῖν δύναται.
Ἂν δὲ προσεγχρίσας αὐτὸν φθάσῃ, οὐδ' ἐλέφαντα
οὐκέτι μήποτ' ἴδῃ πλησίον ἑσταότα.

PLAN., II$^{a}$, 22, 6. — Titulum Stratoni perperam tributum primus censuit Jacobs ‖ **1** ἐνέχρισεν [ἐν supra ἔχρισεν] P$^{pc}$ ‖ **5** διπλέθρου PLAN. : διπλέθρων P ‖ u. 7-8 in inferiore margine manu recentiore subscr. PLAN.

## 118

## ΝΙΚΑΡΧΟΥ

Οὔτ' ἔκλυσεν Φείδων μ' οὔθ' ἥψατο· ἀλλὰ πυρέξας
ἐμνήσθην αὐτοῦ τοὔνομα, κἀπέθανον.

PLAN., II$^{a}$, 22, 7. — Tit. Νικάρχου e Planude rest. Dübner : carminis praecedenti sub Stratonis nomine exstanti iuncti titulum om. P$^{a}$ carmen iteratum ante *Ep.* 333 Callictero abnuente Jacobs perperam trib. P$^{b}$ uide notitiam p. 23 ‖ **1** οὔτ' ἔκλυσεν P$^{a}$ PLAN. : οὐκ ἔκλυσεν P$^{b}$.

## 119

Du même.

Le médecin a-t-il administré un lavement à la vieille? L'a-t-il étouffée? Personne ne le sait; sa rapidité fit merveille. On avait encore dans les oreilles le bruit du clystère[1], que l'on couronnait déjà de fleurs le cercueil et la famille préparait la purée de lentilles[2].

## 120

Du même.

Suite à sa promesse de redresser la bosse de Diodore, Soclès plaça trois pierres énormes de quatre pieds carrés sur la gibbosité de son épine dorsale. Eh bien! Soclès mourut de cette compression. Mais, il était devenu plus droit qu'une règle[3]!

## 121

Du même.

En l'opérant, Agelaus a tué Acestoridès. « S'il eût vécu, dit-il, il lui fallait boiter, le pauvre[4]! ».

1. Parodie certaine de l'épigramme XI, 86 : le vers 2 est de même facture, le vers 3 lui a été totalement emprunté. C'est donc une imitation de Nicarque qui n'est nullement inférieure à son modèle, Lucillius.

2. Le vers 3 transpose le vocabulaire agonistique en l'appliquant aux funérailles, et le rejet du v. 4 donne le nom du vainqueur : le cercueil! Puis c'est le repas des funérailles qui est caractérisé ici, de manière bouffonne, par le plat de lentilles des pauvres. Mais n'est-ce pas encore plaisanterie? On attendait τάφον, la *tombe* — leçon de $P^b$ — et εὐτρεπίζω appartient plutôt au langage stratégique.

3. Qu'importe la mort : le chirurgien a réussi son opération.

4. Cette épigramme fait pendant à la précédente : quelle chance que l'opération n'ait pas réussi!

## 119

### Τοῦ αὐτοῦ

Ἰητρὸς τὴν γραῦν εἴτ' ἔκλυσεν, εἴτ' ἀπέπνιξεν,
οὐδεὶς γινώσκει· δαιμόνιον τὸ τάχος.
Ὁ ψόφος ἦν κλυστῆρος ἐν οὔασι, καὶ στεφανοῦτο
ἡ σορός, οἱ δ' ἄλλοι τὸν φακὸν ηὐτρέπισαν.

PLAN., II[a], 22, 8. — Tit. Τοῦ αὐτοῦ sc. Nicarchi praebet PLAN., at eidem auctori ac in praecedenti carmine [sc. Stratoni] non recte trib. P[a], cum ante *Ep.* 333 hoc carmen Callicteri perperam tributum iter. P[b] uide notitiam p. 23 ‖ **1** ἰητρὸς [ὁ ἰατρὸς cum η supra α et recentiore manu γρ. in margine litt. ὁ et α exp. P[a]] *m* ‖ **2** γινώσκει P[a] : γιγν- P[b] PLAN. ‖ **3** Hunc uersum unico verbo mutato hab. XI 86 ‖ **4** φακὸν P[a] PLAN. : τάφον P[b] supra φακὸν eadem manu quae carminis 117 v. 7-8 restituerat PLAN. [sl] C.

## 120

### Τοῦ αὐτοῦ,

Ὀρθῶσαι τὸν κυρτὸν ὑποσχόμενος Διόδωρον
Σωκλῆς τετραπέδους τρεῖς ἐπέθηκε λίθους
τοῦ κυρτοῦ στιβαροὺς ἐπὶ τὴν ῥάχιν· ἀλλὰ πιεσθεὶς
τέθνηκεν, γέγονεν δ' ὀρθότερος κανόνος.

PLAN., II[a], 22, 9. — Tit. Τοῦ αὐτοῦ sc. Nicarchi PLAN. perperam Stratoni trib. P uide notitiam p. 23 notula 1 ‖ **3** κυρτοῦ P[pc] PLAN. :κοτοῦ P[ac].

## 121

### Τοῦ αὐτοῦ.

Χειρουργῶν ἔσφαξεν Ἀκεστορίδην Ἀγέλαος·
« Ζῶν γὰρ χωλεύειν » φησίν « ἔμελλε τάλας. »

PLAN., II[a], 22, 10. — Tit. Τοῦ αὐτοῦ sc. Nicarchi PLA perperam Stratoni trib. P.

## 122

### Du même.

Alexis, le médecin, a administré en série cinq clystères et cinq purges; il vit sans forces les cinq malades: de nouveau cinq onctions [1]. Pour tous les cinq, il n'y eut qu'une seule nuit, une seule ordonnance, un seul convoi [2], une seule tombe, une seule entrée chez Hadès, une seule lamentation [3].

## 123

### HÉDYLOS [4]

Agis n'a pas donné de clystère à Aristagoras; il ne l'a pas palpé. Mais à peine était-il entré qu'Aristagoras trépassait. Où donc l'aconit [5] a-t-il ce pouvoir? Employés des pompes funèbres, comblez Agis de diadèmes et de couronnes [6] !

## 124

### DE NICARQUE

« Étranger, que veux-tu donc savoir ? [7] — Qui est là sous terre, dans ces tombes ? — Ce sont ceux auxquels Zopyros a ravi la douce lumière, Damis, Aristote, Démétrius, Arcésilaos, Sostrate et tous les autres après jusqu'à Parétonios [8]. Avec son caducée de bois et ses chaussures orthopédiques, tel Hermès [9], il emmène aux Enfers ses clients !

1. Les onctions jouaient un rôle important dans la médecine antique.

2. Le σοροπηγός est le marchand de cercueils.

3. Nicarque, comme Lucillius, se complaît dans un certain humour noir. Évidemment, le nom du médecin, le *Protecteur*, est ironique et ces cinq décès simultanés semblent se produire dans la même famille, malgré les remèdes traditionnels de la médecine antique. Il convient de noter que l'opposition cinq-un qui caractérise les deux distiques n'est qu'apparente : dès le début, il n'y a qu'un seul traitement, une seule visite, et une seule issue : la mort.

## 122

### Τοῦ αὐτοῦ.

Πέντ' ἰητρὸς Ἄλεξις ἅμ' ἔκλυσε, πέντ' ἐκάθηρε,
πέντ' ἴδεν ἀρρώστους, πέντ' ἐνέχρισε πάλιν·
καὶ πᾶσιν μία νύξ, ἓν φάρμακον, εἷς σοροπηγός,
εἷς τάφος, εἷς Ἀΐδης, εἷς κοπετὸς γέγονεν.

Plan., IIª, 22, 11. — Tit. Τοῦ αὐτοῦ sc. Nicarchi Plan. perperam Stratoni trib. P ‖ 1 πέντ' ἰητρὸς Plan. : πέντε ἰητρὸς P ‖ πέντ' P C : πτεντ' Plan.

## 123

### ΗΔΥΛΟΥ

Ἆγις Ἀρισταγόρην οὔτ' ἔκλυσεν οὔτ' ἔθιγ' αὐτοῦ·
ἀλλ' ὅσον εἰσῆλθεν, κᾤχετ' Ἀρισταγόρης.
Ποῦ τοίην ἀκόνιτος ἔχει φύσιν; ὦ σοροπηγοί,
Ἆγιν καὶ μίτραις βάλλετε καὶ στεφάνοις.

Plan., IIª, 22, 12. — Tit. Ἡδύλου invitis Knaack Sakolowski atque Gow praebent *m* : ἄδηλον leg. Aldus Manutius ‖ 2 κᾤχετ' PC : ᾤχεστ' Plan. ‖ 3 ἀκόνιτος P : ἀκόνιτον Plan.

## 124

### ΝΙΚΑΡΧΟΥ

«Ξεῖνε, τί μὰν πεύθῃ; — Τίνες ἐν χθονὶ τοῖσδ' ὑπὸ τύμβοις;
— Οὓς γλυκεροῦ φέγγους Ζώπυρος ἐστέρισεν,
Δᾶμις, Ἀριστοτέλης, Δημήτριος, Ἀρκεσίλαος,
Σώστρατος οἵ τ' ὀπίσω μέχρι Παραιτονίου.
Κηρύκιον γὰρ ἔχων ξύλινον, καὶ πλαστὰ πέδιλα
ὡς Ἑρμῆς κατάγει τοὺς θεραπευομένους.»

Plan., IIª, 22, 13. — ‖ 5 ἔχων Plan. : ἔχω P.

## 125

ANONYME.

Le médecin Cratéas et Damon le fossoyeur, un pacte les a liés l'un à l'autre. L'un frustrait de leurs bandelettes [1] ceux qu'il ensevelissait : il les envoyait, pour bander les plaies à son ami Cratéas. Et lui, du tac au tac, lui envoyait, pour les ensevelir, tous ses clients, au grand complet.

## 126

ANONYME.

Ce n'est pas avec une sonde, mais avec un trident [2] que Charinos m'a appliqué ses onguents ! Et il avait une éponge imprévue : celle des tablettes où il écrit ! En retirant la sonde, il m'a arraché l'œil [3] jusqu'à la racine, et l'instrument est resté tout entier dans l'orbite ! S'il me fait une deuxième application, je ne lui donnerai plus de mal avec mes ophtalmies. Comment serait-ce possible à qui n'a plus d'yeux !

## 127

DE POLLIEN

Parmi les Muses il y a aussi des Érinnyes [4] : ce sont elles qui font de toi un poète; sous leur inspiration que de fadaises tu écris. Alors, je t'en prie, écris-en davantage. Car je ne puis te souhaiter plus grande folie !

1. Τελαμών est employé ici pour désigner ces *bandelettes* dont on entourait les cadavres avant la sépulture. Damon, n'est donc pas exactement un fossoyeur, mais celui qui ensevelit, ἐνταφιαστής. Il convient de relever l'ellipse de l'article devant les deux infinitifs.

2. L'auteur compare la sonde à un trident pour tenter d'expliquer l'accident inexplicable dû à l'insigne maladresse du chirurgien, et aussi à son manque total d'asepsie.

## 125

### Ἀδέσποτον.

Ἰητρὸς Κρατέας καὶ Δάμων ἐνταφιαστὴς
κοινὴν ἀλλήλοις θέντο συνωμοσίην.
Καί ῥ᾽ ὁ μὲν οὓς κλέπτεσκεν ἀπ᾽ ἐνταφίων τελαμῶνας
εἰς ἐπιδεσμεύειν πέμπε φίλῳ Κρατέᾳ·
τὸν δ᾽ ἀπαμειβόμενος Κρατέας εἰς ἐνταφιάζειν
πέμπεν ὅλους αὐτῷ τοὺς θεραπευομένους.

Plan., IIª, 22, 14. — **4** φίλῳ P : φίλι [ω supra ι] Plan.

## 126

### Ἄδηλον.

Οὐ μήλῃ, τριόδοντι δ᾽ ἐνήλειψέν με Χαρῖνος,
σπόγγον ἔχων καινὸν τῶν γραφικῶν πινάκων·
τὴν μήλην δ᾽ ἕλκων ἐξέσπασε τὸ βλέφαρόν μου
ῥιζόθεν, ἡ μήλη δ᾽ ἔνδον ἔμεινεν ὅλη.
Ἂν δὲ δὶς ἐγχρίσῃ με, πονῶν πάλιν οὐκ ἐνοχλήσω
ὀφθαλμοὺς αὐτῷ· πῶς γὰρ ὁ μηκέτ᾽ ἔχων;

Plan., IIª, 22, 15. — **2** καινὸν P : κενεὸν Plan. ‖ τῶν immerito delere uoluit Brunck ‖ γραφικῶν Brunck : γναφικῶν *m* temere def. Saumaise.

## 127

### ΠΩΛΛΙΑΝΟΥ

Εἰσὶ καὶ ἐν Μούσῃσιν Ἐρινύες, αἵ σε ποιοῦσιν
ποιητήν, ἀνθ᾽ ὧν πολλὰ γράφεις ἀκρίτως.
Τοίνυν, σοῦ δέομαι, γράφε πλείονα· μείζονα γάρ σοι
εὔξασθαι ταύτης οὐ δύναμαι μανίαν.

Lemma B : εἰς ποιητὰς in textu P.
Plan., IIª, 40, 1. — Tit. Πωλλιάνου ex epigr. 130 Brunck : Πολλιάνου in textu P in margine rubricauit Plan. ‖ **1** Ἐρινύες P : Ἐριννύες Plan. ‖ ποιοῦσιν P : ποιοῦσι Plan. ‖ **3** σοῦ H. Estienne : σου *m* ‖ **4** μανίαν P : μανίην Plan.

## 128

Du même.

Si je ne me réjouis pas, Florus, puissé-je devenir un dactyle ou l'un de ces pieds que tu vas martyrisant [1] ! Oui, je me réjouis, je le jure par le sort heureux qui fut le tien aux Jeux, je me réjouis de ta couronne, comme d'une bonne portion de jambon. Allons donc, courage, Florus [2], de l'optimisme encore ! Ainsi tu peux gagner, même le diaulique !

## 129

DE CÉRÉALIOS

Un poète était venu aux Jeux Isthmiques pour y concourir. Il y trouva des poètes ; aussi prétexta-t-il une « paristhmie » ou amygdalite [3]. Il doit se rendre aux Jeux Pythiques ; mais s'il en rencontre encore, il ne peut dire : « J'ai une para.. pituite ! »

## 130

DE POLLIEN

Ces poètes cycliques [4] qui vont répétant « Et puis encore », je les déteste : ce sont des plagiaires des vers d'autrui. Pour cette raison, je m'intéresse davantage aux élégiaques ; car, je ne puis rien voler à Parthénios, non plus qu'à Callimaque.

1. Qui fut ce Florus? Serait-il l'historien L. Annaeus Florus, l'auteur présumé de l'*Epitoma* sur les guerres de Rome? Si l'activité poétique de cet écrivain contemporain de Pollien et de l'empereur Hadrien, semble acquise (voir édition de Florus par P. Jal, Belles Lettres, 1967, t. I, p. xciii et t. ii, p. 124 et suiv.), au goût de l'épigrammatiste, ce Florus — et c'est peut-être à lui que s'adresse l'épigramme précédente — est un mauvais poète, monotone dans ses chants épiques. N'est-ce pas pour les parodier que les distiques de notre épigramme sont faits de vers essentiellement spondaïques : κατατείνειν. Il est vrai que Pollien n'aime pas les poètes épiques de son temps (XI, 130) ; mais Ammien, à son tour, ne l'épargne pas lui-même (XI, 228) !

## 128

### Τοῦ αὐτοῦ.

Εἰ μὴ χαίρω, Φλῶρε, γενοίμην δάκτυλος ἢ πούς
εἷς τῶν σῶν τούτων τῶν κατατεινομένων.
Χαίρω, νὴ τὸν κλῆρον, ὃν εὐκλήρησας ἐν ἄθλοις,
ὡς περὶ χοιρείας τοῦ στεφάνου μερίδος.
Τοιγὰρ θάρσει, Φλῶρε, καὶ εὔθυμος πάλι γίνου·
οὕτω νικῆσαι καὶ δόλιχον δύνασαι.

Plan., $II^{a}$, 40, 2. — **3** νὴ P : μὴ Plan. ‖ εὐκλήρησας *m* : ἐκλήρησας C ‖ **4** χοιρείας P : χειρείας Plan. ‖ **5** πάλι Plan. : πάλιν P ‖ γίνου P : γίγνου Plan. ‖ **6** δόλιχον Plan. : δολιχόν P.

## 129

### ΚΕΡΕΑΛΙΟΥ

Ποιητὴς ἐλθὼν εἰς Ἴσθμια πρὸς τὸν ἀγῶνα,
εὑρὼν ποιητὰς εἶπε παρίσθμι' ἔχειν.
Μέλλει δ' ἐξορμᾶν εἰς Πύθια· κἂν πάλιν εὕρῃ,
εἰπεῖν οὐ δύναται· « Καὶ παραπύθι' ἔχω. »

Plan., $II^{b}$, 19, 2. — Tit. : Κερεαλίου rest. Saumaise : Κεραλίου P Λουκιανοῦ Plan. uide notitiam p. 21.

## 130

### ΠΩΛΛΙΑΝΟΥ

Τοὺς κυκλίους τούτους τοὺς αὐτὰρ ἔπειτα λέγοντας,
μισῶ, λωποδύτας ἀλλοτρίων ἐπέων.
Καὶ διὰ τοῦτ' ἐλέγοις προσέχω πλέον· οὐδὲν ἔχω γὰρ
Παρθενίου κλέπτειν ἢ πάλι Καλλιμάχου.

Plan., $II^{a}$, 40, 3. — Tit. Πωλλιάνου P : τοῦ αὐτοῦ hoc carmine post *Ep.* 128 transposito Plan. ‖ **1** αὐτὰρ ἔπειτα hab. Hom., passim (uid. *Il.*, I, 51; II, 406) ‖ **4** πάλι Plan. : πάλιν P.

Puissé-je ressembler à « l'animal aux longues oreilles [1] », si jamais je me mets à écrire : « la jaune chélidoine [2] qui sort des rivières ». Mais ces gens-là pillent sans vergogne le grand Homère et j'en arrive à écrire : « O Muse, chante la colère... » !

## 131

### DE LUCILLIUS

Ni les eaux, lorsqu'au temps de Deucalion elles eurent tout recouvert [3], ni Phaéton qui consuma par le feu tant d'êtres sur la terre ne tuèrent autant d'hommes que n'en firent périr Potamon le poète et Hermogénès le chirurgien [4]. Ainsi donc, depuis l'origine du monde [5], il y eut quatre fléaux : Deucalion, Phaéton, Hermogénès et Potamon.

## 132

### Du même.

Je hais, puissant César, ces gens auxquels jamais n'a plu un jeune poète, répétât-il même : « Déesse, chante la colère... ». Qui n'est contemporain de Priam [6], tout bossu, à moitié chauve, ne peut, dit-on, écrire même un alpha ! Si vraiment il en est ainsi, grand Zeus, c'est chez les hernieux que se réfugie le talent [7] !

1. L'*animal aux longues oreilles* est une citation de l'Alexandrin qui nous fut conservée par Eustathe dans son *Commentaire de l'Iliade*, 870, 6 et que nous a restituée le papyrus d'Oxyrhynchus (XVII, 2079) de la *Réponse aux Telchines* v. 31 (éd. Cahen). Ovide l'a reprise dans ses *Amours* (II, 7, 15-16) : Aspice ut auritus miserandae sortis asellus
adsiduo domitus uerbere lentus eat. »

2. La chélidoine devait se trouver citée par Parthénios de Nicée qui, lui aussi, aime les mots savants et les histoires extraordinaires.

3. Comme Straton (XI, 19), Lucillius semble rendre Deucalion responsable de la destruction du genre humain. Phaéton fut coupable de graves accidents sur la terre comme aux cieux (XI, 104).

Θηρὶ μὲν οὐατόεντι γενοίμην, εἴ ποτε γράψω,
εἴκελος, ἐκ ποταμῶν χλωρὰ χελιδόνια.
Οἱ δ' οὕτως τὸν Ὅμηρον ἀναιδῶς λωποδυτοῦσιν,
ὥστε γράφειν ἤδη μῆνιν ἄειδε, θεά.

5 θηρὶ μὲν οὐατόεντι hab. Callim. in Eusth., *Ad Il.*, XI, 632 (870, 6) ‖ 6 ἐκ — χελιδόνια Parthenii elegiam habere est suspicatus Jacobs ‖ χελιδόνια H. Estienne : χελιδόνεα *m* ‖ 8 μῆνιν — θεά hab. Hom. *Il.*, I, 1.

## 131

## ΛΟΥΚΙΛΛΙΟΥ

Οὔτ' ἐπὶ Δευκαλίωνος ὕδωρ, ὅτε πάντ' ἐγενήθη,
οὔθ' ὁ καταπρήσας τοὺς ἐπὶ γῆς Φαέθων,
ἀνθρώπους ἔκτεινεν ὅσους Ποτάμων ὁ ποιητής,
καὶ χειρουργήσας ὤλεσεν Ἑρμογένης.
Ὥστ' ἐξ αἰῶνος κακὰ τέσσαρα ταῦτ' ἐγενήθη,
Δευκαλίων, Φαέθων, Ἑρμογένης, Ποτάμων.

Plan., II^a, 40, 4. — Tit. Λουκιλλίου Plan. : Λουκίλλου P ‖ 5 κακὰ Plan. : κατὰ P.

## 132

## Τοῦ αὐτοῦ.

Μισῶ, δέσποτα Καῖσαρ, ὅσοις νέος οὐδέποτ' οὐδεὶς
ἤρεσε, κἂν εἴπῃ « μῆνιν ἄειδε, θεά »·
ἀλλ' ἢν μὴ Πριάμου τις ἔχῃ χρόνον ἡμιφάλακρος,
ἢ καὶ κυρτὸς ἄγαν, οὐ δύνατ' ἄλφα γράφειν.
Εἰ δ' ὄντως οὕτως τοῦτ' ἔστ' ἔχον, ὦ ὕπατε Ζεῦ,
εἰς τοὺς κηλήτας ἔρχεται ἡ σοφία.

Plan., II^b, 19, 1. — Tit. Τοῦ αὐτοῦ P : om. Plan. ‖ 5 ἔχον Plan. : ἔχων P.

## 133

Du même.

Il est mort Eutychidès, le poète lyrique ! Habitants des Enfers, fuyez ! Eutychydès arrive avec ses vers [1] ! N'a-t-on pas, sur son ordre, brûlé sur son bûcher douze cithares et vingt-cinq corbeilles [2] de ses chansons? Et maintenant, nouveau Charon, il s'en est venu près de vous ! Où trouver refuge désormais? Eutychidès envahit même les Enfers !

## 134

Du même.

Commençons-nous [3], Héliodore? Nous amusons-nous à nous adresser l'un à l'autre ces poèmes? Tu le veux bien, Héliodore?

« Viens plus près de moi, afin que plus vite à ta perte... » Car, tu me trouveras, bavard intarissable, plus Héliodore que toi !

## 135

Du même.

Ne va plus, Marcus, non, ne va plus pleurer sur ton enfant, mais sur moi qui me sens bien plus mort que là,

1. Jolie symétrie dans ce poème : on passe de la terre aux enfers. Après le cri d'alarme, les faits : le mort est brûlé, il arrive; plus graves ses œuvres l'accompagnent : elles ont été brûlées avec lui. Plus de refuge, même aux Enfers !

2. Ce sont les corbeilles dans lesquelles on plaçait les *volumina* dans les bibliothèques. Si on songe que chaque *volumen* de papyrus mesurait entre 4,5 et 7 mètres de long, que chaque colonne avait en moyenne 15 cm. de large et comptait 35 lignes ou κῶλα, que chaque *volumen* comptait donc entre 950 et 1 500 vers, et qu'une ciste contenait peut-être 15 *volumina*, on jugera de la production de ce mauvais poète ! Déjà Horace s'était moqué d'un poète aussi prolixe qui fit de ses œuvres son bûcher (*Satires*, I, 10, 63) : « ... capsis quem fama est esse librisque ambustum propriis ».

## 133

### Τοῦ αὐτοῦ.

Τέθνηκ' Εὐτυχίδης ὁ μελογράφος. Οἱ κατὰ γαῖαν,
φεύγετ'· ἔχων ᾠδὰς ἔρχεται Εὐτυχίδης·
καὶ κιθάρας αὐτῷ διετάξατο συγκατακαῦσαι
δώδεκα καὶ κίστας εἰκοσιπέντε νόμων.
Νῦν ὑμῖν ὁ Χάρων ἐπελήλυθε· ποῦ τις ἀπέλθῃ
λοιπόν, ἐπεὶ χᾄδην Εὐτυχίδης κατέχει;

Plan., IIª, 40, 5. — Tit. Τοῦ αὐτοῦ P carmine post *Ep.* 131 transposito Plan. ‖ **2** Εὐτυχίδης Plan. : εὐτυχίδας P ‖ **3** αὐτῷ H. Estienne : αὐτῷ *m* ‖ **5** ἀπέλθῃ Plan. : ἀπέλθει P ‖ **6** χᾄδην Jacobs : καὶ γῆν *m*.

## 134

### Τοῦ αὐτοῦ.

Ἀρχόμεθ', Ἡλιόδωρε; ποιήματα παίζομεν οὕτω
ταῦτα πρὸς ἀλλήλους; Ἡλιόδωρε, θέλεις;
Ἄσσον ἴθ', ὥς κεν θᾶσσον ὀλέθρου· καὶ γὰρ ἔμ' ὄψει
μακροφλυαρητὴν Ἡλιοδωρότερον.

Plan., IIª, 40, 6. — **3** ἄσσον — ὀλέθρου hab. Hom., *Il.*, VI, 143.

## 135

### Τοῦ αὐτοῦ.

Μηκέτι, μηκέτι, Μάρκε, τὸ παιδίον, ἀλλ' ἐμὲ κόπτου
τὸν πολὺ τοῦ παρὰ σοὶ νεκρότερον τεκνίου.

Plan., IIª, 40, 7. — **1** Μηκέτι, μηκέτι P C : μὴκ' ἔτι, μὴκ' ἔτι manu recentiore adscr. Plan.

près de toi, ce cadavre d'enfant ! Sur moi cette fois compose [1] maintenant tes élégies, sur moi aussi tes complaintes, bourreau, car je meurs assassiné par tes vers. Oui, c'est à cause de ton deuil que je souffre. De telles souffrances puissent-ils les endurer, les inventeurs des livres et des stylets !

## 136

Du même.

Non, ce poignard que les hommes ont forgé, n'est pas aussi redoutable, lors des embuscades imprévues, que cette attaque inopinée [2], Callistrate, cette guerre d'hexamètres meurtriers que tu engages contre moi. Allons vite, sonne la retraite ! Même Priam a su de ses larmes apprivoiser ses ennemis [3], les amener à une trêve.

## 137

Du même.

Héliodore, après m'avoir servi une portion de viande de bœuf crue, tu m'as versé trois coupes d'un gros rouge encore plus cru. Et tout aussitôt, tu m'inondes de tes épigrammes [4].

Ah ! si j'ai commis le crime de manger la viande d'un de ces bœufs de Trinacrie, je veux bien, pour en finir d'un coup, tendre la bouche au flot ; et si ce flot est trop loin, alors, prends-moi et jette-moi dans ton puits.

1. Le chagrin de ce prétendu poète se traduit par des signes extérieurs, qu'exprime le verbe κόπτω, et par d'innombrables vers sur ce fils dont il « assassine » son public. Lucillius, on ne sait pourquoi, se considère comme la principale victime de cette abondance de mauvais vers.

2. L'attaque inopinée — sans déclaration de guerre préalable — d'un poète semble à Lucillius plus dangereuse qu'une embuscade armée. Comme il convient, tous les termes sont empruntés au langage militaire. La finale est pleine d'humour : pour obtenir la trêve, c'est dans les exemples épiques qu'il faut chercher des arguments, alors que le premier vers est une parodie d'Aratos (*Phénom.*, 131).

Εἰς ἐμὲ νῦν ἐλέγου ποιεῖς ⟨πάλιν⟩, εἰς ἐμὲ θρήνους,
δήμιε, τὸν στιχίνῳ σφαζόμενον θανάτῳ.
Τοῦ σοῦ γὰρ πάσχω νεκροῦ χάριν, οἷα πάθοιεν
οἱ καταδείξαντες βιβλία καὶ καλάμους.

3 πάλιν manu recentiore in lacuna VI litt. relicta Plan. : om. P e quo Planudem ad suam recensionem codice Palatino non usum manifeste probatur ‖ 4 σφαζόμενον Plan.: σταζόμενον P ‖ 5 πάσχω Plan. : πάσχων P.

## 136

### Τοῦ αὐτοῦ.

Οὐχ οὕτω κακοεργὸν ἐχαλκεύσαντο μάχαιραν
ἄνθρωποι διὰ τὰς ἐξαπίνης ἐνέδρας,
οἷον ἀκήρυκτον, Καλλίστρατε, καὶ σὺ προσελθὼν
ποιεῖς μοι φονικῶν ἑξαμέτρων πόλεμον.
Σάλπιγξον ταχέως ἀνακλητικόν· εἰς ἀνοχὰς γὰρ
καὶ Πρίαμος κλαύσας ἡμερίων ἔτυχεν.

Plan., II[a], 40, 8. — 1 κακοεργὸν ἐχαλκεύσαντο hab. Aratus *Phaenom.*, 131 ‖ 3 προσελθὼν P : προελθών Plan.

## 137

### Τοῦ αὐτοῦ.

Ὠμοβοείου μοι παραθεὶς τόμον, Ἡλιόδωρε,
καὶ τρία μοι κεράσας ὠμοβοειότερα,
εὐθὺ κατακλύζεις ἐπιγράμμασιν. Εἰ δ' ἀσεβήσας
βεβρώκειν τινὰ βοῦν τῶν ἀπὸ Τρινακρίας,
βούλομ' ἅπαξ πρὸς κῦμα χανεῖν· εἰ δ' ἐστὶ τὸ κῦμα
ἔνθα μακράν, ἄρας εἰς τὸ φρέαρ με βάλε.

Plan., II[b], 19, 3. — Tit. Τοῦ αὐτοῦ P : om. Plan. hoc carmine post *Ep.* 129 Luciano perperam tributum transposito ‖ 5 ἐστὶ P : ἔστι Plan. ‖ 6 ἔνθα Buffière quod est suspicatus Jacobs : ἔνθεν *m*.

## 138

Du même.

Au simple souvenir d'Héliodore et de sa grammaire, ma langue se paralyse [1] et fait des solécismes.

## 139

Du même.

Zénonis a chez elle Ménandre, un grammairien barbu. Son fils, dit-elle, est son disciple. Mais pour elle, les nuits durant, ne cesse l'exercice, et ainsi ce sont flexions, enjambements, positions et copulations [2] !

## 140

Du même.

A ces bavards qui, pendant le dîner, disputent de poésie, à ces glossateurs, disciples d'Aristarque [3], qui n'aiment ni railler, ni boire, mais qui, sur leurs lits, sont entichés, comme des bambins, de Nestor et de Priam,

1. C'est de la même expression τὸ στόμα μου δέδεται qu'use Lucillius (épigramme XI, 148). Boissonade a vu dans ces mots une allusion à une sorte d'incantation magique qui empêche de parler et, encore plus, de respecter la grammaire.
Bien que l'habitude de Lucillius soit d'inventer ses personnages, une question se pose : cet Héliodore est-il le métricien et grammairien qui vécut au Ier siècle? Il semble qu'on puisse l'affirmer. Lucillius ne craint donc pas de s'attaquer aux valeurs estimées en son temps; et c'est bien ce qu'on attend d'un amuseur. Voir Martial, VI, 19.

2. On s'est plu à corriger le texte de cette épigramme. Mais en conservant le texte traditionnel — μελέτη et οὕτως —, comme y incite F. Buffière, le sens est encore plus net. Tout est amphibologique dans ces distiques et on pourrait en donner une double traduction. Déjà πώγωνα évoque πύγωνα, *débauché*; puis la leçon nocturne près de la mère est plus amoureuse que grammaticale. A première vue, ce sont des études sur les *cas* πτῶσις, les *conjonctions* σύνδεσμος, les *figures*

## 138

### Τοῦ αὐτοῦ.

Ἂν τοῦ γραμματικοῦ μνησθῶ μόνον Ἡλιοδώρου,
εὐθὺ σολοικίζον τὸ στόμα μου δέδεται.

Lemma B : εἰς γραμματικούς in textu P.
Plan., II[a], 10, 1. — Tit. Τοῦ αὐτοῦ Brunck : Λυκιλλίου Plan. Λυκίλλου in textu P ‖ 2 σολοικίζον Plan. : σολοικίζων P.

## 139

### Τοῦ αὐτοῦ.

Γραμματικὸν Ζηνωνὶς ἔχει πώγωνα Μένανδρον,
τὸν δ' υἱὸν τούτῳ φησὶ συνεστακέναι.
Τὰς νύκτας δ' αὐτῇ μελέτη οὐ παύεται οὕτως
πτώσεις, συνδέσμους, σχήματα, συζυγίας.

Plan., II[b], 7, 2. — Tit. Τοῦ αὐτοῦ P : om. Plan. ‖ 1 γραμματικὸν Ζηνωνὶς P : γραμματικὸς Ζήνων ὅς Plan. ‖ πώγωνα *m* : πύγωνα Boissonade ‖ 3 μελέτη P : μελέτῃ Plan. suspicatus est μελετῶν Scaliger ‖ οὕτως *m*: οὗτος coni. Saumaise ὄντως Musurus.

## 140

### Τοῦ αὐτοῦ.

Τούτοις τοῖς παρὰ δεῖπνον ἀοιδομάχοις λογολέσχαις,
τοῖς ἀπ' Ἀριστάρχου γραμματολικριφίσιν,
οἷς οὐ σκῶμμα λέγειν, οὐ πεῖν φίλον, ἀλλ'ἀνάκεινται
νηπυτιευόμενοι Νέστορι καὶ Πριάμῳ,

Plan., II[b], 7, 1. — Tit. Τοῦ αὐτοῦ P : om. Plan. ἄδηλον *Paris*. 2739 ‖ 1 τούτοις τοῖς Plan. : ταύταις ταῖς P ‖ ἀοιδομάχοις Plan.: ἀοιδομάχαις P ‖ 2 τοῖς P : ταῖς Plan. ‖ 3 πεῖν Estienne. : πιεν P πῖν Plan.

ne va pas, selon la formule, « me jeter en proie et en pâture ». Ce jour, mon menu ne comporte pas le « Chante, ô déesse, la colère... »

## 141

DU MÊME.

J'ai perdu un petit cochon, un bœuf et mon unique chèvre. Pour plaider sur l'affaire, tu as reçu de moi un petit salaire, Ménéclès. Mais, je n'ai rien de commun avec Othryadès et je ne cite pas en justice pour vol les héros des Thermopyles. Allons! C'est Eutychidès que concerne ce procès. Que m'importent en cette histoire Xerxès et les Spartiates [1]? Pense aussi à moi, par respect de la loi, ou bien je vais crier très fort: « Ménèclès tient certains propos, mais mon cochon dit autre chose [2]! »

## 142

DU MÊME.

« Il s'en faut de beaucoup », « quant à elles » et, à tout bout de champ « Messieurs les Juges », et encore « Donne-moi ici lecture de la loi » [3]; et puis « **ταυτί** », « **μῶν** », « **τετταράκοντα** » et « **ἅττα** », c'est après avoir bien médité sur ces formules et sur « oui, par Zeus », « non, par Zeus », que Criton est devenu rhéteur et enseigne toute la jeunesse. Et pour eux il ajoutera encore à son répertoire « **γρῦ** », « **φαθί** » et « **μίν** ».

*de style*, σχήματα et *les conjugaisons* συζυγία. En réalité, ce sont chute des corps l'un sur l'autre, étreintes, positions amoureuses et coïts. On a recherché, dans la traduction, des termes suggestifs d'érotisme et de grammaire!

1. C'est la critique que l'on retrouve à travers tous les temps contre les avocats trop diserts et qui vont chercher des arguments lointains pour plaider la cause la plus simple. Othryadès est un héros de Sparte dans sa lutte contre Argos à l'époque de Crésus (Hérodote, I, 82). Évidemment ici encore on invoque le lieu commun habituel de tant de discours d'orateurs, de tant d'essais de rhéteurs, la seconde guerre médique. Martial a composé une épigramme du même genre avec des allusions à l'histoire républicaine de Rome (VI, 19). Mais Lucillius adopte ici un ton badin et paysan qui fait le charme de l'épigramme.

μή με βάλῃς κατὰ λέξιν ἕλωρ καὶ κύρμα γενέσθαι.
Σήμερον οὐ δειπνῶ μῆνιν ἄειδε θεά.

5 ἕλωρ — γενέσθαι hab. Hom., *Od.*, III, 271.

## 141

### Τοῦ αὐτοῦ.

Χοιρίδιον καὶ βοῦν ἀπολώλεκα, καὶ μίαν αἶγα,
ὧν χάριν εἴληφας μισθάριον, Μενέκλεις·
οὔτε δέ μοι κοινόν τι πρὸς Ὀθρυάδαν γεγένηται,
οὔτ' ἀπάγω κλέπτας τοὺς ἀπὸ Θερμοπυλῶν·
ἀλλὰ πρὸς Εὐτυχίδην ἔχομεν κρίσιν· ὥστε τί ποιεῖ
ἐνθάδε μοι Ξέρξης καὶ Λακεδαιμόνιοι;
Πλὴν κἀμοῦ μνήσθητι νόμου χάριν, ἢ μέγα κράξω·
« Ἄλλα λέγει Μενεκλῆς, ἄλλα τὸ χοιρίδιον. »

Lemma B : εἰς ῥήτορας P.
Plan., II$^a$, 46, 1. — Tit. Τοῦ αὐτοῦ Brunck : Λουκίλλου *m* ‖ 4 θερμοπυλῶν Plan. : θερποπυλῶν P ‖ 6 ἐνθάδε Plan. : ἐνθαδέ P.

## 142

### Τοῦ αὐτοῦ.

« Πολλοῦ δεῖ » καὶ « σφίν » καὶ τρὶς παρ' ἕκαστα « δικασταὶ
ἄνδρες » καὶ « λέγε δὴ τὸν νόμον ἐνθάδε μοι »
καὶ « ταυτί » καὶ « μῶν » καὶ « τετταράκοντα » καὶ « ἄττα »
σκεψάμενος, καί τοι « νὴ Δία » καὶ « μὰ Δία »
ῥήτωρ ἐστὶ Κρίτων καὶ παιδία πολλὰ διδάσκει·
προσθήσει δ' αὐτοῖς « γρῦ, » « φαθί » καὶ « μίν » ἔτι.

Plan., II$^b$, 22, 4. — Tit. Τοῦ αὐτοῦ P : om. Plan. ‖ 3 ταυτί Plan. : ταύτη P ‖ ἄττα P : ἅττα Plan. ‖ 6 φαθί P : φάθι Plan.

## 143

Du même.

Le rhéteur Marcus, à sa mort, Pluton ne veut pas le recevoir. « Il suffit bien ici du chien Cerbère », dit-il. « Mais si tu le veux absolument, va-t'en faire tes déclamations à Ixion[1], à Méliton le lyrique et à Tityos [2]. Car je n'ai pas de châtiment pire que toi... jusqu'au jour où nous arrivera ici, avec ses solécismes, Rufus le grammairien ! [3]»

## 144

DE CEREALIOS

Non, prononcer des mots inattendus ou cinq expressions de pur attique, ce n'est pas faire preuve de sagacité ou de science en tes déclamations. Quand bien même tu dirais κάρκαιρε « résonne », [4] κοναβεῖ « retentis », σίζει « siffle » et κελάφυζε « jaillis avec bruit », tu n'en seras pas pour cela un Homère ! Il faut soumettre l'esprit aux réalités et leur expression doit être simple; ainsi comprendras-tu au moins ce que tu dis !

## 145

Anonyme.

Celui qui déclame, c'est le portrait de Sextus; car Sextus, lui, se tait ! Son portrait est orateur, tandis que l'orateur est le portrait de son portrait [5].

1. Ixion, d'après Aristote, était, chez les tragiques, le thème pathétique par excellence (*Poét.*, 18). Cet Ixion avait commis un double crime comme l'explique Pindare (*Pyth.*, II, 40 et suiv.) : c'est lui qui, le premier sur la terre, versa le sang d'un être de sa famille en tuant son beau-père Deionée qu'il brûla vif. Condamné par les humains, il fut le premier suppliant des dieux (Eschyle, *Eumén.*, 441 et 718). Zeus le purifia; mais, admis dans l'Olympe, il s'éprit d'Héra et voulut lui faire violence. Attaché à une roue enflammée, il roule à travers les Enfers (Diodore, IX, 69; Euripide, *Hér. fur.*, 1298; *schol. Phén.*, 1185; Lucien, *Dial. des Dieux*, 6).

## 143

### Τοῦ αὐτοῦ.

Οὐ δέχεται Μάρκον τὸν ῥήτορα νεκρὸν ὁ Πλούτων,
εἰπών· « Ἀρκείτω Κέρβερος ὧδε κύων.
Εἰ δ' ἐθέλεις πάντως, Ἰξίονι καὶ Μελίτωνι
τῷ μελοποιητῇ καὶ Τιτυῷ μελέτα.
Οὐδὲν γὰρ σοῦ χεῖρον ἔχω κακόν, ἄχρις ἂν ἐλθὼν
ὧδε σολοικίζῃ Ῥοῦφος ὁ γραμματικός. »

PLAN., IIª, 46, 2. — **3** ἐθέλεις *m* : ἐθέλῃς in margine P ‖ **4** μελέτα Saumaise : μελέται P μελέτω PLAN.

## 144

### ΚΕΡΕΑΛΙΟΥ

Οὐ τὸ λέγειν παράσημα καὶ Ἀττικὰ ῥήματα πέντε,
εὐζήλως ἐστὶν καὶ φρονίμως μελετᾶν·
οὐδὲ γὰρ εἰ « κάρκαιρε » καὶ εἰ « κοναβεῖ » τό τε « σίζει »
καὶ « κελάρυζε » λέγεις, εὐθὺς Ὅμηρος ἔσῃ.
Νοῦν ὑποκεῖσθαι δεῖ τοῖς πράγμασι καὶ φράσιν αὐτῶν
εἶναι κοινοτέραν, ὥς γε νοεῖν ἃ λέγεις.

PLAN., IIª, 46, 3. — **3** γὰρ εἰ P : om. PLAN. ‖ κάρκαιρε PLAN. : καρκερε P ‖ **5** πράγμασι P PLAN. : γράμμασι Badius Ascensius ‖ **6** εἶναι s. rasuram. VIII litt. manu recentiore PLAN. ‖ ὥς γε P : ὥστε PLAN.

## 145

### Ἄδηλον.

Εἰκὼν ἡ Σέξστου μελετᾷ, Σέξστος δὲ σιωπᾷ·
εἰκὼν ἦν ῥήτωρ, ὁ δὲ ῥήτωρ εἰκόνος εἰκών.

PLAN., IIª, 46, 4. — **1** Σέξστου P : Ξέξστου PLAN. ‖ Σέξστος P : Ξέξστος PLAN. ‖ **2** εἰκὼν ἦν ῥήτωρ transp. Jacobs : ῥήτωρ ἦν εἰκών *m*.

**146**

D'AMMIEN

J'avais envoyé sept solécismes en présent au rhéteur Flaccus : il m'en rendit cinq lots de deux cents ! Et il me dit : « Maintenant, je te les envoie bien comptés; mais, à l'avenir, une fois à Chypre [1], ce sera par pleins boisseaux !

**147**

Du même.

Le voilà soudain orateur cet Asiaticus ! Rien d'incroyable ! C'est à Thèbes [2] que vient de se produire ce prodige !

**148**

DE LUCILLUS

Tout dernièrement, même sans parler, le rhéteur Flaccus a fait des solécismes et, au moment d'ouvrir la bouche, il laissa échapper un barbarisme; pour finir, c'est même dans ses gestes qu'il fait des solécismes ! Et moi, rien qu'à le voir, ma langue s'embarrasse [3] !

**149**

Anonyme.

C'est bien toi que je vois, Médon, l'orateur. Eh ! Quelle est cette merveille? Drapé en ton manteau, tu te tais. Rien de plus ressemblant [4] !

1. On parlait à Chypre un dialecte plus proche du vieil arcadien que du grec classique, et c'est en souvenir de la ville cypriote de Soloi que l'on créa le terme de *solécisme*. 'Αριθμῷ, en nombre déterminé; μέτρῳ répond au latin *modio*, mesure de grains ou de légumes. Ammien s'amuse à employer ces deux termes en un sens opposé à l'usage classique : ἀριθμῷ : *en grand nombre* et μέτρῳ : *modérément*; voir C. A. Lynch dans *Class. Philol.*, 48, 1953, p. 17; et encore XI, 148. Flaccus apparaît finalement comme un véritable collectionneur de solécismes !

## 146
## ΑΜΜΙΑΝΟΥ

Ἑπτὰ σολοικισμοὺς Φλάκκῳ τῷ ῥήτορι δῶρον
πέμψας, ἀντέλαβον πεντάκι διακοσίους·
καί « Νῦν μέν, φησίν, τούτους ἀριθμῷ σοι ἔπεμψα,
τοῦ λοιποῦ δὲ μέτρῳ, πρὸς Κύπρον ἐρχόμενος. »

Plan., II^a, 46, 5. — Tit. Ἀμμιανοῦ P : Ἀββιανοῦ e litt. μ et β minuscularum confusione Plan.

## 147
## Τοῦ αὐτοῦ.

Ῥήτωρ ἐξαπίνης Ἀσιατικός· οὐδὲν ἄπιστον·
καὶ τοῦτ' ἐν Θήβαις νῦν γέγονεν τὸ τέρας.

Plan., II^a, 46, 6.

## 148
## ΛΟΥΚΙΛΛΙΟΥ

Μηδὲ λαλῶν πρῴην ἐσολοίκισε Φλάκκος ὁ ῥήτωρ,
καὶ μέλλων χαίνειν εὐθὺς ἐβαρβάρισεν
καὶ τῇ χειρὶ τὰ λοιπὰ σολοικίζει διανεύων,
κἀγὼ δ' αὐτὸν ἰδὼν τὸ στόμα μου δέδεται.

Plan., II^a, 46, 7. — Tit. Λουκιλλίου Plan. : Λουκίλλου P ‖ 2 ἐβαρβάρισεν P : ἐβαρβάρισε Plan.

## 149
## Ἄδηλον.

Αὐτὸν ὁρῶ σέ, Μέδον, τὸν ῥήτορα. Φεῦ, τί τὸ θαῦμα;
στειλάμενος σιγᾷς· οὐδὲν ὁμοιότερον.

Plan., II^b, 22, 2. — Tit. Ἄδηλον P : om. Plan. ‖ 1 Μέδον P : μέδων Plan. ‖ 2 post σιγᾷς puncto superiore distinxit Plan.

## 150

### D'AMMIEN

« Ce bonnet arcadien à Hermès d'Arcadie c'est une offrande d'Athénagoras l'orateur, conformément à un songe. »

Orateur en songe? Bien, on le portera comme cela à Hermès; mais orateur pour de vrai? Qu'il suffise d'inscrire : Offrande d'Athénagoras [1].

## 151

### ANONYME.

Voici le portrait de l'orateur. L'orateur, lui, est le portrait de son portrait. Et pourquoi cela? Il ne parle pas! Rien de plus ressemblant [2]!

## 152

### D'AMMIEN

Si tu veux, Paulus, que ton fils apprenne le métier de professeur, alors comme tous ces gens-là, qu'il n'apprenne pas ses lettres... [3].

## 153

### DE LUCILLIUS

Que tu sois un cynique, Ménestratos, un va-nu-pieds, un homme toujours transi, personne pour y trouver à

1. Texte d'offrande à graver sur une base du dieu de l'éloquence; à l'Hermès voyageur, il convient d'offrir le bonnet de feutre, le pétase du voyageur et du paysan arcadien. Mais le nom d'« orateur » Ammien le conteste à Athénagoras.

2. Voir épigramme XI, 145. Martial s'exclame (VIII, 7) : « O quantum, Cinna, tacere potes! » et Juvénal (VIII, 52) : « At tu

nil nisi Cecropides, truncoque simillimus Hermae :
nullo quippe alio uincis discrimine quam quod
illi marmoreum caput est, tua uiuit imago.

## 150

## ΑΜΜΙΑΝΟΥ

« Ἀρκαδικὸν πῖλον κατ' ἐνύπνιον Ἀρκάδι δῶρον
 Ἑρμείῃ ῥήτωρ θῆκεν Ἀθηναγόρας. »
Εἰ μὲν καὶ ῥήτωρ κατ' ἐνύπνιον, οἴσομεν Ἑρμῇ·
 εἰ δ' ὕπαρ, ἀρκείτω· « Θῆκεν Ἀθηναγόρας. »

Plan., II$^a$, 46, 8. — **2** Ἑρμείῃ Plan. : ἑρμείῃ P ‖ **3** Ἑρμῇ Plan. : ἑρμῇ P.

## 151

## Ἀδέσποτον.

Ῥήτορος ἅδ' εἰκών· ὁ δὲ ῥήτωρ, εἰκόνος εἰκών.
 Καὶ πῶς; οὐ λαλέει· οὐδὲν ὁμοιότερον.

Plan., II$^b$, 22, 3. — Tit. Ἀδέσποτον P : om. Plan. ‖ **1** εἰκόνος Casaubon : ῥήτορος *m* ‖ **2** λαλέει P : λαλέει; Plan.

## 152

## ΑΜΜΙΑΝΟΥ

Εἰ βούλει τὸν παῖδα διδάξαι ῥήτορα, Παῦλε,
 ὡς οὗτοι πάντες, γράμματα μὴ μαθέτω.

Plan., II$^a$, 46, 9. — Tit. Ἀμμιανοῦ P : τοῦ αὐτοῦ carmine post *Ep.* 150 transposito Plan.

## 153

## ΛΟΥΚΙΛΛΙΟΥ

Εἶναι μὲν κυνικόν σε, Μενέστρατε, κἀνυπόδητον,
 καὶ ῥιγοῦν οὐδεὶς ἀντιλέγει καθόλου·

Lemma B : εἰς φιλοσόφους in textu P.
Plan., II$^a$, 52, 1. — Tit. Λουκιλλίου edd. : Λουκίλλου in textu P τοῦ αὐτοῦ carmine post *Ep.* 192 transposito Plan.

redire. Mais si tu me chipes effrontément mes morceaux de pain, eh bien ! moi aussi j'ai un bâton, et comme on t'appelle un chien [1]...

### 154

Du même.

Nul homme pauvre et illettré ne tourne plus la meule comme jadis; il ne porte plus de fardeaux pour un maigre salaire. Mais il laisse croître sa barbe; dès le carrefour, il lève le bâton et, pour la vertu il se dit l'aboyeur numéro un. C'est là d'Hermodotos la doctrine toute sage : « Si tu es sans un sou [2], ne va plus mourir de faim et porte le petit manteau [3] ! »

### 155

D'AMMIEN

Cet implacable parangon [4] de vertu, cet être d'acier, ce continuel censeur de chacun, cet homme qui lutte contre le froid et entretient sa barbe, on l'a surpris... — A quoi? — Ah ! c'est honteux à dire : à faire ses œuvres en vilains orifices [5] ».

### 156

Du même.

Tu penses que ta barbe t'inspire des idées et, pour cette raison, très cher, tu soignes ce chasse-mouche ! Crois-moi,

1. Les philosophes cyniques n'avaient souvent conservé de leur maître que l'extérieur, vivant en clochards et en voleurs. Du portrait habituel du cynique, Lucillius retient surtout le mot *chien*. La même finale se rencontre chez Martial, IV, 53. Voir Julien l'Empereur, *Contre Héracleios*, 225[b].

2. Désormais le mendiant n'a plus à craindre de mourir de faim : il se déguise en philosophe cynique, sans tunique, porteur de barbe et de bâton; voilà qui lui donne allure de sage et lui fournit le vivre.

ἂν δὲ παραρπάξῃς ἄρτους καὶ κλάσματ' ἀναιδῶς,
κἀγὼ ῥάβδον ἔχω, καὶ σὲ λέγουσι κύνα.

**3** παραρπάξῃς P : παραπάζῃς PLAN.

## 154

### Τοῦ αὐτοῦ.

Πᾶς ὃς ἂν ᾖ πτωχὸς καὶ ἀγράμματος, οὐκέτ' ἀλήθει,
ὡς τὸ πρίν, οὐδ' αἴρει φορτία μισθαρίου·
ἀλλὰ τρέφει πώγωνα καὶ ἐκ τριόδου ξύλον ἄρας
τῆς ἀρετῆς εἶναι φησὶν ὁ πρωτοκύων.
Ἑρμοδότου τόδε δόγμα τὸ πάνσοφον· εἴ τις ἀχαλκεῖ,
μηκέτι πεινάτω θεὶς τὸ χιτωνάριον.

PLAN., II$^{a}$, 52, 2. — **5** ἀχαλκεῖ P alio atramento PLAN.$^{pc}$ : ἄχαλκος fort. alia traditione PLAN.$^{ac}$

## 155

### ΑΜΜΙΑΝΟΥ

Οὗτος ὁ τῆς ἀρετῆς ἀδάμας βαρύς, οὗτος ὁ πάντη
πᾶσιν ἐπιπλήσσων, οὗτος ὁ ῥιγομάχος
καὶ πώγωνα τρέφων ἑάλω. — Τί γάρ; — Ἀπρεπὲς εἰπεῖν
ἀλλ' ἑάλω ποιῶν ἔργα κακοστομάχων.

PLAN., II$^{a}$, 52, 3. — Tit. Ἀμμιανοῦ PLAN. : τοῦ αὐτοῦ sc. Lucillii P uide notitiam p. 23 ‖ **2** ῥιγομάχος P : ῥιγομάχας PLAN. ‖ **4** κακοστομάχων *m* : κακοστομάτων Scaliger.

## 156

### Τοῦ αὐτοῦ.

Οἴει τὸν πώγωνα φρενῶν ποιητικὸν εἶναι,
καὶ διὰ τοῦτο τρέφεις, φίλτατε, μυιοσόβην.

PLAN., II$^{a}$, 52, 4; *Laurentianus* 32-16 (22). — Tit. Τοῦ αὐτοῦ sc. Ammiani carmine post *Ep.* 155 transposito PLAN. : Ἀμμιανοῦ P uide notitiam p. 23 ‖ **1** τὸν P : σοι τὸν PLAN. ‖ φρενῶν ποιητικὸν *m* : ποιητικὸν φρενὸς *Laurent.*

rase-la bien vite. Cette barbe fait naître plus de poux que d'idées [1] !

## 157

DU MÊME.

« Très cher », « N'est-ce donc pas que? », « Où vas-tu donc et d'où viens-tu, mon cher? », « Maintes fois », « Eh bien ! voyons ! », « Assurément », « Allons donc » [2], petite tunique, petite touffe de cheveux, petite barbe, petite épaule nue [3], c'est de cela que tire gloire la sagesse moderne.

## 158

D'ANTIPATER

Elle gémit la besace et cette merveilleuse et pesante massue herculéenne de Diogène de Sinope, et ce double vêtement tout maculé d'une crasse gluante [4], protection contre les neiges glacées : tous gémissent d'être souillés par de telles épaules ! Car lui, certes, c'était le « chien céleste [5] »; mais toi tu n'es que chien d'ordures... Allons, laisse cela, laisse des armes qui ne sont pas faites pour toi. L'œuvre des lions est une chose, celle des boucs barbus en est une autre !

1. C'est un jeu de mots : φρενῶν/φθειρῶν. On trouvera une satire identique chez Julien l'Empereur, *Misopogon*, 338 c. Voir encore XI, 430.

2. Ce sont des expressions que l'on retrouve souvent dans les discours de Platon et qui semblent caractériser son style pour certains écrivains superficiels.

3. N'y a-t-il pas affectation de la part des Cyniques tant dans leur accoutrement que dans ces diminutifs dont ils usaient pour le décrire?

4. Toutes les marques caractéristiques de Diogène le Cynique, qui se disait disciple d'Héraclès, le poète estime qu'elles sont déshonorées par les pâles imitateurs auxquels il manque l'essentiel, la pensée philosophique. Voir Empereur Julien, *Contre les cyniques ignorants*, 200 d. Pour στόλιον, voir note 3, p. 128.

Κεῖρον ἐμοὶ πεισθεὶς ταχέως· οὗτος γὰρ ὁ πώγων
φθειρῶν ποιητής, οὐχὶ φρενῶν γέγονεν.

3 κεῖρον P : κείρων Plan.

## 157

### Τοῦ αὐτοῦ.

« Ὠγαθέ » καὶ « μῶν οὖν » καὶ « ποῖ δὴ καὶ πόθεν, ὦ τάν »
καὶ « θαμά » καὶ « φέρε δή » καὶ « κομιδῇ » καὶ « ἴθι »
καὶ στόλιον, μάλιον, πωγώνιον, ὤμιον ἔξω,
ἐκ τούτων ἡ νῦν εὐδοκιμεῖ σοφία.

Lemma : εἰς τοὺς βρενθιομένους [lege βρενθυομένους] διὰ τῶνδε τῶν λέξεων καὶ σοφισΐωντας [lege σοφίζοντας] $S^{p}$.

Plan., $II^{a}$, 52, 5; $S^{s}$, 65; $S^{p}$, 21; Cramer, *Anecd. gr.*, p. 377. — Tit. Τοῦ αὐτοῦ *m* : om. S ‖ **1** ποῖ P $Plan.^{ac}$ C : πῇ alio atramento $Plan.^{pc}$ ‖ τὰν P : τᾶν Plan. ‖ **2** κομιδῇ Plan. : κομιδὴ PS ‖ ἴθι *m* : ἴσθι $S^{s}$.

## 158

### ΑΝΤΙΠΑΤΡΟΥ

Αἰάζει πήρη τε καὶ Ἡράκλειον ἄριστον
βριθὺ Σινωπίτου Διογένευς ῥόπαλον,
καὶ τὸ χύδην ῥυπόεντι πίνῳ πεπαλαγμένον ἔσθος
διπλάδιον, κρυερῶν ἀντίπαλον νιφάδων,
ὅττι τεοῖς ὤμοισι μιαίνεται· ἦ γὰρ ὁ μέν που
οὐράνιος, σὺ δ᾽ ἔφυς οὐν σποδιῇσι κύων.
Ἀλλὰ μέθες, μέθες ὅπλα τὰ μὴ σέθεν· ἄλλο λεόντων,
ἄλλο γενειητῶν ἔργον ὄρωρε τράγων.

Plan., $II^{a}$, 52, 6. — **2** βριθὺ P : βριθῦ Plan. ‖ Σινωπίτου Plan. : Σινωπείου P ‖ Διογένευς Plan. : Διογένους P ‖ **3** ῥυπόεντι P : ῥοπόωντι Plan. ‖ **6** οὐν P : ὁὺν Plan.

## 159

DE LUCILLIUS

A mon père [1] tous les astrologues n'avaient qu'une voix pour prédire que son frère jouirait d'une longue vieillesse. Seul Hermocleidès a affirmé qu'il mourrait avant l'âge; mais il l'a dit alors que, chez nous, nous pleurions déjà sa mort.

## 160

Du même.

Tous ceux [2] qui par Mars ou Saturne [3] fixent des horoscopes, tous ils méritent le poteau de torture, le même. D'ici peu, je les verrai peut-être expérimenter en toute vérité ce que fait le Taureau [4], ce que peut le Lion [5].

## 161

Du même.

Onésime le boxeur est allé chez le devin Olympos; il voulait apprendre s'il vivrait vieux. Et l'autre de répondre : « Oui, si dès maintenant tu te retires. Mais si tu continues à boxer, c'est Cronos qui détermine ton destin [6] ».

1. C'est une des rares épigrammes où Lucillius évoque sa famille; mais ce n'est que prétexte à plaisanterie.

2. L'épigramme commence, semble-t-il, par un éloge: πάντες ἄξιοι τυχεῖν, un éloge agonistique (L. Robert, *op. cit.*, p. 214 fait un parallèle avec des termes identiques de l'épigr. XI, 81); Lucillius a simplement remplacé ἀγωνοθετοῦσιν par ὡροθετοῦσιν.

3. Arès et Cronos — en termes d'horoscope et d'astrologie, on les désigne plutôt par leurs noms latins — sont signes de petite et de grande infortune. Voir Bouché-Leclercq, *L'Astrologie Grecque*, p. 93 et 423. C'est donc aux astrologues qui prédisent les malheurs que s'en prend le poète, par conséquent à l'ensemble de la corporation, la réduisant ainsi au silence.

## 159

## ΛΟΥΚΙΛΛΙΟΥ

Τῷ πατρί μου τὸν ἀδελφὸν οἱ ἀστρολόγοι μακρόγηρων
πάντες ἐμαντεύσανθ' ὡς ἀφ' ἑνὸς στόματος·
ἀλλ' Ἑρμοκλείδης αὐτὸν μόνος εἶπε πρόμοιρον·
εἶπε δ', ὅτ' αὐτὸν ἔσω νεκρὸν ἐκοπτόμεθα.

Lemma B : εἰς μάντεις in textu P : εἰς ἀστρονόμους C εἰς ἀστρολόγους manu rec. D.
Plan., IIa, 6, 1. — Tit. Λουκιλλίου Plan. : Λουκίλλου P.

## 160

## Τοῦ αὐτοῦ.

Πάντες ὅσοι τὸν Ἄρην καὶ τὸν Κρόνον ὡροθετοῦσιν,
ἄξιοί εἰσι τυχεῖν πάντες ἑνὸς τυπάνου.
Ὄψομαι οὐ μακρὰν αὐτοὺς τυχὸν εἰδότας ὄντως
καὶ τί ποεῖ ταῦρος, καὶ τί λέων δύναται.

Plan., IIa, 6, 2. — **1** Ἄρην P : Ἄρη Plan. ‖ **4** ποεῖ P : ποιεῖ Plan.

## 161

## Τοῦ αὐτοῦ.

Πρὸς τὸν μάντιν Ὄλυμπον Ὀνήσιμος ἦλθεν ὁ πύκτης,
εἰ μέλλει γηρᾶν βουλόμενος προμαθεῖν.
Κἀκεῖνος· « Ναί » φησίν « ἐὰν ἤδη καταλύσῃς·
ἂν δέ γε πυκτεύῃς, ὡροθετεῖ σε Κρόνος. »

Plan., IIa, 6, 4. — Tit. Τοῦ αὐτοῦ P carmine post *Ep.* 164 transposito Plan. ‖ **1** Ὄλυμπον P : Ὄλυμπτον Plan.

## 162

### DE NICARQUE

« M'embarquerai-je pour Rhodes? » vint demander quelqu'un au devin Olympicos, « et comment m'assurer une bonne traversée [1]? ». Le devin répondit : « D'abord, choisis un vaisseau neuf, et ne te mets pas en route en hiver, mais en saison d'été. Si tu respectes ces conseils, tu parviendras là-bas et tu en reviendras, à moins qu'un pirate ne te cueille [2] en pleine mer. »

## 163

### DE LUCILLIUS

Vers le devin Olympos s'en vinrent Onésime le lutteur, Hylas le pentathle, et Ménéclès le coureur. Qui d'entre eux remporterait la victoire, voilà ce qu'ils voulaient savoir. Notre homme examine les victimes et leur dit : « Tous, vous êtes vainqueurs, à moins que toi quelqu'un ne te surpasse, toi, ne te renverse et, toi aussi, ne te devance à la course [3]. »

## 164

### Du même.

« Il est arrivé le moment marqué par le Destin » déclara, après avoir lui-même déchiffré son horoscope, Aulus l'astrologue, « il ne me reste plus que quatre heures à

1. Le poète emploie tant la forme classique πλεύσεται que la forme populaire πλεύσει.

2. On serait tenté de reprendre la leçon de P : σε βάλῃ, *à moins qu'un pirate ne te fasse succomber.*

3. Chacune de ces restrictions s'adresse dans l'ordre à Hylas, Onésime et Ménéclès. Il se peut que par le mot ἱερά on indique aussi les sorts ou encore les livres sacrés et magiques dont parle Juvénal (VI, 577-578). Mais ce sont plutôt les victimes dont on examine les entrailles; ce mode de divination était surtout pratiqué à Olympie, ce qui expliquerait le nom du devin (L. Robert, *op. cit.*, p. 243).

## 162

## ΝΙΚΑΡΧΟΥ

Εἰς Ῥόδον εἰ πλεύσει τις Ὀλυμπικὸν ἦλθεν ἐρωτῶν
τὸν μάντιν, καὶ πῶς πλεύσεται ἀσφαλέως.
Χὼ μάντις· « Πρῶτον μέν » ἔφη « καινὴν ἔχε τὴν ναῦν,
καὶ μὴ χειμῶνος, τοῦ δὲ θέρους ἀνάγου.
Τοῦτο γὰρ ἂν ποιῇς, ἥξεις κἀκεῖσε καὶ ὧδε,
ἂν μὴ πειρατὴς ἐν πελάγει σε λάβῃ. »

Plan., IIa, 6, 5. — **1** πλεύσει P C : πλεύσοι Plan. ‖ **2** πλεύσεται P : πλεύσηται Plan. ‖ **3** καινὴν P alio atramento superscr. Plan.pc : κενεὴν Planac ‖ **6** σε λάβῃ Plan : σε βάλῃ P.

## 163

## ΛΟΥΚΙΛΛΙΟΥ

Πρὸς τὸν μάντιν Ὄλυμπον Ὀνήσιμος ἦλθ' ὁ παλαιστὴς
καὶ πένταθλος Ὕλας καὶ σταδιεὺς Μενεκλῆς,
τίς μέλλει νικᾶν αὐτῶν τὸν ἀγῶνα θέλοντες
γνῶναι. Κἀκεῖνος τοῖς ἱεροῖς ἐνιδών·
« Πάντες » ἔφη « νικᾶτε, μόνον μή τις σὲ παρέλθῃ
καὶ σὲ καταστρέψῃ καὶ σὲ παρατροχάσῃ. »

Plan., IIa, 6, 6. — Tit. Λουκιλλίου Plan. : Λουκίλλου P ‖ **6** καταστρέψῃ Plan. : καταστέψῃ P.

## 164

## Τοῦ αὐτοῦ.

Εἶπεν ἐληλυθέναι τὸ πεπρωμένον, αὐτὸς ἑαυτοῦ
τὴν γένεσιν διαθεὶς Αὖλος ὁ ἀστρολόγος,

Plan., IIa, 6, 3. — Tit. Τοῦ αὐτοῦ P carmine post Lucillii *Ep.* 164 transposito Plan.

vivre ». Mais lorsque survint la cinquième heure et qu'il lui fallut continuer à vivre, convaincu d'ignorance, tout honteux devant Petosiris [1], il se pendit. Il meurt suspendu dans le ciel, mais il meurt ignorant de toutes choses [2] !

## 165

Du même.

Ce n'est pas l'odeur du pouliot que respire Criton, l'avare [3], quand il a des crampes d'estomac, mais celle d'un petit sou !

## 166

Anonyme.

Tous disent que tu es riche, et moi j'affirme que tu es dans le dénuement. Car c'est l'usage qui témoigne de notre richesse. Ce dont tu jouis devient ta propriété; mais ce que tu conserves pour tes héritiers c'est, dès maintenant, le bien d'autrui !

## 167

DE POLLIEN

Alors que tu possèdes de l'argent, apprends pourquoi tu n'as rien : tu prêtes tous tes biens à intérêts. Ainsi tu n'as rien pour toi-même... afin qu'un autre en jouisse [4] !

1. Petosiris était un philosophe et mathématicien égyptien (Pline, *Hist. Nat.*, II, 23; VII, 49), un astrologue aussi, et son nom finit par désigner l'art même de l'astrologie (Juvénal, VI, 581 et 677). Le μετέωρος rappelle le Socrate d'Aristophane (*Nuées*, 226) qui, suspendu dans les airs, apprend toute science et cette mort convient à celui qui prétendait examiner les cieux.

2. Dans la variété de ses thèmes, l'art de Lucillius est constant : trois vers pour narrer la prédiction en usant du langage astrologique, tel ἐληλυθέναι qui marque l'arrêt inexorable du destin. Mais à la fin du troisième vers encore survient le contre-temps, et la honte et la mort. Même alors l'humour du

καὶ ζήσειν ὥρας ἔτι τέσσαρας· ὡς δὲ παρῆλθεν
εἰς πέμπτην, καὶ ζῆν εἰδότα μηδὲν ἔδει,
αἰσχυνθεὶς Πετόσιριν ἀπήγξατο· καὶ μετέωρος
θνήσκει μέν, θνήσκει δ' οὐδὲν ἐπιστάμενος.

**4** εἰς πέμπτην P : ἡ πέμπτη Plan. ‖ **5** πετόσιριν Plan. : πετόσειριν P.

## 165

### Τοῦ αὐτοῦ.

Οὐ γλήχωνι Κρίτων ὁ φιλάργυρος, ἀλλὰ διχάλκῳ
αὑτὸν ἀποσφραίνει, θλιβομένου στομάχου.

Lemma B : εἰς μικρολόγους in textu P.
Plan., IIa, 50, 1. — Tit. Τοῦ αὐτοῦ P : Λουκιλλίου Plan. ‖ **1** γλήχωνι Plan. : γλίχωνι P C ‖ **2** αὑτὸν P : αὐτὸν Plan.

## 166

### Ἄδηλον.

Πλουτεῖν φασί σε πάντες, ἐγὼ δέ σέ φημι πένεσθαι·
χρῆσις γὰρ πλούτου μάρτυς, Ἀπολλόφανες.
Ἂν μετέχῃς αὐτῶν σύ, σὰ γίνεται· ἂν δὲ φυλάττῃς
κληρονόμοις, ἀπὸ νῦν γίνεται ἀλλότρια.

Plan., IIa, 50, 2. — Fort. Lucillio ex *Ep.* 294 tribuendum ‖ **3** et **4** γίνεται P : γίγνεται Plan.

## 167

### ΠΩΛΛΙΑΝΟΥ

Χαλκὸν ἔχων, πῶς οὐδὲν ἔχεις μάθε· πάντα δανείζεις·
οὕτως οὐδὲν ἔχεις αὐτός, ἵν' ἄλλος ἔχῃ.

Plan., IIa, 50, 4. — Tit. Πωλλιανοῦ P : Πωλιανοῦ Plan.

## 168

### D'ANTIPHANÈS

Tu fais tes comptes, malheureux; mais le Temps qui s'écoule produit des intérêts [1], tout comme il engendre vieillesse et cheveux grisonnants.

Ainsi sans boire, sans orner tes tempes de fleurs, sans connaître les parfums ou une gracieuse petite amie [2], tu te trouveras mort, laissant en héritage une immense fortune; et de tant de richesses, tu n'auras emporté avec toi qu'une obole [3] !

## 169

### DE NICARQUE

Hier, Dinarque le pingre voulait se pendre. Mais, Glaucus, pour une dépense de six sous, il ne se tua pas le malheureux; oui, la corde coûtait six sous, et ne pouvant se décider à telle dépense, il cherchait donc un autre moyen de mourir à meilleur compte. C'est bien là la marque d'une terrible avarice que cet homme qui voulait mourir, Glaucus, et qui, pour une dépense de six sous [4], ne se tua pas, le malheureux !

## 170

### Du même.

Pheidon l'avare se lamente, non de ce qu'il se meurt, mais pour avoir payé cinq mines son cercueil. Faites-lui donc ce plaisir : puisqu'il y a de la place là-dedans, fourrez-y aussi l'un de ses nombreux enfants [5] !

poète se manifeste : celui qui aurait pu vivre conscient de son ignorance meurt ignorant ! Ici encore L. Robert ne veut voir aucune allusion à un personnage contemporain (*op. cit.*, p. 285).

1. Il y a un jeu de mots τίκτει τόκος, puisque ce terme signifie aussi bien *rejeton* que *fruit* et *intérêt*.

## 168
## ΑΝΤΙΦΑΝΟΥΣ

Ψηφίζεις, κακόδαιμον· ὁ δὲ χρόνος, ὡς τόκον, οὕτω
καὶ πολιὸν τίκτει γῆρας ἐπερχόμενος.
Κοὔτε πιὼν οὔτ' ἄνθος ἐπὶ κροτάφοις ἀναδήσας,
οὐ μύρον, οὐ γλαφυρὸν γνούς ποτ' ἐρωμένιον,
τεθνήξῃ, πλουτοῦσαν ἀφεὶς μεγάλην διαθήκην,
ἐκ πολλῶν ὀβολὸν μοῦνον ἐνεγκάμενος.

Plan., II[a] 50, 3. — **2** ἐπερχόμενος P : -μενον Plan. ‖ **4** ποτ' ἐρωμένιον P : τι μελισμάτϊον probabiliter e monachali correctione Plan. ‖ **6** ὀβολὸν P : ὀβολῶν Plan.

## 169
## ΝΙΚΑΡΧΟΥ

Ἐχθὲς ἀπάγχεσθαι μέλλων Δείναρχος ὁ φείδων,
Γλαῦκε, δι' ἓξ χαλκοῦς δύσμορος οὐκ ἔθανεν·
ἓξ χαλκῶν ἦν γὰρ τὸ σχοινίον· ἀλλ' ἐδυσώνει
εὔωνον ζητῶν ἄλλον ἴσως θάνατον.
Τοῦτο φιλαργυρίας δεινῆς ὅρος, ὅς γ' ἀποθνήσκων,
Γλαῦκε, δι' ἓξ χαλκοῦς δύσμορος οὐκ ἔθανεν.

Plan., II[a], 50, 5. — **1** Δείναρχος ὁ φείδων Plan. : Δίναρχος ὀφείλων P quod cum u. 5 non constat ‖ **4** ἴσως Plan. : ἴσος P ‖ **5** ὅς γ' Plan. : ὅς κ' P.

## 170
## Τοῦ αὐτοῦ.

Δακρύει Φείδων ὁ Φιλάργυρος, οὐχ ὅτι θνήσκει,
ἀλλ' ὅτι πέντε μνῶν τὴν σορὸν ἐπρίατο.
Τοῦτ' αὐτῷ χαρίσασθε, καί, ὡς τόπος ἐστὶν ἐν αὐτῇ,
τῶν πολλῶν τεκνίων ἕν τι προσεμβάλετε.

Plan., II[a], 50, 6. — **3** τοῦτ' P : ταῦτ' Plan.

## 171

### DE LUCILLIUS

Tandis qu'il se mourait, Hermocratès l'avare rédigea son testament et se désigna lui-même comme héritier de ses propres biens ! En son lit [1], il calculait quels honoraires, une fois debout, il donnerait à ses médecins et quelle dépense provoquait sa maladie [2]. Ayant découvert qu'en cas de guérison il paierait une drachme de plus : « Il y a avantage à mourir », dit-il ; et le voilà raide mort. Il gît là, n'ayant pour toute fortune qu'une obole ; mais, de tous ses biens [3] ⟨ ses héritiers se saisirent avec joie ⟩.

## 172

### Du même.

Son enfant nouveau-né il l'a jeté à la mer, ce gueux d'Aulus. Il avait fait le compte de ses dépenses s'il le conservait en vie [4].

## 173

### DE PHILIPPE

Si tu as de l'argent prêté à intérêts, que tu en donnes encore maintenant et que tu te prépares à le faire demain, jamais tu n'es maître de ton argent !

1. L'auteur se sert de termes pour le moins inattendus : ἀνάκειμαι, *être assis à table* ; διεγείρω, *réveiller* pour *guérir* ; ἐκτείνεσθαι, *être étendu* se dit d'un cadavre prêt pour l'exposition avant les funérailles. Le vers 2 est repris par Palladas d'Alexandrie, VII, 607, 2 et on retrouve peut-être la même idée chez Martial, V, 32. Le dernier vers n'existe que dans la seconde édition des Aldes : ce n'est qu'une hypothèse d'éditeur.

2. Il y a un manque de logique ; c'est pourquoi F. Buffière propose de lire θανὼν pour νοσῶν qui serait une corruption du texte.

3. Le comble de l'avarice : se léguer ses propres biens, décider de sa propre vie en raison de la dépense. La conclusion semble évidente, sauf pour l'avare qui n'y a pas songé !

## 171

## ΛΟΥΚΙΛΛΙΟΥ

Θνῄσκων Ἑρμοκράτης ὁ φιλάργυρος ἐν διαθήκαις
αὑτὸν τῶν ἰδίων ἔγραφε κληρονόμον.
Ψηφίζων δ' ἀνέκειτο πόσον δώσει διεγερθεὶς
ἰητροῖς μισθοῦ καὶ τί νοσῶν δαπανᾷ·
ὡς δ' εὗρε πλείω δραχμὴν μίαν, ἢν διασωθῇ·
« Λυσιτελεῖ θνῄσκειν » εἶπε καὶ ἐξετάθη.
Κεῖται δ' οὐδὲν ἔχων ὀβολοῦ πλέον· οἱ δὲ τὰ κείνου
⟨χρήματα κληρονόμοι ἥρπασαν ἀσπασίως⟩.

Plan., IIª, 50, 7. — Tit. Λουκιλλίου Plan. : Λουκίλλου P ‖ **2** ἔγραφε Plan. : ἔγραψε P ‖ **3** δ' Plan. : om. P ‖ **6** λυσιτελεῖ Plan. : λυσιτελῆ P ‖ **7** κεῖται δ' Jacobs : κεῖτο δέ γ' Plan. κεῖτο δέ P ‖ **8** add. Aldus Manutius ed. 1521 : lacunam unius lineae praebent *m*.

## 172

## Τοῦ αὐτοῦ.

Γεννηθὲν τέκνον κατεπόντισεν Αὖλος ὁ κνιπός,
ψηφίζων αὐτοῦ σῳζομένου δαπάνας.

Plan., IIª, 50, 8. — **1** τέκνον P : τὸ τέκνον Plan. ‖ κνιπός P post ras. Plan.

## 173

## ΦΙΛΙΠΠΟΥ

Εἰ τὸ μὲν ἐκδεδάνεικας, ὃ δ' ἄρτι δίδως, ὃ δὲ μέλλεις,
οὐδέποτ' εἶ τοῦ σοῦ κύριος ἀργυρίου.

Plan., IIª, 50, 9. — Tit. Φιλίππου P : τοῦ αὐτοῦ sc. Lucillii hoc carmine post *Ep.* 172 transposito Plan. Palladae trib. Saumaise.

## 174

### DE LUCILLIUS

Une Cypris en or massif émergeant de l'onde maternelle [1], hier Dion l'a volée. En un tour de main il a subtilisé aussi un Adonis [2], un bloc d'or, et le petit Amour [3] qui se tenait à ses côtés. Et ceux-là mêmes qui étaient les plus habiles voleurs diront maintenant : « Plus de rivalité possible avec toi pour le tour de main [4] ! »

## 175

### Du même.

Ce dieu lui-même par lequel il devait prêter serment, Eutychidès l'a volé. Il disait : « Je ne puis plus jurer par toi [5] ! »

## 176

### Du même.

L'Hermès ailé, le serviteur des dieux, le seigneur des Arcadiens, le voleur de bœufs [6], celui qui se dressait

1. Le célèbre tableau du peintre alexandrin Apelle représentant la naissance de Vénus Anadyomène a été décrit par Pline l'Ancien (XXXV, 36, 15); il a inspiré nombre d'œuvres d'art de l'Antiquité et diverses épigrammes de l'*Anthologie de Planude* (178-182).

2. Adonis est un dieu d'origine sémitique; il devait sa naissance à la colère d'Aphrodite qui provoqua l'inceste de Myrrha, sa mère, avec son propre père Théas, roi de Syrie. Par la suite, la déesse prit Adonis sous sa protection, et on le trouve parfois comme parèdre de la déesse (Pausanias, IX, 41); son culte se répandit en Grèce, surtout à l'époque hellénistique (voir Théocrite, *Idylles*, XV).

Il semble donc que ce soit dans un temple grec que se produisit le vol dont parle ou qu'imagine Lucillius, à moins que ces œuvres de prix ne se soient déjà trouvées à Rome. sans doute fruit du butin de Sylla. Ces voleurs ne seraient-ils pas aussi, comme au temps de Cicéron, des magistrats romains?

## 174

## ΛΟΥΚΙΛΛΙΟΥ

Τὰν ἀναδυομέναν ἀπὸ ματέρος ἄρτι θαλάσσας
  Κύπριν ὅλην χρυσῆν ἐχθὲς ἔκλεψε Δίων·
καὶ χερὶ προσκατέσυρεν ὁλοσφύρητον Ἄδωνιν,
  καὶ τὸ παρεστηκὸς μικρὸν Ἐρωτάριον.
Αὐτοὶ νῦν ἐρέουσιν ὅσοι ποτὲ φῶρες ἄριστοι·
  « Οὐκέτι σοὶ χειρῶν εἰς ἔριν ἐρχόμεθα. »

Lemma B : εἰς κλέπτας in textu P.
PLAN., $II^{a}$, 25, 1. — Tit. Λουκιλλίου PLAN. : Λουκίλλου P ‖ **1** ἀναδυομέναν P : -μένην PLAN. ‖ θαλάσσας P : θαλάσσης PLAN. qui formam ionicam maluit ‖ **5** νῦν D: τοίνυν *m* ‖ ἄριστοι PLAN. : ἄριστα P ‖ **6** οὐκέτι — ἐρχόμεθα hab. ANTIPATER SIDONIUS, *A. Pl.*, 178 ubi tamen μορφᾶς pro χειρῶν legitur.

## 175

## Τοῦ αὐτοῦ.

Τὸν θεὸν αὐτὸν ἔκλεψεν, ὃν ὁρκίζεσθαι ἔμελλεν
  Εὐτυχίδης εἰπών· « Οὐ δύναμαί σ' ὀμόσαι. »

PLAN., $II^{a}$, 25, 2.

## 176

## Τοῦ αὐτοῦ.

Τὸν πτανὸν Ἑρμᾶν, τὸν θεῶν ὑπηρέταν,
τὸν Ἀρκάδων ἄνακτα, τὸν βοηλάταν,
ἑστῶτα τῶνδε γυμνασίων ἐπίσκοπον,

PLAN., $II^{a}$, 25, 3. — Tit. Τοῦ αὐτοῦ *m* : Statilio Flacco sicut *Ep.* VI, 196 tribuere uoluit Herrmann ‖ **1** πτανὸν Ἑρμᾶν P : πτηνὸν Ἑρμῆν PLAN. ‖ τὸν PLAN. : τῶν P ‖ ὑπηρέταν P : ὑπηρέτην PLAN. ‖ **2** τὸν[1] PLAN. : τῶν P ‖ βοηλάταν P : βοηλάτην PLAN.

comme le protecteur de ces gymnases [1], Aulos, le voleur nocturne, a dit en l'emportant : « Bien des disciples sont plus experts que leurs maîtres [2] ! »

## 177

Du même.

Phoibos, le dieu qui détecte les voleurs [3], Eutychidès l'a volé ! Il lui disait : « Ne parle donc pas tant. Mais, compare ton art à mon art, tes oracles à mon savoir-faire, le prophète au voleur et le dieu à Eutychidès [4]. A cause de ton incontinence de langage, je vais te vendre sans tarder. Et alors aux acheteurs dis de moi ce qui te passera par la tête [5] ! »

## 178

Du même.

« Bouvier, fais paître plus loin ton troupeau, de peur que Périclès, le voleur, ne t'emmène avec tes vaches [6]. »

## 179

Du même.

Si Dion avait les pieds aussi lestes que les mains, ce ne serait plus à Hermès que les humains attribueraient des ailes, mais à Dion [7].

1. C'était surtout aux carrefours et dans les rues que se dressaient les Hermès; le dieu aux pieds ailés protégeait aussi les palestres.

2. C'est une des rares épigrammes en trimètres iambiques. Pour citer les titres d'Hermès, Lucillius se sert de termes doriens et la pointe finale est un proverbe déjà cité par Cicéron (*Lettres familières*, IX, 7).

3. L'épithète d'Apollon est bien méritée puisqu'il a découvert jadis son jeune voleur, Hermès; mais elle est ici d'autant plus plaisante et moqueuse.

ὁ νυκτικλέπτας Αὖλος εἶπε βαστάσας·
« Πολλοὶ μαθηταὶ κρείσσονες διδασκάλων. »

4 νυκτικλέπτας P : -κλέπτης Plan. ‖ **5** uersum praebet Cic., *ad Famil.*, IX, 7 ‖ κρείσσονες P : κρείττονες Plan.

## 177

### Τοῦ αὐτοῦ.

Τὸν τῶν κλεπτόντων μανύτορα Φοῖβον ἔκλεψεν
Εὐτυχίδης εἰπών· « Μὴ πάνυ πολλὰ λάλει,
σύγκρινον δὲ τέχνην τέχνῃ καὶ χείρεσι χρησμούς
καὶ μάντιν κλέπτῃ καὶ θεὸν Εὐτυχίδῃ·
τῶν δ' ἀχαλινώτων στομάτων χάριν αὐτίκα πραθείς,
τοῖς ὠνησαμένοις πᾶν ὃ θέλεις με λέγε. »

Plan., II$^a$, 25, 4. — **1** μανύτορα P : μηνυτόρα Plan. ‖ **3** τέχνην τέχνῃ P : τέχνῃ τέχνην Plan. ‖ **5** δ' superscr. Plan.$^{pc}$ : om. P Plan$^{ac}$.

## 178

### Τοῦ αὐτοῦ.

Βουκόλε, τὰν ἀγέλαν πόρρω νέμε, μή σε Περικλῆς,
ὁ κλέπτης αὐταῖς βουσὶ συνεξελάσῃ.

Plan., II$^a$, 25, 5. — **1** τὰν ἀγέλαν P : τὴν ἀγέλην Plan. ‖ Βουκόλε... μή et **2** βουσὶ συνεξελάσῃ hab. Anacr., A. P. IX, 715.

## 179

### Τοῦ αὐτοῦ.

Εἰ πόδας εἶχε Δίων οἵας χέρας, οὐκέτ' ἂν Ἑρμῆς
πτηνὸς ἐν ἀνθρώποις, ἀλλὰ Δίων ἐκρίθη.

Plan., II$^a$, 25, 6. — Tit. Τοῦ αὐτοῦ Plan. : om. P.

## 180

### D'AMMIEN

Aux Ides, Polémon [1] ne prononce pas de sentences; aux Nones, il condamne. Qu'on lui fasse des présents ou qu'on ne lui en fasse pas, c'est toujours Polémon [2].

## 181

### Du même.

Nous savions tous, Polémon, que tu te prénommais Antonius. Mais comment se fait-il que trois lettres de ton nom aient soudain disparu [3]?

## 182

### DE DIONYSIOS

Moi, un cochon, vous me sacrifiez; mais ce *cochon n'est* pas à vous. Et vous m'appelez cochonnet, alors que vous savez bien que ce *cochon n'est* pas cochonnet [4] !

## 183

### DE LUCILLIUS

Par son horoscope, Héliodore a su que Cronos lui est néfaste [5]. Aussi, pendant la nuit, a-t-il enlevé du temple le Cronos en or [6]. « Qui donc par ses méfaits est arrivé le premier, fais-en l'expérience [7], Maître, dit-il, et tu apprendras lequel de nous deux est un Cronos

1. Ce Polémon est un personnage que l'on retrouve dans l'épigramme suivante; et peut-être y a-t-il déjà un jeu de mots sur le nom : Πολεμῶν, le *Belliqueux*, celui qui rend hostile. A première vue, il n'exerçait ses fonctions de juge que pendant les quatre ou cinq premiers jours du mois; et alors il condamnait, ignorant toute clémence, en cela toujours égal à lui-même.

## 180

### ΑΜΜΙΑΝΟΥ

Εἴδοις οὐ κρίνει Πολέμων, νώναις κατακρίνει·
κἂν δῷς, κἂν μὴ δῷς, ἔστιν ἀεὶ Πολέμων.

1 Εἴδοις Huschke : εἰδοὺς *m*.

## 181

### Τοῦ αὐτοῦ.

Ἤιδειμεν, Πολέμων, Ἀντώνιον ὄντα σε πάντες·
ἐξαπίνης τρία σοι γράμματα πῶς ἔλιπεν;

Plan., II^b, 13, 2. — Tit. Τοῦ αὐτοῦ P : om. Plan. ‖ 1 ᾔδειμεν Plan. : ἤδειμεν P.

## 182

### ΔΙΟΝΥΣΙΟΥ

« Χοῖρι » μέν, οὐκ « ἴδιον » δέ με θύετε· καί με καλεῖτε
« χοιρίδιον », φανερῶς εἰδότες οὐκ « ἴδιον ».

Plan., II^b, 13, 1. — Tit. Διονυσίου P sc. Dionysii sophistae e Reiske et Jacobs, utrum Dionysio Andrio an sophistae tribuendum sit e Susemihl dubitant : om. Plan. ‖ 1 Χοῖρι Plan. : χοιρι P ‖ ἴδιον Plan. : ἰδιον P.

## 183

### ΛΟΥΚΙΛΛΙΟΥ

Τὴν γένεσιν λυποῦντα μαθὼν Κρόνον Ἡλιόδωρος
νύκτωρ ἐκ ναοῦ χρύσεον ἦρε Κρόνον·
« Τίς πρῶτος κακοποιὸς ἐλήλυθε, πείρασον εἰπών
δέσποτα, καὶ γνώσῃ τίς τίνος ἐστὶ Κρόνος·

Plan., II^a, 25, 7. — Tit. Λουκίλλου P : τοῦ αὐτοῦ hoc carmine post *Ep.* 179 transposito Plan.

pour l'autre ! Quiconque pour autrui trame des maléfices s'en prépare à soi-même [1], et quand tu m'auras procuré une belle somme, opère tous les levers qui te plaisent [2] ! »

## 184

Du même.

Au jardin des Hespérides [3] de Zeus, Méniscos, comme jadis Héraclès, a ravi trois pommes d'or. Et alors? Eh bien, lorsqu'il fut pris, il fut pour tous un grand spectacle : comme jadis Héraclès, il fut brûlé vif [4].

## 185

Du même.

Jadis, Seigneur César [5], il a libéré l'État grec [6] lorsqu'il vint pour chanter son « Nauplios », cet Hégélochos. Nauplios fut toujours funeste aux Grecs [7], qu'il ait été le naufrageur de leurs navires en la mer profonde ou qu'il leur ait suscité un tel citharède !

## 186

DE NICARQUE

Le chant de la chouette [8] est message de mort. Mais, quand Démophile chante, c'est la chouette elle-même qui meurt [9] !

1. Le vers 5 se retrouve dans un fragment de Callimaque (Pfeiffer, *fragm.* 2, 5); il s'inspire d'Hésiode (*Trav. et Jours*, 265) et il est cité ici en qualité de proverbe; voir aussi XI, 193.
2. Les termes d'astrologie prédominent : horoscope, néfaste, Cronos et le dernier mot παρανατέλλοντα que Lucillius a déguisé en πᾶν ἀνάτελλε; c'est le lever de la planète, moment particulièrement dangereux, disait-on (L. Robert, *op. cit.*, p. 223-226; W. Gundel, *Paranatellonta* dans P. W. (1949), 1213-1275).
3. Les Hespérides ou Nymphes du Couchant étaient préposées à la garde du jardin des Dieux et des pommes d'or, cadeau de la Terre à Héra lors de ses noces avec Zeus. Héraclés est lié à cette légende.

ὃς δ' ἄλλῳ κακὰ τεύχει, ἑῷ κακὸν ἥπατι τεύχει·
εὑρών μοι τιμήν, πᾶν ἀνάτελλ' ὃ θέλεις. »

**5** ἥπατι P [hunc uersum Callimachi (*fr.* 2, 5 Pfeiffer) eodem modo praebet Plut., *De sera numin. uind.*, IX, 11, at contra scr. Ael., *Var. hist.*, VIII, 9 : τεύχων ὡς ἑτέρῳ τις ἑῷ κακὸν ἥπατι τεύχει, et Eust., *Ad. Il.*, V, 64 (522, 15) : ὡς ὁ τευχών ἑτέρῳ κακὸν ἑῷ ἥπατι τεύχει] : ἥπατι Plan.

## 184

### Τοῦ αὐτοῦ.

Ἐκ τῶν Ἑσπερίδων τῶν τοῦ Διὸς ἦρε Μενίσκος
ὡς τὸ πρὶν Ἡρακλέης χρύσεα μῆλα τρία.
Καὶ τί γάρ; Ὡς ἑάλω, γέγονεν μέγα πᾶσι θέαμα·
ὡς τὸ πρὶν Ἡρακλέης ζῶν κατακαιόμενος.

Plan., IIª, 25, 8.

## 185

### Τοῦ αὐτοῦ.

Ἑλλήνων ἀπέλυε πόλιν ποτέ, δέσποτα Καῖσαρ,
εἰσελθὼν ᾆσαι Ναύπλιον Ἡγέλοχος.
Ναύπλιος Ἑλλήνεσσιν ἀεὶ κακόν, ἢ μέγα κῦμα
⟨νηυσὶν ἐπεμβάλλων⟩, ἢ κιθαρῳδὸν ἔχων.

Lemma B : εἰς κιθαρῳδούς. Post titulum etiam in textu : ἀλλὰ μὴν καὶ τραγῳδούς καὶ κωμῳδούς P.
Tit. Τοῦ αὐτοῦ Jacobs : Λουκίλλου P. — **1** ἀπέλυε P : ἀπόλυε Huschke ἀπάμυνε Jacobs uterque perperam ‖ **4** νηυσὶν ἐπεμβάλλων suppl. Boissonade : lacunam fere XVIII litt. praebet P.

## 186

### ΝΙΚΑΡΧΟΥ

Νυκτικόραξ ᾄδει θανατηφόρον· ἀλλ' ὅταν ᾄσῃ
Δημόφιλος, θνῄσκει καὐτὸς ὁ νυκτικόραξ.

Plan., IIª, 24, 1. — Tit. Νικάρχου *m* : Λεωνίδα D et edd. planudeae ex *epigr.* 187 confusione ‖ **2** καὐτὸς Plan. : καὶ αὐτὸς P.

## 187

### DE LÉONIDAS

Simylos [1], le joueur de lyre, en jouant toute la nuit, a tué tous ses voisins, hormis un seul, Origène. C'est que la nature l'a fait naître sourd ; or donc, au prix de son ouïe, elle a prolongé son existence.

## 188

### D'AMMIEN

Lorsqu'il chante, Nicetas, c'est l'Apollon [2] massacreur de chansons, et massacreur de patients, quand il fait le médecin [3].

## 189

### DE LUCILLIUS

Pour cinq oboles [4], le tragédien Apollophanès a vendu les attributs de cinq divinités : d'Héraclès la massue, de Tisiphoné [5] l'épouvantail, de Poseidon le trident, d'Athéna le bouclier [6], d'Artémis le carquois. Ainsi donc, « les dieux qui siègent près de Zeus [7] » ont été dépouillés, pour quelques sous de pain et de vin !

1. Sur Simylos, voir L. Herrmann, *Notes sur l'Anthologie grecque*, dans *Ant. Cl.*, XXVII (1957), p. 92. L'absence d'isopsephie comme l'orthographe du nom ne permettent pas d'attribuer avec certitude ces distiques à Léonidas d'Alexandrie.

2. Le jeu de mots porte sur 'Απόλλων et ἀπόλλω. On trouve maintes fois ce parallélisme depuis Archiloque (Diehl, *fragm.* 30 ; Eschyle, *Agam.*, 1080 ; Euripide, *Phaét.*, *fragm.* 781, 11-12 Nauck ; Platon, *Cratyle*, 404c), car le dieu porte aussi le nom de « destructeur », celui qui perce de ses flèches.

3. Sans doute, ce Nicetas était-il médecin : massacreur de malades, massacreur de chansons !

4. Pressé par la pauvreté, un histrion vend ses accessoires. Mais il y a disproportion entre la longue énumération des attributs divins et la conclusion moqueuse qui succède à un vers épique.

## 187

## ΛΕΩΝΙΔΑ

Σιμύλος ὁ ψάλτης τοὺς γείτονας ἔκτανε πάντας
νυκτὸς ὅλης ψάλλων, πλὴν ἑνὸς Ὠριγένους·
κωφὸν γὰρ φύσις αὐτὸν ἐθήκατο· τοὔνεκεν αὐτῷ
ζωὴν ἀντ' ἀκοῆς δῶκε περισσοτέρην.

Plan., II$^{a}$, 24, 2. — Tit. Λεωνίδα *m*. Cum nulla emendatione isopsephia adferri possit primo disticho 9871 (= 4881 + 4990) alteroque 9961 (= 6489 + 3472) ualentibus nescimus an Leonidae Alexandrino hoc carmen sit tribuendum.

## 188

## ΑΜΜΙΑΝΟΥ

Νικήτης ᾄδων τῶν ᾠδῶν ἐστιν Ἀπόλλων·
ἂν δ' ἰατρεύῃ, τῶν θεραπευομένων.

Plan., II$^{a}$, 24, 3. — **1** ᾄδων P Plan.$^{pc}$ : ἀείδων Plan.$^{ac}$ ‖ ᾠδῶν Plan. : ὠδών P ‖ Ἀπόλλων *m* : supra Ἀπόλλων gl. ἤτοι ἀπολλύς prabet Plan. ‖ **2** δ' Friedemann : δὲ *m*.

## 189

## ΛΟΥΚΙΛΛΙΟΥ

Πέντ' ὀβολῶν πέπρακεν Ἀπολλοφάνης ὁ τραγῳδὸς
πέντε θεῶν σκευήν, Ἡρακλέους ῥόπαλον,
Τισιφόνης τὰ φόβητρα, Ποσειδῶνος τριόδοντα,
ὅπλον Ἀθηναίης, Ἀρτέμιδος φαρέτρην.
Οἱ δὲ θεοὶ πὰρ Ζηνὶ καθήμενοι ἐξεδύθησαν
εἰς βραχὺ σιταρίου κέρμα καὶ οἰναρίου.

Plan., II$^{a}$, 24, 4. — Tit. Λουκιλλίου Plan. : Λουκιλίου P ‖ **3** τριόδοντα P : δὲ τρίαιναν Plan. ‖ **5** οἱ... καθήμενοι hab. Hom., *Il.* IV, 1 et passim.

## 190

Du même.

La tête d'Hermogénès le poilu, le barbier cherche par où il commencera à la raser ! Tout le corps ressemble à la tête...

## 191

Du même.

« Arès ! Arès ! fléau des humains, buveur de sang [1] » cesse, ô barbier [2], de me charcuter : il n'y a plus de place où tu puisses couper ! Allons ! passe maintenant à des parties charnues [3] ou, sous les genoux aux mollets. Là, charcute, je me livre à toi. Car déjà la boutique s'emplit de mouches ; et si tu persistes, tu verras aussi des nuées de vautours et de corbeaux...

## 192

Du même.

A une croix plus grande que la sienne un autre était attaché. Le voyant à ses côtés Diôphon l'envieux se dessécha !

1. *Il.*, V, 455. Martial a repris le même thème dans une épigramme (XI, 84).

2. Plutôt qu'un barbier-chirurgien, n'est-ce pas un simple barbier qui ne sait pas son métier? Tout en l'invectivant et en lui reprochant sa maladresse, le patient semble lui livrer toutes les parties pileuses de sa personne, y compris fesses et mollets. De cette excessive complaisance Boissonade donne la raison suivante : « quod adeo sit imbecillus ob sanguinis effluvium ut resistere, si velit, nequeat. » C'est prendre ces vers trop au sérieux ! Et Lucillius d'exagérer encore : la mort le menace, l'échoppe du barbier devient un abattoire, son cadavre est promis aux charognards. Lucillius aura rarement poussé l'humour noir aussi loin. Voir XI, 126.

3. Μῦς a aussi ce sens de muscles dans les traités hippocratiques. Voir aussi Théocrite, *Idylles*, XXII, 48.

## 190

### Τοῦ αὐτοῦ.

Τὸν δασὺν Ἑρμογένην ζητεῖ πόθεν ἄρξεθ' ὁ κουρεὺς
κείρειν τὴν κεφαλήν, ὅνθ' ὅλον ὡς κεφαλήν.

Lemma B : εἰς κουρέας $P^{mg}$.
Plan., $II^a$, 26, 1. — Tit. Τοῦ αὐτοῦ hoc carmine post *Ep.* 315 transposito Plan. : Λουκίλλου P ‖ **1** Ἑρμογένην P : Ἑρμογένη Plan. ‖ **2** ὅνθ' ὅλον Plan. : ὅνθ' ολον P.

## 191

### Τοῦ αὐτοῦ.

Ἆρες, Ἄρες βροτολοιγέ, μιαιφόνε, παύεο, κουρεῦ,
τέμνων· οὐ γὰρ ἔχεις οὐκέτι ποῦ με τεμεῖς·
ἀλλ' ἤδη μεταβὰς ἐπὶ τοὺς μύας ἢ τὰ κάτωθεν
τῶν γονάτων, οὕτω τέμνε με, καὶ παρέχω.
Νῦν μὲν γὰρ μυιῶν ὁ τόπος γέμει· ἢν δ' ἐπιμείνῃς,
ὄψει καὶ γυπῶν ἔθνεα καὶ κοράκων.

Plan., $II^a$, 26, 2. — **1** Ἆρες — μιαιφόνε hab. Hom., *Il.*, V, 455 ‖ **2** ἔχεις Saumaise : ἔχει *m* ‖ τεμεῖς Saumaise : τέμεις P τέμῃς Plan.

## 192

### Τοῦ αὐτοῦ.

Μακροτέρῳ σταυρῷ σταυρούμενον ἄλλον ἑαυτοῦ
ὁ φθονερὸς Διοφῶν ἐγγὺς ἰδὼν ἐτάκη.

Lemma B : εἰς φθονερούς $P^{mg}$.
Plan., $II^a$, 51, 1. — Tit. Τοῦ αὐτοῦ hoc carmine post *Ep.* 391 transposito Plan. : Λουκίλλου P.

## 193

Anonyme.

L'envie est détestable; mais elle trouve en elle-même quelque vertu : elle ronge les yeux et le cœur des envieux [1].

## 194

DE LUCILLIUS

En offrande à Pan qui hante les cavernes et aux Nymphes qui errent par les montagnes, aux Satyres et aux Hamadryades sacrées qui vivent dans les chênes, le chasseur Marcus, pour n'avoir rien pris avec ses chiens et ses épieux tueurs de sangliers, ... a pendu [2] ses propres chiens !

1. Déjà dans l'épigramme X, 111, un poète anonyme assurait que « l'Envie retourne contre elle-même ses propres traits ». Plus réaliste, le poète ajoute ici : elle fait crever l'envieux. On retrouve la même idée chez Isocrate, *Evagoras*, 6 : τούτων δ' αἰτιὸς ὁ φθόνος ᾧ τοῦτο μόνον ἀγαθὸν πρόσεστι, ὅτι μέγιστον κακὸν τοῖς ἔχουσίν ἐστιν et Théocrite (V, 12) emploie les mêmes termes : τὺ δ', ὦ κακέ, καὶ τόκ' ἐτάκευ βασκαίνων. Stobée *Flor.*, 38, 42) rapporte ces vers de Ménandre :

ὁ φθονερὸς αὑτῷ πολέμιος καθίσταται
αὐθαιρέτοις γὰρ συνέχεται λύπαις ἀεί.

Voir encore Démocrite (*fragm.* 30 Mullach), Antisthène (Diog. Laerce, VI, 5) et *Sagesse*, V, 23.

Ce distique a été retrouvé également sur deux cippes mortuaires à Dokimion en Phrygie (*B.C.H.*, XVII, 1893, p. 291 et suiv.) et à Lyon sur la tombe de S. Avius Hermerus et de son épouse Lucretia Valeria (*Mél. Arch. Hist.*, 1895, p. 278), celle-ci païenne, celle-là chrétienne. C'est que le terme φθόνος a un autre sens; c'est le « mauvais œil », la *jettatura*, contre lequel il faut se préserver; en sorte que ces inscriptions, dans les deux cas, ont une valeur talismanique que fait ressortir le texte très populaire qui accompagne l'inscription phrygienne (voir l'apparat critique). C'est ce qu'a démontré P. Perdrizet dans l'article cité. Voir aussi A. Vaccari, *Un epigramma greco-latino sull' invidia*, *Miscellanea Galbiati*, II, p. 187. En fait, l'épigramme est plutôt gnomique et morale que spirituelle.

## 193

### Ἀδέσποτον.

**Ὁ φθόνος ἐστὶ κάκιστος· ἔχει δέ τι καλὸν ἐν αὑτῷ·**
**τήκει γὰρ φθονερῶν ὄμματα καὶ κραδίην.**

Plan., I[a], 81, 5; Σ, 82; *Laurent.* 32-16 (23); Kaibel, p. 1115; *Inscript. Lugduni* (CIG 6792; CIL, XIII, 1, 2198) et *Phrygiae* (BCH, XVII (1893), p. 291; P. Perdrizet, BCH, XXIV (1900), p. 291-9). — Tit. Ἀδέσποτον P : ἄδηλον Plan. ‖ **1** ἐστὶ κάκιστος P *Laurent. Inscr. phryg.* : ἐστὶ κάκιστον Σ Plan. ἐστὶ κάκιστος alt. manu Plan. ὡς κακόν ἐστιν *Inscr. lugd.* ‖ δέ *m* : γάρ *Inscr. lugd.* ‖ αὑτῷ Plan.$^{pc}$ : αὐτῷ Plan.$^{ac}$ ἑαυτῷ P ‖ ἔχει [εχι *Inscr. lugd.*] δ' ἀγαθόν τι μέγιστον *Inscr. ludg.* Brunck. ‖ **2** τήκι τοὺς φθονεροὺς ἐλέγχων τὴν κακίην *Inscr. phryg.* post quam legitur : ὠ φθονερέ τί φθονεῖ; οὐδὲν πλέον ἢ τήκις σεαυτόν. Θεοῦ γάρ ἐστι τὰ παντὰ ὃς ἀφθόνως παρέχε πᾶσιν τοῖς ἐλπίζουσιν εἰς αὐτόν. Σὺ δέ, λέγ', ὦ φθονερέ, κὲ θέλων παρέχιν οὐ δυνάσε, κὲ φθονῶν εἰσχύεις οὐδέν. ⟨Ἄνξῃ οὖν⟩ εἰς τὴν κακίαν σου. Τοὺς δὲ κακούς κε φθονεροὺς ὁ θεὸς πάντοτε μισῖ.

## 194

### ΛΟΥΚΙΛΛΙΟΥ

**Πανὶ φιλοσπήλυγγι καὶ οὐρεοφοιτάσι Νύμφαις,**
**καὶ Σατύροις ἱεραῖς τ' ἔνδον Ἁμαδρυάσιν,**
**σὺν κυσὶ καὶ λόγχαις συοφόντισι Μάρκος ⟨ὁ ἀγρεὺς⟩**
**μηδὲν ἑλών, αὐτοὺς τοὺς κύνας ἐκρέμασεν.**

Lemma B : εἰς θηρατάς P$^{mg}$.

Plan., II[a], 28, 1. — Tit. Λουκιλλίου Plan. : Λουκίλλου P ‖ **2** ἔνδον *m* : ἕδνον ex Hecker Jacobs ‖ **3** ὁ ἀγρεὺς metri causa add. Preisendanz : ὁ ἀργός Friedemann ‖ **4** αὐτοὺς Opsopoeus : αὐτὸς *m* ‖ ἐκρέμασεν Plan. : -μασε P.

## 195

### DE DIOSCORIDE

Aristagoras a dansé le « galle » furieux [1]; et moi, au prix de milles fatigues, j'ai représenté les belliqueux Téménides [2]. C'est avec des applaudissements que lui se retira; mais de mon infortunée Hyrnétho seul un concert de sifflets [3] accompagna la sortie... Au feu, les exploits des héros ! Pour des rustres, même l'alouette chante plus mélodieusement que le cygne [4] !

## 196

### DE LUCILLIUS

Bito a une trogne trois fois plus grimaçante qu'une guenon ! A sa vue, Hécate elle-même [5], j'en suis sûr, se pendrait ! « Je suis chaste, Lucillius, » affirme-t-elle, « et je couche seule [6]. » Aurait-elle honte de dire : « Je suis vierge? » Ah ! si quelqu'un a pour moi de la haine, puisse-t-il épouser un tel monstre et en avoir des enfants aussi pudiques [7] !

1. Le « galle » était la danse furieuse des γάλλοι, ces prêtres de Cybèle, la déesse phrygienne qui était assimilée par les Grecs à la mère de Zeus, Rhéa; son culte, orgiastique, fut introduit à Rome en 240 av. J.-C. Cette danse d'un caractère exotique s'accompagnait de pantomimes que Platon condamnait (*Lois*, 815c). On voit par ces vers quel était le succès de ces danses.

2. Téménos était un descendant d'Héraclès qui, lors du *Retour des Héraclides*, s'empara d'Argos et du Péloponnèse. Il associa à son pouvoir, au détriment de ses fils, son beau-fils Deiphontès, lui aussi de la filiation d'Héraclès, ce qui provoqua, de la part des Téménides, le meurtre de leur père, l'exil de Deiphontès et le meurtre de son épouse Hyrnitho : le mot ἐξέβαλεν semble donc un euphémisme ! Ces épisodes tragiques avaient été mis en scène par Euripide dans un drame perdu

## 195

### ΔΙΟΣΚΟΡΙΔΟΥ

Γάλλον Ἀρισταγόρης ὠρχήσατο· τοὺς δὲ φιλόπλους
Τημενίδας ὁ καμὼν πολλὰ διῆλθον ἐγώ.
Χὼ μὲν τιμηθεὶς ἀπεπέμπετο· τὴν δὲ τάλαιναν
Ὑρνηθὼ κροτάλων εἷς ψόφος ἐξέβαλεν.
Εἰς πῦρ ἡρώων ἴτε πρήξιες· ἐν γὰρ ἀμούσοις
καὶ κόρυδος κύκνου φθέγγετ' ἀοιδότερον.

PLAN., $II^a$, 24, 5. Bis in P exstat, hic ($P^a$) et post *Ep.* 361 ($P^b$). — Tit. Διοσκορίδου $P^aP^b$ $PLAN.^{pc}$ : Λουκιλλίου $PLAN.^{ac}$ uide notitiam p. 25 notula 21 ‖ **2** Τημενίδας $P^b$ *scholia Wechel.* : τιμεν- $P^a$ PLAN. ‖ **3** τιμηθεὶς $P^a$ : τιμήεις $P^b$ PLAN. ‖ **4** Ὑρνηθὼ PQ : in lacuna alio atramento inser. PLAN. ‖ κροτάλων $P^b$ PLAN. : κροτάλω $P^a$ ‖ ψόφος $P^a$ PLAN. : φοβος $P^b$ ‖ **5** ἴτε πρήξιες $P^a$ PLAN. : ὁ πολὺς πόνος $P^b$ ‖ **6** φθέγγετ' $P^b$ φθέγξετ' $P^a$ : φθέγξατ' PLAN.

## 196

### ΛΟΥΚΙΛΛΙΟΥ

Ῥύγχος ἔχουσα Βιτὼ τριπιθήκινον, οἷον ἰδοῦσαν
τὴν Ἑκάτην αὐτὴν οἴομ' ἀπαγχονίσαι.
« Εἰμί » λέγει « σώφρων, Λουκίλλιε, καὶ μονοκοιτῶ. »
Αἰδεῖται γὰρ ἴσως « Παρθένος εἰμί » λέγειν.
Εἰ δέ γέ τις μισεῖ με, κακὸν τοιοῦτο γαμήσας,
τῆς αὐτῆς σχοίη τέκνα σαοφροσύνης.

Lemma B : εἰς αἰσχρούς $P^{mg}$.

PLAN., $II^a$, 13, 2. — Tit. Λουκίλλου P : τοῦ αὐτοῦ carmine post *Ep.* 76 transposito PLAN. ‖ **1** Βιτὼ P : βῖτώ PLAN. ‖ τριπιθήκινον P : τρεπι- $PLAN.^{pc}$ τρεπει- $PLAN.^{ac}$ ‖ **2** αὐτὴν Brunck : ἀυτὴν PLAN. om. P ‖ οἴομ' PLAN. : οιομ' P ‖ **5** εἰ P : ὃς PLAN. ‖ γέ τις Jacobs : λέγεις P λέγει PLAN. ‖ μισεῖ P : μισεῖν PLAN. ‖ τοιοῦτο PLAN. : τοιοῦτον P.

## 197

### Du même.

Hiéronyme, jadis, affectait d'être circonspect à l'excès. Maintenant, il conserve le « circon »; mais le « spect » est devenu « cis »[1] !

## 198

### DE THÉODOROS

Hermocratès? L'homme du nez ! Car dire le nez d'Hermocratès, c'est favoriser l'accessoire aux dépens de l'essentiel[2].

## 199

### DE LÉONIDAS <D'ALEXANDRIE>

Du poisson? Sosiptolis, l'homme au nez crochu n'en achète pas : sans bourse délier, c'est de la mer qu'il tire bonne chère. Il ne se munit ni de fil, ni de gaule : à son nez, il adapte un hameçon, et tout ce qui nage, il le pêche !

(Pausan., II, 28). Mais ici, c'est une pantomime où un seul acteur devait remplir tous les rôles. Au IIe siècle avant J.-C., ces mythes n'intéressaient plus le grand public.

1. Jeu de mots avec δρῖλος et δριμύς. Si ce dernier mot signifie *sévère, triste, rusé, subtil,* δρῖλος a le sens de *ver de terre, sangsue*; on lui donne aussi le sens de *verpus, circoncis.* Beckby traduit : Schamhaft et schamlos. La circoncision n'étant pratiquée que par des peuples barbares ou méprisés, cette pratique semblait aussi aux Romains le signe de mauvaises mœurs; notre Hiéronyme doit être plutôt devenu un gai luron. Lucillius semble donc laisser entendre que cette sévérité antérieure d'Hiéronyme était plus apparente que réelle. Voir XI, 329.

2. Le texte dit : les petits aux dépens des grands : quel nez !

## 197

### Τοῦ αὐτοῦ.

Ἤθελε « δριμὺς » ἄγαν τὸ πρόσθ' Ἱερώνυμος εἶναι·
νῦν δὲ τὸ « δρὶ » μὲν ἔχει, « λὸς » δὲ τὸ « μὺς » γέγονεν.

Plan., II[a], 13, 3. — **1** Ἱερώνυμος Plan. : Ἱερώνιμος P ‖ **2** δρὶ nos : δρῖ [ex δρῖλος] e codice C Boissonade δρι *m* ‖ λὸς *m* : λος Boissonade ‖ μὺς nos : μῦς Plan. μυς P.

## 198

### ΘΕΟΔΩΡΟΥ

Ἑρμοκράτης τᾶς ῥινός· ἐπεί, τὰν ῥῖνα λέγοντες
Ἑρμοκράτους, μικροῖς μακρὰ χαριζόμεθα.

Plan., II[a], 13, 5. — **1** τᾶς Jacobs : τὰς P τῆς Plan. ‖ τὰν P : τὴν Plan.

## 199

### ΛΕΩΝΙΔΟΥ ⟨ΑΛΕΞΑΝΔΡΕΩΣ⟩

Ἰχθῦν ὁ γρυπὸς Σωσίπτολις οὐκ ἀγοράζει,
προῖκα δ' ἔχει πολλὴν ἐξ ἁλὸς εὐβοσίην·
οὐ λίνον, οὐ κάλαμον προσάγων, τῇ ῥινὶ δὲ προσθεὶς
ἄγκιστρον σύρει πάντα τὰ νηχόμενα.

Plan., II[a], 13, 6. — Tit. Ἀλεξάνδρεως suppl. nos : Leonidae Alexandrino tribuendum est hoc carmen isopsephum cuius utrumque distichon 6863 valent (4579 + 2284 = 3827 + 3036) ‖ **1** ἰχθῦν P : ἰχθύν Plan. ‖ **4** ἄγκιστρον P Plan.[ac] C : ἄγκυστρον Plan.[pc].

## 200

### LÉONIDAS

La maison de Zénogénès était en flammes. Lui-même, aux prix de grands efforts, cherchait à se glisser par la fenêtre. Mais, à construire son échafaudage, il se laissa prendre de vitesse. Il le comprit bien tard ! Heureusement le nez d'Antimaque lui servit d'échelle [1] et il se sauva.

## 201

### D'AMMONIDÈS [2]

Cette Antipatra, si aux Parthes on l'eût montrée nue, c'est au-delà des Colonnes d'Hercule [3] qu'ils eussent fui !

## 202

### Anonyme.

Sa vieille épouse, Moschos l'a enterrée. Puis, très habilement, il a épousé une jeune fille. La dot? Elle est demeurée tout entière en sa demeure.

Il est juste de louer l'intelligence de Moschos. Il n'a pas son pareil pour décider de qui hériter et avec qui coucher !

1. Une bonne histoire mais aussi peut-être un jeu de mots : κλίμακα/'Αντιμάχου qu'on ne peut attribuer avec certitude à Léonidas d'Alexandrie (voir IX, 9 et 187).

2. Cet Ammonidès ne nous est pas connu autrement. Brunck veut lire Ammonios et attribuer cette épigramme au lexicographe qui vécut à Alexandrie au IVe siècle, sous Théodose.

3. Ce qui veut dire : aller d'une extrémité à l'autre du monde connu. Le pays des Parthes, c'est la limite orientale du monde, comme les Colonnes d'Hercule marquent l'extrémité occidentale des terres.

## 200

### ΛΕΩΝΙΔΟΥ

Ζηνογένους οἶκος κατεκαίετο, πολλὰ δ' ἐμόχθει
ἐκ θυρίδος ζητῶν αὐτὸν ὑπεκχαλάσαι·
ἰκρία συμπήξας οὐκ ἔφθανεν· ὀψὲ δ' ἐπιγνούς,
τὴν ῥῖν' Ἀντιμάχου κλίμακα θεὶς ἔφυγεν.

PLAN., IIª, 24, 2. — Tit. Λεωνίδου nos : τοῦ αὐτοῦ *m* sc. Leonidae. Cum nulla emendatione isopsephia adferri possit — primo disticho 6871 alteroque 6736 valente — nescimus an Leonidae Alexandrino hoc carmen sit tribuendum ‖ **2** ὑπεκχαλάσαι Scaliger : ὑπερχαλάσαι *m*.

## 201

### ΑΜΜΩΝΙΔΟΥ

Ἀντιπάτραν γυμνὴν εἴ τις Πάρθοισιν ἔδειξεν,
ἔκτοθεν ἂν στηλῶν Ἡρακλέους ἔφυγον.

PLAN., IIª, 13, 8. — Tit. Ἀμμωνίδου P : Ἀμμονίδου PLAN. Ἀμμωνίου leg. Brunck.

## 202

### Ἄδηλον.

Τὴν γραῦν ἐκκομίσας, φρονίμως πάνυ Μόσχος ἔγημε
παρθένον· ἡ φερνὴ δ' ἔνδον ἔμεινεν ὅλη.
Ἄξιον αἰνῆσαι Μόσχου φρένας, ὃς μόνος οἶδε
καὶ τίνα δεῖ κινεῖν καὶ τίνα κληρονομεῖν.

PLAN., IIª, 9, 11. — **1** ἔγημε PLAN. : ἔγημεν P ‖ **3** αἰνῆσαι PLAN. : ὠνησαι P ‖ **4** δεῖ PLAN. : δὴ P.

## 203

ANONYME.

Le nez de Castor? Lorsqu'il creuse la terre, c'est un hoyau [1], une trompette, quand il ronfle; une serpette pour les vendanges, une ancre sur son navire, un soc de charrue quand il sème, un hameçon pour les matelots, une fourchette [2] pour les gourmets, une tenaille [3] de chantier naval, un sarcloir de maraîcher, une herminette [4] de charpentier, un heurtoir pour les portails. Ainsi, le destin a offert à Castor un instrument de toute utilité. Ce nez, c'est un outil à tout faire!

## 204

DE PALLADAS

J'étais frappé de stupeur à la vue de l'orateur Maurus et de sa trompe d'éléphant: les sons qu'émettent ses lèvres pesantes [5] donnent la mort!

## 205

DE LUCILLIUS

Lors d'un dîner, Dionysos, Eutychidès n'a laissé à Aulus absolument aucun reste: il lui a tout raflé par derrière [6]! Et maintenant Eutychidès donne en sa demeure un grand festin; il n'a pas invité Aulus qui mange son pain sec assis dans son coin...

1. Tous les instruments ici énumérés sont de forme courbe, hormis la trompette qui, seule, se rapporte à un son.

2. La fourchette est l'instrument qui servait à retirer des pots les pièces de viande, et l'ὀψοφάγος désigne celui qui les mange sans accompagnement de pain, puis aussi le gourmet.

3. Σχένδυλα, d'après Hésychius et Héron, est un instrument servant à maintenir des pièces de bois dans la charpente d'un navire en construction. Le rapport avec un nez n'est pas évident. N'est-ce pas plutôt une « tenaille », la pièce de charpente arquée des anciennes galères?

## 203

## ⟨Ἄδηλον⟩.

Ἡ ῥὶς Κάστορός ἐστιν, ὅταν σκάπτῃ τι, δίκελλα,
σάλπιγξ δ' ἂν ῥέγχῃ, τῇ δὲ τρύγῃ δρέπανον,
ἐν πλοίοις ἄγκυρα, κατασπείροντι δ' ἄροτρον,
ἄγκιστρον ναύταις, ὀψοφάγοις κρεάγρα,
ναυπηγοῖς σχένδυλα, γεωργοῖς δὲ πρασόκουρον,
τέκτοσιν ἀξίνη, τοῖς δὲ πυλῶσι κόραξ.
Οὕτως εὐχρήστου σκεύους Κάστωρ τετύχηκε,
ῥῖνα φέρων πάσης ἅρμενον ἐργασίης.

Plan., II$^a$, 13, 4, qui in mg. inferiore adscr. — Tit. Ἄδηλον C : HPA in mg. P Ἡρακλείδου coni. Brunck. ‖ **2** σάλπιγξ δ' ἄν Plan. : σαλπιγδ' ἄν P ‖ **5** σχένδυλα ex Hesychio Saumaise : κένδυλα *m* ‖ **8** ἐργασίης P : -σίας Plan.

## 204

## ΠΑΛΛΑΔΑ

Ῥήτορα Μαῦρον ἰδὼν ἐτεθήπεα ῥυγχελέφαντα,
χείλεσι λιτραίοις φθόγγον ἱέντα φόνον.

Lemma B : εἰς Αἰγύπτιον ῥήτορα in textu P.
Plan., II$^b$, 8, 1. — Tit. Παλλάδα P : om. Plan. ‖ **2** λιτραίοις P : τριταίοις Plan. τριτταίοις C ed. plan. ‖ ἱέντα Plan.$^{pc}$ : ἰέντα Plan.$^{ac}$ ἰόντα P.

## 205

## ΛΟΥΚΙΛΛΙΟΥ

Οὐδὲν ἀφῆκεν ὅλως, Διονύσιε, λείψανον Αὔλῳ
Εὐτυχίδης δειπνῶν, ἦρε δὲ πάντ' ὀπίσω·
καὶ νῦν Εὐτυχίδης μὲν ἔχει μέγα δεῖπνον ἐν οἴκῳ,
μὴ κληθεὶς δ' Αὖλος ξηροφαγεῖ καθίσας.

Lemma B : εἰς ἀπλήστους P$^{mg}$.
Plan., II$^a$, 31, 1. — Tit. Λουκιλλίου Plan. : Λουκίλλου P ‖ **1** Αὔλῳ P D : Αὔλῳ Plan.

## 206

Du même.

Puisses-tu bien digérer tous ces plats, Denys. Mais, au nom du bon usage, passe également par ici quelque chose à manger. Moi aussi je suis invité; à moi aussi Publius a offert de tâter de ces mets; j'y ai aussi ma part... à moins qu'à mon aspect chétif tu ne croies que je suis là étendu tout malade, qu'alors tu ne me surveilles et que tu aies peur qu'à ton insu je ne mange quelque chose [1] !

## 207

Du même.

Tu dévores autant que cinq loups, Gamos, et les restes, non pas les tiens, mais ceux de tes voisins, tout cela tu le donnes par derrière 〈à ton esclave〉. Allons ! reviens demain avec la corbeille [2] qui se trouve à tes pieds et ramasse tout de go sciure, éponge et balayures !

## 208

Du même.

A la course du stade, Eutychidès était lent. Mais, l'autre jour, pour un dîner, il courait si vite que l'on pouvait dire : « Eutychidès, il vole [3] ! »

## 209

D'AMMIEN

Même si tu empiètes sur le terrain d'autrui [4] et t'en vas ainsi jusqu'aux Colonnes d'Hercule, ce qui t'attend,

1. Le maigre invité feint de croire que le plantureux gourmand surveille comme un médecin ses compagnons de table, quand, en fait, son unique crainte est de voir certains mets lui échapper. La succession des καί, des diverses hypothèses avancées, autant de marques de l'humilité craintive du suppliant.

## 206

### Τοῦ αὐτοῦ.

Οὕτω σοι πέψαι, Διονύσιε, ταῦτα γένοιτο
πάντα· νόμου δὲ χάριν δός τι καὶ ὧδε φαγεῖν·
κἀγὼ κέκλημαι, κἀμοὶ παρέθηκέ τι τούτων
γεύσασθαι Πόπλιος, κἀμὸν ἔπεστι μέρος·
εἰ μὴ λεπτὸν ἰδών με δοκεῖς κατακεῖσθαι ἄρωστον,
εἶθ' οὕτως τηρεῖς, μή σε λαθών τι φάγω.

PLAN., II$^{a}$, 31, 2. — **1** πέψαι PLAN. : πέμψαι P ‖ **6** οὕτως P : οὕτω PLAN. ‖ λαθών τι PLAN. : λαθόντι P.

## 207

### Τοῦ αὐτοῦ.

Καὶ τρώγεις ὅσα πέντε λύκοι, Γάμε, καὶ τὰ περισσά,
οὐ τὰ σά, τῶν δὲ πέριξ πάντα δίδως ὀπίσω.
Πλὴν μετὰ τοῦ κοφίνου τοῦ πρὸς πόδας αὔριον ἔρχου,
πρίσματα καὶ σπόγγον καὶ σαρὸν εὐθὺς ἔχων.

PLAN., II, 31, 3.

## 208

### Τοῦ αὐτοῦ.

Ἦν βραδὺς Εὐτυχίδας σταδιοδρόμος· ἀλλ' ἐπὶ δεῖπνον
ἔτρεχεν, ὥστε λέγειν· « Εὐτυχίδας πέταται. »

PLAN., II$^{a}$, 31, 4. — **1** et **2** Εὐτυχίδας P : -χίδης PLAN.

## 209

### ΑΜΜΙΑΝΟΥ

Κἂν μέχρις Ἡρακλέους στηλῶν ἔλθῃς παρορίζων,
γῆς μέρος ἀνθρώποις πᾶσιν ἴσον σε μένει,

Lemma B : εἰς παροριστήν in textu P PLAN.$^{mg}$.
PLAN., II$^{a}$, 45, 1.

c'est un lopin de terre égal à celui de tous les humains. Et tu seras là gisant, pas plus riche qu'Iros [1], n'ayant rien de plus qu'une obole, à te dissoudre dans une terre qui ne sera plus à toi !

## 210

### DE LUCILLIUS

Le charbon, le laurier, le soldat Aulus s'engonce dans son mantelet vert-pomme quand il les fait craquer [2]. Son propre glaive ne lui sert de rien, il lui fait peur. Si l'on dit : « Ils arrivent », sur l'heure, il tombe à la renverse. Il n'a de rapports avec aucun Polémon, aucun Stratoclidès. En tout temps il n'a pour ami que Lysimaque [3] !

## 211

### Du même.

Lorsque le soldat Calpurnius vit, peint sur la muraille, comme on a coutume de le faire [4], le « Combat près des Vaisseaux », vert et le pouls à l'arrêt, notre foudre de guerre s'affala sur le sol; puis il se mit à hurler : « Prenez-moi vivant, Troyens chéris d'Arès! » — « Suis-je blessé ? » s'informa-t-il. C'est tout juste s'il comprit qu'il était encore en vie quand il eut avec la muraille fixé sa rançon.

## 212

### Du même.

⟨De mon bel enfant, Diodore, je t'avais invité à peindre le portrait [5]⟩, et toi, tu me présentes un enfant qui m'est étranger, que tu as affublé d'un museau de chien [6] !

1. Iros est le mendiant qui, dans l'*Odyssée* (XVIII, 1 et ss.), injuriait Ulysse dans son propre palais. Pour l'obole, voir épigramme, XI, 168.

κείσῃ δ' Ἴρῳ ὅμοιος ἔχων ὀβολοῦ πλέον οὐδὲν
  εἰς τὴν οὐκέτι σὴν γῆν ἀναλυόμενος.

3 κείσῃ P C : κάσῃ Plan. ‖ Ἴρῳ Plan. : lacuna relicta in margine aliena manu Ἰρι praeb. P ‖ ὅμοιος Plan. : ὁμοίως P.

## 210
## ΛΟΥΚΙΛΛΙΟΥ

Ἄνθρακα καὶ δάφνην παραβύεται ὁ στρατιώτης
  Αὖλος ἀποσφίγξας μήλινα λωμάτια.
Φρίσσει καὶ τὸ μάτην ἴδιον ξίφος· ἢν δέ ποτ' εἴπῃς
  « Ἔρχοντ' », ἐξαπίνης ὕπτιος ἐκτέταται.
Οὐδενὶ δ' οὐ Πολέμωνι προσέρχεται, οὐ Στρατοκλείδῃ,
  ἀλλὰ φίλῳ χρῆται πάντοτε Λυσιμάχῳ.

Lemma B : εἰς δειλούς $P^{mg}$.
Plan., $II^a$, 12, 1. — Tit. Λουκιλλίου Plan. : λουκίλλου P ‖ 3 ἢν PCD : ἠν Plan. ‖ 5 Στρατοκλείδῃ P : -κλείδῃ Plan.

## 211
## Τοῦ αὐτοῦ.

Γραπτὴν ἐν τοίχῳ Καλπούρνιος ὁ στρατιώτης,
  ὡς ἔθος ἐστίν, ἰδὼν τὴν ἐπὶ ναυσὶ μάχην,
ἄσφυκτος καὶ χλωρὸς ὁ θούριος ἐξετανύσθη,
  « Ζωγρεῖτε » κράξας « Τρῶες ἀρηΐφιλοι. »
Καὶ μὴ τέτρωται κατεμάνθανε, καὶ μόλις ἔγνω
  ζῆν, ὅτε τοῖς τοίχοις ὡμολόγησε λύτρα.

Plan., $II^a$, 12, 2. — 6 ὅτε P Plan. : τότε manu recentiore superscr. Plan.

## 212
## Τοῦ αὐτοῦ.

⟨Τεκνίον εὔμορφον, Διόδωρε, γράφειν σ' ἐκέλευσα·⟩
  ἀλλὰ σύ μοι προφέρεις τεκνίον ἀλλότριον,

Lemma B : εἰς ζωγράφους $P^{mg}$.
Tit. τοῦ αὐτοῦ Jacobs : Λουκίλλου P ‖ 1 lacunam codicis P suppl. Boissonade.

Aussi je me demande en pleurant comment mon Zopyrion [1] a pu naître d'Hécube ! Pour finir, pour six drachmes, moi, Érasistratos, le charcutier, grâce à mes saucisses [2], j'ai pour fils un Anubis [3] !

## 213

### DE LÉONIDAS <D'ALEXANDRIE>

En peignant Ménodotos, Diodore a fait un portrait qui ressemble parfaitement à tout... sauf à Ménodotos !

## 214

### DE LUCILLIUS

Tu as peint un Deucalion et un Phaéton [4], Ménestratos, et tu demandes ce que valent ces deux œuvres. Nous les estimerons toutes deux à leurs caractéristiques : vraiment, ils méritent Phaéton le feu et Deucalion, l'eau [5] !

## 215

### Du même.

Eutychos, le portraitiste, a « engendré » vingt fils. Même chez ses enfants il n'a pas obtenu la moindre ressemblance [6]...

1. Zopyrion se trouve comme nom d'enfant chez Théocrite (XV, 13). Pour cet Érasistratos, le *soldat de l'amour*, Zopyrion (ζώπυρον) représente-t-il les dernières étincelles de ses amours?

2. Le trait final est tiré du culte d'Isis, alors très en vogue à Rome (XI, 115); mais le texte n'est pas sûr. A la leçon traditionnelle et barbare ἰσίων, Boissonade, par la correction Ἰσείων, donne le sens suivant : c'est *lors des fêtes d'Isis* que l'enfant serait né. Jacobs, en lisant ἰσικίων : *saucisses*, mot qui conserve la consonance d'Isis, semble avoir trouvé la vraie leçon; et c'est le jeu de mots final : le charcutier pour six drachmes — ce n'est pas cher — gagnées en faisant des saucisses, et sans doute lors des fêtes d'Isis, a pour fils un Anubis, ce dieu à la tête de chien qu'Isis avait adopté (XI, 360).

τὴν προτομὴν αὐτῷ περιθεὶς κυνός· ὥστε με κλάειν
  πῶς μοι Ζωπυρίων ἐξ Ἑκάβης γέγονεν.
Καὶ πέρας ἓξ δραχμῶν Ἐρασίστρατος ὁ κρεοπώλης
  ἐκ τῶν ἰσικίων υἱὸν Ἄνουβιν ἔχω.

3 κλάειν Boissonade : καλεῖν P ‖ 6 ἰσικίων Jacobs : ἰσίων P Ἰσείων Boissonade.

## 213

## ΛΕΩΝΙΔΟΥ ⟨ΑΛΕΞΑΝΔΡΕΩΣ⟩

Εἰκόνα Μηνοδότου γράψας Διόδωρος ἔθηκε
  πλὴν τοῦ Μηνοδότου πᾶσιν ὁμοιοτάτην.

Plan., II, 19, 1. — Tit. Ἀλεξάνδρεως suppl. nos ‖ 1 : ἔθηκε Plan. : ἔθηκεν P.

## 214

## ΛΟΥΚΙΛΛΙΟΥ

Γράψας Δευκαλίωνα, Μενέστρατε, καὶ Φαέθοντα
  ζητεῖς τίς τούτων ἄξιός ἐστι τίνος.
Τοῖς ἰδίοις αὐτοὺς τιμήσομεν· ἄξιος ὄντως
  ἐστὶ πυρὸς Φαέθων, Δευκαλίων δ' ὕδατος.

Plan., IIa, 19, 2. — Tit. Λουκίλλου P : τοῦ αὐτοῦ C om. Plan.

## 215

## Τοῦ αὐτοῦ.

Εἴκοσι γεννήσας ὁ ζωγράφος Εὔτυχος υἱούς,
  οὐδ' ἀπὸ τῶν τέκνων οὐδὲν ὅμοιον ἔχει.

Plan., IIa, 19, 3. — Tit. Τοῦ αὐτοῦ P : λουκιλλίου Plan. ‖ 2 ἀπὸ P : ἐπὶ Plan.

## 216

Du même.

« Sur Cratippe le pédéraste, écoutez-moi : c'est du nouveau, du sensationnel que je vous annonce. C'est qu'elles sont puissantes les Vengeresses [1] ! Nous avons découvert avec Cratippe, le « pédé », une autre espèce d'invertis ! Me serais-je attendu à cela ? »

Mais oui, Cratippe, je m'y attendais. Et vais-je m'indigner parce que le *loup* [2] que tu prétendais être pour tous s'est révélé soudain *chevreau* [3] ?

## 217

Du même.

Coupant court à tout soupçon, Apollophanès s'est marié ; et ce jeune époux s'en est allé à travers toute l'agora répétant : « Dès demain, oui, j'aurai un fils ». Là dessus, le lendemain, il est venu de nouveau et, en fait d'enfant, il ne ramène que soupçon [4].

## 218

DE CRATÈS [5]

Choerilos est bien inférieur à Antimaque ; mais Euphorion [6], à tout propos, n'avait que Choerilos à la bouche. Il composait des poèmes « bien léchés » et connaissait avec précision les vers de Philétas [7]. En un mot, c'était un « homérique » !

1. Némésis, fille de la Nuit, est la Vengeance divine ; le pluriel semble prouver que c'est ici le nom commun, bien qu'on lise Σμυρναῖαι Νεμέσεις dans l'épigramme XII, 193 ; car il y avait à Smyrne deux statues ailées de la déesse (Pausanias, I, 33). Mais nous sommes ici en Italie.

## 216

### Τοῦ αὐτοῦ.

« Τὸν φιλόπαιδα Κράτιππον ἀκούσατε· θαῦμα γὰρ ὑμῖν
καινὸν ἀπαγγέλλω· πλὴν μεγάλαι Νεμέσεις.
Τὸν φιλόπαιδα Κράτιππον ἀνεύρομεν ἄλλο γένος τι
τῶν ἑτεροζήλων. Ἤλπισα τοῦτ' ἂν ἐγώ; »
Ἤλπισα τοῦτο, Κράτιππε· μανήσομαι εἰ, λύκος εἶναι
πᾶσι λέγων, ἐφάνης ἐξαπίνης ἔριφος;

Lemma B : εἰς ἀσελγεῖς $P^{mg}$.
Plan., $II^{a}$, 5, 1. — Tit. τοῦ αὐτοῦ Jacobs : Λουκιλλίου *m*.

## 217

### Τοῦ αὐτοῦ.

Φεύγων τὴν ὑπόνοιαν Ἀπολλοφάνης ἐγάμησεν,
καὶ διὰ τῆς ἀγορᾶς νυμφίος ἦλθε μέσης·
« Αὔριον εὐθύ » λέγων « ἕξω τέκνον. » Εἶτα προῆλθεν
αὔριον ἀντὶ τέκνου τὴν ὑπόνοιαν ἔχων.

Plan., $II^{b}$, 3, 2. — Tit. Τοῦ αὐτοῦ P : om. Plan.

## 218

### ΚΡΑΤΗΤΟΣ

Χοίριλος Ἀντιμάχου πολὺ λείπεται· ἀλλ' ἐπὶ πᾶσιν
Χοίριλον Εὐφορίων εἶχε διὰ στόματος,
καὶ κατάγλωσσ' ἐπόει τὰ ποήματα, καὶ τὰ Φιλητᾶ
ἀτρεκέως ᾔδει· καὶ γὰρ Ὁμηρικὸς ἦν.

3 Φιλητᾶ Dobree : φίλιτρα P.

## 219

### D'ANTIPATER

Non, je n'y prête pas attention, bien que certains soient dignes de foi. Mais entre temps, par Zeus, Pamphilos, si tu m'aimes, ne me baise pas... [1]

## 220

### ANONYME.

Prends garde à la bouche d'Alphée : il aime le ventre d'Aréthuse, et se jette tête première en cette mer saumâtre [2]...

## 221

### D'AMMIEN

Non, si tu suces ton stylet, ce n'est pas pour cela que je te hais ; mais parce que tu fais ce même geste ... même sans stylet [3] !

## 222

### ANONYME.

Léchons et Cheilon égalité de lettres. A quoi bon cette remarque ? Que ce soit égal ou non, Cheilon lèche [4]...

1. Double sens du verbe φιλεῖν, comme dans l'épigramme 252, *embrasser* et *aimer*. D'où l'apparente contradiction : *si tu m'aimes, ne m'aime pas* ! Le premier vers fait allusion aux mœurs infâmes de Pamphilos, racontars auxquels le poète ne veut ajouter foi... tout en prenant ses précautions.

2. Il s'agit encore des mêmes gestes, d'où le sens de πέλαγος ἁλμυρόν. Le nom d'Alphée, synonyme de la rivière du Péloponèse occidental, entraîne celui d'Aréthuse, la nymphe dont l'Alphée tomba amoureux. Il la poursuivit jusqu'en Sicile dans son cours souterrain et, lorsque la nymphe fut transformée par Artémise en fontaine Aréthuse (Pindare, *Ném.*, I, 1 et aussi épigramme IX, 362), il y précipita ses eaux. Le mot *saumâtre* fait allusion au mélange des eaux douces et de la mer à l'embouchure, στόμα ; le poète va jusqu'au bout du jeu de mots !

## 219

### ΑΝΤΙΠΑΤΡΟΥ

Οὐ προσέχω, καίτοι πιστοί τινες· ἀλλὰ μεταξύ,
πρὸς Διός, εἴ με φιλεῖς, Πάμφιλε, μή με φίλει.

Plan., II$^a$, 14, 1. — Si Antipatri Thessalonici esse hoc carmen consentiunt Waltz et Gow, Nicarcho tribuendum censent Stadtmüller et Sakolowski.

## 220

### Ἄδηλον.

Ἀλφειοῦ στόμα φεῦγε· φιλεῖ κόλπους Ἀρεθούσης
πρηνὴς ἐμπίπτων ἁλμυρὸν ἐς πέλαγος.

Lemma : εἰς Ἀλφεῖον τινα καλούμενον E.
Plan., II$^b$, 3, 3; E$^F$,34; E$^P$,33; E$^R$, 38; R, 24. — Tit. Ἄδηλον P : om. Plan. ‖ **1** φιλεῖ P Plan. : φίλει E ‖ **2** ἁλμυρὸν ἐς P Plan. : ἁλμηρόν εἰς E.

## 221

### ΑΜΜΙΑΝΟΥ

Οὐχ, ὅτι τὸν κάλαμον λείχεις, διὰ τοῦτό σε μισῶ,
ἀλλ' ὅτι τοῦτο ποιεῖς καὶ δίχα τοῦ καλάμου.

Plan., II$^b$, 3, 4. — Tit. Ἀμμιανοῦ P : om. Plan. Nicarcho trib. Jacobs, Stadtmüller et Sakolowski ‖ **1** ὅτι P : ὅπι Plan. ‖ **2** ἀλλ' ὅτι Plan. : ἀλλότι P.

## 222

### Ἀδέσποτον.

Χείλων καὶ Λείχων ἴσα γράμματα. Ἐς τί δὲ τοῦτο;
Λείχει γὰρ Χείλων, κἂν ἴσα, κἂν ἄνισα.

Plan., II$^b$, 3, 5. — Tit. Ἀδέσποτον P : om. Plan. ‖ **1** χείλων καὶ λείχων Plan. : χίλων καὶ λίχων P ‖ **2** λείχει γὰρ χείλων Plan. : λίχει γὰρ χίλων P.

## 223

### [MÉLÉAGRE].

Tu doutes que Favorinus baise? Ne doute plus! C'est lui-même qui me l'a dit qu'il baisait,... de sa propre bouche [1]!

## 224

### D'ANTIPATER

Priape vit la verge de Cimon en érection et dit : « Malheur ! Me voici battu par un mortel, moi un immortel [2] ! »

## 225

### DE STRATON

Sur la couche, il y en a deux qui s'affairent et deux qui se laissent faire. Au total, ils sont quatre, te semble-t-il. Non, mais trois ! Si tu demandes : « Comment cela? », compte deux fois celui du milieu : il se donne à la fois à ses deux partenaires en ses... soubresauts [3].

## 226

### D'AMMIEN

Pour toi qui reposes sous terre, ô misérable Néarque, que la terre soit légère ! Ainsi facilement, les chiens pourront te déterrer [4].

1. Le jeu de mots porte sur εἶπ' ἰδίῳ στόματι et βινεῖν ἰδίῳ στόματι. L'attribution à Méléagre est contestée à juste raison. Voir Ouvré, *op. cit.*, p. 25; A.S.F. Gow, *Hellen. Epigr.*, II, p. 593.

2. Priape, divinité d'origine asiatique et honorée à Lampsaque, faisait partie du cortège de Dionysos. On le disait fils d'Aphrodite et de Dionysos, mais aussi de Zeus. Il naquit infirme. Pourvu d'un membre viril énorme, il était évidemment un dieu de la fécondité.

## 223

### [ΜΕΛΕΑΓΡΟΥ]

Εἰ βινεῖ Φαβορῖνος ἀπιστεῖς· μηκέτ' ἀπίστει·
αὐτός μοι βινεῖν εἶπ' ἰδίῳ στόματι.

Tit. : Μελεάγρου *m* : quod negant Geffcken et Gow quando Antipatro trib. Sternbach, Nicarcho Stadtmüller Sakolowski et Setti ‖ **1** βινεῖ Brunck : βείνει P ‖ **2** βινεῖν Brunck : βείνειν P.

## 224

### ΑΝΤΙΠΑΤΡΟΥ

Ἑστηκὸς τὸ Κίμωνος ἰδὼν πέος, εἶφ' ὁ Πρίηπος·
« Οἴμοι, ὑπὸ θνητοῦ λείπομαι ἀθάνατος. »

Plan., IIª, 5, 3. — Tit. Ἀντιπάτρου *m* : Antipatro Sidonio Brunck Thessalonico Gow Nicarcho tribuerunt Stadtmüller et Sakolowski.

## 225

### ΣΤΡΑΤΩΝΟΣ

Ἡ κλίνη πάσχοντας ἔχει δύο, καὶ δύο δρῶντας,
οὓς σὺ δοκεῖς πάντας τέσσαρας· εἰσὶ δὲ τρεῖς.
Ἢν δὲ πύθῃ « Πῶς τοῦτο; » τὸν ἐν μέσσῳ δὶς ἀρίθμει,
κοινὰ πρὸς ἀμφοτέρους ἔργα σαλευόμενον.

Plan., IIª, 5, 4. — **2** πάντας P : πάντως Plan. ‖ **3** τὸν Plan. : τὸ P ‖ μέσσῳ Plan.pc : μίσῳ P Planac.

## 226

### ΑΜΜΙΑΝΟΥ

Εἴη σοι κατὰ γῆς κούφη κόνις, οἰκτρὲ Νέαρχε,
ὄφρα σε ῥηϊδίως ἐξερύσωσι κύνες.

Lemma B : εἰς πονηρούς Pmg.
Plan., IIª, 43, 1.

## 227

Du même.

Le scarabée élaborera du miel et le moucheron donnera du lait bien avant que tu ne fasses toi-même une bonne action, scorpion que tu es. Non, toi, de ton plein gré, tu n'en fais aucune et à personne tu ne permets d'en faire. Comme la planète Saturne [1], tu es odieux à tous !

## 228

Du même.

L'un a tué sa mère, l'autre son père, un troisième son frère. Polien les a tués tous les trois : c'est le premier depuis Œdipe [2].

## 229

Du même.

C'est bien tard que la goutte a enfin trouvé [3] l'homme qui la méritait : il y a plus de cent ans qu'il devrait être goutteux !

## 230

Du même.

Si tu enlèves deux lettres de Mastauros, Marcus, les deux premières, tu mérites tout ce qui reste : σταυρός, la potence [4].

1. Le terme *scorpion* évoque le signe du Zodiaque; avec la planète Saturne ils sont tous deux considérés comme néfastes, *formidolosus*, diront les poètes. Voir Horace, *Odes*, II, 17-23. Weigand attribue à Palladas ces distiques.

2. Œdipe n'a tué que son père Laios; mais, de sa mère, comme de ses enfants, qui furent aussi ses frères (Sophocle, *Œd. Roi*, 1405-1408), il provoqua la mort, sans le vouloir. De ce Polien, on ne sait rien.

3. Jacobs veut voir dans le premier vers le rappel d'une expression proverbiale dont use Théocrite (X, 17) : εὗρε θεὸς τὸν ἀλιτρόν, « le dieu a enfin mis la main sur le coupable ».

4. Jeu de mots entre Μάσταυρα, ville de Lydie qui pourrait être la patrie de ce Marcus, et σταυρός, le *gibet*.

## 227

### Τοῦ αὐτοῦ.

Θᾶττον ποιήσει μέλι κάνθαρος ἢ γάλα κώνωψ
ἢ σύ τι ποιήσεις σκορπίος ὢν ἀγαθόν.
Οὔτε γὰρ αὐτὸς ἑκοντὶ ποιεῖς, οὔτ' ἄλλον ἀφίης,
ὡς ἀστὴρ κρονικὸς πᾶσιν ἀπεχθόμενος.

PLAN., IIa, 43, 2; Sp,14; Ss,64; Cramer, *Anecd. gr.* p. 377. — Tit. Τοῦ αὐτοῦ *m* : om. S non Ammiano sed Palladae pariter ac *Ep.* 228, 229 tribuere uoluit Weigand ‖ **3** ἑκοντὶ [supra ο eadem manu ω] P : ἑκών τι PLAN. Sp ἑκὼν τί Ss ‖ ἀφίης PLAN. : ἀφίεις [supra ει eadem manu η scr.] P.

## 228

### Τοῦ αὐτοῦ.

Μητέρα τις, πατέρ' ἄλλος ἀπέκτανεν, ἄλλος ἀδελφόν·
Πωλιανὸς τοὺς τρεῖς, πρῶτος ἀπ' Οἰδίποδος.

PLAN., IIa, 43, 3. — **1** ἀπέκτανεν PLAN. : ἀπέκτονεν P ‖ **2** Πωλιανὸς *m* : Πωλλιανὸς Aldus Manutius ed. 1521.

## 229

### Τοῦ αὐτοῦ.

'Οψέ ποθ' ἡ ποδάγρα τὸν ἑαυτῆς ἄξιον εὗρεν,
ὃν ποδαγρᾶν πρὸ ἐτῶν ἄξιον ἦν ἑκατόν.

PLAN., IIa, 43, 4. — **1** ποθ' PLAN. : ποτ' P.

## 230

### Τοῦ αὐτοῦ.

Μασταύρων ἀφελὼν δύο γράμματα, Μάρκε, τὰ πρῶτα
ἄξιος εἶ πολλῶν τῶν ὑπολειπομένων.

PLAN., IIa, 43, 5.

## 231

DU MÊME.

Une lettre en moins tu es un fauve [1], et à cause d'une seule lettre, un humain. Ce que tu mérites? D'être condamné à une foule de ces bêtes parmi lesquelles tu comptes à une lettre près !

## 232

DE CALLÉAS D'ARGOS [2].

Un être en or [3], tu l'étais depuis toujours, Polycrite. Mais, ce jour, après boire, tu es soudain devenu une méchante bête, folle de rage. Pour moi, cette méchanceté, tu l'as depuis toujours. Ne révèle-t-il pas le caractère, le vin? Méchant, tu ne l'es pas devenu maintenant : tu t'es révélé tel !

## 233

DE LUCILLIUS

Phèdre l'avoué et le peintre Rufus ont fait un concours : qui des deux réalisera au plus vite copie plus conforme? Tandis que Rufus s'affairait à broyer ses couleurs, Phèdre avait déjà pris et reproduit, en faux, une quittance [4] !

1. Cette épigramme doit être destinée au même Marcus, et par conséquent ne doit pas être attribuée à Lucillius comme le veut Radinger. Si on supprime la lettre M de Marcos, on a ἄρκος, forme récente de ἄρκτος, *ours*. Digne de la potence et des bêtes, tel se présente Marcus. Voir XI, 160.

2. Sur ce Calléas d'Argos, nous ne savons rien. Est-ce le comique du IVe siècle? On ne peut que faire des suppositions. L'épigramme est construite autour du proverbe : οἶνος ἐλέγχει τὸν τρόπον. On dit aussi : οἶνος ἀνδρὸς ἔδειξε νόον.

## 231

### Τοῦ αὐτοῦ.

Θηρίον εἶ παρὰ γράμμα καὶ ἄνθρωπος διὰ γράμμα·
ἄξιος εἶ πολλῶν ὧν παρὰ γράμμα γράφῃ.

Lemma : εἰς αὐτόν alio atramento PLAN.
PLAN., IIª, 43, 6.

## 232

### ΚΑΛΛΕΟΥ ΑΡΓΕΙΟΥ

Αἰεὶ χρυσίον ἦσθα, Πολύκριτε· νῦν δὲ πεπωκώς
ἐξαπίνης ἐγένου λυσσομανές τι κακόν.
Αἰεί μοι δοκέεις κακὸς ἔμμεναι· οἶνος ἐλέγχει
τὸν τρόπον· οὐκ ἐγένου νῦν κακός, ἀλλ' ἐφάνης.

PLAN., IIª, 43, 7. — **1** χρυσίον P : θηρίον C in lacuna VI litt. alio atramento inscr. PLAN.

## 233

### ΛΟΥΚΙΛΛΙΟΥ

Φαῖδρος πραγματικὸς καὶ ζωγράφος ἤρισε Ῥοῦφος
τίς θᾶσσον γράψει καὶ τίς ὁμοιότερον.
Ἀλλ' ἐν ὅσῳ Ῥοῦφος τρίβειν τὰ χρώματ' ἔμελλεν,
Φαῖδρος ἔγραψε λαβὼν εἰκονικὴν ἀποχήν.

Lemma B : εἰς νομικούς P[mg].
PLAN., IIª, 36, 1. — Tit. Λουκιλλίου PLAN. : λουκίλλου P ‖ **1** Φαῖδρος PLAN. : φαιδρὸς P ‖ **3** ἔμελλεν P : ἔμελλε PLAN. ‖ **4** ἔγραψε P PLAN.[pc]: ἔγραψεν PLAN.[ac] ‖ λαβὼν P C manu recentiore lacuna relicta PLAN.

## 234

DU MÊME.

Cratéros avait pieds et mains en parfait état. Il n'en allait pas de même de sa tête, à l'auteur de telles insanités !

## 235

DE DÉMODOCOS

Ceci est de Démodocos [1]. Les Chiotes sont de méchantes gens. Non pas celui-ci ou celui-là, mais tous, sauf Proclès. Et Chios, c'est Proclès [2] !

## 236

DU MÊME.

Tous les Ciliciens sont de mauvaises gens. Mais en Cilicie, un seul honnête homme, Cinyrès. Et... Cinyrès est aussi Cilicien [3].

## 237

DU MÊME.

Une méchante vipère mordit un jour un homme de Cappadoce. Mais, pour avoir goûté de ce sang empoisonné, ce fut elle qui mourut [4] !

1. Selon Strabon (I, 5, 12), Phocylide de Milet, poète élégiaque contemporain de Théognis, avait, au VI^e^ siècle, composé cette épigramme contre les habitants de Léros, petite île des Sporades :

καὶ τόδε Φωκυλίδεω · Λέροι κακοί· οὐχ ὁ μέν, ὅς δ' οὔ·
πάντες, πλὴν Προκλέους· καὶ Προκλέης Λέριος.

Démodocos de Léros, au V^e^ siècle, aurait fait la présente parodie en susbtituant Chios à Léros, sa voisine, tout en conservant le personnage de Proclès. C'est une première solution, la plus simple, à laquelle l'épigramme suivante pourrait faire croire.

## 234

### Τοῦ αὐτοῦ.

Τοὺς πόδας εἰ Κρατερὸς καὶ τὰς χέρας εἶχ' ὁλοκλήρους
οὐκ αὖ τὴν κεφαλὴν εἶχε τοιαῦτα γράφων.

PLAN., IIa, 36, 2. — Tit. Τοῦ αὐτοῦ *m* : ἄδηλον edd. planudeae ‖ **1** χέρας P PLAN.pc : χείρας PLAN.ac ‖ εἶχ' PLAN. : οὐχ P ‖ **2** αὖ Boissonade : ἂν *m* ἄρα Jacobs.

## 235

### ΔΗΜΟΔΟΚΟΥ

Καὶ τόδε Δημοδόκου· Χῖοι κακοί· οὐχ ὁ μέν, ὃς δ' οὔ·
πάντες, πλὴν Προκλέους· καὶ Προκλέης δὲ Χίος.

PLAN., IIa, 43, 8. — **2** Προκλέους P : προκλέου PLAN. ‖ Χίος P : χῖος PLAN.

## 236

### Τοῦ αὐτοῦ.

Πάντες μὲν Κίλικες κακοὶ ἀνέρες· ἐν δὲ Κίλιξιν
εἷς ἀγαθὸς Κινύρης, καὶ Κινύρης δὲ Κίλιξ.

**2** καὶ Jacobs : δὲ exp. Psl.

## 237

### Τοῦ αὐτοῦ.

Καππαδόκην ποτ' ἔχιδνα κακὴ δάκεν· ἀλλὰ καὶ αὐτὴ
κάτθανε, γευσαμένη αἵματος ἰοβόλου.

PLAN., IIa, 43, 9; CONST. PORPHYR., *de Thematibus* I, 21, 17. — Tit. Τοῦ αὐτοῦ carmine post *Ep.* 235 transposito PLAN. ‖ **1** ἔχιδνα P PLAN.pc : ἔχνιδκα PLAN.ac ‖ **2** αἵματος *m* : φλέγματος ad hiatum uitandum corr. Jacobs.

## 238

⟨Anonyme⟩.

Les Cappadociens [1] sont toujours de mauvaises gens. Obtiennent-ils un ceinturon? Ils le sont encore davantage; avec le gain ils le sont tout à fait. Mais si, deux ou trois fois, ils s'octroient l'honneur du char officiel [2], alors ils touchent au comble de la méchanceté.

Non, je t'en supplie, César, pas quatre fois [3], ou c'est la fin d'un monde tout « encappadocisé »!

## 239

DE LUCILLIUS

Non, la Chimère [4] homérique n'exhalait pas une telle pestilence, ni le troupeau des taureaux au souffle de feu dont parle la fable, ni Lemnos [5] tout entière, ni les déjections des Harpyes, ni encore le pied gangrené de Philoctète.

Ainsi donc, de l'avis de tous, Télésilla, à toi la victoire sur la chimère, la purulence, les taureaux, les oiseaux et les Lemniades [6].

1. Bien qu'elle soit sur le même thème que la précédente, il est évident que cette épigramme ne peut être de Démodocos. Il s'agit ici de l'empereur Justinien et des Cappadociens qui, avec Jean de Cappadoce, prirent alors en mains les affaires publiques, et furent d'autant moins populaires que les impôts publics furent lourds en ce VIe siècle ap. J.-C. Le métier militaire, le commerce, mais surtout les fonctions publiques qui leur donnent des prérogatives honorifiques, semblent les avoir particulièrement tentés à cette époque.

2. L'ἀπήνη était primitivement le char à quatre roues. Dès l'époque classique, le mot s'applique à un char à deux roues dont on usait pour la guerre comme pour la course; avec l'épithète μεγάλη il doit désigner le char réservé aux personnages officiels.

3. Sans renseignements particuliers sur le personnage auquel il est fait allusion, on s'en tiendra à l'interprétation de Boissonade : le poète redoute qu'une quatrième préfecture soit confiée à un cappadocien dont on ne connaît que trop les exactions.

4. La tradition que nous possédons n'est pas en tout d'accord avec Lucillius. De la Chimère, Homère cite « l'effroyable

## 238

### ⟨Ἄδηλον⟩.

Καππαδόκαι φαῦλοι μὲν ἀεί, ζώνης δὲ τυχόντες
φαυλότεροι, κέρδους δ' εἵνεκα φαυλότατοι.
Ἢν δ' ἄρα δὶς καὶ τρὶς μεγάλης δράξωνται ἀπήνης,
δὴ τότε γίνονται φαυλεπιφαυλότατοι.
Μή, λίτομαι, βασιλεῦ, μὴ τετράκις, ὄφρα μὴ αὐτὸς
κόσμος ὀλισθήσῃ καππαδοκιζόμενος.

PLAN., II$^{a}$, 43, 10; *Laurentianus* 32-16 (24) ; LYDUS, *de Magistr.*, III, 57; CONST. PORPHYR., *de Themat.*, I, 21, 11. — Tit. Ἄδηλον nos : τοῦ αὐτοῦ sc. Demodoci perperam *m* om. *Laur.* ‖ **2** εἵνεκα *m* : ἕνεκα LYDUS ‖ **3** ἀπήνης *m* : μεγάλως ἀπήνεις inuito metro LYDUS ‖ **4** δὴ τότε γίνονται *m* [γίγνονται PLAN. *Laurent.* PORPH] : δ' ἤρατο τις ὁρας LYDUS δὴ ῥὰ τότ' εἰς ὥρας Fluss ‖ φαυλεπιφαυλότατοι *m* : φαυλ' ἐπιφαυλοτέρας LYDUS ‖ **5-6** om. *Laurent.* LYDUS PORPH.

## 239

### ΛΟΥΚΙΛΛΙΟΥ

Οὔτε Χίμαιρα τοιοῦτον ἔπνει κακὸν ἡ καθ' Ὅμηρον,
οὐκ ἀγέλη ταύρων, ὡς ὁ λόγος, πυρίπνους,
οὐ Λῆμνος σύμπασα καὶ Ἁρπυιῶν τὰ περισσά,
οὐδ' ὁ Φιλοκτήτου ποὺς ἀποσηπόμενος
ὥστε σε παμψηφεὶ νικᾶν, Τελέσιλλα, Χιμαίρας,
σηπεδόνας, ταύρους, ὄρνεα, Λημνιάδας.

Lemma B : εἰς βαρυόδμους P$^{mg}$.

PLAN., II$^{b}$, 9, 1. — Tit. Λουκιλλίου Brunck : Λουκίλλου P Λουκιανοῦ PLAN. τοῦ αὐτοῦ carmine post Luciani *Epigr.* 427 translato C uide notitiam p. 23. ‖ **3** σύμπασα καὶ P : σύμπασ' οὐχ PLAN. ‖ Ἁρπυιῶν PLAN. : Ἁρπυίων P.

## 240

Du même.

Démostratis ne se contente pas d'être elle-même puante : quiconque l'a flairée, c'est un fait, pue le bouc [1] !

## 241

DE NICARQUE

Ta bouche et ton cul, Théodore, ont la même odeur. Les distinguer, le bel exploit pour les médecins ! Eh oui ! il te fallait marquer : ici la bouche, par là le cul. Car, à l'instant, alors que tu parlais, ⟨je pensais, moi, que tu pétais [2] !⟩

## 242

Du même.

S'il a bâillé ou pété, ce Diodoros, je ne puis le distinguer. Cela ne fait qu'une seule puanteur [3], par en-haut et par en bas !

jaillissement d'une flamme flamboyante » δεινὸν ἀποπνείουσα πυρὸς μένος αἰθομένοιο (*Il.*, VI, 182), Hésiode la qualifie aussi de πνέουσαν ἀμαιμάκετον πῦρ (*Théog.*, 319). Bellérophon n'eut pas à souffrir particulièrement du souffle de ce monstre puisque, monté sur Pégase, il le tua du plomb fondu de sa lance. Il n'est pas question non plus d'odeurs pestilentielles à propos des taureaux d'airain que le chef des Argonautes eut à dompter en la lointaine Colchide (*Argon.*, III, 1303) et Ovide dit simplement : subit ille nec ignes sensit anhelatos (*Metam.*, VII, 104).

1. Catulle (99) dit la même chose d'un Rufus : « On dit qu'au creux de tes aisselles loge un bouc redoutable » (trad. A. Ernout). Voir encore Martial, III, 17; VII, 94.

2. Sur ce même thème, Catulle (97) va plus loin encore. Voir aussi *A. P.*, XI, 415.

3. Πνεῦμα comme πνεῖν dans l'épigramme XI, 240 semble bien avoir ce sens : dégagement de gaz. Il est toutefois curieux de noter qu'à cette même époque un décret de l'empereur Claude avait autorisé les philosophes à péter à table (J. Carcopino, *La vie quotidienne à Rome au temps de l'Empire*, Paris, 1941, p. 313 d'après Suétone, *Claud.* 32 et Martial, VII, 18).

## 240

### Τοῦ αὐτοῦ.

Οὐ μόνον αὐτὴ πνεῖ Δημοστρατίς, ἀλλὰ δὴ αὐτῆς
τοὺς ὀσμησαμένους πνεῖν πεποίηκε τράγου.

Plan., IIᵇ, 9, 2. — Tit. Τοῦ αὐτοῦ P : om. Plan. ‖ 1 δὴ Boissonade : δι' *m* ‖ αὐτῆς P : αὑτῆς Plan.

## 241

### ΝΙΚΑΡΧΟΥ

Τὸ στόμα χὠ πρωκτὸς ταὐτόν, Θεόδωρε, σοῦ ὄζει,
ὥστε διαγνῶναι τοῖς φυσικοῖς καλὸν ἦν.
Ἦ γράψαι σε ἔδει ποῖον στόμα, ποῖον ὁ πρωκτός·
νῦν δὲ λαλοῦντός σου ⟨βδεῖν σ' ἐνόμιζον ἐγώ⟩.

Plan., IIᵇ, 9, 3. — Tit. Νικάρχου P : om. Plan. ‖ 1 χὠ Plan. : χῶ P ‖ ταὐτόν, Θεόδωρε, σοῦ Plan. : ταυτὸν θεώδορέ σου P ‖ 3 ἦ P : ἢ Plan. ‖ σε ἔδει *m* : σ' ἂν ἔδει Boissonade ‖ ποῖον ὁ Plan.pc : ποῖος P [ν supra ς scr.] Plan.ac ‖ 4 βδεῖν σ' ἐνόμιζον ἐγώ suppl. Jacobs : lacuna fere XVIII litt. in *m*.

## 242

### Τοῦ αὐτοῦ.

Οὐ δύναμαι γνῶναι, πότερον ἔχανεν Διόδωρος
ἢ βδῆσ'· ἓν γὰρ ἔχει πνεῦμα κάτω καὶ ἄνω.

Plan., IIᵇ, 9, 3. — Tit. Τοῦ αὐτοῦ P : om. hoc disticho praecedenti carmini perperam iuncto Plan. ‖ 1 ἔχανεν Plan. : χαμαὶ P χαίνει Jacobs ‖ Διόδωρος P : Θεόδωρος Plan. ‖ 2 ἢ βδῆσ'· ἓν γὰρ ἔχει Eldick : ἤδδησεν ἐχει γὰρ P ἢ βδέσ'· ἔχει γὰρ ἔχει Plan. ‖ κάτω Plan. : καὶ κάτω P.

## 243

Du même.

Pour se laver, Onésime s'en est allé aux bains : c'était le douze de Dystros, sous Antiphile. Il avait chez lui un enfant nouveau-né qu'à son retour du bain il trouvera père de deux autres petits !

Il reviendra au moment voulu, nous écrit-il. Pardi ! Les baigneurs ont reçu l'ordre, pour cette date, de détruire l'étuve [1] !

## 244

⟨Du même⟩

Tu as acheté, Héliodore, un chaudron [2] d'airain plus difficile à réchauffer que le Borée qui souffle sur la Thrace ! Ne va pas te fatiguer à souffler sur le feu : en vain cherches-tu à réveiller la fumée. C'est un vase d'airain pour la saison d'été que tu as acheté !

## 245

DE LUCILLIUS

Le bordé, Diophante, laisse en abondance passer les flots, et à travers les écoutilles se précipite l'Océan.

1. Boissonade estime que l'épigramme n'a pas grand sens et croit qu'il y a une lacune après le v. 4. Son interprétation serait conforme au lemme dont Scaliger a doté l'épigramme : εἰς βραδεῖς. C'est la lenteur d'Onésime qui lui permettrait de devenir grand'père pendant qu'il se rend aux bains. L'auteur du lemme original indique, d'autre part, qu'il s'agit de bains froids : sans doute est-il influencé par l'épigramme suivante. Faut-il croire que l'étuve est si vieille que, pour la chauffer, il a fallu attendre des années et que, pour cette raison, on a décidé de la détruire?

On pourra peut-être rattacher ce morceau au groupe précédent : εἰς βαρυόδμους. Tout d'abord, on remarquera que la scène se passe en Macédoine; car, à Athènes, le mois de mars s'appelle Élaphéboloion, et non Dystros; de plus, le

## 243

### Τοῦ αὐτοῦ.

Λούσασθαι πεπόρευται Ὀνήσιμος εἰς βαλανεῖον
δωδεκάτῃ Δύστρου μηνὸς ἐπ' Ἀντιφίλου,
παῖδα λιπὼν οἴκοις ἐπιτίτθιον, ὃν δύο τέκνων
ἄλλων εὑρήσει λουσάμενος πατέρα.
Ἥξειν δ' εἰς ὥρας ἡμῖν γράφει· οἱ βαλανεῖς γὰρ
εἰς τότε τάσσονται τὴν πυρίαν καθελεῖν.

Lemma B : εἰς βαλανεῖον ψυχρόν in textu P Plan.$^{mg}$ : εἰς βραδεῖς coni. Scaliger et alii.

Plan., IIª, 8, 1. — Tit. Τοῦ αὐτοῦ Jacobs : Νικάρχου in textu *m* ‖ **4** ἄλλων Plan. : ἄλλον P ‖ Post uersum quartum distichion deperditum suspicatus est Boissonade.

## 244

### ⟨Τοῦ αὐτοῦ.⟩

Ἠγόρασας χαλκοῦν μιλιάριον, Ἡλιόδωρε,
τοῦ περὶ τὴν Θρᾴκην ψυχρότερον Βορέου.
Μὴ φύσα, μὴ κάμνε· μάτην τὸν καπνὸν ἐγείρεις·
εἰς τὸ θέρος χαλκῆν βαύκαλιν ἠγόρασας.

Lemma B : εἰς μιλιάριον ψυχρόν P$^{mg}$ Plan.$^{mg}$.

Plan., IIª, 35, 1. — Tit. Τοῦ αὐτοῦ nos : Νικάρχου Plan. cui adsentitur Sakolowski necnon Linnenkugel : om. P Lucillio tribuere uoluit Jacobs uide notitiam p. 23-24 ‖ **3** μὴ φύσα, μὴ κάμνε H. Estienne : μὴ κάμνε μὴ φύσα [φύσῃ Plan.] *m* ‖ **4** βαύκαλιν P Plan. : καύκαλιν perperam manu recentiore corr. Plan.

## 245

### ΛΟΥΚΙΛΛΙΟΥ

Οἱ τοῖχοι, Διόφαντε, τὰ κύματα πάντα δέχονται,
καὶ διὰ τῶν θυρίδων Ὠκεανὸς φέρεται·

Lemma B : εἰς πλοῖα σαθρὰ [σαπρὰ Saumaise] καὶ βαρέα in textu P.

Plan., IIª, 41, 1. — Tit. Λουκιλλίου Plan. : λουκίλλου in textu P ‖ **1** Διόφαντε Plan. : Διόφαντες P.

Les troupes des dauphins et les brillantes filles de Nérée [1], on les voit nager dans ton propre vaisseau ! Si nous y demeurons, bientôt quelque navire fera voile en nos flancs; car il ne reste plus d'eau en mer !

## 246

Du même.

En quelles carrières, Denys, as-tu taillé ces poutres? De quels blocs de pierre as-tu fait cette barque [2]? Si je comprends bien, il est du genre plomb, et non de chêne, ni de pin ! Encore un peu, sa quille prendra racine tout au fond de la mer et moi, peut-être soudain, deviendrai-je rocher. Et le pire, c'est que, comme Niobé, je serai le sujet d'un drame éculé... de Méliton [3].

## 247

Du même.

Tandis que nous naviguons en pleine mer, Denys, voilà que notre navire fait eau de tous côtés : la mer tout entière y pénètre; dans ses flancs, c'est l'Adriatique, la Tyrrhénéenne, l'Égée et la mer d'Issos [4] que l'on vide ! Ce n'est plus une embarcation, mais la source même de l'Océan dans une carcasse de bois !

Aux armes, César ! Denys maintenant ne se contente plus de gouverner un navire : il se met à dominer les mers !

passage aux bains semble un événement dans l'existence d'Onésime; il note le jour et le mois du départ, le nom du gouverneur, nom fictif, semble-t-il. S'il y passe un temps si considérable, n'est-ce pas davantage en raison de la saleté du personnage que de sa lenteur? Et il ne précise pas la date du retour : elle lui sera dictée par les travaux qui seront entrepris ! Voir R. Ginouvès, *Balaneutikê*, p. 212.

1. Ces enfants de Nérée, le « Vieux de la Mer », fils d'Océan et de Gaia, ce sont les poissons aux écailles brillantes ou encore les Néréides; sous ce nom souvent on personnifie les vagues brillantes et innombrables qui, ici, attaquent et font sombrer le navire pesant et pourri, suivant l'indication du lemme. Comme souvent, Lucillius, par l'emploi de l'hyperbole, transforme totalement une histoire toute simple.

δελφίνων δ' ἀγέλαι καὶ Νηρέος ἀγλαὰ τέκνα
ἐν τῷ πλοίῳ σου νηχόμενα βλέπεται.
Ἂν δ' ἀναμείνωμεν, πλεύσει τάχα καί τις ἐν ἡμῖν·
οὐ γὰρ ἔνεστιν ὕδωρ οὐκέτι τῷ πελάγει.

5 πλεύσει τάχα P : τάχα πλέυσει Plan. ‖ 6 οὐ Plan.[ac] : οὐδὲ [δὲ supra οὐ] Plan.[pc] ‖ γὰρ ἔνεστιν Saumaise : γάρ ἐστιν Plan. ἔνεστι P.

## 246

### Τοῦ αὐτοῦ.

Ἐκ ποίων ἔταμες, Διονύσιε, τὰ ξύλα ταῦτα
λατομιῶν; Ποίων τὸ σκάφος ἐστὶ μύλων;
Εἰ γὰρ ἐγώ τι νοῶ, μολίβου γένος, οὐ δρυός ἐστιν,
οὐδ' ἐλάτης, μικροῦ ῥιζοβολεῖ τὰ κάτω·
καὶ τυχὸν ἐξαπίνης ἔσομαι λίθος· εἶτα, τὸ χεῖρον,
γράψει μ' ὡς Νιόβην δρᾶμα σαπρὸν Μελίτων.

Plan., II[b], 20, 1. — Tit. Τοῦ αὐτοῦ P : om. Plan. ‖ 1 ἔταμες Plan. : ἔτεμες P ‖ 5 ἔσομαι P : ἔσεται Plan.

## 247

### Τοῦ αὐτοῦ.

Ἦ πέλαγος πλέομεν, Διονύσιε, καὶ γεγέμισται
τὸ πλοῖον παντὸς πανταχόθεν πελάγους.
Ἀντλεῖται δ' Ἀδρίας, Τυρρηνικός, Ἰσσικός, Αἴγων·
οὐ πλοῖον, πηγὴ δ' Ὠκεανοῦ ξυλίνη.
Ὁπλίζου, Καῖσαρ· Διονύσιος ἄρχεται ἤδη
οὐκέτι ναυκληρεῖν, ἀλλὰ θαλασσοκρατεῖν.

Plan., II[a], 41, 2. — 1 ἦ Boissonade : εἰ P εἰς Plan. ‖ 3 Ἀδρίας Plan. : ἀδρείας P ‖ Τυρρηνικός Badius Ascensius : Τυρρηνικόν *m* ‖ Ἰσσικός Letronne : Ἰστρικός *m*.

## 248

### DE BIANOR

Notre navire, ce ne sont pas les profondeurs qui l'ont englouti. Quelles profondeurs? Il n'a jamais navigué! Ce n'est pas non plus le Notus qui l'a saisi : il a péri avant de rencontrer le vent et la haute mer! Déjà on l'avait chevillé jusqu'à la hauteur des barrots, et on l'oignait du suc onctueux des pinèdes [1]. Mais, la poix bouillonnant sous la flamme en a fait la preuve : pour ce vaisseau, notre espoir sur mer, plus le moindre espoir, sur terre.

## 249

### DE LUCILLIUS

Ménophanès s'était acheté un champ et, forcé par la faim, il s'est pendu au chêne d'un voisin. De terre pour recouvrir le mort, il n'y en avait pas assez; on alla l'enterrer en payant chez l'un de ses voisins. Si Épicure l'eût connu ce champ de Ménophanès, il eût dit que l'Univers était plein de champs, non d'atomes [2].

## 250

### Anonyme.

Le peintre l'a bien représenté, ce gros bonhomme. Mais qu'il aille au diable ! Car cet être odieux, nous allons le voir deux fois au lieu d'une [3]...

1. Épigramme sur un navire incendié sur cale durant sa construction. Ζυγόν, ce sont les bancs des rameurs, les poutrelles transversales (barres ou barrots) qui soutiennent le pont et maintiennent l'écartement des couples ou membrures. C'est dire que le navire était presque terminé. C'est durant le calfatage que se produit l'incendie, ce qui permet le jeu de mots *poix* et *foi* : πιστήν/ἀπιστοτέρην/πίσσα... Sur un théme voisin, voir IX, 34.

2. Le même thème de la propriété minuscule a été développé par Martial, XI, 18, et celui d'une unité plus petite encore que l'atome est familier à Lucillius (XI, 103).

## 248

## ΒΙΑΝΟΡΟΣ

Τὸ σκάφος οὐ βυθὸς εἷλε. Πόθεν βυθός; Οὐ γὰρ ἔπλωσεν,
οὐδὲ Νότος, πρὸ Νότου δ' ὤλετο καὶ πελάγευς.
Ἤδη γάρ μιν ἅπασαν ἐπὶ ζυγὰ γομφωθεῖσαν
ἤλειφον πεύκης τῇ λιπαρῇ νοτίδι·
πίσσα δ' ὑπερβρασθεῖσα πυρὸς φλογὶ τὴν ἁλὶ πιστὴν
τευχομένην γαίῃ δεῖξεν ἀπιστοτέρην.

PLAN., II$^{a}$, 41, 3. — **4** τῇ P PLAN.$^{pc}$ : τὴν PLAN.$^{ac}$ ‖ **6** γαίῃ P : γαίη PLAN.

## 249

## ΛΟΥΚΙΛΛΙΟΥ

Ἀγρὸν Μηνοφάνης ὠνήσατο καὶ διὰ λιμὸν
ἐκ δρυὸς ἀλλοτρίας αὐτὸν ἀπηγχόνισεν.
Γῆν δ' αὐτῷ τεθνεῶτι βαλεῖν οὐκ ἔσχον ἄνωθεν,
ἀλλ' ἐτάφη μισθοῦ πρός τινα τῶν ὁμόρων.
Εἰ δ' ἔγνω τὸν ἀγρὸν τὸν Μηνοφάνους Ἐπίκουρος,
πάντα γέμειν ἀγρῶν εἶπεν ἄν, οὐκ ἀτόμων.

Lemma B : εἰς ἀγρούς P$^{mg}$.
PLAN., II$^{a}$, 7, 3. — **2** αὑτὸν PLAN. : P αὐτὸν ‖ **5** Ἐπίκουρος P : ἐπὶ κοῦρος PLAN.

## 250

## Ἀδέσποτον.

Τὸν παχὺν εὖ ἔγραψ' ὁ ζωγράφος· ἀλλ' ἀπόλοιτο,
εἰ δύο μισητοὺς ἀνθ' ἑνὸς ὀψόμεθα.

Lemma B : εἰς παχύν P$^{mg}$.
PLAN., II$^{a}$, 39, 1. — **1** ἔγραψ' Bothe : ἔγραψεν *m*.

## 251

### DE NICARQUE

Sourd contre sourd, ils étaient en procès; mais bien plus que nos deux sourds, le juge était sourd lui aussi ! L'un d'eux prétendait que l'autre lui devait cinq mois de loyer; et celui-ci d'affirmer que celui-là tournait la meule, la nuit... Les regardant tous deux, le juge décréta : « Pourquoi vous battre? C'est votre mère; nourrissez-la tous deux [1] ! »

## 252

### Du même.

Si tu m'embrasses, c'est que tu me hais; et si tu me hais, alors tu m'embrasses ! Allons ! très cher, si tu ne me hais pas, ne m'embrasse pas [2] !

## 253

### DE LUCILLIUS

En quel chêne ton père t'a-t-il découpé, Ariston? Ou de quelle carrière t'a-t-il extrait? Certes, c'est d'un chêne

1. C'est plus une « histoire de fous » qu'une histoire de sourds, car il n'y a aucune assonance qui puisse expliquer les erreurs comme dans l'épigramme 74.

2. Il s'agit, comme l'indique le lemme, d'un homme malodorant dont on redoute les baisers. La même confusion se retrouve dans l'épigramme 219 d'Antipater, entre les deux sens de φιλῶ, aimer et embrasser. D'où la contradiction possible : « Si tu m'aimes, c'est que tu me hais; et si tu me hais, c'est que tu m'aimes. Allons ! si tu ne me hais pas, ne m'aime pas. » La traduction ne peut rendre le jeu de mots. Beckby cite le texte du *Philogelos*, 234 : ὀζόστομος τὴν γυναῖκα ἠρώτα λέγων· « Κυρία, τί με μισεῖς; » Κἀκείνη ἀπεκρίνατο λέγουσα· « Ὅτι σύ με φιλεῖς. »

## 251

## ΝΙΚΑΡΧΟΥ

Δυσκώφῳ δύσκωφος ἐκρίνετο, καὶ πολὺ μᾶλλον
ἦν ὁ κριτὴς τούτων τῶν δύο κωφότερος.
Ὧν ὁ μὲν ἀντέλεγεν τὸ ἐνοίκιον αὐτὸν ὀφείλειν
μηνῶν πένθ'· ὁ δ' ἔφη νυκτὸς ἀληλεκέναι.
'Εμβλέψας δ' αὐτοῖς ὁ κριτὴς λέγει· « Ἐς τί μάχεσθε;
μήτηρ ἔσθ' ὑμῶν· ἀμφότεροι τρέφετε. »

Lemma B : εἰς δυσκώφους P^mg.
Plan., II^a, 30, 1; *Laurentianus* 32-16 (25); *Laurentianus* 56-3 (f^a 150^v). — Tit. om. *Laurentiani* ‖ **1-2** Cf. Apostolus, *Paroem. gr.*, p. 374, VI, 39 : δύσκωφος δυσκώφῳ ἐκρίνετο· ὁ δὲ κριτὴς ἦν πολλῷ τούτων κωφότερος· ἐπὶ τῶν πάνυ γελοίων ‖ **2** τῶν Plan.: om. P *Laur.* ‖ **4** νυκτὸς *m* : οὔπω *Laurent.* 56-3. ‖ **5** λέγει *m* : ἔφη *Laurent.* 56-3 ‖ **6** ὑμῶν P : ὑμῖν Plan. *Laurent.* 32-16.

## 252

## Τοῦ αὐτοῦ.

Εἴ με φιλεῖς, μισεῖς με, καὶ εἰ μισεῖς, σὺ φιλεῖς με·
εἰ δέ με μὴ μισεῖς, φίλτατε, μή με φίλει.

Lemma B : εἰς βαθύοδμον P^mg.
Plan., II^a, 14, 2; *Laurentianus* 32-16 (26). — Tit. Τοῦ αὐτοῦ P: Νικάρχου Plan. om. *Laurent.* ‖ **1** post σὺ interp. Plan.

## 253

## ΛΟΥΚΙΛΛΙΟΥ

'Εκ ποίων ὁ πατήρ σε δρυῶν τέτμηκεν, 'Αρίστων,
ἢ ποίων σε μύλου κόψατο λατομιῶν;

Lemma B : εἰς ἀφυεῖς ὀρχηστάς P^mg.
Plan., II^a, 38, 1. — Tit. Λουκιλλίου Brunck : Λουκίλλου P τοῦ αὐτοῦ hoc carmine post *Ep.* 311 transposito Plan.

millénaire ou bien d'un rocher que tu es sorti, toi le danseur, modèle vivant de Niobé [1] ! Dans mon étonnement, j'en viens à te dire : « Pour sûr, tu t'es querellé avec Léto. Car tu ne te serais pas ainsi pétrifié, tout seul [2] ! »

## 254

Du même.

Alors que dans toutes tes danses tu respectais la légende, pour une, tu as négligé dans l'action une chose très importante, et tu nous a profondément choqués [3]. En dansant Niobé, tu étais comme pierre ! Par contre, quand tu étais Capanée, tu t'écroulas soudain [4].

Mais, dans le rôle de Canacé, quelle erreur ! Tu avais l'épée en mains, et tu es sorti de scène, vivant [5] ! Quelle infidélité à l'histoire [6] !

## 255

DE PALLADAS

Memphis le camard a dansé Daphné et Niobé [7]. Daphné, comme s'il était de bois, Niobé comme s'il était de pierre...

1. Les deux premiers vers s'inspirent du même thème lucillien que l'épigramme 246; le vers 3 est emprunté à l'*Odyssée*, XIX, 163. Partant donc d'un thème qui lui est familier et en transposant de manière comique un vers épique, ce n'est qu'au vers 4 que le poète révèle que cette rigidité concerne un danseur; n'est-ce pas le pire défaut qu'on puisse lui reprocher? Ici, il confine à l'immobilité.

2. Les deux distiques se suffisaient à eux-mêmes. Lucillius veut chercher la cause de ce manque de talent; le nom de Niobé lui suggère une deuxième plaisanterie : une telle rigidité ne peut être que la conséquence d'une colère divine (voir XI, 246).

3. Dans la pantomime, comme au théâtre, les rôles féminins étaient tenus par des hommes. Voir O. Weinreich, *Epigramm und Pantomimus*, 1948, p. 82-97. Il semble, à première vue, que le poète ne fasse qu'une seule critique au danseur. En fait, la critique est constante; dans le rôle pathétique de Niobé qui exigeait grâce et souplesse, il est de pierre; dans le rôle de Capanée, c'est la chute à contre-temps (voir XI, 316, et L. Robert, *op. cit.*, p. 256).

Ἠ γὰρ ἀπὸ δρυὸς ἐσσὶ παλαιφάτου ἢ ἀπὸ πέτρης,
  ὀρχηστής, Νιόβης ἔμπνοον ἀρχέτυπον·
ὥστε με θαυμάζοντα λέγειν ὅτι· « Καὶ σύ τι Λητοῖ
  ἤρισας· οὐ γὰρ ἂν ἧς αὐτομάτως λίθινος. »

3 Ἠ edd. : ἡ P ἢ Plan. ‖ ἀπὸ — πέτρης hab. Hom., *Od.*, XIX, 163 ‖ 6 ἧς Plan. : ᾗ P J. Lascaris ed. 1494 om. D ‖ αὐτομάτως P C : αὐτόματος Plan.

## 254

### Τοῦ αὐτοῦ.

Πάντα καθ' ἱστορίην ὀρχούμενος, ἓν τὸ μέγιστον
  τῶν ἔργων παριδὼν ἠνίασας μεγάλως.
Τὴν μὲν γὰρ Νιόβην ὀρχούμενος ὡς λίθος ἔστης,
  καὶ πάλιν ὢν Καπανεὺς ἐξαπίνης ἔπεσες·
ἀλλ' ἐπὶ τῆς Κανάκης ἀφυῶς, ὅτι καὶ ξίφος ἦν σοι
  καὶ ζῶν ἐξῆλθες· τοῦτο παρ' ἱστορίην.

Plan., $II^a$, 38, 2. — 4 ἔπεσες Plan. : ἔπεσε P.

## 255

### ΠΑΛΛΑΔΑ

Δάφνην καὶ Νιόβην ὠρχήσατο Μέμφις ὁ σιμός,
  ὡς ξύλινος Δάφνην, ὡς λίθινος Νιόβην.

Lemme : εἰς ἀφυῆ ὀρχηστήν E.

Plan., $II^a$, 38, 3; $E^F$,39; $E^P$,38; $E^R$,43; $S^s$,65; $S^p$,20; Cramer, *Anecd. gr.*, p. 377; bis scriptum in P, hic ($P^a$) et post *Ep.* 441 scribae $\Sigma^\pi$ manu ($P^b$). — Tit. Παλλαδᾶ P Plan. : om. ES ‖ 1 ὠρχήσατο P Plan. $S^s$ : ὀρχήσατο $ES^p$ ‖ Μέμφις *m* : πέτρος $P^b$ ‖ 2 ὡς *m* : ὧς E.

## 256

### DE LUCILLIUS

On raconte que tu prends des bains prolongés, Héliodora, vieille centenaire qui n'es pas encore à la retraite [1] ! Pourtant je connais la raison de ta conduite : ainsi que l'antique Pélias [2], tu espères rajeunir dans ce bouillon !

## 257

### Du même.

Diophante vit en songe le médecin Hermogénès [3] : il ne se réveilla plus. Et pourtant il portait une amulette !

## 258

### Du même.

Au dieu qui protège Pise [4], Aulus le pugiliste offre son crâne, après en avoir recueilli les os un par un. Et s'il revient vivant des Jeux Néméens, ô Seigneur Zeus, bientôt il y ajoutera les vertèbres qui lui restent encore...

1. L'expression καταλυομένην peut signifier que la vieille n'a pas encore cessé de vivre; il semble plutôt que l'on fasse allusion au métier exercé par Théodora et qu'elle ne veut pas abandonner.

2. Allusion au chaudron dans lequel, sur les conseils de Médée, les filles de Pélias, d'Iolcos en Thessalie, firent bouillir leur père, sous prétexte de le rajeunir.

3. Il ne semble pas que l'on puisse reconnaître en cet Hermogénès le médecin de Smyrne, fils du médecin Charidémos, qui vécut à la fin du Ier siècle. Mais Lucillius prend aussi à partie cet Hermogénès dans l'épigramme XI, 131, et Nicarque de même (XI, 114). Fut-il aussi ce petit homme poilu dont se moque Lucillius (XI, 190, 89)? Mais on a déjà dit que les personnages lucilliens semblent le plus souvent fictifs. Sur le même thème, voir Martial, VI, 53. Cette épigramme semble déclassée et devrait se trouver dans le groupe des médecins : **112-126**.

## 256

## ΛΟΥΚΙΛΛΙΟΥ

Λούεσθαί σε λέγουσι πολὺν χρόνον, Ἡλιοδώρα,
γραῖαν ἐτῶν ἑκατὸν μὴ καταλυομένην.
Πλὴν ἔγνωκα τίνος ποιεῖς χάριν· ὡς ὁ παλαιὸς
ἐλπίζεις Πελίας ἑψομένη νεάσαι.

Lemma B : εἰς γραῖαν P^mg.
Plan., II^a, 9, 7. — Tit. Λουκιλλίου Plan. : λουκίλλου P ‖ 4 ἑψομένη Plan. : ἐψομ- P.

## 257

## Τοῦ αὐτοῦ.

Ἑρμογένη τὸν ἰατρὸν ἰδὼν Διόφαντος ἐν ὕπνοις
οὐκέτ' ἀνηγέρθη, καὶ περίαμμα φέρων.

Lemma B : εἰς ἰατρόν P^mg.
Plan., II^a, 22, 16. — Tit. Τοῦ αὐτοῦ P : λουκιλλίου Plan. ‖ 2 καὶ περίαμμα P Plan.^pc : καίπερ ἴαμμα Plan.^ac

## 258

## Τοῦ αὐτοῦ.

Τῷ Πίσης μεδέοντι τὸ κρανίον Αὖλος ὁ πύκτης,
ἓν καθ' ἓν ἀθροίσας ὀστέον, ἀντίθεται.
Σωθεὶς δ' ἐκ Νεμέας, Ζεῦ δέσποτα, σοὶ τάχα θήσει
καὶ τοὺς ἀστραγάλους τοὺς ἔτι λειπομένους.

Lemma B : εἰς Αὖλον πύκτην P^mg.
Plan., II^a, 1, 10. — Tit. Τοῦ αὐτοῦ nos : λουκιλλίου Plan. λουκίλλου P.

## 259

Du même.

Tu possèdes un cheval thessalien [1], Érasistrate; mais le faire bouger, tous les breuvages de toute la Thessalie ne le pourraient. En vérité, c'est un cheval de bois ! Et si tous les Phrygiens l'avait traîné, unis aux Danaens, ils n'auraient pas réussi à lui faire franchir les Portes Scées ! Ce cheval, si tu m'en crois, place-le comme offrande à quelque dieu, et de son orge, fais de la tisane pour tes enfants !

## 260

Anonyme.

Cet « **οὐλεύειν** » tu l'as depuis longtemps. Mais le **B** initial, je ne le reconnais pas; jadis, on écrivait avec **Δ** [2]...

## 261

Anonyme.

Oui, il est bien rangé le fils de Patricius, lui qu'une passion contre nature écarte de tous ceux de son âge [3].

1. Les chevaux des plaines de Thessalie possédaient une vieille renommée. Quant aux breuvages, ils peuvent être autant des remèdes connus des éleveurs thessaliens que des potions magiques destinées à doper les chevaux, car la Thessalie était célèbre pour ses magiciens (voir V, 205 et notes). L'indifférence de ce coursier le fait comparer au cheval de Troie qui était de bois, δούριον; mais, cette fois, Grecs et Troyens devront s'unir pour le faire entrer à Troie; sans résultat toutefois. Le même mot σαλεῦσαι a été employé par Lucillius pour un tremblement de terre (XI, 83); c'est aussi un terme du stade. Pour le trait final : qu'on fasse de ce cheval une offrande et de son orge une tisane, voir L. Robert, *op. cit.*, p. 257 et 274; *Hellenica* XI-XII, p. 340 et suiv.

## 259

### Τοῦ αὐτοῦ.

Θεσσαλὸν ἵππον ἔχεις, Ἐρασίστρατε, ἀλλὰ σαλεῦσαι
οὐ δύνατ' αὐτὸν ὅλης φάρμακα Θεσσαλίης,
ὄντως δούριον ἵππον, ὃν εἰ Φρύγες εἷλκον ἅπαντες
σὺν Δαναοῖς Σκαιὰς οὐκ ἂν ἐσῆλθε πύλας·
ὃν στήσας ἀνάθημα θεοῦ τινος, εἰ προσέχεις μοι,
τὰς κριθὰς ποίει τοῖς τεκνίοις πτισάνην.

Lemma B : εἰς τινὰ ἔχοντα ἵππον ἀργόν in textu P. Plan., II[a], 23, 1, hoc carmen in margine inferiore sicut praetermissum a Planude est collocatum. — Tit. τοῦ αὐτοῦ Jacobs : Λουκιλλίου *m* ‖ **2** δύνατ' P Plan.[pc] : δύναται Plan.[ac] ‖ **4** ἐσῆλθε Plan. : εἰσηλθε P.

## 260

### Ἄδηλον.

Τοῦτο τὸ « οὐλεύειν » εἶχες πάλαι· ἀλλὰ τὸ βῆτα
οὐκ ἐπιγινώσκω· δέλτα γὰρ ἐγράφετο.

Plan., II[a], 16, 1. — Tit. Ἄδηλον *m* : Palladae n.l. cur trib. Franke et Zerwes ‖ **1** οὐλεύειν Brunck : βουλεύειν *m* ‖ πάλαι ; sic interp. Boissonade.

## 261

### Ἄδηλον.

Υἱὸς Πατρικίου μάλα κόσμιος, ὃς διὰ Κύπριν
οὐχ ὁσίην ἑτάρους πάντας ἀποστρέφεται.

Plan., II[b], 3, 6. — Tit. Ἄδηλον P : om. Plan. at Palladae etiam trib. Franke necnon Zerwes et Stadtmüller.

## 262

ANONYME.

Alors qu'elle brille dans le ciel durant la nuit, de tout jeunes garçons de la ville de Pharos [1] entraînent Sélénè, fendue en son milieu !

## 263

DE PALLADAS

Se dressant, dans un songe, devant le comédien Paulus, Ménandre lui dit : « Je ne te fais aucun tort, mais toi tu nuis à ma réputation [2] ! »

## 264

DE LUCILLIUS

En songe, Hermon l'avare fit une dépense. En l'excès de son chagrin, il se pendit [3] !

## 265

DU MÊME.

Si on lève une armée contre les sauterelles ou contre les taons, contre les souris ou la cavalerie des puces ou des grenouilles, alors redoute, toi, Gaius [4], que quelqu'un ne t'enrôle, comme un homme apte à combattre de tels ennemis.

1. A première vue, il s'agit d'une cérémonie magique bien connue, faire descendre la Lune, mère des magiciennes, de Circé et de Médée entre autres, pour se la rendre favorable (Théocrite, *Id.*, II). La cérémonie avait lieu lorsque l'astre nocturne était divisé ἄνδιχα τεμνομένην, c'est-à-dire en son premier ou dernier quartier (voir Diod. Sic., III, 2, 1516; Lucien, *Icaroménippe*, 20). Ces pratiques magiques datent de l'époque hellénistique. Mais c'étaient normalement des

## 262

### Ἄδηλον.

Αἰθερίην διὰ νύκτα νέοι κατάγουσι Σελήνην
ἠΐθεοι Φαρίης ἄνδιχα τεμνομένην.

2 τεμνομένην Jacobs. : τεμνομέναν P.

## 263

### ΠΑΛΛΑΔΑ

Παύλῳ κωμῳδῷ κατ' ὄναρ στὰς εἶπε Μένανδρος·
« Οὐδὲν ἐγὼ κατὰ σοῦ, καὶ σὺ κακῶς με λέγεις. »

Plan., IIª, 29, 1. — Hoc distichon in Planudis sectione εἰς κωμῳδόν est unicum.

## 264

### ΛΟΥΚΙΛΛΙΟΥ

Ποιήσας δαπάνην ἐν ὕπνοις ὁ φιλάργυρος Ἕρμων
ἐκ περιωδυνίας αὑτὸν ἀπηγχόνισεν.

Lemma B : εἰς φιλάργυρον $P^{mg}$.
Plan., IIª, 50, 18. — 2 αὑτὸν Plan. : αὐτὸν P.

## 265

### Τοῦ αὐτοῦ.

Εἰ μὲν ἐπ' ἀττελάβους ἄγεται στρατὸς ἢ κυνομυίας
ἢ μύας ἢ ψυλλῶν ἱππικὸν ἢ βατράχων,
Γάϊε, καὶ σὺ φοβοῦ μὴ καί σέ τις ἐγκαταλέξῃ,
ὡς ἂν τῆς τούτων ἄξιον ὄντα μάχης.

Lemma B : εἰς λεπτόν $P^{mg}$.
Plan., $II^b$, 16, 3. — Tit. Τοῦ αὐτοῦ P : om. Plan. ‖ 2 μύας Badius Ascensius : μυίας *m* ‖ 3 ἐγκαταλέξῃ Plan. : καταλέξῃ P.

Mais, si c'est une armée d'hommes courageux qu'on est en train de lever, alors amuse-toi à autre chose; il n'y a aucune guerre entre Romains et grues !

## 266

Du même.

Le miroir de Démosthénis est menteur. Si elle voyait la vérité, elle n'aurait absolument plus aucun désir de le regarder [1] !

## 267

Anonyme.

Tu n'as pas besoin de règle à mesurer, toi, le géomètre, et tu ne t'en soucies guère. Quelle chance pour toi, ce nez de trois coudées [2]...

## 268

D'AMMIEN

Proclos, de la main, ne peut se moucher : il a la main plus petite que le nez ! Et il ne dit pas « Zeus, sauve-moi » quand il éternue [3]; il ne l'entend pas ce nez; il est bien trop loin de son oreille !

femmes qui se livraient à ces pratiques. La présence des jeunes hommes prouve que l'épigramme a un autre sens, érotique. Une nuit, de jeunes hommes d'Alexandrie, la ville de l'îlot de Pharos justement célèbre, ont fait débarquer, κατάγειν, on ne sait d'où une femme, Séléné, qui, ἄνδιχα τεμνομένην, n'est qu'une courtisane qui se laisse traverser.

1. Dans l'épigramme XI, 76, Lucillius décrit le dégoût qu'éprouve devant son miroir le lutteur au visage ravagé.

2. Κερκίς c'est normalement la *navette*. Ici, c'est la baguette à mesurer, l'équivalent de notre mètre. Les autres épigrammes sur les longs nez figuraient dans la section εἰς αἰσχρούς, 196-203.

3. L'éternuement pouvait être de mauvais présage (voir XI, 375), et provoquait l'appel à la protection divine. Cette épigramme que Planude attribue à Ammien devrait se trouver dans le groupe 198-200.

Εἰ δ' ἀρετῆς ἀνδρῶν ἄγεται στρατός, ἄλλο τι παῖζε·
'Ρωμαίοις γ' οὐδεὶς πρὸς γεράνους πόλεμος.

**5** ἄλλο τι παῖζε P lacuna : fere XII litt. relicta om. PLAN. ἀτρέμας ἧσο suppl. Aldus Manutius ed. 1521 ‖ **6** γ' Buffière : δ' P om. PLAN.

## 266

### Τοῦ αὐτοῦ.

Ψευδὲς ἔσοπτρον ἔχει Δημοσθενίς· εἰ γὰρ ἀληθὲς
ἔβλεπεν, οὐκ ἂν ὅλως ἤθελεν αὐτὸ βλέπειν.

Lemma B : εἰς αἰσχρόν P$^{mg}$.
PLAN., II$^{a}$, 13, 9. — Tit. Λουκιλλίου PLAN. : Λουκίλλου P ‖ **1** ἔσοπτρον PLAN. : ἔσωπτρον P ‖ Δημοσθενίς PLAN. : -σθένης P.

## 267

### Ἄδηλον.

Κερκίδος οὐ χρῄζεις ὁ λογιστικός, οὐδὲ μέλει σοι·
καὶ γὰρ ἀβασκάντως ῥῖνα τρίπηχυν ἔχεις.

PLAN., II$^{a}$, 13, 10. — Lucillio hoc distichon tribuit Franke.

## 268

### ΑΜΜΙΑΝΟΥ

Οὐ δύναται τῇ χειρὶ Πρόκλος τὴν ῥῖν' ἀπομύσσειν,
τῆς ῥινὸς γὰρ ἔχει τὴν χέρα μικροτέρην·
οὐδὲ λέγει· « Ζεῦ σῶσον », ἐὰν πταρῇ· οὐ γὰρ ἀκούει
τῆς ῥινός· πολὺ γὰρ τῆς ἀκοῆς ἀπέχει.

PLAN., II$^{a}$, 13, 11. — Tit. Ἀμμιανοῦ PLAN. consentit Sakolowski : om. P Lucillio hoc carmen tribuit Franke uide notitiam p. 24 ‖ **3** πταρῇ D : πτάρῃ *m* ‖ **4** τῆς ἀκοῆς PLAN. : τὰς ἀκοὰς P.

## 269

<Anonyme>.

Moi, Héraclès, le fils glorieux de Zeus [1],
je ne suis pas Lucius. Mais on m'y oblige !

## 270

<Anonyme>.

A toi, on a dédié, ô Roi destructeur de l'Univers [2], cette statue de fer — c'est un métal bien plus vil que le bronze —, en retour des meurtres, de la mortelle indigence, de la famine, de la colère qui ont provoqué notre ruine, conséquence de ton amour de l'argent !

## 271

<Anonyme>.

Tout près de la statue de Scylla, on a placé, cruelle Charybde, ce farouche et féroce Anastase. Toi aussi, ô

1. Le premier vers est emprunté à une inscription iambique d'un temple d'Héraclès :

Ὁ τοῦ Διὸς παῖς καλλίνικος Ἡρακλῆς
ἐνθάδε κατοικεῖ· μηδὲν εἰσίτω κακόν.

Diogène Laërce qui la cite (VI, 50) montre l'usage parodique qu'en avaient fait à la fois un jeune marié en inscrivant ce texte sur la porte de la chambre conjugale, et Diogène de Sinope en ajoutant la mention : μετὰ τὸν πόλεμον ἡ συμμαχία. Ce distique, l'auteur de l'épigramme le parodie de nouveau et propose, semble-t-il, une nouvelle dédicace pour une statue colossale d'Héraclès auquel l'épithète de καλλίνικος était rituellement attribuée. Au IIe siècle, en effet, l'empereur Lucius Commodus Hercules avait remplacé la tête de cet Héraclès par la sienne, et une nouvelle dédicace avait été donnée à l'œuvre d'art. C'est sans doute à cette occasion que fut composée cette épigramme où l'auteur se moqua de ce travestissement.

A l'époque chrétienne, suivant le lemme, on aurait fait de cette statue une représentation de l'évangéliste Luc ou de saint Lucius. Dübner le conteste et voit dans ἁγίου une mélecture de l'abréviation de Αὐγούστου.

## 269

### ⟨Ἀδέσποτον⟩.

Ὁ τοῦ Διὸς παῖς καλλίνικος Ἡρακλῆς
οὐκ εἰμὶ Λούκιος, ἀλλ' ἀναγκάζουσί με.

Lemma B : εἰς ναὸν τοῦ Ἡρακλέους γενόμενον τοῦ ἁγίου Λουκίου in textu P.

Diog. Cynic., *ep.* 36 (ed. Hercher); Diog. Laert., VI, 50; Kaibel, *Epigr.* 1138 ex *Insc. Pomp.* C.I.L., IV, 733. — Tit. Ἀδέσποτον add. nos ‖ 2 οὐκ — με P : ἐνθάδε [ἐνθάδαι Kaibel] κατοικεῖ μηδὲν εἰσίτω [εἰσειαίτω Kaibel] κακόν Diog. Laert. Diog. Cyn. lapis ‖ Λούκιος e lemmate Brunck : λουκις P.

## 270

### ⟨Ἀδέσποτον⟩.

Εἰκόνα σοι, βασιλεῦ κοσμοφθόρε, τήνδε σιδήρου
ἄνθεσαν ὡς χαλκοῦ πολλὸν ἀτιμοτέρην
ἀντὶ φόνου πενίης τ' ὀλοῆς λιμοῦ τε καὶ ὀργῆς,
οἷς πάντα φθείρεις ἐκ φιλοχρημοσύνης.

Lemma B : εἰς εἰκόνα Ἀναστασίου βασιλέως ἐν τῷ Εὐρίπῳ [εὐρίπτῳ P] in textu P Plan.[mg].

Plan., IIa, 50, 19; Lydus, *De magistr.*, III, 46. — Tit. Ἀδέσποτον add. nos ‖ 2 ἄνθεσαν ὡς χαλκοῦ πολλὸν ἀτιμοτέρην *m* : στήσαμεν ὡς χαλκῆς οὖσαν ἀτιμοτέραν Lydus ‖ 3 τ' P : om. Plan. ‖ λιμοῦ *m* : λοιμοῦ Lydus ‖ 4 πάντα P : πάντας Plan. ‖ οἷς πάντα φθείρεις ἐκ φιλοχρημοσύνης *m* : ἣ πάντα φθειρέσει φιλοχρημοσύνη Lydus.

## 271

### ⟨Ἀδέσποτον⟩.

Ἐγγύθι τῆς Σκύλλης χαλεπὴν στήσαντο Χάρυβδιν,
ἄγριον ὠμηστὴν τοῦτον Ἀναστάσιον.

Lemma : εἰς τὸ αὐτὸ rubro atramento Plan.[mg].

Plan., IIa, 50, 20; Lydus, *de Magistr.* III, 46 qui praecedenti hoc carmen iunxit. — Tit. Ἀδέσποτον add. nos ‖ 1 γείτονα δὲ Σκύλλης ὀλοὴν ἀνέθεντο Χάρυβδιν praeb. Lydus ‖ 2 ὠμηστὴν Plan. : ὠμιστὴν P Lydus.

Scylla, redoute en ton âme qu'il ne te dévore, et ne fonde en menue monnaie ta divinité de bronze [1].

## 272

ANONYME.

Ils se sont refusé à être des hommes, sans devenir pour cela des femmes; ils ne sont pas des hommes, puisqu'ils acceptent le rôle des femmes et ils ne sont pas des femmes, puisque la nature leur a attribué le sexe des hommes. Ce sont des hommes pour les femmes, et pour les hommes des femmes [2] !

## 273

⟨DE PALLADAS⟩

Boiteux, tu l'es, d'esprit comme de jambe ! Oui, en vérité, ton être intime est à l'image de ton physique [3]...

## 274

DE LUCIEN

Dis-moi, je te le demande, fils du Cyllène [4], comment l'âme de Lollianus est-elle descendue dans la maison de Perséphone? Ce serait un miracle qu'elle l'eût fait en silence ! Par hasard, n'a-t-il pas voulu, à toi aussi, donner quelque enseignement? Quel poison que de le rencontrer même mort !

1. Le monstre du détroit de Messine était souvent représenté sous l'aspect d'une femme dont l'aine s'allongeait en forme de six chiens féroces. L'évocation de Scylla appelle évidemment celle de Charybde, autre monstre dévorant auquel Ulysse échappa difficilement et qui caractérise singulièrement cet empereur Anastase qui ne craignit pas de fondre les œuvres d'art pour satisfaire son avarice et pour ériger sa propre statue sur la fameuse colonne élevée par Théodose sur le *Forum Tauri*. Cette statue d'argent fut probablement détruite lors du soulèvement de 512 (R. Janin, *Constantinople byzantine*, p. 81). On peut donc supposer que ces statues d'Anastase et de Scylla se trouvaient sur le même forum (*ibid.*, p. 64).

Δείδιθι καὶ σύ, Σκύλλα, τεαῖς φρεσὶ μὴ σὲ καὶ αὐτὴν
βρώξῃ, χαλκείην δαίμονα κερματίσας.

## 272

### Ἄδηλον.

Ἀνέρας ἠρνήσαντο καὶ οὐκ ἐγένοντο γυναῖκες·
οὔτ' ἄνδρες γεγάασιν, ἐπεὶ πάθον ἔργα γυναικῶν,
οὔτε γυναῖκες ἔασιν, ἐπεὶ φύσιν ἔλλαχον ἀνδρῶν.
Ἀνέρες εἰσὶ γυναιξί, καὶ ἀνδράσιν εἰσὶ γυναῖκες.

Lemma B : εἰς κιναίδους P[mg].
Plan., IIa, 5, 2. — Tit. ἄδηλον nos : τοῦ αὐτοῦ hoc carmine post *Ep.* 216 Lucillii transposito Plan. om. PC ‖ **3** οὔτε P : οὐδὲ Plan.

## 273

### ⟨ΠΑΛΛΑΔΑ⟩

Χωλὸν ἔχεις τὸν νοῦν, ὡς τὸν πόδα· καὶ γὰρ ἀληθῶς
εἰκόνα τῶν ἐντὸς σὴ φύσις ἐκτὸς ἔχει.

Lemma B : εἰς χωλόν P[mg].
Plan., IIa, 53, 1; Ss,66; Sp,15; Cramer *Anecd. gr.* p. 377. — Tit. Παλλαδᾶ add. C ex τοῦ αὐτοῦ sc. Palladae carmine post *Ep.* 430 transposito Plan. om. P ‖ **2** εἰκόνα Plan. : εἰκόνας PS ‖ σὴ φύσις ἐκτὸς ἔχει Plan. : ἡ φύσις ἔξω φέρει repugnante metro PS.

## 274

### ΛΟΥΚΙΑΝΟΥ

Εἰπέ μοι εἰρομένῳ, Κυλλήνιε, πῶς κατέβαινεν
Λολλιανοῦ ψυχὴ δῶμα τὸ Φερσεφόνης;
Θαῦμα μέν, εἰ σιγῶσα· τυχὸν δέ τι καὶ σὲ διδάσκειν
ἤθελε. Φεῦ, κείνου καὶ νέκυν ἀντιάσαι.

Plan., IIa, 43, 11. — **1** εἰπέ μοι εἰρομένῳ hab. Hom., *Od.*, XV, 263 ‖ κατέβαινεν P : κατέδυνε Plan.

## 275

### D'APOLLONIUS LE GRAMMAIRIEN [1]

Callimaque, l'être abject, le plaisantin, le cabochard [2]. A l'origine de ce jugement [3]? Celui qui écrivit les « Origines », de Callimaque !

## 276

### DE LUCILLIUS

Alors qu'un jour on l'avait jeté en prison, Marcus le paresseux répugnait à sortir : de lui-même, il avoua un meurtre [4]...

## 277

### Du même.

Une nuit, Marcus le paresseux eut un songe : il courait... Il ne se rendormit [5] plus, de peur de courir, encore une fois !

1. On a voulu attribuer cette épigramme à Appollonius de Rhodes. Ce serait, dit Wilamowitz (*Hellen. Dichtung*, 1924, 2, 97), la réponse à la question τί ἂν εἴποι 'Απολλώνιος ἐκπίπτων ἐξ 'Αλεξανδρείας; On connaît, en effet, la querelle qui, suivant une tradition, opposa Apollonius et Callimaque, son maître, bien que l'auteur de la *Vita II* assure qu'Apollonius désira être enterré près de Callimaque. On a eu tort de voir dans ces vers une épigramme injurieuse d'Apollonius de Rhodes, et même de l'attribuer à l'auteur des *Argonautiques*; c'est plutôt l'œuvre d'un grammairien appelé Apollonius (D. M. Lievin, *Apollonia Minora* dans *Trans. and Proced. Amer. Philol.*, XCIII (1962) p. 154-163). Sur la thèse contraire et ses défenseurs, voir A. Couat, *La poésie alexandrine*, p. 504.

2. Pour l'interprétation de ce vers, A. Rose (*Handbook of greek Litt.*, p. 325) et W. R. Paton (ed. Loeb, p. 194) ont repris la thèse de M. Croiset (*Hist. Litt. grecque*, V, p. 211, note 5) : c'est une plaisanterie de philologue. Le premier vers cite des termes rares employés par Callimaque qui auraient été ras-

## 275

## ΑΠΟΛΛΩΝΙΟΥ ΓΡΑΜΜΑΤΙΚΟΥ

Καλλίμαχος τὸ κάθαρμα, τὸ παίγνιον, ὁ ξύλινος νοῦς·
αἴτιος ὁ γράψας Αἴτια Καλλιμάχου.

Plan., I$^b$, 37, 2 et II$^b$, 19, 4; bis in P scriptum, hic (P$^a$) et in margine *Ep.*, VII, 43 manu recentiore (P$^b$); *Matrit. gr.* 24 (Ir., 90, 7); Eustathius, *Ad Od.*, I, 349 (1422, 30). — Tit. Ἀπολλωνίου γραμματικοῦ P$^a$ : Ἀπολλώνιος ὁ Ῥόδιος P$^b$ om. Plan. S ‖ **1** om. Eust. ‖ **2** Καλλιμάχου *m* Eust. : Καλλίμαχος P$^b$.

## 276

## ΛΟΥΚΙΛΛΙΟΥ

Εἰς φυλακὴν βληθείς ποτε Μάρκος ὁ ἀργός ἑκοντί
ὀκνῶν ἐξελθεῖν ὡμολόγησε φόνον.

Plan., II$^a$, 37, 1. — Tit. Λουκιλλίου Brunck : Λουκίλλου P τοῦ αὐτοῦ hoc carmine post *Ep.* 234 transposito Plan.

## 277

## Τοῦ αὐτοῦ.

Τῆς νυκτὸς τροχάσας ἐν ὕπνοις ποτὲ Μάρκος ὁ ἀργός
οὐκέτ' ἐκοιμήθη μὴ πάλι που τροχάσῃ.

Lemma : εἰς ἀργόν E.
Plan., II$^a$, 37, 2; E$^R$,9; E$^{FP}$,5. — Tit. Τοῦ αὐτοῦ *m* : om. E ‖ **2** πάλι metri causa e codice N Jacobs : πάλιν *m*.

## 278

Du même.

Hors de chez toi, tu enseignes les malheurs de Pâris et de Ménélas. Mais, en ta demeure, ils sont nombreux les Pâris de ton Hélène [1]...

## 279

Du même.

Aucun grammairien ne peut jamais être ⟨placide⟩ [2] : les premiers mots qu'il rencontre sont : colère, rancune, ressentiment [3].

## 280

DE PALLADAS

Mieux vaut passer en jugement devant Hégémon, le bourreau des pirates, que de tomber dans les mains de Gennadius, le chirurgien ! L'un, en faisant son devoir, dépèce [4] les assassins. L'autre reçoit son salaire pour vous dépêcher aux Enfers !

semblés dans un lexique ou une glose alphabétique : κάλλυσμα· τὸ κάθαρμα - καλο...· τὸ παίγνιον - καλόπους· ὁ ξύλινος πούς (forme de bois pour les chaussures) dont on aurait fait ξύλινος νοῦς. On aurait transformé l'énumération plaisante de ces *hapax* en une satire avec ce sens injurieux : « Callimaque, immondices, hochet, tête de bois ».

1. Le mot *κακά* peut signifier les malheurs que provoquèrent Pâris et Ménélas, aussi bien que ceux qu'ils subirent. Le lemme κερασφόρον, *qui porte des cornes*, est suffisamment évocateur. Il semble qu'on le trouve ici pour la première fois avec ce sens. Voir XI, 5.

2. Les conjectures diverses pour pallier cette lacune expriment de *bonnes dispositions* (ἄρτιος), *la modération* (μέτριος), *le bonheur* (ὄλβιος), alors qu'il s'agit d'un antonyme de *colère*, de *rancune*. Nous suggérons ἤπιος..

## 278

### Τοῦ αὐτοῦ.

Ἔξω παιδεύεις Πάριδος κακὰ καὶ Μενελάου
  ἔνδον ἔχων πολλοὺς σῆς Ἑλένης Πάριδας.

Lemma B : εἰς γραμματικὸν κερασφόρον in textu P.
Plan., IIª, 10, 2 qui perperam inter εἰς γραμματικούς epigrammata inscr. — Tit. Τοῦ αὐτοῦ hoc carmine post *Ep.* 138 transposito Plan. : λουκιλλίου in textu P ‖ 2 πολλούς Plan. : πολλῆς P.

## 279

### Τοῦ αὐτοῦ.

Οὐδεὶς γραμματικῶν δύναταί ποτε ⟨ἤπιος⟩ εἶναι,
  ὀργήν, καὶ μῆνιν, καὶ χόλον εὐθὺς ἔχων.

Lemma : εἰς γραμματικόν Plan.
Plan., IIª, 10, 3. — Tit. Τοῦ αὐτοῦ sc. Lucillii *m* : Παλλαδᾶ ex H. Stephano Jacobs Dübner Franke et Zerwes ‖ 1 ἤπιος suppl. nos : lacunam fere V litt. reliquit Plan. ἄρτιος manu recentiore D J. Lascaris ed. 1494, μέτριος Jacobs ὄλβιος Zerwes.

## 280

### ΠΑΛΛΑΔΑ

Βέλτερον Ἡγέμονος ληστοκτόνου ἐς κρίσιν ἐλθεῖν,
  ἢ τοῦ χειρουργοῦ Γενναδίου παλάμας.
Ὃς μὲν γὰρ φονέας ὁσίως στυγέων κατατέμνει,
  ὃς δὲ λαβὼν μισθοὺς εἰς Ἀΐδην κατάγει.

Lemma B : εἰς Γεννάδιον χειρουργόν in textu P.
Plan., IIª, 22, 17. — 1 Ἡγέμονος Meineke : ἡγεμόνος *m* ‖ 2 παλάμας Plan. : παλάμαις P.

## 281

DU MÊME.

Lorsque Magnus arriva aux Enfers, Aidoneus [1] en tremblant s'exclama : « Il est venu pour rendre à la vie même les morts ! »

## 282

DU MÊME

Je me lamente non plus sur ceux qui ont quitté la douce lumière du jour, mais sur ceux qui vivent en une continuelle attente de la mort [2] !

## 283

DU MÊME.

« Que de choses colporte la foule ! Pourtant on ne peut exprimer par le verbe les variations de tes états d'âme. Or, à ton sujet, un point nous étonne, étrange, incroyable. D'où tenais-tu, au milieu de tes vols, ces larmes toujours prêtes? ». Venu du pays de Chalcis [3],

1. Aidoneus est le nom qu'Homère donne à Hadès, le seigneur des Enfers (*Il.*, XX, 61). Le personnage de Magnus pose un problème de dates et d'attribution de cette épigramme. Si Palladas en est l'auteur, il peut s'agir de ce médecin qui vécut au IVe siècle et dont Eunopios de Sardes écrivit la biographie. (ed. Boissonade, I, p. 102 et 412). Mais il est un autre Magnus auquel est due l'épigramme *A.Pl.*, 270 : il reconnaît à Gallien, le médecin du IIe siècle, le même pouvoir de conférer l'immortalité que la présente épigramme attribue à Magnus. Où est l'imitation? On ne sait. L. Herrmann (*op. cit.*, p. 10-11) veut, avec Planude, attribuer l'épigramme à Lucillius; pour cela il conteste le lemme du *Palatinus* : il ne s'agirait pas d'un médecin, mais du frère de Crassus et de Pison Licinianus, qui s'occupait de nécromancie et mourut sur l'ordre de l'empereur Claude (Tacite, *Hist.*, 48, 1).

## 281

### Τοῦ αὐτοῦ.

Μάγνος ὅτ' εἰς Ἀΐδην κατέβη, τρομέων Ἀϊδωνεὺς
εἶπεν· « Ἀναστήσων ἤλυθε καὶ νέκυας. »

Lemma B : εἰς Μάγνον ἰατροσοφίστην in textu P Plan.[mg]
Plan., I[a], 38, 5. — Tit. Τοῦ αὐτοῦ sc. Palladae in textu P : Λουκιλλίου Plan. uide notitiam p. 24 ‖ 1 Μάγνος P : Μάγνον Plan. ‖ 2 ἤλυθε Plan. : ἦλθε P.

## 282

### Τοῦ αὐτοῦ.

Τοὺς καταλείψαντας γλυκερὸν φάος οὐκέτι θρηνῶ,
τοὺς δ' ἐπὶ προσδοκίῃ ζῶντας ἀεὶ θανάτου.

Lemma : εἰς ἀεὶ νοσοῦντα Plan.
Plan., I[a], 38, 6. — Tit. Τοῦ αὐτοῦ sc. Palladae e Sakolowski, Franke Zerwes Linnenkugel : post *Ep.* 281 sc. Lucillii Plan. paragrapho tantum in initio praetermissa hoc distichon a praecedenti seiungens om. P.

## 283

### Τοῦ αὐτοῦ.

Πολλοὶ πολλὰ λέγουσιν, ὅμως δ' οὐ πάντα δύνανται
ῥήμασιν ἐξειπεῖν ῥεύματα σῶν παθέων·
ἓν δ' ἐπὶ σοῦ παράδοξον ἐθαυμάσαμεν καὶ ἄπιστον,
δάκρυα πῶς κλέπτων εἶχες ἑτοιμότατα.

Lemma B : εἰς Δαμόνικον [δημόνικον Plan.] ὕπαρχον in textu P Plan.[mg]
Plan., II[a], 20, 1. — Tit. : Τοῦ αὐτοῦ post *Ep.* VII, 688 Palladae trib. P : παλλαδᾶ Plan ‖ 3 σοῦ P : σοὶ Plan.

il a « dé...calcifié » notre ville par ses vols cet homme, et des vols accompagnés de larmes, qui n'étaient pas sans profit [1].

## 284

Du même.

De la terre des Lotophages [2] nous est venu un chef puissant, un Lycaon, un citoyen de Chalcis qui se fait Ant...iochien [3].

## 285

Du même.

Un autre trait de caractère, féminin, étrange et qui nous a bien étonnés : il pleurait tout en volant, dans sa pitié pour ceux qu'il volait, lui qui en volant voulait demeurer pur, et en demeurant pur dépouillait les autres. Il n'avait rien de propre, même son corps n'était pas sans crasse [4].

## 286

Du même.

Rien de pire qu'une femme, fût-elle belle ! Rien de pire qu'un esclave, fût-il beau [5] ! Et pourtant, oui, quel désir tu as de ces maux nécessaires... Penses-tu qu'un esclave ait de la sympathie pour son maître ? Ah ! le bon esclave, celui qui aurait les jambes cassées.

1. Le lemme donne le nom du personnage ainsi mis en cause, le préfet Damonicos qui administra la Grèce. Il faut relever les assonances et les répétitions de mots ῥήμασι/ῥεύματα, Χαλκίδος/ἀπεχάλκισε ; ce dernier mot est un *hapax* inventé pour répondre à χαλκίδος ; il a semblé normal d'inventer une expression du même genre, *décalcifier* pour dire : dépouiller de son argent. Ces larmes répandues par le voleur sont celles d'un faux repentir chez un personnage officiel qui feint d'être obligé, de par sa fonction, d'agir de la sorte et affiche des remords, tout en conservant l'objet de ses larcins.

Χαλκίδος ἐκ γαίης ἀπεχάλκισε τὴν πόλιν ἡμῶν,
κλέπτων, καὶ κλέπτων δάκρυσι κερδαλέοις.

6 καὶ κλέπτων P : καὶ κλαίων Plan.

## 284

### Τοῦ αὐτοῦ.

Ἐκ γῆς Λωτοφάγων μέγας ὄρχαμος ἦλθε Λυκάων
Χαλκίδος ἐκ γαίης ἀντιοχευόμενος.

Lemma B : εἰς τὸν αὐτόν P[mg].
Plan., II[a], 20, 2.

## 285

### Τοῦ αὐτοῦ.

Θηλυφανὲς παράδοξον ἐθαυμάσαμεν πάθος ἄλλο·
ἔκλαιεν κλέπτων, κλεπτομένους ἐλεῶν,
ὃς κλέπτων ἥγνευε καὶ ἁγνεύων ἀπεσύλα,
μηδὲν ἔχων καθαρόν, μηδὲ τὸ σῶμα ῥύπου.

Lemma B : εἰς τὸν αὐτόν P[mg] Plan.[mg]
Plan., II[a], 20, 3. — **1** ἄλλο Plan. : ἄλλως P ‖ **2** ἔκλαιεν P : ἔκλαιε Plan.

## 286

### Τοῦ αὐτοῦ.

Οὐδὲν γυναικὸς χεῖρον, οὐδὲ τῆς καλῆς:
δούλου δὲ χεῖρον οὐδέν, οὐδὲ τοῦ καλοῦ·
χρῄζεις ὅμως οὖν τῶν ἀναγκαίων κακῶν.
Εὔνουν νομίζεις δοῦλον εἶναι δεσπότῃ;
Καλὸς δ' ἂν εἴη δοῦλος ⟨ὁ⟩ τὰ σκέλη κλάσας.

**1-2** Menander, *Monost.*, 413 et 133 hab. ‖ **5** ὁ add. Jacobs.

## 287

Du même.

Le malheureux époux d'une femme sans beauté, allumât-il sa lampe, le soir venu, ne voit que ténèbres [1].

## 288

Du même.

Un barbier et un tailleur, en une rixe, se trouvaient face à face; et bientôt les poinçons triomphent du rasoir [2] !

## 289

Du même.

Oh ! le vol [3] précipité de notre existence !
Un homme, un usurier, selon les échéances, calculait les intérêts [4] et, dans le court espace d'un instant, le voilà mort. Sur ses doigts [5], il les étreignait encore, ses intérêts [6].

## 290

Du même.

Sur son appareil à compter [7] un homme faisait courir ses doigts; mais la mort lui régla son compte et prématurément, l'envoya vers l'Hadès. L'appareil est toujours

1. Parodie du vers 419 de l'*Œdipe-Roi* : βλέποντα σκότον de l'oracle de Tirésias. Le premier vers apparaît à Dübner entaché d'un solécisme qui met en question la tradition du texte, puisque δυστυχεῖν est intransitif. Comme dans la précédente et dans l'épigramme XI, 289, on trouve ici le trimètre iambique.

2. Plaisanterie à propos d'un barbier dont les rasoirs sont habituellement émoussés.

## 287

### Τοῦ αὐτοῦ.

Ὁ τὴν γυναῖκα τὴν ἄμορφον δυστυχῶν
λύχνους ἀνάψας ἑσπέρας σκότος βλέπει.

Plan., II$^a$, 13, 12. — Tit. Τοῦ αὐτοῦ P : Παλλαδᾶ Plan. ‖ 2 λύχνους Plan. : λύχνον P repugnante metro.

## 288

### Τοῦ αὐτοῦ.

Κουρεὺς καὶ ῥαφιδεὺς κατεναντίον ἦλθον ἀγῶνος,
καὶ τάχα νικῶσιν τὸ ξυρὸν αἱ ῥαφίδες.

Lemma B : εἰς τραγῳδούς perperam P$^{mg}$ : εἰς κουρέας Plan.
Plan., II$^b$, 14, 1. — Tit. Τοῦ αὐτοῦ P : om. Plan. ‖ 1 ῥαφιδεύς Plan. : ῥαφίδας P ‖ 2 τὸ P : τὸν Plan.

## 289

### Τοῦ αὐτοῦ.

Ὢ τῆς ταχίστης ἁρπαγῆς τῆς τοῦ βίου·
ἀνὴρ δανειστής, τῶν χρόνων γλύφων τόκους,
τέθνηκεν εὐθὺς ἐν ῥοπῆς καιρῷ βραχεῖ,
ἐν δακτύλοισι τοὺς τόκους σφίγγων ἔτι.

Lemma B : εἰς τραπεζίτην P$^{mg}$.
Plan., II$^a$, 50, 10. — Tit. Τοῦ αὐτοῦ P : Παλλαδᾶ Plan. ‖ 1 ὢ Boissonade : ὦ P ‖ 3 ἐν ῥοπῆς altera manu nigro atramento P$^{pc}$ : ἐν ῥοπαῖς Plan.$^{ac}$ εὐρώπης P.

## 290

### Τοῦ αὐτοῦ.

Δακτυλικὴν ψῆφόν τις ἔχων πέρι δάκτυλα χειρῶν
ψήφῳ τοῦ θανάτου προὔλαβεν εἰς Ἀΐδην.

Lemma B : εἰς τὸν αὐτόν P$^{mg}$.
Plan., II$^a$, 50, 11. — 1 πέρι Jacobs : περὶ Plan. περι P.

là, mais privé de son comptable; son âme lui fut ravie [1] et s'en est allée loin d'ici.

## 291

Du même.

A notre cité quel service as-tu rendu en écrivant tes vers, en recevant tout cet or pour prix de tes calomnies, en vendant tes iambes, comme un marchand son huile [2]?

## 292

Du même.

Installé tout là-haut sur un char céleste, tu en es venu à désirer un char d'argent [3]... Oh! honte incommensurable! Tu étais naguère bien meilleur, et tu t'es ravalé bien bas. Reviens, regagne ton humble position; car maintenant, à cette hauteur, tu t'abaisses [4]!

1. Le mot ἁρπάγιμος n'est employé qu'une seule fois par Callimaque (*Déméter*, 9) et dans un sens identique : *sa fille lui fut enlevée.* Ici c'est l'âme de la machine!

2. D'après le lemme, cette diatribe s'adresserait à un poète Nicandre que l'on ne peut identifier et dont les méchants vers avaient fait la fortune. Déjà Martial attaquait ce genre de poètes (XII, 47) qui composaient des vers « en gros » comme le grossiste, ἔμπορος, s'oppose au détaillant, κάπηλος.

3. Tout est satire et antithèse dans cette épigramme. Au char céleste de la philosophie le personnage préfère ces chars (*auratus* ou *argenteus*) qui étaient prévus pour les magistrats par le code de Théodose (l. XIV, tit. 12). L'exclamation αἶσχος ἀπειρέσιον rappelle εὖχος ἀπειρέσιον qui était une formule employée dans les inscriptions pour louer les hauts fonctionnaires de l'empire (cf. L. Robert, *Hellenica*, IV, 94-99).

4. Le lemme nous renseigne sur le destinataire de l'épigramme, un philosophe qui, renonçant à la philosophie, avait accepté sous les règnes de Valens et Valentinien (374 ap. J.-C.) de devenir préfet d'une ville. Planude nous assure qu'il s'agit de Constantinople et que ce philosophe était Thémisthius de Paphlagonie, célèbre sophiste du IVe siècle et qui

Ζῇ δ' ἡ ψῆφος νῦν τοῦ ψηφίζοντος ἐρήμη,
ψυχῆς ἁρπαγίμης ἔνθεν ἐλαυνομένης.

3 ἐρήμη P : ἑταίρη PLAN.

## 291

### Τοῦ αὐτοῦ.

Τί ὠφέλησας τὴν πόλιν στίχους γράφων,
χρυσὸν τοσοῦτον λαμβάνων βλασφημίας,
πωλῶν ἰάμβους, ὡς ἔλαιον ἔμπορος;

Lemma B : εἰς Νίκανδρον P.
PLAN., II$^{b}$. 19, 5. — Tit. Τοῦ αὐτοῦ P : om. PLAN.

## 292

### Τοῦ αὐτοῦ.

Ἄντυγος οὐρανίης ὑπερήμενος ἐς πόθον ἦλθες
ἄντυγος ἀργυρέης· αἶσχος ἀπειρέσιον·
ἦσθά ποτε κρείσσων, αὖθις δ' ἐγένου πολὺ χείρων.
Δεῦρ' ἀνάβηθι κάτω, νῦν γὰρ ἄνω κατέβης.

Lemma B : εἴς τινα φιλόσοφον γενόμενον P$^{mg}$ ὕπαρχον πόλεως Βαλευτινιανοῦ καὶ Βάλεντος in textu P; εἰς Θεμίστιον τὸν φιλόσοφον γενόμενον ὑπαρχὸν Κωνσταντινπόλεως ἐπὶ Οὐαλεντινιανοῦ καὶ Οὐάλεντος rubro atramento PLAN.

PLAN., II$^{a}$, 52, 7; *Laurentiani*, 32-16 (27); 59-44 (p. 311); *Monacensis gr.* 330; THEOD. HYRTACENSIS, *ep.* 61; THEMISTIUS, *Orat.*, p. 634 (ed. Dindorf). — Tit. Παλλαδᾶ *m* : Themistio perperam tribuerunt THEOD. gl. THEM. ed.Ald. *schol. Wechel.* ‖ **1-2** om. *Laur.* 32-16 ‖ οὐρανίης *m* : αἰθερίης THEM. ‖ **3** ποτε *m* : κάτω THEM. THEOD. ‖ αὖθις δ' *m* : ἀναβὰς δ' THEM. THEOD. νῦν δ' *Laur.* 32-16; 59-44 ‖ πολὺ *m* : μέγα THEOD. ‖ χείρων *m* : χεῖρον P$^{ac}$.

## 293

Du même.

Olympios [1] m'avait promis un cheval : c'est une queue qu'il m'a apportée ; il y pendait une rosse, exténuée.

## 294

DE LUCILLIUS

Oui, tu possèdes les richesses d'un milliardaire, mais l'âme d'un mendiant... Oh ! le richard... pour ses héritiers ; mais pour toi-même, quel pauvre mendiant tu fais [2] !

## 295

DE PALLADAS [3]

Si tu as quelque Dionysos en tes demeures, enlève-lui son lierre, et couronne-le de feuilles de laitue [4] !

fut effectivement préfet et précepteur du fils de l'empereur, mais en 384, sous Théodose. De cette identification faite tardivement, nous avons encore pour preuve au XIVe siècle une lettre de Théodore Hyrtacène (*ep.* 61 dans l'édition La Porte du Theil, *Notices Bibl. Nat.* t. 6) et les scholies sur Thémistius lui-même (voir G. Dindorf, *Themistii orationes*, p. 634).

1. Si on en croit Rubensohn (*Crinagorae Mytilenaei epigrammata*) cet Olympios serait contemporain de Palladas, et on trouve dans une lettre de Synésios de Cyrène à Olympios une allusion à un cheval que, malgré sa promesse, l'évêque ne lui a pas envoyé (lettre 133). A-t-il inspiré Palladas?

2. Cette satire de l'homme riche, on la trouve aussi dans les épigrammes 166-168, mais elle est dirigée plus spécialement contre l'avarice. L'attribution à Lucien semble due à une mélecture (voir apparat critique), car la manière est bien de Lucillius.

3. L'attribution des manuscrits est contradictoire. Or si on compare à l'épigramme 396, on retrouvera l'inspiration de Lucien.

## 293

### Τοῦ αὐτοῦ.

Ἵππον ὑποσχόμενός μοι Ὀλύμπιος ἤγαγεν οὐράν,
ἧς ὀλιγοδρανέων ἵππος ἀπεκρέματο.

Lemma : εἰς χαρισάμενον τινὰ ἰσχνὸν ἵππον E.
Plan., II$^a$, 23, 2 in inferiore margine; $E^P$,39; $E^F$,40; $E^R$,44; *Laurentianus* 32-16 (28). — Tit. τοῦ αὐτοῦ sc. Palladae P : τοῦ αὐτοῦ sc. Lucillii hoc disticho post *Ep.* 259 transposito Plan. uide notitiam p. 22 ‖ **1** οὐράν PE : οὐρήν Plan. *Laurent.* ‖ **2** ὀλιγοδρανέων P Plan. : -δραμέων E.

## 294

### ΛΟΥΚΙΛΛΙΟΥ

Πλοῦτον μὲν πλουτοῦντος ἔχεις, ψυχὴν δὲ πένητος,
ὦ τοῖς κληρονόμοις πλούσιε, σοὶ δὲ πένης.

Plan., II$^a$, 50, 12; bis scriptum in P, hic ($P^a$) et post XI, 441 scribae $\Sigma^\pi$ manu ($P^b$); *Laurentianus* 32-16 (29). — Tit. Λουκιλλίου $P^a$ : Λουκιανοῦ ex uncialium ΛΛΙ et ΑΝ litt. confusione $P^b$ τοῦ αὐτοῦ post *Ep.* 290 Palladae tributum Plan. uide notitiam p. 22.

## 295

### ΠΑΛΛΑΔΑ

Εἴ τιν' ἔχεις Διόνυσον ἐνὶ μεγάροισι τεοῖσι,
τὸν κισσὸν ἀφελὼν θριδάκων φύλλοις στεφάνωσον.

Lemma B : εἰς οἶνον φαῦλον ἀποσταλέντα αὐτῷ in textu P : εἰς οἶνον φαυλότατον σταλέντα αὐτῷ Plan.$^{mg}$
Plan., II$^a$ 17, 1. — Tit. Παλλαδᾶ Plan. : τοῦ αὐτοῦ sc. Lucillii P uide notitiam p. 22 ‖ **1** sicut in Homero, *Od.*, I, 295 claudit uersus ‖ **2** repugnante metro uersus seruandus : alii alia.

## 296

DE TIMON [1]

Quel est cet homme qui, tel un bélier, parcourt les rangs de ses guerriers [2]. Un être fourbu, amateur de paroles [3], un homme d'Assos, une meule sans mordant [4] !

## 297

ANONYME.

« Pourquoi, ô mère, aimes-tu le vin plus que moi, ton fils? Donne-moi à boire du vin, puisque, jusqu'ici, tu m'as donné du lait. — Mon fils, cette soif, c'est mon lait qui naguère l'a calmée. A présent, va boire de l'eau et apaise ainsi ta soif [5] ! »

## 298

⟨ANONYME⟩

Regarde comme dans sa soif le fils tend la main vers sa mère ! Et la femme — ah ! c'est bien d'une femme ! —, sous l'emprise du vin et tout en buvant à la bouteille, le regarde de travers et dit : « De ce tout petit fond,

1. On connaît ce Timon de Phlionte, dit le Sillographe, disciple de Pyrrhon et contemporain de Cléanthe. Dans son poème Σιλλοί ou *Railleries*, il attaquait avec finesse tous les philosophes à l'exception de son maître (Diogène Laërce, VII, 5, 170).

2. C'est de Cléanthe d'Assos, en Mysie, que se moque cette épigramme. Ce philosophe stoïcien vint à Athènes où, dès 264, il présida après Zénon à la direction du Portique. Son intelligence vigoureuse se cachait derrière une certaine lenteur d'esprit qui lui attira nombre de quolibets. Le premier hexamètre, qui est une parodie d'Homère (*Il.*, III, 196), veut signaler l'autorité toute militaire du philosophe et la comparaison du bélier son entêtement, probablement.

3. L'hapax μωλύτης comme μῶλυς doit signifier *fatigué*, *émoussé*; *stupide* dit encore Liddell-Scott qui lit inutilement μωλύτης ἐπέων, *parboiler*, *bouilleurs de mots*, Cléanthe ayant beaucoup écrit (Diog. Laërce, V, 374). On conservera ἐπέων φίλος, le λίθος de Cobet formant tautologie avec ὅλμος.

## 296

## ΤΙΜΩΝΟΣ

Τίς δ' οὗτος κτίλος ὥς ἐπιπωλεῖται στίχας ἀνδρῶν;
Μωλύτης, ἐπέων φίλος, Ἄσσιος, ὅλμος ἄτολμος.

Lemma B : εἰς Κλεάνθην P.
Plan., IIᵃ, 7, 1; Diog. Laërt., VII, 5, 170. — **1** ἀνδρῶν; interp. Cobet : ἀνδρῶν, *m* ‖ **2** φίλος *m* : λίθος Cobet.

## 297

## Ἄδηλον.

« Πῶς φιλέεις, ὦ μῆτερ, ἐμοῦ πλέον υἱέος οἶνον;
Δὸς πιέειν οἴνοιο, ἐπεὶ γάλα τὸ πρὶν ἔδωκας.
— Ὦ παῖ, σὴν μὲν δίψαν ἐμὸν γάλα τὸ πρὶν ἔπαυσε·
νῦν ἴθι, πῖνε ὕδωρ καὶ παύεο δίψαν σεῖο. »

Lemma B : εἰς γυναῖκα μεθυστρίδα P[mg].
Plan., IIᵇ, 17, 1. — Ἄδηλον C : om. *m* ‖ **2** τὸ Plan. : μοι τὸ P ‖ **4** ἴθι P : δ' ἴθι Plan. ‖ παύεο P : σβέννυ Plan. ‖ σεῖο P : τὴν σέο Plan. ἑοῖο Jacobs ‖ δίψαν post ultimam uocem transp. Plan.

## 298

## Ἄδηλον.

Δέρκεο πῶς διψῶν υἱὸς χέρα μητέρι τείνει·
ἡ δὲ γυνή, ἅτε πᾶσα γυνή, κεκρατημένη οἴνῳ,
ἐν λαγύνῳ πίνουσα, τόδ' ἔννεπε λοξὸν ἰδοῦσα·

Plan., IIᵇ, 17, 2. Hoc carmen cum *Ep.* 297 iunxit P.
Tit. Ἄδηλον C J.Lascaris ed. 1494 : om. *m* ‖ **1** πῶς P Plan.[ac] : καὶ πῶς Plan.[pc] ‖ μητέρι Plan. : μητέρα P.

que puis-je te donner, mon enfant? Elle ne contient que trente malheureux setiers, cette bouteille [1]... !

« Mère, qui n'es plus [2] qu'une détestable marâtre, laisse-moi sucer ces larmes si douces de la vigne ! »

« Mère, méchante mère au cœur cruel, si tu m'aimes, moi, ton fils, laisse-moi sucer... un tout petit peu [3]. »

## 299

### DE PALLADAS

Tes insolences? Pourquoi m'en étonner? Pourquoi m'en affliger? Allons ! je te supporte ! Les insolents trouvent dans leur impudence leur châtiment [4] !

## 300

### Du même.

Que de bavardages, ô bonhomme, quand d'ici peu on va te mettre en terre... Tais-toi ! Et tandis que tu vis encore, exerce-toi à mourir [5].

1. Boissonade voit avec raison dans cette pièce une épigramme descriptive d'un tableau ou d'une fresque. Inspirée par la précédente, elle en est une amplification absurde : le λάγυνος était peut-être une amphore; mais Aristote (*fragm.* 457 V. Rose) parle d'une contenance de douze cotyles ou trois litres! Il est plus logique de penser que l'ivrognesse, tout occupée à boire, — aussi ne pouvait-elle jeter sur son fils qu'un regard oblique (voir Callimaque, *Telchines*, 38; Apol. Rh., *Argon.* III, 344; IV, 476; Théocr., XX, 13), regard tout chargé de reproches aussi, — mesurait le contenu du récipient à sa soif insatiable, et lui attribuait trente setiers. Or, cela correspond à un total de douze litres s'il s'agit de la mesure athénienne (le χοῦς comprenait 8 ξέσται de 0,40 l). S'il s'agit du setier d'époque byzantine, le *sextarius* romain, on en arrive à seize litres ! Ce sextarius de 0,54 l était la sixième partie du conge. C'est ce que cette mère appelle βρόχθος. Ce mot, d'après l'*Etymologicum Magnum*, a le sens de *goulot*, mais aussi de petite quantité de boisson.

« Ἐκ βρόχθου ὀλίγοιο τί σοι δῶ, τέκνον ἐμεῖο;
Ξέστας γὰρ τριάκοντα μόνους λάγυνός γ' ὅδε χωρεῖ. »

« Μῆτερ, μητρυῖης χαλεπὸν τρόπον ἀντικρατοῦσα,
ἀμπέλου ἡδυτάτης τάδε δάκρυα δός μοι ἀφύσσειν. »

« Μῆτερ ἐμή, δύσμητερ, ἀπηνέα θυμὸν ἔχουσα,
εἰ φιλέεις με τὸν υἷα, δίδου μέ τι τυτθὸν ἀφύσσειν. »

**4** ἐκ P : ἐκ δὴ PLAN. ‖ ὀλίγοιο Jacobs : ὀλίγου P ‖ δῶ Jacobs : δώσω P PLAN. ‖ ἐμεῖο P PLAN.$^{ac}$ D J. Lascaris ed. 1494 : ἐμοῖο PLAN.$^{pc}$ C ‖ **5** μόνους PLAN. : μόνας P C ‖ λάγυνός PLAN. : λαγύνη P ‖ γ' ὅδε Boissonade : τόδε *m* ‖ **6** χαλεπὸν PLAN. : χαλεποῦ P ‖ **7** ἡδυτάτης PLAN. : ἡδύτατα P ‖ **8** hunc uersum hab. HOM., *Od.*, XXIII, 97 necnon *A.P.*, IX, 361, 1 ‖ **8** et **9** om. PLAN. ‖ **9** με Boissonade : om. P ‖ μέ τι Jacobs : με *m*.

## 299

## ΠΑΛΛΑΔΑ

Ὑβρίζεις· τί τὸ θαῦμα; Τί δυσχερές; Ἀλλὰ φέρω σε·
τῶν γὰρ ὑβριζόντων ἡ θρασύτης κόλασις.

Lemma B : εἰς ὑβριστήν PS$^{p}$.
PLAN., II$^{a}$, 49, 1; S$^{s}$,67; S$^{p}$,16; Cramer, *Anecd. gr.*, p. 377. — Tit. Παλλαδᾶ P : τοῦ αὐτοῦ sc. Palladae hoc disticho post *Ep.*,VII, 683 transposito PLAN. om. S.

## 300

### Τοῦ αὐτοῦ.

Πολλὰ λαλεῖς, ἄνθρωπε, χαμαὶ δὲ τίθῃ μετὰ μικρόν.
Σίγα καὶ μελέτα ζῶν ἔτι τὸν θάνατον.

PLAN., II$^{a}$, 49, 2. — **1** τίθῃ Brunck : τιθῇ *m* ‖ μικρόν P D : μικρῶν PLAN. C ‖ **2** σίγα PLAN. : σίγᾳ P.

## 301

Du même.

Le soleil pour les humains, c'est le dieu de la lumière. Mais si, dans son mode de briller, lui aussi se montrait insolent on ne désirerait plus son éclat [1].

## 302

Du même.

Ce n'est pas moi, mais la pauvreté que tu as insultée. Oui, si Zeus lui-même mendiait sur cette terre, il souffrirait lui aussi de tes insultes [2].

## 303

Du même.

Si je suis pauvre, qu'y puis-je? Pourquoi me hais-tu? Je n'ai fait aucun mal. C'est méprise du Destin, mon caractère n'est pas en cause [3].

## 304

Du même.

En tout être il y a lâcheté, vantardise et tout autre défaut inhérent à la nature humaine. Mais l'homme de

1. Par son insolence, tout être, fût-il le soleil, s'aliène son prochain. Dans cette épigramme, comme dans les suivantes, on constate l'absence de la particule ἄν.

2. Nombreux sont les dieux qui, sous une apparence misérable, mirent les hommes à l'épreuve. Cette pensée d'un païen du IVe siècle est assez proche du christianisme; mais l'empereur Julien ne venait-il pas d'essayer de rendre à l'*hellénisme* ses pratiques ancestrales en donnant en exemple les chrétiens détestés (*Epist.*, 84)? Voir aussi *Épigramme* X, 93.

### 301

Τοῦ αὐτοῦ.

Ἥλιος ἀνθρώποις αὐγῆς θεός· εἰ δὲ καὶ αὐτὸς
ὕβριζεν φαίνων, οὐδὲ τὸ φῶς ἐπόθουν.

Lemma : εἰς τὸν αὐτόν [sc. ὑβρίστην ] post *Ep.* 299 S[p]. Plan., II[a], 49, 3; S[s],68; S[p],17; Cramer, *Anecd. gr.*, p. 377. — Tit. τοῦ αὐτοῦ P Plan. : om. S ‖ **1** αὐγῆς P Plan. : αὐγὴν S ‖ **2** ὕβριζεν P Plan. : ὕβριζες S.

### 302

Τοῦ αὐτοῦ.

Οὐκ ἐμέ, τὴν πενίην δὲ καθύβρισας· εἰ δὲ καὶ ὁ Ζεὺς
ἦν ἐπὶ γῆς πτωχός, καὐτὸς ἔπασχεν ὕβριν.

Plan., II[a], 49, 4. — **2** καὐτὸς Plan. : καὶ αὐτὸς P D.

### 303

Τοῦ αὐτοῦ.

Εἰ πένομαι, τί πάθω; Τί με μισεῖς οὐκ ἀδικοῦντα;
Παῖσμα τόδ' ἐστὶ Τύχης, οὐκ ἀδίκημα τρόπων.

Plan., II[a], 49, 5; *Laurentianus* 32-16 (30).

### 304

Τοῦ αὐτοῦ.

Πάντες μὲν δειλοὶ καὶ ἀλαζόνες εἰσί, καὶ εἴ τι
ἐν τοῖς ἀνθρώποις ἄλλο πέφυκε πάθος·

Plan., II[a], 3, 4. — Tit. Τοῦ αὐτοῦ P : Παλλαδᾶ Plan.

bon sens n'en fait pas étalage auprès de son prochain : au plus profond de lui-même, avec intelligence, il cache son défaut [1]. Or, toi, tu ouvres toute grande la porte de ton âme, et personne ne l'ignore : tu es un fanfaron et tu es un froussard !

## 305

Du même.

Fils d'Impudence, ignorant fieffé, nourrisson de Folie [2], dis-moi, pourquoi te gonfler d'orgueil, alors que tu ne sais rien ? Parmi les grammairiens, tu es le « Platonicien » ; mais, si l'on s'enquiert près de toi de la doctrine de Platon, te voilà derechef grammairien [3]... Tu virevoltes de l'un à l'autre ; mais, tu ne connais rien à l'art de la grammaire, et tu n'as jamais été spécialiste de Platon !

## 306

Du même.

Si d'Alexandrie, tu t'en vas à Antioche [4], et qu'après la Syrie, tu débarques en Italie, tu ne feras jamais de riche mariage. Car n'est-ce pas toujours dans ce dessein que tu cours de ville en ville ?

1. Pessimisme profond de l'auteur qui, tel le poète Théognis, ne voit que le mal de la nature humaine. La seule différence vient de ce que les malins savent masquer leur défauts et que d'autres, comme ce personnage, les affichent. Sincérité ? Non, manque de bon sens, affirme l'épigrammatiste. Et tout ce développement aboutit à la flèche finale.

2. On a voulu corriger θρέμμα μορίης (pour μωρίης) en θρέμμ' ἀμορίης (Sitzl) et θρέμμ' ἀκορίης (Preisendanz).

3. On aimerait savoir quel est le personnage qu'attaque Palladas ; il ressemble au faux brave ou au faux poète toujours indisponible dont s'est moqué Céréalios (XI, 129). Alexandrie, comme Rome et Byzance, ont connu ce genre d'escrocs qui, probablement, y firent fortune.

4. Le lemme « à une prostituée » pourrait paraître exagéré de nos jours. Mais cette femme qui court le monde à la recherche d'un riche parti, ne pouvait être, dans l'antiquité, qu'une femme de « mœurs libres ».

ἀλλ' ὁ λογισμὸν ἔχων τῷ πλησίον οὐκ ἀναφαίνει,
ἔνδον ἀποκρύπτων τῇ συνέσει τὸ πάθος.
Σῆς δὲ θύρα ψυχῆς ἀναπέπταται· οὐδένα λήθεις
οὔτε καταπτήσσων οὔτε θρασυνόμενος.

**3** οὐκ ἀναφαίνει Plan. : οὐδὲν φαίνει P ‖ **5** σῆς P rubro atramento Plan.$^{pc}$: τῆς Plan.$^{ac}$ ‖ ἀναπέπταται *m* : -πτεταται P$^{ac}$.

## 305

### Τοῦ αὐτοῦ.

Τέκνον ἀναιδείης, ἀμαθέστατε, θρέμμα μορίης,
εἰπέ, τί βρενθύῃ μηδὲν ἐπιστάμενος;
Ἐν μὲν γραμματικοῖς ὁ Πλατωνικός· ἂν δὲ Πλάτωνος
δόγματά τις ζητῇ, γραμματικὸς σὺ πάλιν.
Ἐξ ἑτέρου φεύγεις ἐπὶ θάτερον· οὔτε δὲ τέχνην
οἶσθα γραμματικήν, οὔτε πλατωνικὸς εἶ.

Plan., II$^{a}$, 42, 1. — Tit. Τοῦ αὐτοῦ P : Παλλαδᾶ Plan. ‖ **1** μορίης P : μωρίης repugnante metro in lacuna alio atramento manu recentiore scr. Plan. ‖ **4** ζητῇ Plan. : ζητεῖ P.

## 306

### Τοῦ αὐτοῦ.

Ἂν μετ' Ἀλεξάνδρειαν ἐς Ἀντιόχειαν ἀπέλθῃς,
καὶ μετὰ τὴν Συρίην Ἰταλίας ἐπιβῇς,
τῶν δυνατῶν οὐδείς σε γαμήσει· τοῦτο γὰρ αἰεὶ
οἰομένη πηδᾷς εἰς πόλιν ἐκ πόλεως.

Lemma B : εἰς πόρνην P.
Plan., II$^{b}$, 3, 7. — Tit. Τοῦ αὐτοῦ P : om. Plan. ‖ **1** ἐς Plan. : εἰς P ‖ **2** Συρίην Plan. : Συρίαν P ‖ Ἰταλίας P : Ἰταλίης Plan.

## 307

Du même.

Ton fils est un Éros, ta femme une Aphrodite. Ce n'est pas sans raison que tu es boiteux, forgeron [1] !

## 308

DE LUCILLIUS

Cléonicos tentait de se percer le pied d'une aiguille; or il perça l'aiguille de son pied [2] !

## 309

Du même.

Tharsymaque, tu as perdu une grande fortune, victime de tes ennemis. Tu en es réduit à rien, soudain misérable, toi qui as épargné, prêté à gages, placé même les intérêts ! Tu ne buvais que de l'eau; souvent tu ne mangeais rien, afin d'avoir davantage ! Mais si tu comparais ta faim d'aujourd'hui à celle d'autrefois, tes biens ne sont nullement inférieurs à ceux que tu croyais avoir, jadis [3]...

1. L'époux d'Aphrodite, selon une légende rapportée par Homère, fut Héphaistos, le dieu forgeron et boiteux. Et le poète raconte aussi de quelle manière spirituelle le dieu se vengea de l'infidélité de son épouse, amante d'Arès (*Od.*, VIII, 266 et suiv.). Héphaistos devint donc le symbole des maris trompés. Qu'un forgeron ait une épouse nommée Aphrodite, qu'il soit boiteux et qu'en plus il ait un fils nommé Amour, il n'y a pas de doute, comme Héphaistos, c'est un mari trompé; à moins que Palladas ne veuille expliquer l'infirmité du dieu par les soucis qui lui donnaient fils et épouse.

2. On aurait dû rapprocher ce distique du groupe 87-109, d'autant que l'épigramme 102 en est une imitation. Il manque dans le recueil de Planude.

## 307

### Τοῦ αὐτοῦ.

Υἱὸν ἔχεις τὸν Ἔρωτα, γυναῖκα δὲ τὴν Ἀφροδίτην·
οὐκ ἀδίκως, χαλκεῦ, τὸν πόδα χωλὸν ἔχεις.

Plan., II$^{a}$, 53, 2. — Tit. Τοῦ αὐτοῦ P hoc disticho post Palladae *Ep.* 273 transposito Plan.

## 308

### ΛΟΥΚΙΛΛΙΟΥ

Τὸν πόδα τῇ βελόνῃ τρυπῶν Κλεόνικος ὁ λεπτός,
αὐτὸς ἐτρύπησεν τῷ ποδὶ τὴν βελόνην.

Tit. Λουκιλλίου scribae J manu P ‖ **2** ἐτρύπησεν *Ep.* 102 : ἐτρύπησε P ‖ τῷ ποδὶ τὴν βελόνην Saumaise : τὸν πόδα τῇ βελόνῃ perperam P.

## 309

### Τοῦ αὐτοῦ.

Θαρσύμαχε, πλοῦτον πολὺν ὤλεσας ἐξ ἐπιβουλῆς
εἰς οὐδὲν δ' ἥκεις ἄθλιος ἐξαπίνης,
φεισάμενος, δανίσας, τοκίσας τόκον, ὑδροποτήσας,
πολλάκι μηδὲ φαγών, ὥστε τι πλεῖον ἔχειν.
Ἀλλ' εἴ μοι λογίσαιο τὸ πεινῆν καὶ τότε καὶ νῦν,
οὐδὲν ἔλαττον ἔχεις ὧν τότ' ἔδοξας ἔχειν.

Plan., II$^{a}$, 50, 13. — Tit. Τοῦ αὐτοῦ P : λουκιλλίου Plan. ‖ **1** Θαρσύμαχε Plan. : θρασύμαχε P ‖ **3** δανίσας Plan. : δανείσας P ει supra ι scr. Plan. ‖ **4** πλεῖον Plan. : πλέον P ‖ **5** πεινῆν Scaliger : πινεῖν P πίνειν Plan.

## 310

Du même.

Tu as acheté des cheveux, du fard, du miel [1], de la cire et des dents; avec la même dépense, tu aurais pu t'acheter un visage [2] !

## 311

Du même.

Pantaenétos est si paresseux que, pris par la fièvre, il n'y avait dieu qu'il ne suppliât pour ne plus se lever. Et maintenant, malgré lui, il se lève. Il ne lui reste plus qu'une solution : reprocher à ces dieux injustes de lui faire sourde oreille [3].

## 312

Du même.

Passant [4], bien que présentement il n'y ait aucun mort en ce lieu, le poète Marcus a élevé ce tombeau. Il avait composé, et il y fit graver cette épigramme faite de cet unique vers : « Pleurez cet enfant de douze ans, Maxime d'Éphèse ».

Quant à moi, je n'ai jamais vu aucun Maxime; mais aux passants je dis devant cette exhibition du poète : pleurez !

1. Le miel était un dissolvant et la cire un liniment.
2. Martial développe le même thème (XII, 23), et il termine : « Que feras-tu pour ton œil? Cela ne s'achète pas ! »
3. Voir l'épigramme XI, 276 de Lucillius. La leçon, conservée par Planude, déformée par P, doit être restaurée dans son accentuation. F. Buffière propose de corriger aussi le dernier mot μεμφομένῳ, pour respecter une certaine logique.
4. Parodie des épigrammes qui, telle celle des Thermopyles (Hérodote, VII, 218), invitent les passants à se recueillir. Nicarque avait aussi parodié ce même genre d'épigramme (XI, 124). Ici, le poète Lucillius invite à pleurer sur

## 310

### Τοῦ αὐτοῦ.

Ἠγόρασας πλοκάμους, φῦκος, μέλι, κηρόν, ὀδόντας·
  τῆς αὐτῆς δαπάνης ὄψιν ἂν ἠγόρασας.

Plan., II$^a$, 13, 13. — Tit. Τοῦ αὐτοῦ P hoc carmine post *Ep.* 287 Palladae tributum transposito Plan. uide notitiam p. 25 notula 2 ‖ **2** ἂν P$^{sl}$ Plan : om. P.

## 311

### Τοῦ αὐτοῦ.

Οὕτως ἔστ' ἀργὸς Πανταίνετος, ὥστε πυρέξας
  μηκέτ' ἀναστῆναι παντὸς ἐδεῖτο θεοῦ.
Καὶ νῦν οὐκ ἐθέλων μὲν ἐγείρεται, ἓν δ' ἔνι αὐτῷ
  κωφὰ θεῶν ἀδίκων οὔατα μεμφόμενος.

Plan., II$^a$, 37, 3. — Tit. Τοῦ αὐτοῦ P hoc carmine post *Ep.* 277 transposito Plan. ‖ **1** οὕτως Plan. : οὑτω P ‖ **3** ἓν δ' ἔνι αὐτῷ Buffière : ἐν δ'ἐνιαυτῷ Plan. δ'ἔνιαυτῷ P ἐν δέ οἱ αὐτῷ Brodeau.

## 312

### Τοῦ αὐτοῦ.

Οὐδενὸς ἐνθάδε νῦν τεθνηκότος, ὦ παροδῖτα,
  Μάρκος ὁ ποιητὴς ᾠκοδόμηκε τάφον,
καὶ γράψας ἐπίγραμμα μονόστιχον ὧδ' ἐχάραξε·
  « Κλαύσατε δωδεκάτη Μάξιμον ἐξ Ἐφέσου. »
Οὐδὲ γὰρ εἶδον ἐγώ τινα Μάξιμον· εἰς δ' ἐπίδειξιν
  ποιητοῦ κλαίειν τοῖς παριοῦσι λέγω.

Lemma B : εἰς ποιητήν P.
Plan., II$^a$, 40, 9. — Tit. Τοῦ αὐτοῦ P hoc carmine post *Ep.* 136 transposito Plan. ‖ **2** ᾠκοδόμηκε P : -δόμησε Plan. ‖ **6** λέγω P : λέγει Plan.

## 313

Du même.

On m'invita à un grand festin : ah ! elle était d'argent cette faim dont on me fit mourir, tandis qu'on me présentait des plats de famine [1].

Dans ma faim toute éclatante d'argent, je m'écriai, indigné : « Que n'ai-je grasse pitance dans une vaisselle en terre cuite [2] ? »

## 314

Du même.

Je cherchais l'origine de cette appellation : des plats ; c'est lors d'une invitation chez toi que j'ai trouvé d'où ça vient. Car, c'est une grande faim que tu m'as présentée sur tes grands plats, véritables plats de famine, machine à affamer [3].

## 315

Du même.

Antiochos un jour a vu le coussin de Lysimaque et... Lysimaque n'a plus revu son coussin [4] !

la sottise et la vanité de ce poète qui a cru bon de faire élever un tombeau fictif pour cette épigramme monostique. Elle devait constituer, pensait-il, une réclame - ἐπίδειξιν - de son savoir-faire. Sur la mort véritable d'un enfant, Callimaque avait composé deux vers émus (VII, 542).

1. C'est l'épisode, connu également par l'*Anthologie Latine* (796 P), du repas servi maigrement dans des plats luxueux. Au début, on attendrait un ἀργυρέῃ qui se rapportât aux plats et πειναλέους à la faim.

2. Le premier hémistiche du troisième vers est emprunté à Homère (*Il.*, XI, 403) : Ulysse était assailli par les Troyens comme ce malheureux par la faim.

3. Le jeu de mots ici encore est intraduisible : πειναλίους et πείνης étant prononcés πιναλίους et πίνις, ces mots semblent de même racine que πίνακας, faux remède contre la faim : τῆς πείνης ἄκος.

## 313

### Τοῦ αὐτοῦ.

Ἀργυρέῃ λιμῷ τις ἐς εἰλαπίνην με καλέσσας
ἔκτανε, πειναλέους τοὺς πίνακας προφέρων.
Ὀχθήσας δ' ἄρ' ἔειπον ἐν ἀργυροφεγγέϊ λιμῷ·
« Ποῦ μοι χορτασίη ὀστρακίνων πινάκων; »

PLAN., II[b], 25, 1. — Tit. Τοῦ αὐτοῦ P : om. PLAN. ἄδηλον C ‖ 2 πειναλέους PLAN. : πιναλέους P ‖ 3 ὀχθήσας δ' ἄρα εἶπε hoc hemistichium hab. HOM., *Il.*, XI, 403.

## 314

### Τοῦ αὐτοῦ.

Ἐζήτουν πινάκων πόθεν οὔνομα τοῦτο καλέσσω,
καὶ παρὰ σοὶ κληθεὶς εὗρον ὅθεν λέγεται.
Πείνης γὰρ μεγάλης μεγάλους πίνακας παρέθηκας,
ὄργανα τοῦ λιμοῦ πειναλέους πίνακας.

Lemma : εἰς τὸ αὐτό PLAN.
PLAN., II[b], 25, 1. — Tit. Τοῦ αὐτοῦ PLAN. : hoc carmine cum *Ep.* 313 iuncto om. P. ‖ 3 πείνης PLAN. : πίνης P ‖ 4 πειναλέους PLAN. : πιναλέους P.

## 315

### Τοῦ αὐτοῦ.

Εἴσιδεν Ἀντίοχος τὴν Λυσιμάχου ποτὲ τύλην,
κοὐκέτι τὴν τύλην εἴσιδε Λυσίμαχος.

Lemma B : εἰς κλέπτην P[mg].
PLAN., II[a], 25, 9. — Tit. Τοῦ αὐτοῦ P : Λουκιλλίου PLAN.

## 316

Du même.

Un jour lors de certain jeu sacré, Milon le lutteur [1] fut seul à s'avancer. Le président l'invitait sur le champ à recevoir la couronne. Mais, en s'approchant, Milon glissa et tomba sur le flanc. Et des gens de crier qu'on ne pouvait le couronner puisque, même sans adversaire, il s'était écroulé [2] ! Mais lui se releva et, en plein stade, il cria sa réponse : « Il n'y a pas eu trois chutes [3] : j'ai été au sol une seule fois. Alors un amateur qui me fasse tomber pour le compte ! »

## 317

DE PALLADAS

On m'a donné un âne boiteux [4], à la longue patience, mouillage fixe [5] pour le transport des bagages ! Vrai fils de Lenteur, une rosse, un rossard, un cossard, une ombre de rosse [6] ! Mais quand on fait volte-face, de dernier le voilà le premier !

1. C'est une histoire que le scholiaste raconte tout au long, en partie d'après Pausanias (V, 14). Ce Milon de Crotone mourut vers 510 av. J.-C. après avoir été six fois vainqueur aux Jeux Olympiques, et six fois aux Jeux Pythiques. Aussi, la septième fois, fut-il couronné sans que personne osât se présenter devant lui. Mais pour Lucillius ce qui importe c'est de parodier cette histoire trop connue. Le lieu est indéterminé et L. Robert a démontré (*Ann. Collège de France*, 67e année (1967), p. 425) que c'est la victoire ἀκονιτί, *sans combat* ni adversaire, où le président appelle le vainqueur pour le couronner. Le poète joue sur toute une gamme de termes techniques des concours que révèlent les inscriptions.

2. Lors de la remise du prix, c'est l'incident, la chute grotesque sur la hanche, sur le côté, comme le bœuf qu'on va égorger, et non sur le dos, ce qui eût été plus grave (L. Robert, *op. cit.*, p. 246 et 254). C'est la réclamation : *il est tombé* ou *il a été tombé*. Milon n'est plus l'ἄπτωτος, *l'invincible*; son titre de gloire, μόνος, *l'unique*, se retourne contre lui.

## 316

### Τοῦ αὐτοῦ.

Εἰς ἱερόν ποτ' ἀγῶνα Μίλων μόνος ἦλθ' ὁ παλαιστής·
τὸν δ' εὐθὺς στεφανοῦν ἀθλοθέτης ἐκάλει.
Προσβαίνων δ' ὤλισθεν ἐπ' ἰσχίον· οἱ δ' ἐβόησαν
τοῦτον μὴ στεφανοῦν, εἰ μόνος ὢν ἔπεσεν.
'Ανστὰς δ' ἐν μέσσοις ἀντέκραγεν· « Οὐχὶ τρί 'ἐστίν·
ἓν κεῖμαι· λοιπὸν τἄλλα μέ τις βαλέτω. »

PLAN., IIª, 1, 11. — Tit. Τοῦ αὐτοῦ sc. Lucillii carmine post *Ep.* 258 transposito PLAN. : om. P ‖ **3** ἐπ' ἰσχίον PLAN.$^{pc}$ : ἐπισκον P ἐπιγηον PLAN.$^{ac}$ ‖ **5** μέσσοις PLAN. : μέσσοισιν P C et plan. cod. ‖ ἀντέκραγεν P : ἀνέκραγεν PLAN. ‖ **6** ἓν κεῖμαι PLAN. : ἐνκειμαι P ‖ τἄλλα P PLAN.$^{pc}$ : τἄλα PLAN.$^{ac}$ ‖ βαλέτω PLAN. : βλέτω α supra scr. P βαλλέτω C.

## 317

### ⟨ΠΑΛΛΑΔΑ⟩

'Αντίσπαστον ἐμοί τις ὄνον μακρόθυμον ἔδωκεν,
τῶν βασταζομένων ὅρμον ὁδοιπορίης,
υἱὸν τῆς βραδυτῆτος ὄνον, πόνον, ὄκνον, ὄνειρον,
τῶν ἀνακαμπτόντων ὑστάτιον πρότερον.

PLAN., IIª, 17, 3. — Tit. Παλλαδᾶ Estienne: τοῦ αὐτοῦ carmine post Palladae *Ep.* IX, 487 hic iterum inscripto P : in carmine post *Ep.* XI, 295 Palladae tributa om. PLAN.—uide notitiam p. 22 notulam 3 — qui hanc adnot. adscr. : ἀντίσπαστον οἶμαι χωλὸν τὸν ἕνα πόδα οὐχ ὡς τοὺς ἄλλους ὑγιῆ ἔχοντα· ὁ γὰρ ἀντίσπαστος πούς μετρικός ἐστι τετρασύλλαβος ἐκ τριῶν μακρῶν καὶ μιᾶς βραχείας ‖ **1** ἔδωκεν P : ἔδωκε PLAN.

## 318

### DE PHILODÈME

Anticratès connaissait les corps célestes beaucoup mieux qu'Aratos [1]; mais son propre horoscope, il le saisissait mal. Car il hésitait, disait-il : était-il né sous le Bélier, les Gémeaux ou bien les deux Poissons [2].

Or, on trouve sans aucun doute qu'il naquit sous les trois; car c'est un coureur, un tout-fou, un efféminé, et, de plus, un gourmand [3].

## 319

### D'AUTOMÉDON

Avec dix mesures de charbon deviens citoyen [4], toi aussi. Et si tu apportes encore un porc, tu seras Triptolème en personne. Mais il te faut aussi offrir à Héraclide, ton entremetteur, des tiges de chou, un plat de lentilles ou des coquillages.

Avec cela, proclame-toi Érechthée, Cécrops ou Codros [5], ou qui tu voudras encore : personne n'y prête la moindre attention !

## 320

### DE MARCUS ARGENTARIUS

Philostrate chérissait Antigone. Mais, le malheureux, il était de cinq paumes plus pauvre qu'Iros. A la froide

1. Aratos, cet auteur des *Phénomènes* qui vécut au IIIe siècle avant J.-C., n'est cité ici que comme terme de comparaison. Philodéme, contemporain de Cicéron et ami des Pisons, se moque donc d'un astrologue-astronome, ces deux sciences n'étant jamais séparées dans l'antiquité.

2. C'est en fait hésiter entre quatre mois; entre les Gémeaux et les Poissons, il y a encore le Taureau. Invraisemblable et peu sérieux !

## 318
## ΦΙΛΟΔΗΜΟΥ

Ἀντικράτης ᾔδει τὰ σφαιρικὰ μᾶλλον Ἀράτου
πολλῷ, τὴν ἰδίην δ' οὐκ ἐνόει γένεσιν·
διστάζειν γὰρ ἔφη, πότερ' ἐν Κριῷ γεγένηται
ἢ Διδύμοις ἢ τοῖς Ἰχθύσιν ἀμφοτέροις.
Εὕρηται δὲ σαφῶς ἐν τοῖς τρισί· καὶ γὰρ ὀχευτὴς
καὶ μωρὸς μαλακός τ' ἐστὶ καὶ ὀψοφάγος.

Plan., II$^b$, 4, 1. — Tit. Φιλοδήμου P quod negat Kaibel : om. Plan. ‖ **2** ἰδίην δ' οὐκ P : δ' ἰδίην οὐκ Plan. ‖ **6** μαλακός τ' ἐστὶ Plan. : μαλακῶς ἐστι P.

## 319
## ΑΥΤΟΜΕΔΟΝΤΟΣ

Ἀνθρακίων δέκα μέτρα φέρων, ἔσο καὶ σὺ πολίτης·
ἢν δὲ καὶ ὗν ἀγάγῃς, αὐτὸς ὁ Τριπτόλεμος.
Δεῖ δὲ καὶ Ἡρακλείδῃ ὑφηγητῆρι δοθῆναι
ἢ καυλοὺς κράμβης ἢ φακὸν ἢ κοχλίας.
Ταῦτ' ἔχε, καὶ λέγε σαυτὸν Ἐρεχθέα, Κέκροπα, Κόδρον
ὅν κ' ἐθέλῃς· οὐδεὶς οὐδὲν ἐπιστρέφεται.

Plan., II$^b$, 11, 1. — Tit. Αὐτομέδοντος P : om. Plan. Lucillio hoc carmen perperam tribuerunt Sakolowski et Franke ‖ **2** ἢν Plan. : ἦν P ‖ ὁ Plan. : om. P ‖ **3** ὑφηγητῆρι Plan. : ὑφηγήτορι P ‖ **4** ἢ alia manu scr. P : ἡ Plan. ‖ καυλοὺς κράμβης P : καυλὸν κράμπης Plan. C κράμβης planud. edd. ‖ **6** κ' ἐθέλῃς *m* : κε θέλῃς planud. edd.

## 320
## ⟨ΜΑΡΚΟΥ⟩ ΑΡΓΕΝΤΑΡΙΟΥ

Ἀντιγόνην ἔστεργε Φιλόστρατος· ἦν δὲ παλαισταῖ-
ὁ τλήμων Ἴρου πέντε πενιχρότερος.

Plan., II$^a$, 18, 1. — Tit. Μάρκου add. nos.

saison il trouva un doux remède : car, ayant replié les genoux, étranger, il dormait avec Antigone [1]...

## 321

### DE PHILIPPE

Grammairiens [2], enfants de l'odieux Mômos [3], teignes à arguties [4], chicaneurs ès livres [5], roquets de Zénodote, mercenaires [6] de ce Callimaque que vous brandissez comme une arme, mais que vos langues n'épargnent même pas, chasseurs de misérables conjonctions, qui raffolez du **σφιν** et du **μιν**, et de rechercher si le Cyclope avait des chiens, puissiez-vous sempiternellement, coquins, continuer à agacer [7] les autres de vos fadaises. Mais, contre nous, que perde sa force votre venin !

## 322

### D'ANTIPHANÈS

Race inutile des grammairiens [8], taupes rongeuses de l'inspiration d'autrui, teignes minables, amateurs de vétilles, détracteurs des chefs-d'œuvre et glorificateurs d'Érinna, chiens hargneux, aboyeurs efflanqués de Callimaque, fléaux des poètes, vous qui à nos jeunes enfants [9] en leurs débuts n'apportez que ténèbres, allez au diable ! punaises rongeuses des œuvres harmonieuses.

1. Un de ces jeux de mots sans intérêt et qui n'honore pas Marcus Argentarius, contemporain de Sénèque (V, 63; XI, 26). Pour se préserver du froid, Philostrate dormait les genoux repliés contre la figure : ἀντία γόνατα, se donnant l'illusion de serrer dans ses bras son 'Αντιγόνη. La comparaison du début n'est pas plus spirituelle; elle s'inspire, en le parodiant, du v. 430 des *Nuées* : τῶν Ἑλλήνων ...ἑκατὸν σταδίοισιν ἄριστον; et Iros, selon le chant XVIII de l'*Odyssée*, est le premier des gueux.

2. Diatribe contre les grammairiens commentateurs des œuvres épiques. Leur « Loi », c'est l'École d'Alexandrie avec Zénodote d'Éphèse (320-260) et surtout Callimaque (310-240?), l'auteur de poèmes érudits et de nombreux travaux philologiques, comme bibliothécaire du Musée.

Εὗρε δ᾽ ὑπὸ κρυμοῦ γλυκὺ φάρμακον· ἀντία γὰρ σχὼν
γούνατ᾽ ἐκοιμήθη, ξεῖνε, μετ᾽ Ἀντιγόνης.

## 321

## ΦΙΛΙΠΠΟΥ

Γραμματικοί, Μώμου στυγίου τέκνα, σῆτες ἀκανθῶν,
τελχῖνες βίβλων, Ζηνοδότου σκύλακες,
Καλλιμάχου στρατιῶται, ὃν ὡς ὅπλον ἐκτανύσαντες,
οὐδ᾽ αὐτοῦ κείνου γλῶσσαν ἀποστρέφετε,
συνδέσμων λυγρῶν θηρήτορες, οἷς τὸ « μὶν » ἢ « σφὶν »
εὔαδε, καὶ ζητεῖν εἰ κύνας εἶχε Κύκλωψ,
τρίβοισθ᾽ εἰς αἰῶνα κατατρύζοντες ἀλιτροὶ
ἄλλων· ἐς δ᾽ ἡμᾶς ἰὸν ἀποσβέσατε.

Plan., II$^{a}$, 10, 4. — **1** Γραμματικοὶ Plan. : γραμματικοῦ P ‖ ἀκανθῶν Scaliger : ἀπάντων *m* ‖ **4** ἀποστρέφετε P C : -τρέφεται Plan. ‖ **6** εἰ κύνας εἶχε Plan. : εἴκονας εἶχε P.

## 322

## ΑΝΤΙΦΑΝΟΥΣ

Γραμματικῶν περίεργα γένη, ῥιζώρυχα μούσης
ἀλλοτρίης, ἀτυχεῖς σῆτες ἀκανθοβάται,
τῶν μεγάλων κηλῖδες, ἐπ᾽ Ἠρίννῃ δὲ κομῶντες,
πικροὶ καὶ ξηροὶ Καλλιμάχου πρόκυνες,
ποιητῶν λῶβαι, παισὶ σκότος ἀρχομένοισιν,
ἔρροιτ᾽, εὐφώνων λαθροδάκναι κόριες.

Plan., II$^{a}$, 10, 5. — **1** ῥιζώρυχα Plan.$^{pc}$ : ῥηζόρυχα Plan.$^{ac}$ ῥιζώνυχα P ‖ **5** λῶβαι Plan. : lacuna fere VIII litt. ante βαι in P ‖ παισὶ Plan. : ποσὶ P πᾶσιν Saumaise ‖ ἀρχομένοισιν P : -μένοισι Plan.

## 323
### DE PALLADAS

Le « *r* » et le « *l* » seuls différencient Korax et Kolax [1], le corbeau et le flatteur. Au reste, un corbeau et un flatteur toujours aux aguets, n'est-ce pas la même chose? C'est pourquoi, très cher, prends garde à cette bête, sachant que les flatteurs sont les corbeaux des vivants [2] !

## 324
### D'AUTOMÉDON

« Accepte, ô Phoebus, le repas que je t'apporte. — Certes oui, si on me le permet... — Eh quoi? redoutes-tu, toi aussi, quelque chose, Fils de Léto? — Personne au monde hormis Arrius. Il a la poigne plus solide que la serre rapace du milan, ce desservant d'un autel sans fumet de victimes [3]. Célèbre-t-il ma fête? Le voilà parti... non sans tout desservir [4] !

Grâces soient rendues à l'ambroisie de Zeus ! Car, j'en serais réduit au même sort que l'un d'entre vous, si un dieu pouvait souffrir de la faim. »

## 325
### Du même.

Hier, j'ai dîné d'un pied de bouc et d'un trognon de chou, jaunissant [5], fibreux, vieux de dix jours. Je me garderai bien de vous dire le nom de mon hôte : il est irritable et j'ai peur, une peur peu ordinaire ! que de nouveau il ne m'invite...

1. La confusion des liquides est un défaut de prononciation dont Alcibiade était affligé au dire de Plutarque (*Alcib.*, I). Et pour affirmer que Thôros, la créature du démagogue Cléon, a une tête de corbeau, Aristophane fait dire au même Alcibiade : Ὀλᾷς; Θέωλος τὴν κεφαλὴν κόλακος ἔχει pour Ὁρᾷς; Θέωρος τὴν κεφαλὴν κόρακος ἔχει (*Guêpes*, 45). C'est sans doute ce texte qui a inspiré la présente épigramme. Quant à la comparaison finale, elle est empruntée à Antisthène (Diog. Laërce, VI, 4) : les corbeaux dépouillent les cadavres, et les flatteurs les vivants.

## 323

## ΠΑΛΛΑΔΑ

Ῥῶ καὶ λάμβδα μόνον κόρακας κολάκων διορίζει·
λοιπὸν ταὐτὸ κόραξ βωμολόχος τε κόλαξ.
Τοὔνεκά μοι, βέλτιστε, τόδε ζῷον πεφύλαξο,
εἰδὼς καὶ ζώντων τοὺς κόλακας κόρακας.

Lemma B : εἰς κόλακας P.

Plan., I$^a$, 41, 4 ; Σ$^{FP}$, 42 ; O, 21 ; *Laurentianus* 32-50 (21). — **1** λάμϐδα P : λάϐδα Σ λάμδα Plan. ‖ κολάκων διορίζει P : κόλακάς τε διϊστᾶ Plan. Σ ‖ **2** λοιπὸν P Plan. : οὐκοῦν Σ ‖ ταὐτὸ P Plan. : τουτό Σ$^P$ ταυτο Σ$^F$.

## 324

## ΑΥΤΟΜΕΔΟΝΤΟΣ

« Δέξαι, Φοῖβε, τὸ δεῖπνον ὅ σοι φέρω. — Ἤν τις ἐάσῃ
δέξομαι. — Εἶτα φοβῇ καὶ σύ τι, Λητοΐδη;
— Οὐδένα τῶν ἄλλων, πλὴν Ἄρριον· οὗτος ἔχει γὰρ
ἅρπαγος ἰκτίνου χεῖρα κραταιοτέρην,
ἀκνίσου βωμοῖο νεωκόρος· ἢν τελέσῃ δὲ
τὴν πομπήν, ἄρας ᾤχεθ' ἅπαντα πάλιν.
Ἐν Διὸς ἀμβροσίῃ πολλὴ χάρις· εἷς γὰρ ἂν ὑμέων
ἤμην, εἰ λιμοῦ καὶ θεὸς ᾐσθάνετο. »

Plan., II$^a$, 4, 1. — **2** τι P : om. Plan. ‖ **5** ἀκνίσου P : ἀκνίσσου Plan. ‖ **7** ἂν P Plan.$^{sl}$ : om. Plan.

## 325

## Τοῦ αὐτοῦ.

Ἐχθὲς δειπνήσας τράγεον πόδα, καὶ δεκαταῖον
κανναβίνης κράμβης μήλινον ἀσπάραγον,
εἰπεῖν τὸν καλέσαντα φυλάσσομαι· ἔστι γὰρ ὀξύς,
καὶ φόβος οὐχ ὁ τυχὼν μή με πάλιν καλέσῃ.

Plan., II$^a$, 50, 14. — Tit. Τοῦ αὐτοῦ P : Ἀυτομέδοντος Plan. ‖ **3** εἰπεῖν *m* : προσείπειν gl. suprascr. Plan. ‖ **4** καλέσῃ Plan. : καλέσῃις cum litt. ς expuncta sl. scr. P.

## 326

Du même.

Ta barbe, les poils touffus de tes cuisses [1] ! Comme rapidement le temps change toutes choses, Connichos ! Voilà ce que tu es devenu ! Ne te disais-je pas : « Ne cherche pas à te montrer insupportable ! Ne fais pas le dégoûté : même la beauté attire les vengeances divines [2]. » Orgueilleux, tu te tiens maintenant à l'étable, et ce que tu veux, maintenant, nous le savons; mais il te fallait alors avoir plus de bon sens...

## 327

D'ANTIPATER DE THESSALONIQUE

Oh ! cette échine décharnée, Lycanis [3], opprobre d'Aphrodite, et ces fesses plus maigres que celles d'une biche ! Avec cette femme, à ce qu'on dit, jamais un chevrier [4], même dans son ivresse, ne pourrait coucher ! Brr... telles sont les épouses des Sithoniens [5] !

## 328

DE NICARQUE

C'est une seule femme qu'Hermogénès, Cléobule et moi-même nous avons emmenée jadis pour faire l'amour ensemble [6] : Aristodikè !

Moi, « j'avais tiré au sort d'habiter sa blanche mer [7] », — car chacun avait son apanage, et tous n'avaient pas les mêmes rôles en ce partage ! Hermogénès, lui, avait obtenu de ses arrières les « affreuses et spacieuses demeures [8] ». Il se glissait en cette région secrète... : ce

1. L'*éromène* est devenu *éraste*, ou le *chevreau bouc* (« loup » dit Lucillius en XI, 216); d'où l'allusion à l'étable pour celui qui n'a plus à attendre la faveur des autres. Mêmes termes dans la *Couronne* de Méléagre et chez Straton (XII, 34, 35, 186).

## 326

### Τοῦ αὐτοῦ.

Πώγων καὶ λάσιαι μηρῶν τρίχες, ὡς ταχὺ πάντα
ὁ χρόνος ἀλλάσσει· Κόννιχε, τοῦτ' ἐγένου.
Οὐκ ἔλεγον· « Μὴ πάντα βαρὺς θέλε μηδὲ βάναυσος
εἶναι· καὶ κάλλους εἰσί τινες Νεμέσεις; »
Ἦλθες ἔσω μάνδρης, ὑπερήφανε· νῦν ὅτι βούλει
οἴδαμεν· ἀλλ' ἐξῆν καὶ τότ' ἔχειν σε φρένας.

2 ἀλλάσσει Brunck : ἀλάσσει P ‖ 5 ὅτι Brunck : ὅτε P.

## 327

### ΑΝΤΙΠΑΤΡΟΥ ΘΕΣΣΑΛΟΝΙΚΕΩΣ

Τὴν ξηρὴν ἐπὶ νῶτα Λυκαινίδα, τὴν Ἀφροδίτης
λώβην, τὴν ἐλάφου παντὸς ἀπυγοτέρην,
αἰπόλος ᾗ μεθύων οὐκ ἄν ποτε, φασί, συνῴκει.
Γοῖ, γοῖ. Τοιαῦται Σιθονίων ἄλοχοι.

4 Σιθονίων Hillscher : Σιδονίων P.

## 328

### ΝΙΚΑΡΧΟΥ

Τὴν μίαν Ἑρμογένης κἀγώ ποτε καὶ Κλεόβουλος
ἤγομεν εἰς κοινὴν κύπριν Ἀριστοδίκην·
ἧς ἔλαχον μὲν ἐγὼ πολιὴν ἅλα ναιέμεν αὐτός·
εἷς γὰρ ἕν, οὐ πάντες πάντα, διειλόμεθα.
Ἑρμογένης δ' ἔλαχε στυγερὸν δόμον εὐρώεντα,
ὕστατον, εἰς ἀφανῆ χῶρον ὑπερχόμενος,

3 ἔλαχον — ναιέμεν hab. Hom., *Il.*, XV, 190 ‖ 4 εἷς Jacobs : εἰς P ‖ 5 δόμον εὐρώεντα hab. Hom., *Od.*, X, 512 ‖ εὐρωέντα ex Hom. Brunck : εὐροέντα P.

sont les rivages des Morts, où « les figuiers battus par la tempête [1] » sont agités au souffle des vents sonores ! Quant à Zeus, c'était Cléobule : il lui échut d'entrer dans « le palais céleste » [2] en tenant dans sa main « son foudre fumant » !

La terre nous demeurait commune [3] à tous trois : on y avait étendu une natte et nous nous partagions ainsi la vieille...

## 329

Du même.

Démonax, ne baisse pas sans cesse les yeux vers tout cela [4], et n'aie pas trop de complaisances pour ta langue : ce « buisson-là » [5] a aussi des épines, et de douloureuses. Oui, tu vis avec nous, mais c'est en Phénicie que tu dors [6], et bien que tu ne sois pas fils de Sémélè, te voilà un nourrisson des cuisses [7] ! »

## 330

Du même [8].

Hier, tu m'as invité, Démétrius, et ce n'est qu'aujourd'hui que j'arrive pour souper. Ne m'en veuille pas ! Il est si haut ton escalier ! Et j'ai mis beaucoup de temps à le monter. Je ne m'en serais pas sorti aujourd'hui; mais je l'ai gravi en m'agrippant à une queue d'âne [9]. Tu touches aux astres ! Zeus, quand il enleva Ganymède [10], c'est par ici, n'est-ce pas, qu'en sa compa-

1. *Il.*, XXII, 145; mais le mot ἐρινεός au pluriel signifie aussi *verrues*, *hémorroïdes*, comme *ficus* en latin.

2. Le mot οὐρανός a aussi le sens de *voile du palais* (*Il.*, XV, 192) et l'épithète ψολόεις accompagne la foudre dans *Od.*, XXIII, 330. Ici le sens est évidemment pornographique.

3. *Il.*, XV, 193. Voir F. Buffière, *Les mythes d'Homère*, p. 117 et suiv.

4. Cette expression de modestie marque au contraire une obsession (Emp. Julien, *Misopogon*, 351 a), et l'expression μηδὲ χαρίζου fait allusion aux caresses de la langue.

5. Le mot χοῖρος signifie à la fois *porcelet* et *organes* féminins (Aristoph., *Acharn.*, 739). Il a fallu rendre par un équivalent.

ἔνθ' ἀκταὶ νεκύων, καὶ ἐρινεοὶ ἠνεμόεντες
δινεῦνται πνοιῇ δυσκελάδων ἀνέμων.
Ζῆνα δὲ θὲς Κλεόβουλον, ὃς οὐρανὸν εἰσαναβαίνειν,
τὸ ψολόεν κατέχων ἐν χερὶ πῦρ, ἔλαχεν.
Γῆ δ' ἔμενε ξυνὴ πάντων· ψίαθον γὰρ ἐν αὐτῇ
στρώσαντες, τὴν γραῦν ὧδε διειλόμεθα.

7 καὶ — ἠνεμόεντες hab. Hom., *Il.*, XXII, 145 ‖ ἐρινεοὶ ex Hom. Jacobs : ἑρμηναῖοι *m* ‖ **9** δὲ θὲς Pauw : δεσθες P cum litt. σ expuncta sl. scr. P ‖ **11** ξυνὴ πάντων hab. Hom., *Il.*, XV, 193 ‖ ψίαθον Brunck : ψιάθων P.

## 329

### Τοῦ αὐτοῦ.

Δημῶναξ, μὴ πάντα κάτω βλέπε, μηδὲ χαρίζου
τῇ γλώσσῃ· δεινὴν χοῖρος ἄκανθαν ἔχει.
Καὶ συζῇς ἡμῖν, ἐν Φοινίκῃ δὲ καθεύδεις,
κοὐκ ὢν ἐκ Σεμέλης μηροτραφὴς γέγονας.

**2** χοῖρος Brunck : χοιρὰς P ‖ **3** καὶ συζῇς Brunck: κἂν συζῇς Piccolo : καὶ σὺ ζῇς P καὶ σὺ ζῇς Σύβαριν τ' Jacobs ‖ **4** κοὐκ ὢν Saumaise : κουκαν P.

## 330

### Τοῦ αὐτοῦ.

Ἐκλήθην ἐχθές, Δημήτριε· σήμερον ἦλθον
δειπνεῖν. Μὴ μέμψῃ, κλίμακ' ἔχεις μεγάλην·
ἐν ταύτῃ πεποίηκα πολὺν χρόνον· οὐδ' ἂν ἐσώθην
σήμερον, ἀλλ' ἀνέβην κέρκον ὄνου κατέχων.
Ἧψαι τῶν ἄστρων· Ζεὺς ἡνίκα τὸν Γανυμήδην
ἥρπασε, τῇδ' αὐτόν, φαίνετ', ἔχων ἀνέβη.

Plan., II$^{b}$, 18, 1. — Tit. Τοῦ αὐτοῦ P : om. Plan. Lucillio Linnenkugel Niciae tribuerunt Sakolowski et Stadtmüller ‖ **1** ἐχθές Plan. : χθές P ‖ **4** κέρκον D Lascaris ed. 1494 : κίρκον *m* ‖ **5-8** om. Plan. ‖ **5** Ζεύς Brunck : Ζεῦ P ‖ Γανυμήδην Brunck : -μίδην P.

gnie il monta jusqu'aux cieux? Mais, en partant d'ici, quand arriveras-tu dans l'Hadès? Ah! tu es un malin! Tu as trouvé le moyen de devenir immortel!

## 331

Du même.

Philon possédait une felouque [1], « Le Sauveur ». Mais dans cette barque, pas même Zeus, je crois, ne trouverait le salut! Sauveur, elle ne l'était que de nom; mais ceux qui s'y embarquaient faisaient voile ou bien vers la côte, ou bien auprès de Perséphone...

## 332

Du même.

Ce n'est pas pour naviguer, mais pour écoper, c'est évident, qu'Eicandros [2] le timonier nous a fait monter sur son navire [3] à vingt rames! Déjà à bord il y a de l'eau tant et plus: Poseidon, c'est sûr, envahit ce navire pour gagner l'autre rive [4]. C'est ce jour que, pour la première fois, l'on voit un navire hydropique! Mais, ⟨ j'ai bien peur ⟩ que ce qui jadis était cercure, tu ne le voies devenir cercueil...

## 333

DE CALLICTER

Avec ses remèdes, Rhodon enlève lèpre et écrouelles. Tout le reste, il l'enlève, même sans remèdes [5]...

1. Espèce de navire qui servait aussi à la piraterie; voir V, 44.

2. Le nom du pilote signifie déjà : l'Étourdi.

3. Il y a jeu de mots avec πλεῖν, ἀντλεῖν et διαπλεῖν. Pour tenter de respecter le jeu de mots final εἰκόσορος/σορός, que l'on retrouve en V, 96 et 20, et bien qu'il n'y ait pas correspondance exacte des termes, on a traduit le nom du navire à vingt rames par *cercure*. Ce bateau — κέρκουρος — était un vaisseau léger employé par les Cypriotes (Hérod., VII, 97; Athénée, 208 f).

**Ἔνθεν δ' εἰς Ἀΐδην πότ' ἀφίξεαι; Οὐκ ἀφυὴς εἶ·**
**εὕρηκας τέχνην πῶς ἔσῃ ἀθάνατος.**

7 ἀφίξεαι; Jacobs : ἀφίξεται *m* ‖ οὐκ ἀφυὴς εἶ Brunck : οὐ καφυήσει P ‖ 8 πῶς Brunck : πω P πῶ Saumaise.

331

**Τοῦ αὐτοῦ.**

**Εἶχε Φίλων λέμβον Σωτήριχον· ἀλλ' ἐν ἐκείνῳ**
**σωθῆν' οὐδὲ Ζεὺς αὐτὸς ἴσως δύναται.**
**Οὔνομα γὰρ μόνον ἦν Σωτήριχος, οἱ δ' ἐπιβάντες**
**ἔπλεον ἢ παρὰ γῆν ἢ παρὰ Φερσεφόνην.**

Plan., IIa, 41, 4. — Tit. Τοῦ αὐτοῦ P : Ἀντιπάτρου θεσσ⟨αλονικέως⟩ Plan. ‖ 4 Φερσεφόνην P : -φόνῃ Plan.

332

**Τοῦ αὐτοῦ.**

**Οὐ πλεῖν, ἀλλ' ἀντλεῖν ἡμᾶς Εἴκανδρος ὁ πρῳρεὺς**
**εἰς τὴν εἰκόσορον φαίνεται ἐμβιβάσας·**
**οὐκ ὀλίγον γὰρ ἔνεστιν ὕδωρ ἔσω, ἀλλ' ὁ Ποσειδῶν**
**ἐν ταύτῃ διαπλεῖν φαίνεται εἰς τὸ πέραν·**
**νῦν πρῶτον ναῦς ὦπται ὑδρωπική, ἀλλά γε ⟨δείδω⟩**
**μὴ σορὸν οὖσαν ἴδῃς τὴν πάλαι εἰκόσορον.**

1 πρῳρεὺς Huschke : πλωρεὺς P ‖ 5 νῦν Jacobs : ναῦ P ‖ ὑδρωπική Jacobs : ὑδροπική P ‖ δείδω suppl. Jacobs : lacuna P πειου [πείθου?] P^mg.

333

**ΚΑΛΛΙΚΤΗΡΟΣ**

**Φαρμακίοισι Ῥόδων λέπραν καὶ χοιράδας αἴρει·**
**τἄλλα δὲ πάντ' αἴρει καὶ δίχα φαρμακίων.**

Plan., IIa, 22, 18. — Tit. Καλλικτῆρος Plan. : πειου [Ἐπείου Preisendanz] P qui ante hoc carmen *Ep.* Callicteris 119, 118 inscr. uide notitiam p. 23 notula 1 ‖ 1 Φαρμακίοισι Jacobs : φαρμάκοισι P φαρμακίησι Plan. ‖ 2 φαρμακίων P : -κιῶν Plan.

## 334

ANONYME.

Ayant entendu dire que Damagoras et la peste représentaient le même nombre [1], on mesura leur caractère respectif à la pesée [2]. A son tour suspendu, Damagoras entraîna le fléau : on trouva la peste plus légère !

## 335

ANONYME.

O malheureux Cynégire [3], aussi bien dans la tombe que parmi les vivants, sans répit, les mots comme les haches t'amputent ! Jadis, dans les combats, ta main tomba dans la bataille. Et maintenant, le grammairien t'a amputé d'un pied !

## 336

ANONYME.

Après le pillage des dépouilles de l'Asie, Carinus [4] leva l'ancre, un jour d'hiver, au coucher des Chevreaux. Adrastée, elle aussi, vit la cargaison : sous ses yeux, Carinus faisait route, se moquant tout autant des divinités marines !

1. L'alphabet servant de système numéral, on avait imaginé de totaliser les nombres représentés par chaque lettre d'un mot : c'est l'*isopséphie*. Damagoras donne le total de 420 (4 + 1 + 40 + 1 + 3 + 70 + 100 + 1 + 200) et de même λοιμός (30 + 70 + 10 + 40 + 70 + 200). De là à conclure que ce Damagoras est une peste, il n'y a qu'un pas. Schneider et Jacobs attribuent à Léonidas de Tarente ces vers anonymes; en effet, ce poète qui vécut à Rome sous Vespasien attachait une grande importance à l'isopséphie (XI, 9, 70, 187, 199, 200, 213); mais les deux distiques ne présentent aucune égalité numérique : 7336 et 5005.

## 334

### Ἀδέσποτον.

Δαμαγόραν καὶ λοιμὸν ἰσόψηφόν τις ἀκούσας
ἔστησ' ἀμφοτέρων τὸν τρόπον ἐκ κανόνος·
εἰς τὸ μέρος δὲ καθείλκετ' ἀνελκυσθὲν τὸ τάλαντον
Δαμαγόρου, λοιμὸν δ' εὗρεν ἐλαφρότερον.

Plan., II[a], 43, 12. — Leonidae Alexandrino trib. Jacobs et Schneider ‖ 3 καθείλκετ' Plan. : καθεῖλκεν P ‖ 4 εὗρεν P : εὗρον Plan.

## 335

### Ἀδέσποτον.

Ὦ τλῆμον Κυνέγειρε, καὶ ἐν ζωοῖς καὶ ἀπελθών,
ὡς αἰεὶ κόπτῃ ῥήμασι καὶ κοπίσιν.
Πρόσθε μὲν ἐν πολέμοισι τεὴ πέσε μαρναμένη χείρ·
νῦν δέ σ' ὁ γραμματικὸς καὶ ποδὸς ἐστέρισεν.

Plan., II[b], 7, 4. — Tit. Ἀδέσποτον P : om. Plan. ‖ 2 κοπίσιν Plan. : κοπίσῃ cum litt. σ expuncta scr. P ‖ 4 ἐστέρισεν supra ι litt. η scr. Plan. : ἐστέρισε P.

## 336

### Ἀδέσποτον.

Τῆς Ἀσίης τὰ λάφυρα λαβὼν ἔπλευσε Καρῖνος
ἤματι χειμερίῳ, δυομένων Ἐρίφων·
εἶδε καὶ Ἀδράστεια τὸ φορτίον· ⟨ὃς δ'⟩ ἐφορώσης
ᾤχετο, καὶ πελάγους δαίμοσιν ἐγγελάσας.

3 εἶδε Brunck : εἰ δὲ P ‖ ὃς δ' suppl. Chardon : lacuna in P.

## 337

ANONYME.

Tu es bouleute [1], Agathinos; mais ce B, tu l'as acheté récemment. Dis-moi, à quel prix? Car, il y avait un Δ jadis...

## 338

ANONYME.

L'expression ἐνοπή tu l'as apprise dans Homère; mais la langue, ἐν ὀπῇ, dans le trou, qui t'a appris à l'y mettre [2]?

## 339

ANONYME.

Tu relèves la tête et tu soulèves les fesses, geste de possédé ici, et là d'« embroché [3] »!

## 340

DE PALLADAS

J'ai juré cent mille fois de ne plus composer d'épigrammes : elles m'ont attiré la haine d'innombrables sots!

1. Dans l'épigramme XI, 260, le même jeu de mots se retrouve : on attribue ces deux distiques à Palladas (Franke, Zerwes), ou à Straton (Stadtmüller).
2. Double jeu de mots : γλῶσσα peut avoir, comme φωνή, le sens de *mot*, *expression*. Sous l'apparence d'une simple recherche de vocabulaire, c'est une accusation de sodomie, ὀπή désignant tout orifice (Pollux, 5, 73 et 2, 84).
3. Bien que ces deux mouvements soient la conséquence de ce genre de coït, l'épigrammatiste fait semblant de distinguer le mouvement orgastique de la folie bachique.

## 337

### Ἀδέσποτον.

Βουλεύεις, Ἀγαθῖνε· τὸ βῆτα δὲ τοῦτ' ἐπρίω νῦν,
εἰπέ, πόσης τιμῆς; δέλτα γὰρ ἦν πρότερον.

Plan., IIª, 16, 2. — Tit. Ἀδέσποτον P : ἄδηλον Plan. pariter ac *Ep.* 260 Palladae trib. Franke et Zerwes at Stratoni nescimus cur Stadtmüller ‖ **1** βῆτα Plan. : βῖτα P.

## 338

### Ἀδέσποτον.

Τὴν φωνὴν ἐνοπήν σε λέγειν ἐδίδαξεν Ὅμηρος·
τὴν γλῶσσαν δ' ἐν ὀπῇ τίς σ' ἐδίδαξεν ἔχειν;

Lemma : εἰς τὸ αὐτό [sc. perperam ὑβρίστην at fort. κύσθον] hoc distichon post *Ep.* 301 colloc. Sᵖ.

Plan., IIᵇ, 8, 2 ; Sˢ69 ; Sᵖ18 ; Cramer, *Anecd. gr.*, p. 378. — Tit. Ἀδέσποτον P : om. S Plan. e Stratonis *Musa* pendere hoc distichon censet Stadtmüller ‖ **1** ἐνοπήν P Plan. : ἐνωπὴν S ‖ **2** ἐν ὀπῇ nos : ἐνοπὴν P Plan. ἐνωπὴν S.

## 339

### Ἀδέσποτον.

Τὴν κεφαλὴν σείεις, καὶ τὴν πυγὴν ἀνασείεις·
ἓν μὲν μαινομένου, ἓν δὲ περαινομένου.

E materia hoc distichon Stratoni tribuendum censet Stadtmüller.

## 340

### ΠΑΛΛΑΔΑ

Ὤμοσα μυριάκις ἐπιγράμματα μηκέτι ποιεῖν·
πολλῶν γὰρ μωρῶν ἔχθραν ἐπεσπασάμην.

Plan., IIᵇ, 8, 3. — Tit. Παλλαδᾶ P : om. Plan. ‖ **1** μυριάκις P : μυριήκις Plan.

Mais, quand je vois le visage du Paphlagonien [1], Pantagathos, je ne puis retenir cette rage.

## 341

Du même.

Louer, c'est le mieux : la critique est principe de haine. Pourtant, dire du mal n'est-ce pas le miel attique [2]?

## 342

Anonyme.

Tu me présentes une tumeur sans me faire voir le malade. Ne me montre pas la tumeur : c'est l'homme que j'ai besoin de voir [3] !

## 343

⟨DE PALLADAS⟩

Silvanus a deux amants, le Sommeil et le Vin; il n'aime donc plus ni ses amis, ni les Muses.

Le vin, dès le saut du lit, s'insinue en son âme, et le met sous son charme; l'autre le retient dans sa chambre, à ronfler [4] !

1. Sans doute, sous ce nom de Paphlagonien par lequel Aristophane désignait Cléon, le démagogue qui devint le maître d'Athènes (*Cavaliers*), Palladas veut-il stigmatiser l'un des chefs politiques de son époque; nous en ignorons la personnalité. Il convient de se souvenir des sens du mot παφλάζω, le brouillon, le bègue, l'homme de rien.

2. Voir Térence, *Andrienne*, 68 : « Obsequium amicos, ueritas odium parit «. Et pourtant quelle joie à critiquer !

3. Puisque la grosseur est si importante que le médecin ne voit plus le malade, il semble qu'il s'agisse davantage de tumeur monstrueuse que de hernie.

4. A l'éloge habituel du vin fait place la condamnation; il fait perdre amis et inspiration poétique. Dans un véritable cycle, Sylvanus va du vin au sommeil et du sommeil au vin. On a pris παῖδας au sens de παιδικά.

Ἀλλ' ὁπόταν κατίδω τοῦ Παφλαγόνος τὸ πρόσωπον
Πανταγάθου, στέξαι τὴν νόσον οὐ δύναμαι.

4 στέξαι Aldus Manutius ed. 1521 : στέρξαι *m*.

## 341

### Τοῦ αὐτοῦ.

Αἰνίζειν μὲν ἄριστον, ὁ δὲ ψόγος ἔχθεος ἀρχή·
ἀλλὰ κακῶς εἰπεῖν Ἀττικόν ἐστι μέλι.

Plan., II$^a$, 49, 6. — Tit. Τοῦ αὐτοῦ P hoc disticho post *Ep.* 303 transposito Plan.

## 342

### Ἀδέσποτον.

Κήλην κηλήτου μὴ φαινομένου προτέθεικας.
Μή μοι τὴν κήλην· αὐτὸν ἰδεῖν δέομαι.

Plan., II$^b$, 8, 4. — Tit. Ἀδέσποτον P : om. Plan. ‖ 1 προτέθεικας Plan. : -θηκας P ‖ 2 δέομαι Jacobs : δύναμαι P ἐθέλω Plan.

## 343

### ⟨ΠΑΛΛΑΔΑ⟩

Σιλβανὸς δύο παῖδας ἔχων, Οἶνόν τε καὶ Ὕπνον,
οὐκέτι τὰς Μούσας, οὐδὲ φίλους φιλέει·
ἀλλ' ὁ μὲν ἐκ λεχέων νιν ἐΰρροος ἐς φρένα θέλγει,
ἄλλος δ' ἐς θαλάμους ῥεγχόμενον κατέχει.

Lemma B : εἰς Σίλβανον μέθυσον P$^{mg}$.
Plan., II$^a$, 34, 1. — Tit. Παλλαδᾶ add. Plan. : Palladam repudiunt Franke et Zerwes uide notitiam p. 25, notula 1 ‖ 2 φίλους Plan. : φίλου P ‖ 3 νιν P : νῦν Plan.

## 344

ANONYME.

De son exécration, de sa haine pour les Verts, son cauchemar, cette table [1] est pour Métrodote le rappel vivant !

## 345

ANONYME.

Métrophane, avec ta tête de cygne, ton épaisse tignasse, ô sainte cigogne, de-ci de-là, tu balances ta tête de grue, et tu traînes tout le long du dallage ton ondoyant manteau [2].

## 346

D'AUTOMÉDON

Jusqu'à quand, Polycarpe, assis devant un comptoir vide [3], continueras-tu, sans qu'on y prête attention, à te servir des fonds d'autrui ? Certes non, je ne te vois plus beaucoup sur l'agora ; tu préfères les rues écartées, et déjà tu cherches en quel lieu porter tes pas... Oui, tu proclames devant tous : « Apporte ton compte demain. Viens, tu toucheras ! » Mais tu as beau prêter serment, on ne te croit plus. Que de Cyzique vers les gens de Samothrace le vent t'emporte [4] ! C'est la fin d'existence qui t'attend.

1. A l'Hippodrome de Constantinople (*A.P.*, XV, 41 à 50 ; *A. Pl.* 335-387), s'opposaient les diverses factions : les Vénètes ou Bleus, les Verts ou Prasinoi. Le lemmatiste suppose que, pour maintenir constante sa haine du parti adverse, Métrodote le Bleu, a fait peindre en vert sa table ! Anonyme, cette épigramme est attribuée à Palladas par Jacobs, contredit par Franke.

2. Aucune indication ne permet de connaître le sujet exact. Boissonade y voyait la silhouette d'un moine aux longs cheveux, marchant doucement dans son ample « coule », caracalla étant un mot latin. Même le terme πελαργός ferait allusion à un costume monastique blanc (ἀγός) et gris (πελός). Dans ce cas, la comparaison du cygne et des échassiers serait

## 344

### Ἀδέσποτον.

Μητρόδοτος στυγέων πρασίνων αἰώνιον ἄχθος
  μνημοσύνην μίσους τήνδε τράπεζαν ἔχει.

Lemma B : εἰς Μητρόδοτον βένετον ἔχοντα πρασίνην τράπεζαν in textu P εἰς Μητρόδοτον P$^{mg}$.

## 345

### Ἀδέσποτον.

Μητρόφανες, κύκνοψι, δασύθριξ, δῖε πελαργέ,
τῇ καὶ τῇ κραδάων κεφαλὴν γεράνοισιν ὁμοίην,
μηκεδανὸν καράκαλλον ὑπὲκ δαπέδοιο κομίζεις.

Lemma B : εἰς Μητρόφανη P$^{mg}$.
**1** κύκνοψι Jacobs : κύκνωψι P.

## 346

### ΑΥΤΟΜΕΔΟΝΤΟΣ

Μέχρι τίνος, Πολύκαρπε, κενῆς παράσιτε τραπέζης,
  λήσῃ κερματίοις χρώμενος ἀλλοτρίοις;
Οὐ γὰρ ἔτ' εἰν ἀγορῇ σε βλέπω πολύν· ἀλλ' ὑποκάμπτεις
  ἤδη, καὶ ζητεῖς ποῖ σε φέρωσι πόδες.
Πᾶσιν ἐπαγγέλλῃ· « Κόμισαι τὸ σὸν αὔριον· ἔρχου
  καὶ λάβε· » κοὐδ' ὀμόσας, οὐκέτι πίστιν ἔχεις.
Κυζικόθεν |σε φέρων ἄνεμος Σαμόθρᾳξι πέλαζε·
  τοῦτό σε τοῦ λοιποῦ τέρμα μένει βιότου.

Plan., II$^{b}$, 10, 1. — Tit. Αὐτομέδοντος P : om. Plan. ‖ **2** λήσῃ P et Plan.$^{ac}$ : λήσεις Plan.$^{pc}$ ‖ χρώμενος P : ψευδόμεν' Plan. ‖ **4** ποῖ Bothe : ποῦ *m* ‖ **5** αὔριον P : ἀργύριον Plan. ‖ **7** σε — ἄνεμος hab. Hom., *Od.*, IX, 39 ‖ πέλαζε P : πέλασσεν ex Hom. scr. Plan.

## 347

### DE PHILIPPE

Adieu, vous qui laissez sans cesse errer vos regards à travers l'Univers [1], et vous, teignes, qui depuis Aristarque [2], cherchez mille arguties ! Quel intérêt pour moi de rechercher par quels chemins le Soleil poursuit sa course, quel était le père de Protée [3], et la personne de Pygmalion [4] ? Puissé-je seulement distinguer les œuvres aux vers limpides, et que la sombre érudition anéantisse les « superdisciples » de Callimaque [5] !

## 348

### D'ANTIPHANÈS

Homme, bien plus cruel que les fauves, l'Univers te hait, parricide, et partout te poursuit un destin funeste ! Si tu te sauves sur terre, là, tout près, un loup ! Si tu grimpes au faîte des arbres, gare à l'aspic sur les grosses branches. Traverses-tu le Nil ? Il nourrit dans ses tourbillons le crocodile [6] : c'est l'animal qui, envers les impies, personnifie le mieux la Justice !

## 349

### DE PALLADAS

Dis-moi, comment prétends-tu mesurer l'Univers et les limites de la Terre, toi dont le corps si menu est fait

inspirée par la maigreur de l'ascète. On devrait alors attribuer l'épigramme non au païen Palladas, comme le fait Jacobs, mais à l'époque byzantine.

1. Les philologues et poètes d'Alexandrie s'intéressaient aux sciences de l'Univers; mais on voulait aussi trouver chez Homère traces de toutes connaissances et les harmoniser avec la science contemporaine. Voir F. Buffière, *Les Mythes d'Homère*, p. 204 et suiv. Les généalogies sont un exemple de ces vaines recherches et c'est un autre aspect de la critique que formule Philippe en XI, 321; il emploie ici une expression similaire, σῆτες ἀκανθολόγοι.

## 344

'Αδέσποτον.

Μητρόδοτος στυγέων πρασίνων αἰώνιον ἄχθος
μνημοσύνην μίσους τήνδε τράπεζαν ἔχει.

Lemma B : εἰς Μητρόδοτον βένετον ἔχοντα πρασίνην τράπεζαν in textu P εἰς Μητρόδοτον $P^{mg}$.

## 345

'Αδέσποτον.

Μητρόφανες, κύκνοψι, δασύθριξ, δῖε πελαργέ,
τῇ καὶ τῇ κραδάων κεφαλὴν γεράνοισιν ὁμοίην,
μηκεδανὸν καράκαλλον ὑπὲκ δαπέδοιο κομίζεις.

Lemma B : εἰς Μητρόφανη $P^{mg}$.
**1** κύκνοψι Jacobs : κύκνωψι P.

## 346

## ΑΥΤΟΜΕΔΟΝΤΟΣ

Μέχρι τίνος, Πολύκαρπε, κενῆς παράσιτε τραπέζης,
λήσῃ κερματίοις χρώμενος ἀλλοτρίοις;
Οὐ γὰρ ἔτ' εἰν ἀγορῇ σε βλέπω πολύν· ἀλλ' ὑποκάμπτεις
ἤδη, καὶ ζητεῖς ποῖ σε φέρωσι πόδες.
Πᾶσιν ἐπαγγέλλῃ· « Κόμισαι τὸ σὸν αὔριον· ἔρχου
καὶ λάβε· » κοὐδ' ὀμόσας, οὐκέτι πίστιν ἔχεις.
Κυζικόθεν |σε φέρων ἄνεμος Σαμόθρᾳξι πέλαζε·
τοῦτό σε τοῦ λοιποῦ τέρμα μένει βιότου.

Plan., $II^{b}$, 10, 1. — Tit. 'Αὐτομέδοντος P : om. Plan. ‖ **2** λήσῃ P et $Plan.^{ac}$ : λήσεις $Plan.^{pc}$ ‖ χρώμενος P : ψευδόμεν' Plan. ‖ **4** ποῖ Bothe : ποῦ *m* ‖ **5** αὔριον P : ἀργύριον Plan. ‖ **7** σε — ἄνεμος hab. Hom., *Od.*, IX, 39 ‖ πέλαζε P : πέλασσεν ex Hom. scr. Plan.

## 347

### DE PHILIPPE

Adieu, vous qui laissez sans cesse errer vos regards à travers l'Univers [1], et vous, teignes, qui depuis Aristarque [2], cherchez mille arguties ! Quel intérêt pour moi de rechercher par quels chemins le Soleil poursuit sa course, quel était le père de Protée [3], et la personne de Pygmalion [4] ? Puissé-je seulement distinguer les œuvres aux vers limpides, et que la sombre érudition anéantisse les « superdisciples » de Callimaque [5] !

## 348

### D'ANTIPHANÈS

Homme, bien plus cruel que les fauves, l'Univers te hait, parricide, et partout te poursuit un destin funeste ! Si tu te sauves sur terre, là, tout près, un loup ! Si tu grimpes au faîte des arbres, gare à l'aspic sur les grosses branches. Traverses-tu le Nil ? Il nourrit dans ses tourbillons le crocodile [6] : c'est l'animal qui, envers les impies, personnifie le mieux la Justice !

## 349

### DE PALLADAS

Dis-moi, comment prétends-tu mesurer l'Univers et les limites de la Terre, toi dont le corps si menu est fait

inspirée par la maigreur de l'ascète. On devrait alors attribuer l'épigramme non au païen Palladas, comme le fait Jacobs, mais à l'époque byzantine.

1. Les philologues et poètes d'Alexandrie s'intéressaient aux sciences de l'Univers; mais on voulait aussi trouver chez Homère traces de toutes connaissances et les harmoniser avec la science contemporaine. Voir F. Buffière, *Les Mythes d'Homère*, p. 204 et suiv. Les généalogies sont un exemple de ces vaines recherches et c'est un autre aspect de la critique que formule Philippe en XI, 321 ; il emploie ici une expression similaire, σῆτες ἀκανθολόγοι.

## 347

## ΦΙΛΙΠΠΟΥ

Χαίροιθ' οἱ περὶ κόσμον ἀεὶ πεπλανηκότες ὄμμα,
οἵ τ' ἀπ' Ἀριστάρχου σῆτες ἀκανθολόγοι.
Ποῖ γὰρ ἐμοὶ ζητεῖν, τίνας ἔδραμεν ἥλιος οἴμους,
καὶ τίνος ἦν Πρωτεύς, καὶ τίς ὁ Πυγμαλίων;
Γινώσκοιμ' ὅσα λευκὸν ἔχει στίχον· ἡ δὲ μέλαινα
ἱστορίη τήκοι τοὺς Περικαλλιμάχους.

Plan., II$^{b}$, 7, 3. — Tit. Φιλίππου P : om. Plan. ‖ 6 Περικαλλιμάχους P : παρακαλ- Plan.

## 348

## ΑΝΤΙΦΑΝΟΥΣ

Ὦ θηρῶν βροτὲ μᾶλλον ἀνήμερε, πάντα σε μισεῖ,
πατρολέτωρ· πάντῃ δ' ἐκδέχεταί σε μόρος.
Ἢν ἐπὶ γῆς φεύγῃς, ἀγχοῦ λύκος· ἢν δὲ πρὸς ὕψος
δενδροβατῇς, ἀσπὶς δεῖμ' ὑπὲρ ἀκρεμόνων.
Πειράζεις καὶ Νεῖλον; Ὁ δ' ἐν δίναις κροκόδειλον
ἔτρεφεν, εἰς ἀσεβεῖς θῆρα δικαιότατον.

Plan., I$^{b}$, 9, 6. — Tit. Ἀντιφάνους P : om. Plan. ἀδέσποτο D ‖ 2 πατρολέτωρ P : παντολέτωρ Plan.

## 349

## ΠΑΛΛΑΔΑ

Εἰπὲ πόθεν σὺ μετρεῖς κόσμον καὶ πείρατα γαίης
ἐξ ὀλίγης γαίης σῶμα φέρων ὀλίγον.

Lemma : εἰς μυθήτην.
Plan., II$^{a}$, 6, 7; S$^{s}$, 70; S$^{p}$, 19; *Laurentianus* 32-16; Cramer, *Anecd. gr.*, p. 378. — Tit. Παλλαδᾶ P Plan. : om. S *Laurent.* ‖ 1 πείρατα γαίης hab. Hom., *Il.*, XIV, 200.

de si peu de terre? Prends tout d'abord ta propre mesure et connais-toi toi-même; et alors, tu mesureras « la terre immense »[1] ! Mais si tu n'arrives pas à faire le compte des quelques atomes de boue de ton corps, comment peux-tu connaître la mesure de l'incommensurable [2]?...

## 350

### D'AGATHIAS LE SCHOLASTIQUE

Insensé, comment peux-tu oublier la balance de la Justice? Ne songes-tu pas aux arrêts auxquels sont soumis les impies? Tu te fies à la subtilité de tes discours, à ton intelligence capable de prononcer des paroles artificieuses. Espérer, tu le peux. Mais ils ne peuvent modifier les décisions du Droit les jeux de ta sotte imagination [3].

## 351

### DE PALLADAS

A un marchand de tisane [4], hier, j'ai loué ma boutique; aujourd'hui, c'est un terrible boxeur que j'ai trouvé là-dedans! Comme je lui disais: «Toi, qui es-tu [5]? Comment es-tu venu en ma demeure [6]? » en position de combat, contre moi, bien haut il a levé la main. Hop [7] ! moi, je

1. La recherche des bornes de l'Univers est un thème classique de l'exégèse homérique (F. Buffière, *op. cit.*, p. 221) et, pour les néo-platoniciens, l'homme est le Péléide, l'*être d'argile*. Mais tout en exprimant la pensée de son temps, Palladas recherche surtout les oppositions πείρατα/ἀπειρεσίην, ὀλίγης γαίης/ὀλίγον σῶμα/ὀλίγον πηλόν.

2. La même pensée se trouve développée chez Xénophon, *Mémorables*, IV, 7, 5, et Horace, *Odes*, I, 28.

3. Le lemme nous renseigne : apostrophe à un avocat marron. Au terme ἠλεμάτου qui marque la sottise, Planude a préféré la leçon κλεμματικῆς qui oppose au Droit la fourberie.

4. Ce vendeur d'orge, ou plutôt de tisane d'orge, c'est un brasseur, un athlète habitué aux lourdes charges.

Σαυτὸν ἀρίθμησον πρότερον καὶ γνῶθι σεαυτόν,
καὶ τότ' ἀριθμήσεις γαῖαν ἀπειρεσίην.
Εἰ δ' ὀλίγον πηλὸν τοῦ σώματος οὐ καταριθμεῖς,
πῶς δύνασαι γνῶναι τῶν ἀμέτρων τὰ μέτρα;

3 σαυτὸν *m* : σεαυτόν P ‖ **4** γαῖαν ἀπειρεσίην hab. Hom., *Il.*, XX, 58 ‖ γαῖαν P Plan. : καὶ γαῖαν S ‖ ἀπειρεσίην *m* : -ρέσιον S[p].

## 350

## ΑΓΑΘΙΟΥ ΣΧΟΛΑΣΤΙΚΟΥ

Νήπιε, πῶς σε λέληθε Δίκης ζυγόν, οὐ νοέεις δὲ
ἀνδράσιν οὐχ ὁσίοις ψῆφον ὀφειλομένην;
Ῥήτρῃ πιστεύεις πυκινόφρονι, σῇ τε μενοινῇ
ποικίλον αὐδῆσαι μῦθον ἐπισταμένῃ.
Ἐλπίζειν ἔξεστι· Θέμιν δ' οὐκ οἶδεν ἀμεῖψαι
τῆς σῆς ἠλεμάτου παίγνια φαντασίης.

Lemma B : εἰς δικολόγον ἀδικοῦντα in textu P.

Plan., II[b], 22, 5. — Tit. Ἀγαθίου σχολαστικοῦ in textu P : om. Plan. ‖ **3** πυκινόφρονι Plan. : ποικινόφρον P ‖ **6** ἠλεμάτου P : κλεμματικῆς Plan. ‖ παίγνια Plan. : παίγνιον P.

## 351

## ΠΑΛΛΑΔΑ

Τῷ πτισάνην πωλοῦντι τὸ κελλίον ἐχθὲς ἔδωκα,
καὶ φοβερὸν πύκτην σήμερον εὗρον ἔσω.
Ὡς δ' ἔλεγον· « Σὺ τίς εἶ; Πόθεν ἤλυθες ἡμέτερον δῶ; »
πυγμαχίης κατ' ἐμοῦ χεῖρας ἀνέσχεν ἄνω.

Plan., II[b], 24, 1. — Tit. Παλλαδᾶ P : om. Plan. ‖ **3** ἤλυθες — δῶ hab. Hom., *Od.*, II, 262.

me suis jeté de côté, rempli de peur devant cet homme farouche et contemplant ce garçon brasseur soudain métamorphosé en boxeur...

Mais, toi, au nom de Pollux [1] le boxeur, de Castor lui-même, et de Zeus, protecteur des suppliants, je t'en supplie, repousse ce boxeur qui échauffe ma bile; car, je ne puis me résoudre à recommencer ce combat au début de chaque mois [2] !

## 352

## D'AGATHIAS LE SCHOLASTIQUE

A l'habile cithariste, au musicien Androtion, on posait des questions sur tel problème concernant la technique du plectre : « Lorsqu'avec le plectre on fait vibrer la plus haute corde, l'hypaté, la dernière à gauche [3] se met à vibrer d'elle-même, en faisant entendre un léger son aigu; elle souffre en contre-coup une résonance quand, uniquement, la haute corde est frappée. Je me demande donc avec étonnement comment des êtres inanimés, des cordes tendues, sont placées par la nature en de telles relations de sympathie réciproque. »

Andrioton jura que le maître admirable du plectre, Aristoxène [4], ne connaissait pas le problème que nous considérions. Mais il répondit : « La solution est celle-ci. Toutes les cordes sont faites de boyaux de brebis que l'on fait sécher pêle-mêle. Pour cette raison, elles sont sœurs et, en conséquence de leurs affinités, elles résonnent en prenant leur part des sons qui ont une parenté les

1. Pollux avait une renommée de boxeur, alors que son frère, Castor, était plutôt un guerrier. Ce sont donc les Dioscures, et ce Zeus qui lutta contre les Titans, qu'invoque le propriétaire de la boutique pour se concilier des défenseurs. La disproportion est de taille ! Plus réaliste, il a recours à un tiers : σε.

2. Au début de chaque mois s'effectuait le paiement des loyers.

3. L'*hypaté*, ἡ ὑπάτη (χορδή), c'est la dernière corde de droite de la lyre, donc la plus grave, le *mi*; la νεάτη ou νήτη, c'est la première corde de gauche, le *mi* aigu.

Ψύττα δ' ἐγὼ κατέτεινα, φοβεύμενος ἄγριον ἄνδρα,
τὸν πτιστὴν πύκτην ἐξαπίνης ὁρόων.
Ἀλλά σε πρὸς πύκτου Πολυδεύκεος ἠδὲ καὶ αὐτοῦ
Κάστορος ἱκνοῦμαι καὶ Διὸς ἱκεσίου,
τὸν πύκτην ἀπόκρουσον, ἐμὸν χόλον· οὐ δύναμαι γὰρ
πυκτεύειν καθάπαξ μηνὸς ἐπερχομένου.

**6** πτιστὴν Scaliger : πτισάναν P πτισάνην Plan. ‖ **7** ἠδὲ Brunck : ἠε *m* ‖ αὐτοῦ Plan. : αὐτοῖς P.

## 352
## ΑΓΑΘΙΟΥ ΣΧΟΛΑΣΤΙΚΟΥ

Τὸν σοφὸν ἐν κιθάρῃ, τὸν μουσικὸν Ἀνδροτίωνα
εἴρετό τις τοίην κρουματικὴν σοφίην·
« Δεξιτερὴν ὑπάτην ὁπότε πλήκτροισι δόνησας,
ἡ λαιὴ νήτη πάλλεται αὐτομάτως
λεπτὸν ὑποτρίζουσα, καὶ ἀντίτυπον τερέτισμα
πάσχει, τῆς ἰδίης πλησσομένης ὑπάτης·
ὥστε με θαυμάζειν πῶς ἄπνοα νεῦρα ταθέντα
ἡ φύσις ἀλλήλοις θήκατο συμπαθέα. »
Ὃς δὲ τὸν ἐν πλήκτροισιν Ἀριστόξεινον ἀγητὸν
ὤμοσε μὴ γνῶναι τήνδε θεημοσύνην·
« Ἔστι δ' » ἔφη « λύσις ἥδε· τὰ νευρία πάντα τέτυκται
ἐξ ὄϊος χολάδων ἄμμιγα τερσομένων·
τοὔνεκεν εἰσὶν ἀδελφά, καὶ ὡς ξύμφυλα συνηχεῖ,
ξυγγενὲς ἀλλήλων φθέγμα μεριζόμενα.

Plan., I[h], 27, 5; *Vindob. theol. gr.* 203; *Syll. V* : *Marcianus* XI, I (20) et *Paris. Coisl. 341* (51). — Tit. Ἀγαθίου σχολαστικοῦ P : om. Plan. ‖ **2** εἴρετο P : ἤρετο Plan. *Marc.* ‖ **3** δόνησας Jacobs : δονήσας P δονήσω Plan. *Coisl.* ο ex ω corr. *Marc.* ‖ **4** ἡ λαιὴ Plan. : ηλαιη P ‖ νήτη P C : νήττη Plan. ‖ **5** ὑποτρίζουσα Plan. D : ὑποτρύ- *m* ‖ **7** με P Plan. : μὴ *Marc.* om. *Coisl.* ‖ ἄπνοα Plan. *Marc.* : ἄπνοια P edd. planudeae ‖ **9** ὃς δὲ Plan. : οἳ δὲ P ‖ πλήκτροισιν Plan. : πλήκτοισιν P.

uns avec les autres. Car, en leur qualité d'enfants légitimes, — ne sont-elles pas toutes nées des mêmes entrailles? — elles héritent donc de sons qui provoquent ces résonances. Il en est de même pour notre œil droit; quand il souffre, il communique souvent à l'œil gauche ses propres souffrances [1] ».

## 353

### DE PALLADAS [2]

La fille d'Hermolycos a couché avec un grand singe: elle a enfanté de nombreux Hermopithèques [3].

Mais si, métamorphosé en cygne, Zeus, de son union avec Léda, eut pour enfants Hélène, Castor et Pollux, c'est assurément un corbeau [4] qui s'est uni à Hermione: la malheureuse a enfanté tout un troupeau d'Hermès, d'effroyables démons [5].

## 354

### D'AGATHIAS LE SCHOLASTIQUE

A ce nouvel Aristote, à l'égal de Platon, bref à Nicostrate [6], ce subtil interprète d'une sagesse transcendante, on posait à propos de l'âme cette question: « Que peut-on dire de l'âme? Est-elle mortelle ou immortelle? Faut-il la qualifier de corporelle ou d'incorporelle, et la classer parmi les esprits, les choses palpables, ou bien participe-t-elle des deux? » Alors, notre homme se mit à lire les livres des *Météores* et le traité *De l'âme* d'Aristote; il

1. Le problème avait été soulevé par Aristote (*Probl.*, XIX, 24). Il est évident qu'Agathias donne une réponse ironique et qui n'a rien à voir avec les vibrations; il s'est inspiré de la théorie stoïcienne de la « sympathie » universelle. Ce sont de ces discussions byzantines dignes du VI^e siècle après J.-C.

2. Boissonade estimait que deux épigrammes avaient été fondues en une seule. Malgré la liaison εἰ δ' du v. 3, il semble que l'on doive suivre son avis, ou admettre que Palladas a composé la seconde partie en profitant d'une épigramme antérieure.

Γνήσια γὰρ τάδε πάντα, μιῆς ἅτε γαστρὸς ἐόντα,
καὶ τῶν ἀντιτύπων κληρονομεῖ πατάγων.
Καὶ γὰρ δεξιὸν ὄμμα κακούμενον ὄμματι λαιῷ
πολλάκι τοὺς ἰδίους ἀντιδίδωσι πόνους. »

**15** μιῆς *m* : μιάς *Coisl.* ‖ **17** ὄμματι : ἄμματι P.

## 353

## ΠΑΛΛΑΔΑ

Ἑρμολύκου θυγάτηρ μεγάλῳ παρέλεκτο πιθήκῳ·
ἡ δ' ἔτεκεν πολλοὺς Ἑρμοπιθηκιάδας.
Εἰ δ' Ἑλένην ὁ Ζεὺς καὶ Κάστορα καὶ Πολυδεύκην
ἐκ Λήδης ἔτεκεν κύκνον ἀμειψάμενος,
Ἑρμιόνῃ γε κόραξ παρελέξατο· ἡ δὲ τάλαινα
φρικτῶν δαιμονίων ἑρμαγέλην ἔτεκεν.

Plan., II^b^, 8, 5. — Tit. Παλλαδᾶ P : om. Plan. ‖ **2** ἡ P : ἥ Plan.

## 354

## ΑΓΑΘΙΟΥ ΣΧΟΛΑΣΤΙΚΟΥ

Ἄλλον Ἀριστοτέλην, Νικόστρατον, ἰσοπλάτωνα,
σκινδαλαμοφράστην αἰπυτάτης σοφίης,
τοῖα περὶ ψυχῆς τις ἀνείρετο· « Πῶς θέμις εἰπεῖν
τὴν ψυχήν; Θνητὴν ἢ πάλιν ἀθάνατον;
Σῶμα δὲ δεῖ καλέειν ἢ ἀσώματον; Ἐν δὲ νοητοῖς
τακτέον ἢ ληπτοῖς ἢ τὸ συναμφότερον; »
Αὐτὰρ ὃ τὰς βίβλους ἀνελέξατο τῶν μετεώρων,
καὶ τὸ περὶ ψυχῆς ἔργον Ἀριστοτέλους,

Plan., II[b], 26, 1. — Tit. Ἀγαθίου Σχολαστικοῦ P : om. Plan. ‖ **2** σκινδαλαμοφράστην P : σκινδαλμο- Plan. ‖ **3** τοῖα P Plan.[ac] : τοία Plan.[pc] ‖ ἀνείρετο P : ἀνήρετο Plan.

tira du *Phédon* toute la haute pensée de Platon. Au prix de tout ce travail, il s'instruisit de toute l'exacte vérité. Puis il s'enveloppa de son petit manteau, caressa l'extrémité de sa barbe et apporta la solution : « Si, pour tout dire, l'âme possède une nature, — et cela, je ne le sais pas moi-même, — de toute manière, elle est mortelle ou immortelle, consistante ou immatérielle. Mais quand tu auras traversé l'Achéron, là, autant que Platon, tu connaîtras l'exacte vérité. Ou, si tu veux, imite le jeune Cléombrotos d'Ambracie [1], et jette-toi du haut d'un toit. Ainsi, libéré de ton corps, tu pourras aussitôt te connaître toi-même ; il ne te restera plus que ce que tu cherches : l'âme ! »

## 355

### DE PALLADAS

« Je sais tout », dis-tu. Mais, en tout, tu n'es qu'un apprenti. Ayant touché à tout, tu n'es original en rien [2].

## 356

### Anonyme.

Le livre d'Homère, lui qui ne trompe pas, à ton sujet il s'est trompé ! Ne dit-il pas que les pensers des jeunes hommes sont inconstants [3] ?

1. Callimaque, dans l'épigramme XII, 471, mentionne ce suicide du jeune Cléombrotos après une lecture du *Phédon* de Platon. En définitive, à compulser les œuvres du Lycée comme de l'Académie, on en arrive à ne plus rien savoir, à douter même de la nature de l'âme, donc de son existence. Ne pouvant en tirer de leçon profitable aux humains, Nicostrate conseille la mort ! A l'inverse de cette influence, mais à la même époque, Olympiodore le jeune affirmait que Platon l'avait sauvé du suicide (*App.* Cougny, III, 177) :

εἰ μὴ γράμμα Πλάτωνος ἐμὴν ἐπέδησεν ἐρωήν,
ἤδη λυγρὸν ἔλυσα βίου πολυκηδέα δεσμόν.

On peut penser qu'Agathias s'amuse à parodier ces vers.

καὶ παρὰ τῷ Φαίδωνι Πλατωνικὸν ὕψος ἐπιγνούς,
πᾶσαν ἐνησκήθη πάντοθεν ἀτρεκίην.
Εἶτα περιστέλλων τὸ τριβώνιον, εἶτα γενείου
ἄκρα καταψήχων, τὴν λύσιν ἐξέφερεν·
« Εἴπερ ὅλως ἔστι ψυχῆς φύσις - οὐδὲ γὰρ οἶδα -,
ἢ θνητὴ πάντως ἐστὶν ἢ ἀθάνατος,
στεγνοφυὴς ἢ ἄϋλος· ὅταν δ' Ἀχέροντα περήσῃς,
κεῖθι τὸ νημερτὲς γνώσεαι ὡς ὁ Πλάτων.
Εἰ δ' ἐθέλεις, τὸν παῖδα Κλεόμβροτον Ἀμβρακιώτην
μιμοῦ καὶ τεγέων σὸν δέμας ἐκχάλασον·
καί κεν ἐπιγνοίης δίχα σώματος αὐτίκα σαυτόν,
μοῦνον ὅπερ ζητεῖς τοῦθ' ὑπολειπόμενος. »

**13** ἔστι ψυχῆς P : ἔστι ψυχὴ Plan. ‖ **17** Ἀμβρακιώτην P : Ἀμπρακ- Plan.

## 355

## ΠΑΛΛΑΔΑ

« Πάντα μὲν οἶδα » λέγεις, ἀτελὴς δ' ἐν πᾶσιν ὑπάρχεις·
γευόμενος πάντων οὐδὲν ἔχεις ἴδιον.

Plan., II$^b$, 19, 6. — Tit. Παλλαδᾶ P : hoc disticho post *Ep.* 291 transposito om. Plan.

## 356

## Ἀδέσποτον.

Εἰς σὲ καὶ ἀψευδὴς ἐψεύσατο βίβλος Ὁμήρου,
ὁπλοτέρων ἐνέπουσα μετήορα δήνεα φωτῶν.

Plan., I$^b$, 50, 1. — Tit. Ἀδέσποτον P : om. Plan. ἄδηλον D ‖ **2** δήνεα Plan. : δήνιεα P.

## 357

DE PALLADAS

Un père et un fils tous deux firent un pari, à qui par de plus folles dépenses mangerait tout son bien. Et, après avoir copieusement dévoré leur fortune tout entière, il ne leur reste plus en dernier ressort qu'à se manger l'un l'autre [1].

## 358

<ANONYME>

Rufinianus, qui n'était que Rufus en deux syllabes, a multiplié les syllabes avec les escroqueries. Mais il n'a pas échappé aux regards de Diké, en deux syllabes. Car, de nouveau, il reprendra son nom en deux syllabes, Rufus le fripon, Rufus l'imposteur, comme jadis [2]...

## 359

O toi qui es plus élevé que toutes les puissances, sauve-moi, malheureux que je suis, de toute jalousie. Tu veux bien m'écouter, et moi je veux m'expliquer [3]. Car la bonne volonté redouble ma reconnaissance; au discours elle confère une double beauté [4] : le charme à l'ora-

1. Dans l'épigramme, IX 367, Lucien raconte plus longuement une histoire du même genre.

2. Même jeu de mots dans l'épigramme 17 de Nicarque. Sans doute s'agit-il pour l'escroc de changer de nom et de se faire oublier. On a tôt fait toutefois de l'identifier.

3. L'interprétation de cette épigramme fait difficulté. Peut-être le hasard a-t-il uni deux pièces iambiques; la différence de style est visible. De plus, le *Palatinus*, qui est seul à présenter tout ce groupe d'épigrammes, donne la preuve de la confusion de la tradition : il unit aussi les épigrammes 358 et 359.

4. Hommage compliqué d'un plaideur, remerciements d'un suppliant que le prince a bien voulu entendre et qui flatte son juge? On ne sait. La répétition du mot διπλοῦς a incité Zerwès à penser que ces vers avaient été composés au v^e^ siècle, à l'époque des monophysites (*Cambr. Med. Hist.*, I, 1956, p. 513).

## 357

### ΠΑΛΛΑΔΑ

Υἱὸς καὶ γενετὴρ δῆριν φιλόνεικον ἔθεντο,
 τίς πλέον ἐκδαπανῶν κλῆρον ἅπαντα φάγῃ.
Καὶ μετὰ τὴν βρῶσιν τὴν χρηματικὴν μάλα πᾶσαν
 ὕστατον ἀλλήλους λοιπὸν ἔχουσι φαγεῖν.

Plan., II$^{b}$, 15, 1. — Tit. Παλλαδᾶ P : om. Plan. ‖ 2 φάγῃ P : φάγοι Plan.

## 358

### ⟨Ἀδέσποτον⟩.

Ῥουφινιανός, Ῥοῦφος ὢν δισύλλαβος,
συνεξέτεινε τοῖς κακοῖς τὰς συλλαβάς·
οὐ λανθάνει δὲ τὴν δισύλλαβον Δίκην.
Κληθήσεται γὰρ καὶ δισύλλαβος πάλιν,
Ῥοῦφος κακοῦργος καὶ γόης, ὡς ἦν ποτέ.

Lemma B : εἰς Ῥουφινιανόν P.
Tit. Ἀδέσποτον add. nos ‖ 5 ὡς ἦν Huschke : ὢν ἦν P.

## 359

### ⟨Ἀδέσποτον⟩.

Ὦ τῆς ἁπάσης δυνάμεως ὑπέρτατε,
σῶσόν με τὸν δύστηνον ἐκ παντὸς φθόνου.
Θέλεις ἀκοῦσαι, βούλομαι κἀγὼ λέγειν·
τὸ γὰρ θέλημα τὴν χάριν τίκτει διπλῆν,

Tit. Ἀδέσποτον add. nos : cum praecedenti epigr. hoc carmen iunxit at in margine asterisco adpuncto initium ind. P Palladae trib. Stadtmüller Franke et Zerwes ‖ 4 διπλῆν edd. : διπλὴν P.

teur, à l'auditeur la gravité ! N'es-tu pas celui qui donne leur splendeur aux discours et aux lois, toi qui juges de par les lois et te distingues par tes discours?

.................................................

J'ai vu le Prince Ailouros [1], un chat en or massif, ou encore une sangsue cruelle, sous son placage d'or, un furieux [2].

## 360

### ⟨ Anonyme ⟩.

Voilà que le général Hermanoubis [3] s'est métamorphosé en chien ! Il a capturé deux frères, deux Hermès [4], deux voleurs de bijoux, étroitement ligotés l'un à l'autre; bien avant l'heure, ce sont deux démons voués aux glaces du Tartare [5]. Le lieu d'origine ne révèle pas le caractère que je sache; mais le caractère révèle ce lieu, cela je l'affirme [6].

## 361

### D'AUTOMÉDON

Mules, compagnes de vieillesse, qui menez mon char, toutes semblables aux Prières Homériques, « boiteuses, ridées, louches des deux yeux » [7], escorte d'Héphaistos [8],

1. Dans ces deux vers l'auteur oppose à la majestueuse richesse vestimentaire de Byzance — un placage, dit-il — la véritable nature du personnage qui le porte. Ailouros ne signifie-t-il pas le chat, le fourbe?

2. Si l'ensemble forme réellement un tout, la différence de style peut être voulue. Cet Ailouros, qualifié de πρίγκιψ serait le nouvel évêque d'Alexandrie, Timothée Ailouros (457). La première partie serait alors un recours à une puissance supérieure, peut-être à l'empereur, contre cet évêque; évocation ironique de la duplicité avant l'accusation brutale. Le français ne rend pas l'allitération finale χρυσοκόλλητον χόλον.

3. La mauvaise composition et l'obscurité de cette épigramme pose plus d'un problème. Hermanoubis est un nom que l'auteur invente. C'est à la fois Anubis, le dieu égyptien, à tête de chien (XI, 212) et Hermès, le dieu protecteur des voleurs. Comparer avec XI, 353 de Palladas. Sans doute, ce général a-t-il mis à profit ses fonctions pour piller la contrée.

**διπλοῦν τε κάλλος τῷ λόγῳ χαρίζεται**
**λέγοντι κόσμος, καὶ κλύοντι σεμνότης.**
**φωστὴρ γὰρ εἶ σὺ καὶ λόγων καὶ τῶν νόμων,**
**νόμοις δικάζων καὶ λόγοισιν ἐκπρέπων.**

. . . . . . . . . . . . . . . . . . . . . . . . . . . . . . . . . . . . . . . .

**Αἴλουρον εἶδον χρυσίου τὸν πρίγκιπα,**
**ἢ βδέλλαν ὠμήν, χρυσοκόλλητον χόλον.**

**9** πρίγκιπα Boissonade : πρισκιπᾶ P ‖ **10** ὠμήν Jacobs : ὤιμην P ‖ χόλον [sicut *Ep.* 351, 9] P : κόλον Boissonade.

## 360

### ⟨Ἀδέσποτον⟩.

**Νῦν ὁ στρατηγὸς Ἑρμανούβης ἐγένετο**
**κύων, ἀδελφοὺς συλλαβὼν Ἑρμᾶς δύο**
**ἀσημοκλέπτας συνδεθέντας σχοινίῳ,**
**ψυχροὺς ἀώρους Ταρταρίους τε δαίμονας.**
**Οὐκ οἶδα χῶρον τοῦ τρόπου κατήγορον·**
**τρόπον δὲ χώρου τὸν κατήγορον λέγω.**

Lemma B : εἰς στρατηγόν P.
Tit. Ἀδέσποτον add. nos ‖ **1** ἐγένετο Jacobs : ἐγένου P.

## 361

### ΑΥΤΟΜΕΔΟΝΤΟΣ

**Ἡμίονοι σύγγηροι ἐμὴν κομέουσαι ἀπήνην,**
**ταῖσιν Ὁμηρείοις πάντα Λιταῖς ἴκελαι,**
**χωλαί τε ῥυσαί τε παραβλῶπές τ' ὀφθαλμώ,**
**Ἡφαίστου πομπή, σκύτινα δαιμόνια,**

**1** κομέουσαι corr. nos : κομέουσιν metri causa corr. Brunck κοιμέουσιν P ‖ **3** χωλαί — ὀφθαλμώ hab. Hom., *Il.*, IX, 503 ‖ ὀφθαλμώ ex Hom. Brunck : ὀφθαλμῶν P.

démons décharnés, vous qui, par le Soleil [1], jamais n'avez goûté, pas même en songe, à l'orge estivale, ni à l'herbe printanière, puissiez-vous donc, pour mon service, vivre aussi longtemps que la corneille, vous nourrissant ⟨ à jamais ⟩ de l'air du temps [2] !

## 362

## DE CALLIMAQUE

Heureux le vieil Oreste ! Car, si fou qu'il fût par ailleurs, Leucaros, il ne fut pas frappé de ma folie, et sur le Phocidien [3] il ne fit pas d'enquête pour éprouver son amitié [4]; mais ne lui eût-il joué qu'une seule comédie de ce genre [5], rapidement il eût perdu ce compagnon. C'est ce que j'ai fait; et moi aussi, je ne les ai plus mes nombreux Pylade !

## 363

## DE DIOSCORIDE

Plus de dignité pour les gens d'Alexandrie ! Le fils de Ptolémée, Moschos [6], dans la course aux flambeaux [7], s'est acquis la renommée, parmi ceux de son âge. Moschos ? Le fils de Ptolémée ? Pauvre ville ! Où sont donc les infamies de sa mère ? Et le trafic public qui se faisait

1. Le serment fait par le Soleil contraste avec la présence de ces bêtes qui semblent venir du sombre Erèbe.

2. C'est le trait final : attelage d'un avare qui se réjouit de ne rien dépenser pour son entretien, et souhaite que cela continue ! La lacune du dernier vers a donné lieu à diverses conjectures. F. Buffière en suggère une nouvelle qui semble pertinente : après le μέν du vers précédent on attend un δέ.

3. Pylade était cousin germain d'Oreste, la sœur d'Agamemnon, Anaxibie, ayant épousé Strophios, son père. Descendant de Zeus, d'Éaque, de Phocos, on l'appelle donc Phocidien. Cette origine dorienne est bien marquée par les dorismes employés par Callimaque : τάν, ἁμάν, τῶ, ἅτις, αἰ, κα, ποήσας; d'où τώς πολλώς rétabli par Wilamowitz.

οὔ ποτε γευσάμεναι, μὰ τὸν Ἥλιον, οὐδ' ἐν ὀνείρῳ,
οὐ θέρεος κριθήν, οὐκ ἔαρος βοτάνην,
τοὔνεκ' ἐμεῦ μὲν ἕκητι βίον ζώοιτε κορώνης
⟨τὴν δ' αἰεί κε⟩ νεὴν ἠέρα βοσκόμεναι.

**8** τὴν δ' αἰεί κε- suppl. Buffière : litter. fere XIII lacuna in P ἢ ἐλάφου κε- coni. d'Orville ἡμιόνοι κε- coni. Brunck ‖ -νεὴν ἠέρα d'Orville : νέην ἱερὰ P.

## 362

## ΚΑΛΛΙΜΑΧΟΥ

Εὐδαίμων ὅτι τἆλλα μανεὶς ὠρχαῖος Ὀρέστας,
Λεύκαρε, τὰν ἁμὰν οὐκ ἐμάνη μανίαν,
οὐδ' ἔλαβ' ἐξέτασιν τῶ Φωκέος, ἅτις ἐλέγχει
τὸν φίλον· ἀλλ' αἰ χῆν δρᾶμ' ἐδίδαξε μόνον,
ἦ τάχα κα τὸν ἑταῖρον ἀπώλεσε· τοῦτο ποήσας
κἠγὼ τὼς πολλὼς οὐκέτ' ἔχω Πυλάδας.

Dioscoridis *Ep.* XV, 195 ante hoc Callimachi carmen [*Epigr.* 59 ed. Pfeiffer] inscr. P ‖ **1** τἆλλα μανεὶς Ernesti : ταλαμανεὶς P ‖ **2** ἁμὰν Schneider : μαν P λίαν Maas ‖ μανίαν Ernesti : -νίην P ‖ **3** τῶ φωκέος ἅτις Paulssen : τωφωκεσσετις P ‖ **4** ἀλλ' αἰ χῆν Davies : ἀλλ' αἴ χ' ἓν P[pc] ἀλλαιχ' ἓν P[ac] ἀλλ' αἰσχρὸν e Sylburg Buffière ‖ δρᾶμ' ἐδιδαξε P : γράμμ' ἐδικαξε ex Emperio Pfeiffer ‖ **5** κα Meineke : καὶ P ‖ ἀπώλεσε sic interpunxit Young ‖ **6** κἠγὼ Meineke : κἀγὼ P ‖ τὼς πολλὼς Wilamowitz : τοὺς πολλοὺς P.

## 363

## ΔΙΟΣΚΟΡΙΔΟΥ

Οὐκέτ' Ἀλεξανδρεῦσι τὰ τίμια, χὠ Πτολεμαίου
Μόσχος ἐν ἠϊθέοις λαμπάδι κῦδος ἔχει.
Ὁ Πτολεμαίου Μόσχος. Ἰὼ πόλι· ποῦ δὲ τὰ μητρὸς
αἴσχεα, πάνδημοί τ' ἐργασίαι τέγεος;

**4** πάνδημοί P : πανδήμου non rectius Jacobs.

sous son toit? Où sont <les lupanars et> les bouges [1]? Enfantez donc, courtisanes, enfantez, encouragées par la couronne de Moschos [2] !

## 364

### DE BIANOR

Oh ! celui-là, ce zéro, ce crétin, ce vendu, oui, regardez-le ! Il possède une âme, mais c'est celle d'un autre [3] !

## 365

### D'AGATHIAS LE SCHOLASTIQUE

Calligénès, le paysan, lorsqu'il eut jeté le grain en terre, s'en alla en la demeure d'Aristophane, l'astrologue, et lui demanda de lui dire si l'été lui serait favorable [4], et s'il récolterait grande abondance d'épis. Notre homme prit ses petits cailloux, les disposa sur sa tablette, compta sur ses doigts et déclara : « Calligénès, si ton champ est suffisamment arrosé par les pluies, si les fleurs sauvages ne l'envahissent pas, que les gelées ne brisent pas tes sillons et que, par la grêle, la pointe des épis naissants ne soit pas cisaillée, si la biche ne vient tondre les guérets et si n'apparaît quelque calamité céleste ou terrestre, l'été te sera favorable, je te le prédis, et tu feras belle récolte d'épis; crains seulement les sauterelles [5]. »

1. Ce mot συφόρϐια, *toit à porc*, ne doit pas faire penser qu'il puisse s'agir d'une famille paysanne. Le mot est pris, comme en français, dans un sens figuré : *bouge*. Si la mère de Moschos a ainsi transformé sa maison en un lieu public, pourquoi se gêner? dit le poète. En fréquentant ces maisons, on donnera naissance à d'aussi fiers citoyens d'Alexandrie. A.S.F. Gow (*Two Epigrams by Dioscorides* dans *Miscellanea Rostagni*, p. 529-530) suggère une autre solution pour le vers 5 : ποῦ δὲ πατρὸς... Après les turpitudes maternelles, le poète évoquerait les tares paternelles.

2. Cette réaction contre la récompense accordée aux Jeux à un bâtard n'est qu'une manifestation de la réprobation de certains milieux contre la citoyenneté trop largement accordée. Voir les vers plus tardifs d'Automédon, *A.P.*, XI, 319.

Ποῦ δὲ ⟨κασαύρια; ποῦ δὲ⟩ συφόρβια; Τίκτετε, πόρναι,
τίκτετε, τῷ Μόσχου πειθόμεναι στεφάνῳ. 6

5 κασαύρια; ποῦ δὲ suppl. Chardon: lacuna fere VII litt. in P.

## 364

## ΒΙΑΝΟΡΟΣ

Οὗτος ὁ μηδέν, ὁ λιτός, ὁ καὶ λάτρις, οὗτος, ὁρᾶτε,
ἐστί τινος ψυχῆς κύριος ἀλλοτρίης.

PLAN., I[b], 44, 2. — Tit. Βιάνορος P : om. PLAN. ‖ 1 λιτός PLAN. : λειτὸς P ‖ ὁρᾶτε P : ὁρᾶται PLAN. ἐρᾶται Scaliger ‖ 2 ἐστί τινος Scaliger : ἐστι τινος P ἔστι τίνος PLAN.

## 365

## ΑΓΑΘΙΟΥ ΣΧΟΛΑΣΤΙΚΟΥ

Καλλιγένης ἀγροῖκος, ὅτε σπόρον ἔμβαλε γαίῃ,
οἶκον Ἀριστοφάνους ἦλθεν ἐς ἀστρολόγου,
ἤτεε δ' ἐξερέειν εἴπερ θέρος αἴσιον αὐτῷ
ἔσται καὶ σταχύων ἄφθονος εὐπορίη·
ὃς δὲ λαβὼν ψηφῖδας, ὑπὲρ πίνακός τε πυκάζων
δάκτυλά τε γνάμπτων, φθέγξατο Καλλιγένει·
« Εἴπερ ἐπομβρηθῇ τὸ ἀρούριον ὅσσον ἀπόχρη,
μηδέ τιν' ὑλαίην τέξεται ἀνθοσύνην,
μηδὲ πάγος ῥήξῃ τὴν αὔλακα, μηδὲ χαλάζῃ
ἄκρον ἀποδρυφθῇ δράγματος ὀρνυμένου,
μηδὲ κεμὰς κείρῃσι τὰ λήϊα, μηδέ τιν' ἄλλην
ἠέρος ἢ γαίης ὄψεται ἀμπλακίην,
ἐσθλόν σοι τὸ θέρος μαντεύομαι, εὖ δ' ἀποκόψεις
τοὺς στάχυας· μούνας δείδιθι τὰς ἀκρίδας. »

PLAN., II[b], 4, 2. — Tit. Ἀγαθίου σχολαστικοῦ P : om. PLAN. ‖ 3 ἐξερέειν εἴπερ P : ἐξερεείνων εἰ PLAN. ‖ 5 ψηφῖδας PLAN. : ψηφίδας P ‖ 11 κεμὰς Hecker : κεμάδες P νεβροὶ PLAN. ‖ κείρῃσι Hecker : κείρωσι *m* ‖ 13 εὖ *m* : εἰ Jacobs.

## 366

### DE MACÉDONIOS, Personnage consulaire

Un gagne-petit, dans son rêve, maniait des trésors; il voulait mourir, plongé dans ce sommeil doré. Mais, lorsqu'il vit à son réveil que son gain s'était évanoui avec son rêve, qu'il était pauvre comme avant, il se rendormit !

## 367

### DE JULIEN ANTÉCESSOR [1]

Cet air d'autruche [2] que tu as ! C'est tout à fait cela ! Pas de doute, Circé t'a métamorphosé en un être ailé, en te faisant boire le Cycéon [3].

## 368

### Du même.

Quelle ample moisson au bas de ton visage barbu [4]. Il te faut donc une faux, et non des ciseaux, pour t'en dépouiller !

## 369

### Du même.

Sois prudent, demeure en la cité, de peur d'être déchiré par une de ces grues qui se délectent du sang des Pygmées [5].

1. Ce Julien Antécessor est un inconnu. Ce devait être un juriste ou un professeur de droit de l'époque de Justinien; on lui doit ces trois épigrammes de l'*Anthologie*.
2. Sans doute a-t-il l'aspect d'un imbécile.
3. Le Cycéon est le philtre qui métamorphosa les compagnons d'Ulysse (*Od.* X, 290).
4. Il doit s'agir de ces philosophes barbus qui, après la fermeture de l'École d'Athènes par Justinien en 529, font figure d'originaux et d'attardés, conservant de la philosophie ces attributs extérieurs qui étaient une manière de s'affirmer un « hellène » au moment où la philosophie chrétienne triomphait. Même un empereur comme Julien, au ɪᴠᵉ siècle, portait la barbe des philosophes (*Misopogon*, 338 c-d).

## 366

## ΜΑΚΗΔΟΝΙΟΥ ΥΠΑΤΟΥ

Φειδωλός τις ἀνὴρ ἀφόων θησαυρὸν ὀνείρῳ,
ἤθελ' ἀποθνήσκειν πλούσιον ὕπνον ἔχων·
ὡς δ' ἴδε τὴν προτέρην, σκιόεν μετὰ κέρδος ὀνείρου,
ἐξ ὕπνου πενίην, ἀντικάθευδε πάλιν.

Plan., IIª, 50, 15. — Tit. Μακηδονίου ex *Ep.* XI 58 et 63 edd. : Μακεδονίου *m.*

## 367

## ΙΟΥΛΙΑΝΟΥ ΑΝΤΙΚΕΝΣΟΡΟΣ

Ὄψιν ἔχεις στρουθῷ πανομοΐον. Ἦ ῥά σε Κίρκη
ἐς πτηνὴν μετέθηκε φύσιν κυκεῶνα πιόντα.

Plan., IIª, 13, 14. — Tit. Ιουλίανου 'Αντικένσορος P : 'Ιουλ. 'Αντικίνσωρος Plan. ‖ 1 πανομοΐον Plan. : παρομοίιον P ‖ 2 μετέθηκε Plan. : μετέθεικε supra ει litt. η scr. P ‖ κυκεῶνα P Plan.$^{pc}$ : κυκῶνα Plan.$^{ac}$.

## 368

### Τοῦ αὐτοῦ.

'Αμητὸς πολύς ἐστι τεῇν κατὰ δάσκιον ὄψιν·
τῷ σε χρὴ δρεπάνοισι, καὶ οὐ ψαλίδεσσι καρῆναι.

Plan., IIª, 13, 15.

## 369

### Τοῦ αὐτοῦ.

'Ασφαλέως οἴκησον ἐν ἄστεϊ, μή σε κολάψῃ
αἵματι Πυγμαίων ἡδομένη γέρανος.

Lemma B : εἰς κονδόν P$^{mg}$.
Plan., IIª, 7, 2. — Tit. Τοῦ αὐτοῦ P : 'Ιουλιάνου ἀντικήνσορος Plan. ‖ 2 Πυγμαίων P Plan.$^{pc}$ : -μαῖων Plan.$^{ac}$.

## 370

### DE MACÉDONIOS, Personnage consulaire

Le miroir n'est pas bavard ! Mais moi, en revanche, je te ferai grief de ce placage de fard qui te donne une beauté factice. Pindare, le doux poète, faisait lui aussi les mêmes reproches lorsqu'il chantait : « L'eau, la meilleure des choses [1] », le pire ennemi du fard !

## 371

### DE PALLADAS

Ne m'invite pas, moi qui connais tes plats affameurs, alors que tu n'apportes pour toute nourriture qu'un ragoût de citrouilles ! Nous ne le mangeons pas tout cet argent massif [2] que tu nous prodigues en trompant notre faim de tes plats inutiles ! Recherche donc des jeûneurs pour cette exposition de vaisselle plate, et que l'on t'admire alors d'avoir une argenterie... trop légère [3] !

## 372

### D'AGATHIAS LE SCHOLASTIQUE

Ton corps n'est qu'une ombre; imperceptible est le souffle qui l'anime. Aussi ne t'aventure jamais à approcher

1. *Olymp.*, I, 1. Mais alors que Pindare chantait l'eau, l'or, le feu, la lumière et les jeux, Macédonios, dans sa parodie, ne considère qu'un seul bienfait de l'eau : elle enlève ce qui est factice.

2. Expert en orfèvrerie, l'invité l'est peut-être; mais il connaît encore mieux la pingrerie de son hôte; c'est pourquoi, il adjoint aux termes qui désignent cette argenterie les mots λιμοφορήων, μελέους et κοῦφον. Reprenant le thème traité par Lucillius (XI, 313, 314) ou Martial (XI, 31) l'auteur, par une hypallage hardie, rejette sur les plats la tromperie dont se rend coupable cet hôte, trompeur comme un Crétois κρητίζων.

## 370
## ΜΑΚΗΔΟΝΙΟΥ ΥΠΑΤΟΥ

Οὐ λαλέει τὸ κάτοπτρον· ἐγὼ δέ σε πάλιν ἐλέγξω
τὴν νοθοκαλλοσύνην φύκεϊ χριομένην.
Τοῦτο καὶ ἡδυλύρης ποτὲ Πίνδαρος ⟨αὐτὸς⟩ ἐλέγχων,
εἶπεν ἄριστον ὕδωρ, φύκεος ἐχθρότατον.

Plan., II[a], 13, 16. — Tit. Μακηδονίου ὑπάτου ex *Ep.* 52 et 63 [cf. *Ep.* 366] edd. : Μακεδονίου ὑπ. *m* ‖ **1** πάλιν *m* repugnante metro seruandum : alii alia ‖ **3** αὐτὸς suppl. Aldus Manutius ed. 1521 : ἢ αἶσχος Weckel εἶδος Jacobs ‖ **4** ἄριστον ὕδωρ hab. Pind., *Olymp.*, I. 1.

## 371
## ΠΑΛΛΑΔΑ

Μή με κάλει δίσκων ἐπιΐστορα λιμοφορήων,
βρωτύν μοι φορέων τὴν κολοκυνθιάδα.
Ἀργυρέην ὕλην οὐ τρώγομεν, ἣν παραβάλλεις
λιμῷ κρητίζων τοὺς μελέους πίνακας.
Ζήτει νηστεύοντας ἐς ἀργυρέην ἐπίδειξιν,
καὶ τότε θαυμάζῃ κοῦφον ἄσημον ἔχων.

Plan., II[b], 25, 2. — Tit. Παλλαδᾶ P : om. Plan. ἄδηλον C ‖ **3** τρώγομεν, ἣν Jacobs : τρωγομένην P Plan. ‖ **5** ἐς Plan. : εἰς P ‖ **5** ἀργυρέην Scaliger : ἀργαλέην *m* ‖ **6** θαυμάζῃ P : θαυμάσῃ Plan. θαυμάσσῃ C.

## 372
## ΑΓΑΘΙΟΥ ΣΧΟΛΑΣΤΙΚΟΥ

Σῶμα φέρων σκιοειδές, ἀδερκέϊ σύμπνοον αὔρῃ,
μή ποτε θαρσήσῃς ἄγχι τινὸς πελάσαι,

Plan., II[a], 32, 19. — Tit. Ἀγαθίου σχολαστικοῦ P: τοῦ αὐτοῦ hoc carmine post *Ep.* 111 Lucillii transposito om. Plan. D ἄδηλον C ‖ **1** ἀδερκέϊ P : ἀειδέι Plan.

de qui que ce soit de peur que sa respiration ne t'enlève jusqu'au fond de son nez ! Car tu es beaucoup plus inconsistant que le souffle de l'air.

Tu ne crains pas la mort, toi ! Car alors, sans le moindre changement, tu seras ce que tu es déjà, un fantôme [1] !

## 373

### DE PALLADAS

De tous ceux qui fréquentent les Muses, Calliopé est la déesse; mais ta Calliopé à toi s'appelle Tabliopé [2] !

## 374

### DE MACÉDONIOS, Personnage consulaire

Tu peux bien sans arrêt maquiller tes joues décharnées, juste récompense de ton odyssée, ô Laodicée [3] ! N'élargis pas le sourire de tes lèvres; car, quel est celui qui, par un artifice magique, rétablira les rangées de tes dents [4] ? Tout ce charme s'en est allé, ce charme qui était le tien : elle n'est pas intarissable cette source dont ton corps tire son éclat. Ainsi que la rose tu t'épanouissais en ton printemps; maintenant, c'est la fin : tu te flétris sous l'été brûlant de la vieillesse...

1. L'imitation de Lucillius (XI, 88-95) et de Palladas (X, 75) n'est que trop évidente.

2. Calliopé est la muse de la poésie lyrique. Jeu de mots par modification de deux lettres avec τάϐλα, tablette pour jouer aux dés, et ταϐλιόπη, le jeu de dés. Cf. IX, 482, 767.

3. Le jeu de mots Λαοδίκη λαοῖς ἔνδικα est rendu approximativement. Cette flétrissure est la conséquence des aventures amoureuses et λαοί semble bien indiquer les nombreux amants autant que le dédain des foules pour la vieille coquette. Ce jeu de mots contestable contraste avec les beaux vers de cette épigramme.

4. En soulignant la bouche avec son rouge, la vieille femme ne rend que plus apparent le vide des gencives : que ne va-t-elle acheter des dents !

μή τις ἔσω μυκτῆρος ἀναπνείων σε κομίσσῃ
ἄσθματος ἠερίου πολλὸν ἀφαυρότερον.
Οὐ σὺ μόρον τρομέεις· τότε γὰρ πάλιν οὐδὲν ἀμείψας
ἔσσεαι ὡσαύτως φάσμα, τόπερ τελέθεις.

4 ἀφαυρότερον P : ἐλαφρότερον Plan.

## 373

## ΠΑΛΛΑΔΑ

Πάντων μουσοπόλων ἡ Καλλιόπη θεός ἐστιν·
ἡ σὴ Καλλιόπη Ταβλιόπη λέγεται.

Lemma B : εἰς ποιητὴν κυβεύοντα $P^{mg}$.
Plan., $II^a$, 27, 1. — **1** ἐστιν Plan. : ἐστι P ‖ **2** ἡ σὴ *m* : σεῖο δε D.

## 374

## ΜΑΚΗΔΟΝΙΟΥ ΥΠΑΤΟΥ

Τῷ ψιμύθῳ μὲν ἀεὶ λιποσαρκέα τεῖνε παρειήν,
Λαοδίκη, λαοῖς ἔνδικα τινυμένη·
μή ποτε δ' εὐρύνῃς σέο χείλεα· τίς γὰρ ὀδόντων
ὄρχατον ἐμπήξει φαρμακόεντι δόλῳ;
Τὴν χάριν ἐξέρρευσας ὅσην ἔχες· οὐκ ἀπὸ πηγῆς
ἀγλαΐη μελέων ἕλκεται ἀενάου.
Ὡς δὲ ῥόδον θαλέθεσκες ἐν εἴαρι· νῦν δ' ἐμαράνθης,
γήραος αὐχμηρῷ καρφομένη θέρεϊ.

Plan., $II^a$, 9, 8. — Tit. Μακηδονίου ὑπάτου edd. [cf. *Ep.* 366] : Μακεδονίου ὑπ. *m* ‖ **1** Τῷ in margine manu recentiore scr. P rubro atramento in texto scr. Plan. ‖ **2** τινυμένη P : τιννυμένη Plan. ‖ **5** πηγῆς Scaliger : γαίης *m* ‖ **7** θαλέθεσκες P Plan. : θαλέεσκες C.

## 375

Du même.

J'éternuai près d'une tombe [1] et, sur l'heure, je désirai apprendre ce à quoi je pensais justement, le triste destin de mon épouse... J'ai éternué dans le vent ! Il n'est survenu à ma femme aucun des malheurs qui frappent les humains, ni la maladie, ni la mort !

## 376

D'AGATHIAS LE SCHOLASTIQUE

Un homme infortuné s'en était allé chez le rhéteur Diodoros [2], et le consultait sur ce point de droit : « Un jour, notre servante s'est enfuie; quelqu'un la trouva et, bien qu'il sût que cette esclave avait un maître, il l'unit à l'un de ses serviteurs, dont elle eut des enfants. Et alors? De qui ceux-ci sont-ils les esclaves, en bonne justice? — Et notre homme, tout perplexe, feuilletait un à un ses bouquins; puis il se tourna vers son client et, les sourcils froncés, lui dit : « C'est à toi ou à celui qui a pris ta servante, c'est fatal, que doivent appartenir comme esclaves ceux pour lesquels tu me consultes. Mais, cherche un juge bienveillant; rapidement tu obtiendras la meilleure [3] décision, si toutefois ta déposition est juste. »

1. C'était un mauvais présage que le poète voulait diriger selon ses désirs. Espoir déçu !

2. A. Cameron (*op. cit.*, p. 10) identifie ce rhéteur avec Diodore le scholastique, disciple de Procope de Gaza.

3. C'est bien l'épigramme-historiette dans le genre d'Agathias. Voir XI, 365; une suite de constatations évidentes par elles-mêmes, le conseil d'acheter le juge et un jeu de mots qui termine spirituellement le récit; car l'adjectif ἀρειότερος peut être pris dans le sens de ἀρείων, *le meilleur parmi les meilleurs* mais aussi comme provenant de ἄρειος, *qui donne prise à des luttes*; et alors rien n'est terminé !

## 375

### Τοῦ αὐτοῦ.

Ἔπταρον ἄγχι τάφοιο καὶ ἤθελον αὐτόθ' ἀκοῦσαι
οἷά περ ᾠϊσάμην μοῖραν ἐμῆς ἀλόχου.
Ἔπταρον εἰς ἀνέμους· ἄλοχον δέ μοι οὔ τι κιχάνει
λυγρὸν ἐν ἀνθρώποις, οὐ νόσος, οὐ θάνατος.

Plan., IIª, 11, 1; *Laurentianus* 91-8 (21); *Matrit. Bibl. nat.* 4562, fol. 123, 73 (Ir. 107, 3). — Tit. Τοῦ αὐτοῦ P : Μακεδονίου ὑπάτου Plan. ‖ **1** αὐτόθ' Dübner : αὐτὸς *m* ‖ **4** λυγρὸν Plan.[pc] : λύτρον P Plan.[ac].

## 376

### ΑΓΑΘΙΟΥ ΣΚΟΛΑΣΤΙΚΟΥ

Ῥήτορα πρὸς Διόδωρον ἀνὴρ δείλαιος ἀπελθὼν
εἴρετό μιν τοίης ἀμφὶ δικασπολίης·
« Ἡμετέρη θεράπαινα φύγεν ποτέ· τὴν δέ τις εὑρὼν
ἀλλοτρίην τ' εἶναι λάτριν ἐπιστάμενος
ζεῦξεν ἑῷ θεράποντι. Τέκεν δ' ὑπὸ παῖδας ἐκείνῳ·
καὶ τίνι δουλεύειν εἰσὶ δικαιότεροι; »
Ὃς δ' ὅτε μερμήριξε καὶ ἔδρακε βίβλον ἑκάστην,
εἶπεν ἐπιστρέψας γυρὸν ἐπισκύνιον·
« Ἢ σοὶ ἢ τῷ ἑλόντι τεὴν θεράπαιναν ἀνάγκη
δουλεύειν κείνους, ὧν χάριν ἐξερέεις·
δίζεο δ' εὐμενέοντα δικασπόλον, αἶψα δ' ἀποίσῃ
ψῆφον ἀρειοτέρην, εἴ γε δίκαια λέγεις. »

Plan., IIᵇ, 22, 6. — Tit. Ἀγαθίου σχολαστικοῦ P : carmine post *Ep.* 151 transposito om. Plan. τοῦ αὐτου sc. Ammiani Aldus Manutius ed. 1521. ‖ **2** εἴρετό P : ἤρετο Plan. ‖ **6** καὶ *m* : ὡς uoluit Jacobs ‖ **9** ἢ σοὶ Plan. : σοὶ P ‖ **10** κείνους Plan. : ἐκείνου Plan.[ac] κείνων P ‖ **11** ἀποίσῃ Plan.: ἀποίσεις P ‖ **12** λέγεις P : λέγοις Plan.

## 377

### DE PALLADAS

Un pauvre petit oiseau, voilà ce que, invités à un repas, nous avions à manger, nous, des hommes ! Mais d'autres oiseaux nous étions devenus la pâture [1]. Tityos [2], aux Enfers, est dévoré par deux vautours. Pour nous, ils étaient quatre à nous dévorer vivants...

## 378

### Du même

Ma femme et la grammaire, je ne les puis supporter ! La grammaire m'apporte la pauvreté [3], et ma femme son sale caractère. Ce que je souffre de l'un et de l'autre? La Mort et le Destin [4] ! Enfin, de la grammaire je me suis maintenant débarrassé, tout juste ! Mais je ne puis me séparer de cette femme batailleuse [5] : mon contrat et la loi ausonienne m'en empêchent [6].

## 379

### D'AGATHIAS LE SCHOLASTIQUE

Personne ne supporte la vue de tes molaires, et n'aime à s'approcher de ta demeure. Car, si tu as une perpétuelle

1. Ces quatre personnages sont-ils des convives affamés (Jacobs), des brigands qui veulent dépouiller leurs victimes (Boissonade) ou des diffamateurs publics? Ne serait-ce pas plutôt ces grammairiens aux discussions oiseuses réunis autour d'une pauvre chère? Voir épigrammes XI, 135-137.

2. Tityos était un géant, bâtard de Zeus; de ce fait, il encourut la colère d'Héra qui lui inspira des désirs amoureux pour Léto. En punition, foudroyé, il fut enfermé aux Enfers où deux vautours lui dévoraient le foie (XI, 107 et 143).

3. Palladas était grammairien et nous avons ses plaintes dans d'autres épigrammes : IX, 168, 169, 171, 174, 175; X, 97, XI, 303 (cf. Juvénal, *Satires*, VII, 171 et 203). Le mot ἄπορος évoque autant la misère que les difficultés de la grammaire et de ce métier. Sur sa femme aussi nous possédons d'autres épigrammes : IX, 165, 166, 167.

## 377

### ΠΑΛΛΑΔΑ

Ὄρνεον ἠσθίομεν κεκλημένοι ἄθλιον ἄνδρες
  ἄλλων ὀρνίθων βρώματα γινόμενοι·
καὶ τὸν μὲν Τιτυὸν κατὰ γῆς δύο γῦπες ἔδουσιν,
  ἡμᾶς δὲ ζῶντας τέσσαρες αἰγυπιοί.

Plan., $II^{b}$, 15, 2. — Tit. Παλλαδᾶ P : om. Plan. C τοῦ αὐτοῦ [sc. Agathiae] D et plan. edd. ‖ 1 ἠσθίομεν ... ἄθλιον *m* : ἐσθίομεν ... ἄθλιοι Ludwich ‖ 2 γινόμενοι Plan. : γιγν- P ‖ 4 αἰγυπιοί P $C^{ac}$ : αἰγυπτιοι $C^{pc}$ [πι supra πτι ead. manu] Plan.

## 378

### Τοῦ αὐτοῦ.

Οὐ δύναμαι γαμετῆς καὶ γραμματικῆς ἀνέχεσθαι,
  γραμματικῆς ἀπόρου, καὶ γαμετῆς ἀδίκου.
Ἀμφοτέρων τὰ πάθη θάνατος καὶ μοῖρα τέτυκται.
  Τὴν οὖν γραμματικὴν νῦν μόλις ἐξέφυγον·
οὐ δύναμαι δ' ἀλόχου τῆς ἀνδρομάχης ἀναχωρεῖν·
  εἴργει γὰρ χάρτης καὶ νόμος Αὐσόνιος.

Plan., $II^{a}$, 10, 6; $E^{F}$, 70; $E^{P}$, 67; $E^{R}$, 75. — Tit. Τοῦ αὐτοῦ P : Παλλαδᾶ Plan. ἄλλο carmine post *Ep.* III, 145 Palladae (*App. Cougny*) scripto E ‖ 1 γαμετῆς καὶ γραμματικῆς P Plan. : γραμμ- καὶ γαμ- E ‖ 2 ἀδίκου PE : μαχίμου Plan. [cf. IX, 168] ‖ 3 θάνατος — τέτυκται hab. Hom., *Il.*, III, 101. ‖ 4 τὴν οὖν P Plan. : τὴν μὲν οὖν E ‖ νῦν E quod iam malebat Jacobs : καὶ Plan. om. P ἢ suppl. Preisendanz ‖ 6 γὰρ χάρτης E : χάρτης γὰρ P Plan. ‖ Αὐσόνιος P Plan. : om. E.

## 379

### ΑΓΑΘΙΟΥ ΣΧΟΛΑΣΤΙΚΟΥ

Οὔ τις ἀλοιητῆρας ἰδεῖν τέτληκεν ὀδόντας
  ὑμετέρους, ἵνα σοῖς ἐν μεγάροις πελάσῃ·

Lemma B : εἰς πολυφάγον in textu P.

Plan., $II^{a}$, 31, 5. — 2 ἵνα σοῖς Plan. : ϊνασης P ἵνα σῆς secl. Saumaise.

boulimie digne d'Érysichton [1] lui-même, tu finiras, certes oui, par dévorer l'un de tes invités. Mais non, tu ne me recevras pas dans ta maison; je n'irai pas, je me garderai bien d'être l'hôte de ton estomac ! Et si, un jour, je vais chez toi, eh bien ! le fils de Laerte, lorsqu'il affronta les gueules de Scylla, ne fit pas acte plus valeureux ! Et je serai alors bien davantage le « héros d'endurance [2] », si je m'approche de toi : tu n'es pas moins dangereux que l'effroyable Cyclope !

## 380

### DE MACÉDONIOS, Personnage consulaire

Dikè, fille d'un père illustre [3], vierge protectrice des cités, ne refuse pas l'or, expression de notre amour filial [4]. N'ont-elles pas été faites d'or massif ces balances de Zeus qui pèsent toute la destinée de notre vie ? « Alors le Père des dieux déployait sa balance d'or [5] », si tu n'as pas oublié les beautés d'Homère.

## 381

### DE PALLADAS

Toute femme n'est que fiel ! Mais elle a deux bons moments : le premier, le jour du mariage; l'autre le jour de sa mort [6].

1. Héros thessalien. En châtiment d'un sacrilège, Déméter le gratifia d'une faim que rien ne pouvait calmer (Callimaque, *Hym. Dem.*, 24 et suiv.).

2. C'est l'épithète habituelle d'Ulysse (*Od.*, VII, 1) chez Homère.

3. Dikè est fille de Zeus et de Thémis (Hésiode, *Théog.*, 902).

4. Cette épigramme devait accompagner une offrande à la Justice. Elle répond, le lemme en fait foi, à l'épigramme d'un contemporain, Arabios (*A. Pl.*, 314), une statue d'or ayant été refusée à un certain Longin. Or, n'est-ce pas sous le règne de Justinien que l'or fut presque exclusivement réservé aux statues impériales?

5. Comme preuve de ses affirmations le poète se réfère à Homère (*Il.*, VIII, 69). N'est-ce pas l'habitude?

εἰ γὰρ ἀεὶ βούβρωστιν ἔχεις Ἐρυσίχθονος αὐτοῦ,
ναὶ τάχα δαρδάψεις καὶ φίλον ὃν καλέεις.
Ἀλλ' οὐ σεῖο μέλαθρά με δέξεται· οὐ γὰρ ἔγωγε
βήσομαι ὑμετέρῃ γαστρὶ φυλαξόμενος.
Εἰ δέ ποτ' ἐς τεὸν οἶκον ἐλεύσομαι, οὐ μέγ' ἄνυσσεν
Λαρτιάδης Σκύλλης χάσμασιν ἀντιάσας·
ἀλλ' ἔσομαι πολύτλας τις ἐγὼ πλέον, εἰ σὲ περήσω,
Κύκλωπος κρυεροῦ μηδὲν ἐλαφρότερον.

**3** ἔχεις Plan. : ἔχει P ‖ **5** με δέξεται Plan. : δεδέξεται P ‖ **6** βήσομαι ὑμετέρῃ P : βήσομαι ὑφ' ὑμ- Plan. ‖ φυλαξόμενος P : λαφυξ- Plan. ‖ **7** εἰ δέ ποτ' P Plan : εἰ δ' ἔτι γ' J. Lascaris οὐδέποτ' C ‖ **8** Λαρτιάδης Plan. : λαερτιάδης P ‖ χάσμασιν Plan. : χήμασιν P.

## 380

## ΜΑΚΗΔΟΝΙΟΥ ΥΠΑΤΟΥ

Παρθένος εὐπατέρεια Δίκη, πρέσβειρα πολήων,
οὐ τὸν ἐν εὐσεβίῃ χρυσὸν ἀποστρέφεται·
ἀλλὰ καὶ αὐτὰ τάλαντα Διὸς πάγχρυσα τελέσθη,
οἷσι ταλαντεύει πάντα νόμον βιότου·
« Καὶ τότε δὴ χρύσεια πατὴρ ἐτίταινε τάλαντα, »
εἰ μὴ Ὁμηρείων ἐξελάθου χαρίτων.

Lemma B : πρὸς τὸν εἰπόντα· εἰ μὴ πότνα Δίκη χρυσὸν ἀπεστρέφετο in textu P rubro atramento in margine Plan.
Plan., IIᵇ, 19, 7. — Tit. Μακηδονίου Plan. : Μακεδ- P ‖ ὑπάτου in textu P : om. Plan. ‖ **2** οὐ τὸν Plan. : αὐτὸν P ‖ **3** καὶ — τάλαντα Hom., *Il.*, VIII, 69.

## 381

## ΠΑΛΛΑΔΑ

Πᾶσα γυνὴ χόλος ἐστίν· ἔχει δ' ἀγαθὰς δύω ὥρας,
τὴν μίαν ἐν θαλάμῳ, τὴν μίαν ἐν θανάτῳ.

Plan., IIᵃ, 11, 2; *Laurentianus* 32-16 (32).

## 382

## D'AGATHIAS LE SCHOLASTIQUE

Alcimène gisait sur son lit, miné par la fièvre; son gosier n'articulait que sons rauques [1] et enroués; il ressentait aux côtés des déchirements comme des coups de poignard, et sa respiration sifflante se faisait souvent haletante. Survint Callignote de Céos, l'infatigable bavard, tout imbu de sa science de guérisseur, tout prêt aussi, devant les souffrances, à faire des pronostics qui ne disent rien de plus que ce qui doit fatalement arriver. Il observe la position d'Alcimène, réfléchit sur sa mine, doctement tâte son pouls et fait le compte sur son carnet des jours critiques [2], ressassant tout cela à la manière d'Hippocrate.

Et alors, à haute voix, il proclame devant Alcimène son diagnostic, et cela d'un air grave et avec solennité : « Si ton enrouement diminue [3] ainsi que tes violentes douleurs dans les côtes, et que ta respiration cesse d'être précipitée sous l'action de la fièvre, il n'y a pas de danger : tu ne mourras pas de pleurésie. Cela sera pour nous le signe que la douleur aura disparu. Courage ! Toutefois appelle le notaire, dispose de tout ton bien et abandonne ainsi une existence pleine de soucis.

Et moi, ton médecin, pour prix de cet heureux diagnostic, fais-moi ton héritier pour un tiers de tes biens [4]. »

1. Il ne semble pas qu'il faille faire une différence entre λαρυγγιάω du vers 2 et φάρυγξ du v. 15. Si cette dernière expression est plutôt réservée aux voies digestives, elle peut aussi désigner les voies respiratoires. Λαυκανίη ne se retrouve que dans l'*Iliade*, XXII, 325.

2. Ce calcul que le médecin effectue sur des tablettes portatives est très important dans la médecine hippocratique. Les jours critiques sont ceux où la crise se produit, et ils varient selon les maladies; cette crise est la « transformation décisive qui oriente le cours de la maladie dans un sens favorable » ou non (L. Bourgey, *Observation et expérience chez les médecins de la collection hippocratique*, Paris, 1953, p. 237 et suiv.).

## 382

## ΑΓΑΘΙΟΥ ΣΧΟΛΑΣΤΙΚΟΥ

Κεῖτο μὲν Ἀλκιμένης κεκακωμένος ἐκ πυρετοῖο,
καὶ περὶ λαυκανίην βραγχὰ λαρυγγιόων,
νυσσόμενός τε τὸ πλευρὸν ἅτε ξιφέεσσιν ἀμυχθέν,
καὶ θαμὰ δυσκελάδοις ἄσθμασι πνευστιόων·
ἦλθε δὲ Καλλίγνωτος ὁ Κώϊος, ὁ πλατυλέσχης,
τῆς παιωνιάδος πληθόμενος σοφίης,
πᾶσαν ἔχων πρόγνωσιν ἐν ἄλγεσιν, οὔ τι περιττὸν
ἄλλο προαγγέλλων ἢ τὸ γενησόμενον.
Ἀλκιμένους δ' ἐδόκευεν ἀνάκλισιν, ἔκ τε προσώπου
φράζετο, καὶ παλάμης ψαῦεν ἐπισταμένως,
καὶ τὸ περὶ κρισίμων φαέων ἐλογίζετο γράμμα,
πάντ' ἀναπεμπάζων οὐχ ἑκὰς Ἱπποκράτους.
Καὶ τότε τὴν πρόγνωσιν ἐς Ἀλκιμένην ἀνεφώνει
σεμνοπροσωπήσας καὶ σοβαρευόμενος·
« Εἴ γε φάρυγξ βομβεῦσα, καὶ ἄγρια τύμματα πλευροῦ
καὶ πυρετῷ λήξῃ πνεῦμα δασυνόμενον,
οὐκέτι τεθνήξει πλευρίτιδι· τοῦτο γὰρ ἡμῖν
σύμβολον ἐσσομένης ἐστὶν ἀπημοσύνης.
Θάρσει· τὸν νομικὸν δὲ κάλει καὶ χρήματα σαυτοῦ
εὖ διαθεὶς βιότου λῆγε μεριμνοτόκου,
καί με τὸν ἰητρόν, προρρήσιος εἵνεκεν ἐσθλῆς,
ἐν τριτάτῃ μοίρῃ κάλλιπε κληρονόμον. »

Plan., IIa, 22, 19. — Tit. Ἀγαθίου *m* ‖ σχολαστικοῦ P om. Plan. ‖ **1** πυρετοῖο Plan. : πυρετόο P ‖ **2** λαυκανίην P : λευκανίην Plan. ‖ **5** Καλλίγνωτος J. Lascaris ed. 1494 : -νωστος *m* ‖ **6** παιωνιάδος P : παιηονίδος Plan. παιϊώνιδος J. Lascaris ed. 1494 ‖ **7** περιττὸν P : περισσὸν Plan. ‖ **9** ἔκ τε Plan. : ἐκ τοῦ P ‖ **14** σοβαρευόμενος P : -σάμενος Plan. ‖ **16** λήξῃ P : λήξει Plan. ‖ **17** τεθνήξει P : -ξῃ Plan. ‖ **22** κάλλιπε Plan. : κάλλιπες P.

## 383

### DE PALLADAS

C'est donc vrai, aux ânes aussi le Destin apporte bonheur et souffrances, et Cronos [1] fixe à leur naissance le sort des êtres à quatre pattes. Car voici que ce malheureux baudet a connu des temps difficiles, depuis que du service d'un alabarque [2] il est passé à celui d'un grammairien! Résigne-toi, pauvre bête, à en supporter les conséquences; car, chez les grammairiens, l'orge n'est plus entière : on dit seulement or [3].

## 384

### Du même.

Solitaires? Mais pourquoi si nombreux [4]? Si nombreux... Et comment solitaires? Ah! troupe de solitaires qui trompe la solitude!

## 385

### Du même.

C'est un amour factice que le tien : c'est par crainte et nécessité que tu aimes! [5] Un amour de la sorte, aucune raison de s'y fier!

1. Les astrologues pensaient que l'horoscope le plus funeste était celui qui dépendait de Cronos; mais il se peut qu'il y ait jeu de mots avec χρόνος, le *temps*.

2. Les alabarques étaient les magistrats qui, à Alexandrie, avaient la responsabilité de la riche et nombreuse colonie juive; ce qui n'était pas sans profit.

3. Chez les grammairiens, par souci pédant de la tradition poétique, on ne se servait plus de la forme κριθή, *orge*; elle perd sa finale et devient la forme poétique κρῖ : c'est le sens littéral de οὐδὲ τέλος κριθῇ. C'est un problème linguistique dont notre épigrammatiste tire une conclusion ironique : on diminue de moitié la ration des bêtes de somme, consé-

## 383

### ΠΑΛΛΑΔΑ

Ἦν ἄρα καὶ κάνθωσι Τύχη χαλεπή τε καὶ ἐσθλή,
καὶ Κρόνος ὡρονομεῖ τετραπόδων γένεσιν.
Ἐξότε γὰρ καὶ τοῦτον ὄνον χαλεπὸς χρόνος ἔσχεν,
ἐξ ἀλαβαρχείης γραμματικοῦ γέγονεν.
Τλῆθι φέρειν λοιπόν, κανθήλιε· γραμματικοῖς γὰρ
οὐδὲ τέλος κριθῇ, κρῖ δὲ μόνον λέγεται.

Plan., $II^b$, 7, 5. — Tit. Παλλαδᾶ P : om. Plan. ‖ **3** ἔσχεν Plan. : ἔσχε P ‖ **5** κανθήλιε Groot : -θήλια *m* ‖ γραμματικοῖς P : -τικῶς Plan. ‖ **6** κριθῇ P : κριθὴ Plan.

## 384

### Τοῦ αὐτοῦ.

Εἰ μοναχοί, τί τοσοίδε; Τοσοίδε δέ, πῶς πάλι μοῦνοι;
Ὦ πληθὺς μοναχῶν ψευσαμένη μονάδα.

Plan., $II^b$, 26, 2. — Tit. Τοῦ αὐτοῦ P : om. Plan. ‖ **1** τοσοίδε δέ Jacobs : τοσοίδε γε P τοσονδέ τε Plan. ‖ πάλι Plan. : πάλιν P ‖ μοῦνοι *m* : μοῦνος C ‖ **2** πληθύς $P^{pc}$ Plan. : πληθούς $P^{ac}$.

## 385

### Τοῦ αὐτοῦ.

Πλαστὸν ἔχεις τὸν ἔρωτα, φόβῳ δὲ φιλεῖς καὶ ἀνάγκῃ·
τοῦ δὲ φιλεῖν οὕτως οὐδὲν ἀπιστότερον.

Plan., $I^b$, 25, 2. — Tit. Τοῦ αὐτοῦ P hoc Palladae disticho post *Ep.* X, 121 transposito om. Plan. ἄδηλον C D.

## 386

Du même.

Un quidam vit hier, errant par la ville, la Victoire, toute triste. Il lui dit : « Déesse Victoire, quel malheur t'est donc arrivé? » Et elle, se lamentant et critiquant la décision, lui fit cette réponse : « Es-tu donc le seul à ne pas le savoir? On m'a donnée à Patricius ! » Elle était vraiment accablée de chagrin cette Victoire; car, contrairement à toute règle, Patricius [1] a saisi au vol la victoire, tel un pilote qui profite du vent !

## 387

Du même.

Tout un chacun ne mange qu'une fois. Est-on reçu par Salaminos? On fait un deuxième repas chez soi, au retour !

## 388

DE LUCILLIUS

« Tant que tu es célibataire, Nouménios, tu crois que la vie n'est que bonheur. Mais lorqu'une épouse entre en ta demeure, alors, tout au contraire, la vie, te semble-t-il, n'est que malheur [2] ! — Mais, et les enfants? — Oui,

quence de la pauvreté du nouveau maître qui est obligé de compter et de se montrer avare.

On a tenté de respecter le jeu de mots dans la traduction; mais on semble introduire une idée de cupidité qui n'existe pas chez Palladas : on prononce seulement « or ».

1. On ne sait quel est ce Patricius et à quel genre de victoire on fait allusion. Selon Brodeau, ce serait un avocat qui aurait gagné un procès; Beckby cite une scholie de l'édition Lascaris de 1494 : un astrologue Patricius vécut sous Jovien vers 353 et Jacobs mentionne un magistrat de ce nom à Constantinople vers 390. Pourquoi ne pas songer à une victoire au cirque? De toute manière, ce fut une victoire inattendue et un vainqueur peu sympathique. Voir XI, 128.

## 386

Τοῦ αὐτοῦ.

Στυγνὴν τὴν Νίκην τις ἰδὼν κατὰ τὴν πόλιν ἐχθὲς
εἶπε· « Θεὰ Νίκη, τίπτε πέπονθας ἄρα; »
Ἡ δ' ἀποδυρομένη καὶ μεμφομένη κρίσιν εἶπεν·
« Οὐκ ἔγνως σὺ μόνος; Πατρικίῳ δέδομαι. »
Ἦν ἄρα καὶ Νίκη πολυώδυνος, ἣν παρὰ θεσμὸν
Πατρίκιος ναύτης ἥρπασεν ὡς ἄνεμον.

Plan., Ia, 42, 5. — Tit. Τοῦ αὐτοῦ P hoc carmine post *Ep.*, X, 94 et 48 Palladae transposito Plan. ‖ **5** Νίκη Plan. : δίκη P ‖ ἣν Plan. : ᾗ P.

## 387

Τοῦ αὐτοῦ.

Πάντες ἅπαξ τρώγουσιν· ὅταν δὲ τρέφῃ Σαλαμῖνος,
οἴκαδ' ἀριστῶμεν δεύτερον ἐρχόμενοι.

Plan., IIa, 50, 16. — Tit. Τοῦ αὐτοῦ P : παλλαδᾶ Plan.

## 388

## ΛΟΥΚΙΛΛΙΟΥ

« Ἄχρις ἂν ᾖς ἄγαμος, Νουμήνιε, πάντα δοκεῖ σοι
ἐν τῷ ζῆν εἶναι τῶν ἀγαθῶν ἀγαθά·
εἶθ' ὅταν εἰσέλθῃ γαμετή, πάλιν εὐθὺ δοκεῖ σοι
ἐν τῷ ζῆν εἶναι πάντα κακῶν τὰ κακά.

Plan., Ib, 11, 2; *Matrit. Bibl. nat.* 4562, fol. 122, 12 (Ir. 106). — Tit. Λουκιλλίου P : om. Plan. ἄδηλον D ‖ **2** τῶν ἀγαθῶν ἀγαθά P : τἀγαθὰ τῶν ἀγαθῶν Plan.

Nouménios, tu en auras des enfants, si tu as quelques sous. Le pauvre, lui, même pour ses enfants, n'éprouve pas d'affection [1]. »

## 389

Du même.

Si tu dois vivre la longue existence d'un cerf ou d'une corneille [2], on te pardonne de rassembler une telle abondance de biens. Mais si tu es l'un de ces mortels qu'atteint bientôt la vieillesse, ne te laisse pas prendre par la folle passion d'acquérir sans cesse. Ah ! ne va pas accabler ton âme de souffrances intolérables : d'autres, sans effort, useront de tes biens...

## 390

Du même.

Si tu m'aimes, aime-moi vraiment et ne cherche pas à me faire du mal en considérant l'amitié comme le premier moyen de me nuire. Pour tous les hommes, oui, je l'affirme, une franche inimitié est bien préférable à l'amitié trompeuse. Ne dit-on pas aussi que pour les navires qui voguent sur les flots, plus dangereux sont les écueils sous-marins que les roches qui affleurent [3]?

1. A l'objection d'un interlocuteur : « mais il te faut une épouse pour avoir des enfants », le célibataire répond qu'un riche même sans épouse peut avoir des enfants par adoption : il y aura des candidatures ! Le pauvre ne peut aimer les enfants : c'est une trop lourde charge. En corrigeant πτωχὸς par πτωχὸν on aurait cet autre sens : « pour l'indigent, même ses enfants n'éprouvent pas d'affection », qui est peut-être plus satisfaisant. Cf. X, 124.

2. Pour ces symboles de longue vie, voir épigramme 361. Selon Hésiode (*fr.* 171 Rzach), la corneille vivait neuf âges d'homme, soit environ trois cents ans. Le thème de l'avarice peut sembler usé et l'épigramme comme la précédente relève davantage des poèmes gnomiques du l. X.

3. C'est le même sujet que Palladas traitera dans l'épigramme XI, 385 et Nicarque en 252. Mais, on ne reconnaît plus le poète badin : serait-ce, cette fois encore (XI, 388) le résultat d'une expérience?

— Ἀλλὰ χάριν τεκνίων; — Ἕξεις, Νουμήνιε, τέκνα,
χαλκὸν ἔχων· πτωχὸς δ' οὐδὲ τὰ τέκνα φιλεῖ. »

6 τὰ Plan. : om. P.

389

Τοῦ αὐτοῦ.

Εἰ μὲν ζῇς ἐλάφου ταναὸν χρόνον ἠὲ κορώνης,
συγγνώμη πλεῖστον πλοῦτον ἀγειρομένῳ·
εἰ δέ τις ἐσσὶ βροτῶν οὓς αὐτίκα γῆρας ἰάπτει,
μή σέ γ' ἀπειρεσίων οἶστρος ἕλῃ κτεάνων·
μὴ σὺ μὲν ἀτλήτοισιν ἐν ἄλγεσι θυμὸν ὀλέσσῃς,
χρήσονται δ' ἄλλοι σοῖς ἀγαθοῖς ἀπόνως.

Lemma : εἰς πλούσιον ἄπληστον S[p].

Plan., II[a], 50, 21 ; S[p] fol. 192. — Tit. Τοῦ αὐτοῦ P : λουκιλλίου Plan. ‖ 1 ταναὸν P Plan. : τ' ἀνὰ S[p] ‖ 6 χρήσονται P : χρήσωνται S[p] Plan. ‖ ἀπόνως PS[p] : ἀνέδην Plan.

390

Τοῦ αὐτοῦ.

Εἴ με φιλεῖς, ἔργῳ με φίλει καὶ μή μ' ἀδικήσῃς,
ἀρχὴν τοῦ βλάπτειν τὴν φιλίαν θέμενος.
Πᾶσι γὰρ ἀνθρώποισιν ἐγὼ πολὺ κρέσσονά φημι
τὴν φανερὰν ἔχθραν τῆς δολερῆς φιλίας.
Φασὶ δὲ καὶ νήεσσιν ἁλιπλανέεσσι χερείους
τὰς ὑφάλους πέτρας τῶν φανερῶν σπιλάδων.

Lemma : εἰς προσποιοῦντας φιλίαν ἀνθρώπων οὖσαν S[p].

Plan., II[a], 15, 1 ; S[s], 71 ; S[p], 22 ; Cramer, *Anecd. gr.*, p. 378. — Tit. Τοῦ αὐτοῦ P : λουκιλλίου Plan. om. S ‖ 1 με[1] P Plan. : μὲν S ‖ ἀδικήσῃς P : ἀδίκει σύ Plan. ‖ 3 κρέσσονα P Plan. : κρείσσονα S ‖ 4 φιλίας P : φιλίης S Plan. ‖ 5 ἁλιπλανέεσσι P Plan. : πλανέεσσι [ἅλι superscr.] S[p] ἁλιπλανέεσι [σ[sl]] S[s].

## 391

Du même.

Asclépiade [1] l'avare a vu dans sa maison une souris; il lui dit : « Que fais-tu chez moi, chère souris? » Et elle de répondre en riant de bon cœur : « Ne crains rien, ami; chez toi nous ne cherchons pas le vivre, mais le couvert [2]. »

## 392

Du même.

Assis sur le dos d'une fourmi ailée, Adraste le rhéteur dit ces mots : « Envole-toi, car tu portes ton Bellérophon, ô Pégase ! » Le fameux héros ! Un squelette avec, déjà, un pied dans la tombe [3]...

## 393

Du même.

Il n'y a pas de fardeau plus pesant qu'une fille. Si tu le trouves léger, Euctémon, écoute-moi. Toi, tu as une hernie, et moi une fille. Prends-la, et donne-moi, à la place de ma seule fille, une centaine de ces hernies [4] !

1. Les épigrammes sur le thème des avares se trouvent réunies en XI, 165-173. On lit encore trois épigrammes de Lucillius sur ce sujet en XI, 294, 309 et 389. Le désordre de cette deuxième partie (249-442) n'est que trop évident puisque même les épigrammes lucilliennes s'y retrouvent en ordre dispersé. On ne peut nier qu'il s'agit d'un apport postérieur aux épigrammes ordonnées (65-248). Voir *Notice*, p. 38-39.

2. Lucillius trouve toujours de nouvelles variantes sur le même thème. Ces vers sont pleins de bonhomie : l'avare s'étonne de cette présence; il n'y a rien à manger chez lui ! La réponse prouve que même les animaux ont compris notre homme !

3. On retrouve ce même thème parmi les épigrammes de Lucillius (XI 104). Ce rhéteur n'est pas seulement un λεπτός, mais un homme usé par l'âge ou la maladie.

4. Le mot βάρος était employé pour signifier la pesanteur due à la hernie ou encore à l'hydrocèle (Hippocrate, 396, 45). Voir du même Lucillius sur ce sujet, *A.P*, VI, 166.

## 391

### Τοῦ αὐτοῦ.

Μῦν Ἀσκληπιάδης ὁ φιλάργυρος εἶδεν ἐν οἴκῳ,
καί · « Τί ποιεῖς » φησίν « φίλτατε μῦ, παρ' ἐμοί; »
Ἡδὺ δ' ὁ μῦς γελάσας· « Μηδέν, φίλε » φησί « φοβηθῇς·
οὐχὶ τροφῆς παρὰ σοὶ χρῄζομεν, ἀλλὰ μονῆς. »

Lemma B : εἰς φειδωλόν $P^{mg}$.
PLAN., IIª, 50, 22; *Laurentianus* 32-16 (33). — Tit. Τοῦ αὐτοῦ P hoc carmine post Lucillii *Ep.* 389 transposito PLAN.

## 392

### Τοῦ αὐτοῦ.

Μύρμηκος πτερόεντος ὑπὲρ νώτοιο καθεσθεὶς
Ἄδραστος ῥήτωρ τοῖον ἔλεξεν ἔπος·
« Ἵπτασο· τὸν σὸν ἔχεις, ὦ Πήγασε, Βελλεροφόντην, »
φέρτατον ἡρώων, ἡμιθανῆ σκελετόν.

PLAN., IIª, 32, 20. — Tit. Τοῦ αὐτοῦ P: Λουκιλλίου PLAN. ‖ 2 Ἄδραστος P : Ἄδρηστος PLAN.

## 393

### Τοῦ αὐτοῦ.

Οὐκ ἔστιν θυγατρὸς μεῖζον βάρος· εἰ δὲ δοκεῖ σοι,
Εὐκτήμων, εἶναι κοῦφον, ἄκουσον ἐμοῦ.
Ἔστιν σοὶ κήλη κἀμοὶ θυγάτηρ· λάβε ταύτην
καὶ δός μοι κήλας ἀντὶ μιᾶς ἑκατόν.

PLAN., IIª, 21, 1. — Tit. Τοῦ αὐτοῦ P : Λουκιλλίου PLAN.

## 394

Du même.

Le meilleur des poètes, en vérité, c'est bien celui-là qui offre à diner à ses auditeurs. Mais, s'il lit ses œuvres et renvoie les gens à jeun, alors, qu'il s'inflige à lui-même sa propre folie [1] !

## 395

DE NICARQUE

Le pet, quand il ne trouve pas issue, fait mourir bien des êtres. Mais, le pet sauve également, quand il laisse échapper son bourdonnement mélodieux. Si donc, tour à tour, le pet sauve et tue, il a un pouvoir égal à celui des rois, le pet [2] !

## 396

DE LUCIEN

Que de fois tu m'as envoyé du vin ! Que de fois aussi je t'ai montré de la reconnaissance, charmé par ce nectar si doux au palais ! Mais, maintenant, si tu m'aimes, ne m'en envoie plus. Je n'ai plus besoin d'un tel vin : je n'ai plus de laitues [3] !

1. Cette manie était fréquente au Ier siècle, et nous voyons Martial pester contre ceux qui oublient de restaurer les victimes de ces fantaisies (III, 50). L'auteur ne souhaite à ce mufle d'autre châtiment que d'être soumis au même supplice. L'attribution par Planude à Lucillius semble excellente.

2. Planude a réservé un lemme particulier à cette épigramme; ce n'est donc pas lui qui l'a effacée dans le manuscrit autographe, puisque l'apographe londonien Q comme l'archétype C et le *codex* N la conservent intégralement (voir fin de la note 6 de p. 5). Cependant le codex D l'a raturée d'un trait oblique.

3. Ces vers laisseraient penser que l'épigramme 295, de même inspiration, doive être attribuée à Lucien. Elle est ironique dès le début : par politesse, l'auteur a montré de la gratitude à celui qui ne lui envoyait que de la piquette; il se hâtait de l'utiliser pour l'assaisonnement. Maintenant il ne sait plus qu'en faire.

## 394

### Τοῦ αὐτοῦ.

Ποιητὴς πανάριστος ἀληθῶς ἐστιν ἐκεῖνος
ὅστις δειπνίζει τοὺς ἀκροασαμένους.
Ἢν δ' ἀναγινώσκῃ καὶ νήστιας οἴκαδε πέμπῃ,
εἰς αὐτὸν τρεπέτω τὴν ἰδίαν μανίην.

Plan., IIª, 40, 10. — Tit. Τοῦ αὐτοῦ hoc carmine post *Ep.* 312 Lucillii transposito Plan. : om. P uide notitiam. p. 23 ‖ **3** ἀναγινώσκῃ *m* : ἀναγιγν- J. Lascaris ed. 1494 ‖ πέμπῃ Plan. : πέμπει P ‖ **4** αὑτὸν Plan. : αὐτὸν P ‖ ἰδίαν P. ἰδίην Plan.

## 395

### ΝΙΚΑΡΧΟΥ

Πορδὴ ἀποκτέννει πολλοὺς ἀδιέξοδος οὖσα·
πορδὴ καὶ σώζει τραυλὸν ἱεῖσα μέλος.
Οὐκοῦν εἰ σώζει καὶ ἀποκτέννει πάλι πορδή,
τοῖς βασιλεῦσιν ἴσην πορδὴ ἔχει δύναμιν.

Lemma : εἰς πορδὴν Plan.
Plan., IIª, 44, 1 necnon Q : postea eras. Plan. lit. in D; *Laurentianus* 32-16 (5) ‖ **3** εἰ P Plan. : καὶ *Laurent.* ‖ πάλι Plan. : πάλιν P.

## 396

### ΛΟΥΚΙΑΝΟΥ

Πολλάκις οἶνον ἔπεμψας ⟨ἐμοί⟩, καὶ πολλάκις ἔγνων
σοὶ χάριν ἡδυπότῳ νέκταρι τερπόμενος.
Νῦν δ' εἴπερ με φιλεῖς, μὴ πέμψῃς· οὐ δέομαι γὰρ
οἴνου τοιούτου, μηκέτ' ἔχων θρίδακας.

Tit. Λουκια⟨νοῦ⟩ P : Lucillio hoc carmen tribuere uoluit Herrmann ‖ **1** ἐμοί suppl. Saumaise : om. *m*.

## 397

Du même.

Artémidoros compte ses drachmes par centaines de milliers, et ne dépense rien : il mène donc l'existence des mules ! Ne portent-elles pas souvent sur leur dos une lourde charge d'un or précieux? Mais elles ne mangent que du foin [1] !

## 398

DE NICARQUE [2]

A force de se teindre, un quidam a perdu tous ses cheveux, et de chevelu qu'il était, il devint comme un œuf !

Le teinturier a bien travaillé ! Désormais, le coiffeur n'a plus rien à tailler, ni cheveux blancs, ni cheveux teints.

## 399

D'APOLLINARIOS [3]

Un jour, un grammairien, monté sur un âne, roula à bas de sa monture et, selon le proverbe, y perdit... sa grammaire [4]. Par la suite donc, il mena l'existence banale de tout un chacun et, de ce qu'il avait sans cesse enseigné, il ne savait plus rien.

1. On songe à quelques passages de l'*Ane* de Lucien.
2. La graphie du ms. P Νικαίου et de Planude Νικίου semble attribuer cette épigramme au poète Nicias que Méléagre admit dans sa *Couronne* et qui fut contemporain et ami de Théocrite. Pourtant on peut soupçonner dans cette mention une mélecture de ΝΙΚΑΡΚΟΥ. L'épigramme serait donc du Ier siècle de notre ère.
3. L'auteur de cette épigramme est-il le futur évêque de Laodicée, ami de Libanius (voir XI, 421), ou son père Apollinaire d'Alexandrie qui vécut au début du IVe siècle? On ne sait.

## 397

### Τοῦ αὐτοῦ.

Πολλὰς μυριάδας ψηφίζων Ἀρτεμίδωρος
 καὶ μηδὲν δαπανῶν ζῇ βίον ἡμιόνων·
πολλάκις αἳ χρυσοῦ τιμαλφέα φόρτον ἔχουσαι
 πολλὸν ὑπὲρ νώτου, χόρτον ἔδουσι μόνον.

Plan., II$^{b}$, 25, 3. — Tit. Τοῦ αὐτοῦ P : om. Plan. ἄδηλον C Lucillio hoc carmen tribuere uoluerunt Linnenkugel et Herrmann ‖ 1 ψηφίζων P : ψηφίζει Plan. ‖ 3 αἳ Plan. : αἱ P.

## 398

### ΝΙΚΑΡΧΟΥ

Τὴν κεφαλὴν βάπτων τις ἀπώλεσε τὰς τρίχας αὐτάς,
 καὶ δασὺς ὢν λίαν, ᾠὸν ἅπας γέγονεν.
Τοῦτο βαφεὺς ἐπόησε, τὸ μηκέτι κουρέα τέμνειν
 μήτε κόμην λευκὴν μήτε μελαινομένην.

Plan., II$^{a}$, 13, 17 [Plan.$^{a}$] — quod secl. C et cod. plan. — et II$^{b}$, 6, 4 [Plan.$^{b}$]. — Tit. Νικάρχου e Brunck Jacobs : Νικαίου P Νικίου Plan.$^{a}$ ἄδηλον C om. Plan.$^{b}$ ‖ 2 λίαν *m* : λεῖον Plan.$^{a}$ ‖ γέγονεν *m* : γέγονε Plan.$^{a}$ ‖ 3 ἐπόησε Saumaise : ἐβόησε *m*.

## 399

### ΑΠΟΛΛΙΝΑΡΙΟΥ

Γραμματικός ποτ' ὄνῳ ἐποχούμενος ἐξεκυλίσθη,
 καὶ τῆς γραμματικῆς, ὡς λόγος, ἐξέπεσεν·
εἶθ' ἑξῆς ἐβίου κοινὸν βίον, ὡς ἰδιώτης,
 ὢν ἐδίδασκεν ἀεὶ μηδὲν ἐπιστάμενος.

Plan., II$^{a}$, 10, 7.

Mais, à Glycon, c'est tout le contraire qui est arrivé. Lui qui ignorait non seulement la grammaire, mais la langue de tous les jours, maintenant qu'il a enfourché des ânes de Libye, et que souvent il en tombe, le voilà soudain... grammairien [1] !

## 400

### DE LUCIEN [2]

Sois-moi favorable, ô grammaire, source de vie [3]; sois-moi favorable, toi qui as découvert comme un remède contre la faim le « Déesse, chante la colère... [4] »

C'est un temple de toute beauté qu'il faudrait te bâtir; il faudrait te dédier un autel aux offrandes sans cesse renouvelées. Car, tout est rempli de toi, et les routes et les mers et les ports [5], ô Grammaire, dépotoir universel [6] !

## 401

### Du même.

Un médecin m'avait envoyé son fils chéri, afin qu'il apprenne près de moi cette science grammaticale [7]. Lorsqu'il eut appris le « Chante la colère », et encore « elle leur valut mille souffrances » et puis, à la suite, le troisième vers : « il jeta en pâture à l'Hadès tant d'âmes fières de héros [8] », le médecin ne m'envoya plus son fils pour apprendre à mes côtés. M'ayant rencontré un jour, il me dit : « Grand merci, Maître. Toutefois, près de moi,

1. Qu'est-il survenu à ce prétendu illettré? A-t-il fait fortune dans le commerce de ces ânes d'Afrique qu'on croisait souvent avec des onagres pour leur donner plus de vivacité, ou bien en exerçant en Égypte quelque bas métier? Toujours est-il qu'il pose maintenant à l'homme cultivé, au professeur.

2. Malgré l'attribution de ces distiques à Lucillius par la majorité des critiques (voir apparat critique), il semble que ce style tout ironique soit dans la manière de Lucien.

3. A cette « louange » de la grammaire, nourricière des humains, on peut opposer l'épigramme de Palladas (IX, 169) qui maudit la pauvreté du même grammairien.

Ἀλλὰ Γλύκων ἔπαθεν τοὐναντίον· ὢν γὰρ ἄπειρος
καὶ κοινῆς γλώττης, οὐχ ὅτι γραμματικῆς,
νῦν Λιβυκοὺς κάνθωνας ὀχούμενος, εἶτ' ἀποπίπτων
πολλάκις, ἐξαίφνης γραμμτικὸς γέγονεν.

## 400

## ΛΟΥΚΙΑΝΟΥ

Ἵλαθι, Γραμματικὴ φυσίζοε, ἵλαθι, λιμοῦ
φάρμακον εὑρομένη « Μῆνιν ἄειδε θεά ».
Νηὸν ἐχρῆν καὶ σοὶ περικαλλέα δωμήσασθαι,
καὶ βωμὸν θυέων μή ποτε δευόμενον.
Καὶ γὰρ σοῦ μεσταὶ μὲν ὁδοί, μεστὴ δὲ θάλασσα
καὶ λιμένες, πάντων δέκτρια Γραμματική.

Plan., II$^a$, 10, 8. — Tit. Λουκιανοῦ *m* : Lucillio *Ep.* 400-405 tribuere uoluerunt Helm Engel Franke Geffcken Linnenkugel et Hermann uide notitiam p. 23 notula 3 in fine ‖ **1** λιμοῦ Brunck : μοῦσα *m* ‖ **2** εὑρομένη Plan. : -μένα P ‖ **5** μεστὴ... λιμένες hab. Aratos, *Phaenom.*, 3-4 ‖ **6** δέκτρια Opsopeus : λέκτρια *m*.

## 401

## Τοῦ αὐτοῦ.

Ἰητήρ τις ἐμοὶ τὸν ἑὸν φίλον υἱὸν ἔπεμψεν,
ὥστε μαθεῖν παρ' ἐμοὶ ταῦτα τὰ γραμματικά.
Ὡς δὲ τὸ « Μῆνιν ἄειδε » καὶ « ἄλγεα μυρί' ἔθηκεν »
ἔγνω, καὶ τὸ τρίτον τοῖσδ' ἀκόλουθον ἔπος
« πολλὰς δ' ἰφθίμους ψυχὰς Ἄϊδι προΐαψεν, »
οὐκέτι μιν πέμπει πρός με μαθησόμενον.
Ἀλλά μ' ἰδὼν ὁ πατήρ· « Σοὶ μὲν χάρις » εἶπεν « ἑταῖρε·
αὐτὰρ ὁ παῖς παρ' ἐμοὶ ταῦτα μαθεῖν δύναται·

Plan., II$^b$, 12, 1; *Laurentianus* 32-16 (34); *Vat. Palat. gr.* 128 (2). — Tit. Τοῦ αὐτοῦ P : Λουκιάνου *Palat.* om. Plan. ‖ **1** ἑὸν Plan. : νέον P τὸ ἔχον *Laurent.* ‖ **2** ὥστε *m* : ὡς τὸ *Palat.* ‖ **8** αὐτὰρ *m* : ἄταρ *Palat.*

mon fils peut apprendre tout cela; car, moi aussi, à l'Hadès je jette nombre d'âmes en pâture et, pour cela, je n'ai nul besoin de grammairien [1] ».

## 402

Du même.

Que jamais un dieu ne me fasse, Érasistrate, cette cuisine délicate dont toi, tu te délectes; ainsi en abondance n'avales-tu pas des maux d'estomac pires que la faim ?

Ah ! puissent les enfants de mes adversaires en ingurgiter autant [2] ! Et moi, puissé-je à mon tour davantage encore souffrir de cette faim qui m'accabla jadis [3], plutôt que de m'emplir chez toi le ventre de cette cuisine !

## 403

Du même.

O toi, déesse [4], qui abhorres les pauvres, toi, la seule capable de dompter la richesse, toi encore, qui connais à fond l'art de bien vivre, si tu aimes à te reposer sur des pieds d'emprunt [5], tu sais aussi t'appuyer sur ta canne [6] ! Et quel intérêt tu portes aux parfums ! Quel plaisir tu prends aux couronnes et à ces breuvages bacchiques qui nous viennent d'Ausonie [7] ! Tous ces biens ne se trouvent jamais chez les gueux. C'est pourquoi, tu fuis, certes, le seuil désargenté de la pauvreté, et tu t'en vas, avec plaisir, aux pieds de la Fortune [8].

1. C'est bien plus une charge contre les médecins que contre les grammairiens; ignorants peut-être, ils sont surtout incapables et meurtriers.

2. On lit un souhait du même genre chez Lucillius (XI, 196); ici, à son ennemi, Lucien souhaite de bonnes maladies d'estomac !

3. Allusion sans doute véritable à l'humble condition de Lucien dans sa jeunesse et son adolescence.

4. Il s'agit de la maladie de la goutte. Voir aussi l'épigramme de Martial (XII, 17) sur la fièvre et, de Lucien, sa Τραγῳδοποδάγρα.

καὶ γὰρ ἐγὼ πολλὰς ψυχὰς Ἄϊδι προϊάπτω,
καὶ πρὸς τοῦτ' οὐδὲν γραμματικοῦ δέομαι. »

## 402

Τοῦ αὐτοῦ.

Μηδείς μοι ταύτην, Ἐρασίστρατε, τὴν σπατάλην σου
ποιήσειε θεῶν, ᾗ σὺ κατασπαταλᾷς
ἔσθων ἐκτραπέλως στομάχων κακά, χείρονα λιμοῦ,
οἷα φάγοιεν ἐμῶν ἀντιδίκων τεκνία.
Πεινάσαιμι γὰρ αὖθις ἔτι πλέον ἢ πρὶν ἐπείνων,
ἢ χορτασθείην τῆς παρὰ σοὶ σπατάλης.

Plan., II$^{b}$, 15, 3 — Tit. Τοῦ αὐτοῦ P : om. Plan. ‖ **2** ᾗ Plan.: ἡ P ‖ **5-6** om. Plan.

## 403

Τοῦ αὐτοῦ.

Μισόπτωχε θεά, μούνη πλούτου δαμάτειρα,
ἡ τὸ καλῶς ζῆσαι πάντοτ' ἐπισταμένη,
εἰ δὲ καὶ ἀλλοτρίοις ἐπιϊζομένη ποσὶ χαίρεις,
χὠπλοφορεῖν οἶδας, καὶ μύρα σοι μέλεται,
τέρπει καὶ στέφανός σε, καὶ Αὐσονίου πόμα Βάκχου·
ταῦτα παρὰ πτωχοῖς γίνεται οὐδέποτε.
Τοὔνεκά νυν φεύγεις πενίης τὸν ἀχάλκεον οὐδόν,
τέρπῃ δ' αὖ πλούτου πρὸς πόδας ἐρχομένη.

Lemma B : εἰς ποδάγραν P.

Plan., II$^{b}$, 27, 1. — Tit. Τοῦ αὐτοῦ P : om. Plan. ‖ **1** δαμάτειρα Brunck : δαμάστειρα *m* ‖ **2** ἡ Plan. : ᾗ P ‖ **3** ἀλλοτρίοις P : αἰωτρίοις Plan. ‖ **4** χὠπλοφορεῖν Buffière : ὁπλοφορεῖν *m* πιλοφορεῖν Jacobs ‖ μύρα Plan. : μοῖρά P ‖ **7** νυν Brunck : νῦν P καὶ Plan. ‖ ἀχάλκεον P : χάλκεον Plan. ‖ **8** δ' αὖ Jacobs : δ' εὐ- d'Orville δ' ἀντὶ P δ' εἰς Plan.

## 404

Du même.

Jamais dans une barque ne monte Diophante et... sa hernie, quand il veut passer sur la rive opposée. Mais, une fois qu'il a installé par-dessus sa hernie tous ses bagages et même son âne, il tend les voiles et fait sa traversée. Ainsi donc, elle est vaine la renommée des Tritons sur les ondes : même un herniaire peut en faire autant [1] !

## 405

Du même.

Nicôn, au nez crochu, hume merveilleusement le vin; mais le cru de ce vin, il ne peut rapidement l'indiquer : au bout de trois heures d'été [2], c'est à peine s'il le perçoit, en homme qui tient bien droit [3] un nez de deux cents coudées ! Ah ! l'immense trompe ! Avec ce nez-là, au passage d'une rivière, plus d'une fois il pêche de petits poissons !

## 406

DE NICARQUE

De l'homme au nez crochu, de Nicôn, je vois le nez, Ménippe. L'homme, lui, il n'est plus bien loin, selon toute

1. L'épigramme VI, 166, à propos de l'offrande d'une « hernie votive », montre que la même infirmité aurait été la cause du salut d'un naufragé. On trouve d'autres allusions aux herniaires dans ce livre XI : 132, 342, 393.

2. Les jours d'été sont les plus longs, et il faut tout ce temps pour que les effluves parviennent jusqu'aux cellules olfactives.

3. Planude ignore les trois derniers vers, et le ὡς ἄν du vers 4 est assez suspect. Mais un nez de cette taille risque de trainer au sol, il faut le porter haut, et la restitution ἀνέχων semble s'imposer. Voir aussi XI, 199.

## 404

Τοῦ αὐτοῦ.

Οὐδέποτ' εἰς πορθμεῖον ὁ κηλήτης Διόφαντος
ἐμβαίνει μέλλων εἰς τὸ πέραν ἀπίναι·
τῆς κήλης δ' ἐπάνωθε τὰ φορτία πάντα τεθεικὼς
καὶ τὸν ὄνον, διαπλεῖ σινδόν' ἐπαράμενος.
Ὥστε μάτην Τρίτωνες ἐν ὕδασι δόξαν ἔχουσιν,
εἰ καὶ κηλήτης ταὐτὸ ποιεῖν δύναται.

Plan., II$^b$, 8, 6. — Tit. Τοῦ αὐτοῦ P : om. Plan. ‖ **1** πορθμεῖον Plan. : πορθμίον P ‖ **2** ἐμβαίνει in primum uersum pro Διόφαντος transp. Plan. ‖ ἀπίναι P : ἀπιέναι Διοφῶν Plan. ‖ **3** ἐπάνωθε P D ἐπάνωθϊ Plan. C ‖ πάντα Plan : om. P ‖ **4** σινδόν' Plan. : σινδόνα P.

## 405

Τοῦ αὐτοῦ.

Ὁ γρυπὸς Νίκων ὀσφραίνεται οἴνου ἄριστα,
οὐ δύναται δ' εἰπεῖν οἷος ἂν ᾖ ταχέως.
Ἐν τρισὶν ὥραις γὰρ θεριναῖς μόλις αἰσθάνετ' αὐτός,
ὡς ἀνέχων πηχῶν ῥῖνα διακοσίων.
Ὦ μεγάλου μυκτῆρος· ὅταν ποταμὸν διαβαίνῃ,
θηρεύει τούτῳ πολλάκις ἰχθύδια.

Plan., II$^b$, 8, 7. — Tit. Τοῦ αὐτοῦ P : om. Plan. ‖ **4** ἀνέχων nos: ἂν ἔχων *m* ‖ **4-6** spatio unius uersus relicto om. Plan. ‖ **6** τούτῳ Saumaise : τούτου P.

## 406

## ΝΙΚΑΡΧΟΥ

Τοῦ γρυποῦ Νίκωνος ὁρῶ τὴν ῥῖνα, Μένιππε·
αὐτὸς δ' οὐ μακρὰν φαίνεται εἶναι ἔτι.

Plan., II$^b$, 8, 8. — Tit. Νικάρχου P : om. Plan. ‖ **1** Νίκωνος P : ῥητῆρος Plan.

apparence. Il va venir, attendons-le seulement : tout au plus, à mon sens, il est à cinq stades de son nez [1]. Vois, ce nez s'avance, il le précède; si nous nous postons sur une haute colline, nous verrons aussi Nicôn.

## 407

### Du même.

Le petit Ménestratos, un jour de printemps, faisait la sieste. Une fourmi en campagne l'entraîna dans son trou. Mais, une mouche en volant l'enleva, tout comme un aigle emporta Ganymède vers les demeures célestes du fils de Cronos. Or, notre homme tomba des pattes de la mouche. Ce n'est pas pour cela qu'il toucha terre : à une toile d'araignée il est resté suspendu par les cils [2] !

## 408

### DE LUCIEN [3]

Tu te teins les cheveux, bon ! Mais, ta vieillesse, jamais tu ne pourras la teindre, comme les rides de tes joues, jamais tu ne les effaceras. Ainsi donc, ne va pas enduire de crème [4] tout ton visage. Pour finir, ce n'est plus un visage, mais un masque [5] ! Non, il n'y a plus rien à faire. Pourquoi persister dans cette folie? Jamais le rouge, jamais la crème ne feront d'Hécube une Hélène [6] !

1. Soit une distance de 888 mètres; nous dirions un kilomètre. Si l'épigramme précédente et XI, 408 sont de Lucien on voit combien le satirique imite l'œuvre de ses prédécesseurs.

2. Cette épigramme devrait se trouver dans le groupe 88-111. Déjà on y lisait une allusion à Ganymède (XI, 88) et à la toile d'araignée (XI, 106); elles étaient toutes deux de Lucillius et Nicarque ici l'imite et l'amplifie.

3. Sur l'attribution à Lucien, voir l'apparat critique. Malgré la ressemblance avec Martial et l'attribution de Planude on peut conserver à Lucien la paternité de ces distiques.

4. On retrouve en XI, 374 et 398 ces teintures de cheveux et ces fards. La crème était un blanc de céruse blafard et le rouge un extrait d'une algue marine, d'où le nom de φῦκος.

Πλὴν ἥξει, μείνωμεν ὅμως· εἰ γὰρ πολύ, πέντε
τῆς ῥινὸς σταδίους, οἴομαι, οὐκ ἀπέχει.
Ἀλλ' αὐτὴ μέν, ὁρᾷς, προπορεύεται· ἢν δ' ἐπὶ βουνὸν
ὑψηλὸν στῶμεν, καὐτὸν ἐσοψόμεθα.

## 407

### Τοῦ αὐτοῦ.

Τὸν λεπτὸν θακεῦντα Μενέστρατον εἴαρος ὥρῃ
μύρμηξ ἐξελθὼν εἵλκυσεν εἰς ῥαγάδα·
μυῖα δ' ἐπιπτᾶσ' αὐτὸν ἀνήρπασεν, ὡς Γανυμήδην
αἰετὸς εἰς θαλάμους οὐρανίους Κρονίδεω·
πίπτεν δ' ἐκ χειρῶν μυίης, κοὐδ' ὣς θίγε γαίης,
ἐκ δ' ἀράχνης ἱστοῦ τῶν βλεφάρων κρέμαται.

**4** Κρονίδεω Jacobs : -δαο P -δα Hecker ‖ **5** πίπτεν δ' ἐκ Jacobs : πίπτε δὲ P.

## 408

### ΛΟΥΚΙΑΝΟΥ

Τὴν κεφαλὴν βάπτεις, τὸ δὲ γῆρας οὔποτε βάψεις,
οὐδὲ παρειάων ἐκτανύσεις ῥυτίδας.
Μὴ τοίνυν τὸ πρόσωπον ἅπαν ψιμύθῳ κατάπλαττε,
ὥστε προσωπεῖον, κοὐχὶ πρόσωπον ἔχειν.
Οὐδὲν γὰρ πλέον ἐστί· τί μαίνεαι; Οὔποτε φῦκος
καὶ ψίμυθος τεύξει τὴν Ἑκάβην Ἑλένην.

Plan., II[a], 9, 9. — Tit. Λουκιάνου P : Λουκιλλίου Plan. cum quo assentit Sakolowski necnon Prinz Geffcken Linnenkugel Hermann uide notitiam p. 23 notula 3 ‖ **2** ἐκτανύσεις ῥυτίδας *codex Welch.*[mg] : ῥυτίδας ἐκτανύσεις *m* ‖ **3** ψιμύθῳ Plan. : ψημιθίω P ‖ **4** κοὐχὶ Plan. : ἢ οὐχι P.

## 409

### DE GÉTULICUS [1]

Quatre fois, sur les lèvres de l'amphore, elle posait ses lèvres, Silénis, et en sifflait tout le jus, ô Dionysos à la belle chevelure. D'eau elle ne t'a pas souillé ; mais tel tu étais sorti de la vigne en sa nouveauté, tel elle te buvait avidement [2], son pot de vin [3] a portée de la main, jusqu'au moment où elle aborda la grève des Trépassés.

## 410

### DE LUCIEN

Du Cynique [4] barbu qui mendie le bâton à la main, nous appréciâmes lors d'un repas la profonde sagesse. Tout d'abord, il s'abstint de lupins, de radis : « car il ne faut pas, disait-il, que la vertu soit l'esclave du ventre. » Mais, lorsque sous ses yeux se présenta une vulve de truie bien assaisonnée, blanche comme neige, hop ! elle escamota ses sages pensers [5] : il en demanda, contre toute attente, et en mangea bel et bien sans dire le moins du monde que la vulve fait tort à la vertu !

1. C'est l'unique épigramme dans cette anthologie du poète Gétulicus qui, semble-t-il, ne doit pas être confondu avec l'auteur des épitaphes votives et funéraires des livres VI et VII. La teneur de ces vers semble s'accorder davantage avec le jugement de Pline le Jeune sur ce poète latin qui écrivit « uersiculos parum seueros » (V, 3) et dont ces distiques seraient les seuls vers grecs qui soient parvenus jusqu'à nous. Il aurait donc vécu sous Caligula et Néron, et peut-être fut-il un ami de Lucillius (L. Herrmann, *op. cit.*, p. 8). Voir encore H. Malcovati, *De Gaetulico graecarum epigrammatum scriptore* dans *Athenaeum*, 1923, p. 31-38.

2. L'amphore contient 25 litres, et Silenis, c'est clair, n'use jamais du mélange habituel d'eau. C'est donc l'hymne, ou mieux encore l'épitaphe de l'ivrognesse au nom évocateur qui, toute sa vie durant, a bu sec et abondamment. Dioscoride a composé pour une même Silénis une épitaphe mortuaire digne des chansons à boire (VII, 456).

## 409

## ΓΑΙΤΟΥΛΙΚΟΥ

Τετράκις ἀμφορέως περὶ χείλεσι χείλεα θεῖσα
  Σειληνὶς πάσας ἐξερόφησε τρύγας,
εὐχαίτα Διόνυσε. Σὲ δ' ὕδασιν οὐκ ἐμίηνεν,
  ἀλλ' οἷος πρώτης ἦλθες ἀπ' οἰνοπέδης,
τοῖόν σε προὔπινεν ἀφειδέες, ἄγγος ἔχουσα
  εἰσότε καὶ νεκύων ἦλθεν ἐπὶ ψάμαθον.

Plan., II$^{a}$, 9, 10. — Tit. Γαιτουλίκου Jacobs : Γαιτουλικίου P -λίου Plan. ‖ **2** Σειληνὶς Plan. : Σηληνὶς P ‖ ἐξερόφησε Huet : ἐξεφόρησε *m* ‖ **4** οἷος Plan. : οἵης P ‖ **5** ἀφειδέες P : ἀφειδὲς ἐς Plan. ‖ **6** ἦλθεν ἐπὶ ψάμαθον P : ἦλθ' ἐπὶ συμμορίην Plan.

## 410

## ΛΟΥΚΙΑΝΟΥ

Τοῦ πωγωνοφόρου Κυνικοῦ, τοῦ βακτροπροσαίτου,
  εἴδομεν ἐν δείπνῳ τὴν μεγάλην σοφίαν.
Θέρμων μὲν γὰρ πρῶτον ἀπέσχετο καὶ ῥαφανίδων,
  μὴ δεῖν δουλεύειν γαστρὶ λέγων ἀρετήν.
Εὖτε δ' ἐν ὀφθαλμοῖσιν ἴδεν χιονώδεα βόλβαν
  στρυφνήν, ⟨ἣ⟩ πινυτὸν ἤδη ἔκλεπτε νόον,
ᾔτησεν παρὰ προσδοκίαν, καὶ ἔτρωγεν ἀληθῶς
  κοὐδὲν ἔφη βόλβαν τὴν ἀρετὴν ἀδικεῖν.

Plan., II$^{b}$, 26, 3. — Tit. Λουκιανοῦ P : om. Plan. ‖ **1** βακτροπροσαίτου Plan. : βακτρουπροσαίτου P ‖ **2** εἴδομεν Plan. : εἴδωμεν P ‖ σοφίαν P : σοφίην Plan. ‖ **5** βόλβαν P : βολβὸν Plan. ‖ **6** ἣ suppl. Hermann : om. *m* ‖ πινυτὸν P : πινυτὰν Plan. ‖ **8** βόλβαν P : βολβόν Plan.

## 411

ANONYME.

Cela, ce n'est pas un bain qu'il faut l'appeler, mais un bûcher [1], ce bûcher que jadis le Péléide alluma pour le fils de Ménoetios, ou encore cette couronne de Médée, que l'Érynie embrasa [2] dans les appartements de Glauké par la faute du fils d'Aeson.

Patron, au nom de Zeus, épargne-moi, je suis un homme qui chante tous les exploits des mortels et des immortels [3], moi. Et si tu te proposes de brûler vifs nombre de vivants, allume donc, bourreau, un bûcher de bois et non de pierres [4].

## 412

D'ANTIOCHOS

Peindre l'âme est ardu; dessiner une forme, c'est plus simple. Or, chez toi, pour l'un et l'autre, c'est juste le contraire. Car, à la difformité de ton âme, en l'extériorisant, la Nature a conféré des formes sensibles. Mais, l'incohérence de ton apparence, l'insolence de ton physique, comment pourrait-on les peindre? On ne peut même pas les regarder!

## 413

D'AMMIEN

C'est après avoir sacrifié... son jardin potager qu'Apellès a offert ce repas [5]; et ce sont des brebis, non des amis,

1. Il s'agit de thermes chauffés à l'excès. Et l'auteur en appelle à l'immense bûcher de cent pieds carrés de Patrocle (*Il.*, XXIII, 164) ou encore à la légende de Médée qui fit périr par le feu Glauké, Créon et tout le palais de Corinthe. Ici le poète ne parle que d'une couronne déposée dans les appartements de la fille de Créon par les Furies vengeresses.

## 411

### Ἀδέσποτον.

Τοῦτο πυρὰν μᾶλλον κλῄζειν δεῖ, κοὐ βαλανεῖον,
ἥν ποθ' ὁ Πηλείδης ἧψε Μενοιτιάδῃ,
ἢ τὸν Μηδείης στέφανον, τὸν γ' αἶθεν Ἐρινὺς
ἐν θαλάμοις Γλαύκης εἵνεκεν Αἰσονίδου.
Φεῖσαί μου, βαλανεῦ, πρὸς τοῦ Διός· εἰμὶ γὰρ ἀνὴρ
πάντα γράφων τὰ βροτῶν ἔργα καὶ ἀθανάτων·
εἰ δὲ πρόκειταί σοι πολλοὺς ζῶντας κατακαίειν,
ἅπτε πυρὰν ξυλίνην, δήμιε, μὴ λιθίνην.

Lemma B : εἰς βαλανεῖον ἐκπύρωτον in textu P.
Tit. Ἀδέσποτον Jacobs : om. P ‖ 2 ἥν Brunck : ἣν P ‖ 3 γ' αἶθεν Buffière : γείτονα P γείτον' Saumaise γ' ἔντυ' Piccolo ἔτευξεν Jacobs γ' εἶρεν uel ἀνεῖρεν ex Arist., *Acharn.* 1006 Boissonade ‖ Ἐρινὺς P : Ἐριννὺς Saumaise.

## 412

### ΑΝΤΙΟΧΟΥ

Ψυχὴν μὲν γράψαι χαλεπόν, μορφὴν δὲ χαράξαι
ῥᾴδιον· ἀλλ' ἐπὶ σοὶ τοὔμπαλιν ἀμφότερον.
Τῆς μὲν γὰρ ψυχῆς τὸ διάστροφον ἔξω ἄγουσα
ἐν τοῖς φαινομένοις ἡ Φύσις εἰργάσατο·
τὸν δ' ἐπὶ τῆς μορφῆς θόρυβον καὶ σώματος ὕβριν
πῶς ἄν τις γράψαι, μηδ' ἐσιδεῖν ἐθέλων;

Lemma B : εἰς τινα διεστραμμένον $P^{mg}$.
Plan., IIa, 43, 13. — 2 ἀμφότερον P : ἀμφότερα Plan. ‖ 3 ἄγουσα Plan. : ἄκουσα P ‖ 6 γράψαι P : γράψοι Plan.

## 413

### ΑΜΜΙΑΝΟΥ

Ὡς κῆπον τεθυκώς, δεῖπνον παρέθηκεν Ἀπελλῆς,
οἰόμενος βόσκειν ἀντὶ φίλων πρόβατα.

Plan., IIa, 50, 17.

qu'il a cru faire paître ! Il y avait radis, chicorées, fenu grec [1], laitues, poireaux, oignons, basilic, menthe odorante, rue et asperges... Craignant que, pour finir, il ne nous servît aussi du foin, après avoir mangé du lupin mal assaisonné, je m'enfuis.

## 414

D'HÉDYLOS

De ceux qui paralysent nos membres, de Bacchus et d'Aphrodite Lysimelès, est née une fille, paralysie de nos membres, la goutte [2].

## 415

D'ANTIPATER OU NICARQUE

Qui t'a si visiblement, Mentoridès, placé le cul là où jadis se trouvait ta bouche ? Tu pètes, ma foi, au lieu de respirer, et c'est des entrailles... de la terre que sort le son de ta voix ! Quelle surprise ! Ce qui était en bas, comment est-il passé en haut [3] ?

## 416

⟨ ANONYME ⟩

De la richesse, même les prostituées ont leur part ; cela ne me trouble pas. Qu'il me déteste cet or misérable, amant des prostituées [4] !

1. Le fenu grec comme le lupin sont aujourd'hui des plantes fourragères, et le basilic est plutôt un condiment. Ce repas végétarien est évidemment un menu de pauvres.

2. Pausanias nous dit qu'à Thèbes Dionysos avait pour *épiclésis* le nom de Λύσιος (IX, 16, 6). Dans l'épigramme VII, 105, on trouve cette dernière épithète sous la forme de λυαῖος et également λῦσε μέλη. Hésiode, à deux reprises (*Théog.*, 121, 911) donne celle de λυσιμελής à Eros. C'est évidemment le nom qui convient à la goutte comme à Aphrodite.

Ἦν ῥαφανίς, σέρις ἦν, τῆλις, θρίδακες, πράσα, βολβοί,
ὤκιμον, ἡδύοσμον, πήγανον, ἀσπάραγος·
δείσας δ' ἐκ τούτων μὴ καὶ χόρτον παραθῇ μοι,
δειπνήσας θέρμους ἡμιβρεχεῖς, ἔφυγον.

3 σέρις ἦν Plan. : σέρις P ‖ τῆλις P : τῆλυς Plan.

## 414

## ΗΔΥΛΟΥ

Λυσιμελοῦς Βάκχου καὶ λυσιμελοῦς Ἀφροδίτης
γεννᾶται θυγάτηρ λυσιμελὴς ποδάγρα.

Lemma B : εἰς ποδαγρόν P[mg].
Plan., II[b], 27, 2; Σ, 30; R, 10. — Tit. om. Plan.

## 415

## ΑΝΤΙΠΑΤΡΟΥ ἢ ΝΙΚΑΡΧΟΥ

Τίς σοῦ, Μεντορίδη, προφανῶς οὕτως μετέθηκεν
τὴν πυγήν, οὗπερ τὸ στόμ' ἔκειτο πρὸ τοῦ;
Βδεῖς γάρ, κοὐκ ἀναπνεῖς, φθέγγῃ δ' ἐκ τῶν καταγείων.
Θαῦμά μ' ἔχει τὰ κάτω πῶς σου ἄνω γέγονεν.

Plan., II[b], 9, 4. — Tit. om. Plan. utrum Antipatro an Nicarcho tribuendum sit disputant cum antiqui tum nostri ‖ 1 οὕτως P : οὕτω Plan. ‖ 3 καταγείων Plan. : κατογείων P.

## 416

## ⟨Ἄδηλον⟩.

Χρήματα καὶ πόρναις παραγίνεται· οὐκ ἀλεγίζω.
μισείτω με τάλας χρυσὸς ὁ πορνοφίλας.

Lemma B : εἰς τὸν πλοῦτον P.
Plan., I[b], 44, 3. — Tit. Ἄδηλον C : om. *m*.

## 417

### ⟨ Anonyme ⟩

Secoue les glands d'un autre chêne [1], Ménesthée; car, pour moi, je ne fais pas bon accueil aux pommes ridées par l'âge. Toujours, j'ai désiré les fruits qui mûrissent avec moi. Ainsi donc, pourquoi cherches-tu à voir une corneille blanche [2]?

## 418

### DE L'EMPEREUR TRAJAN

En pointant ton nez face au soleil et en ouvrant la bouche, tu indiqueras les heures à tous les passants [3].

## 419

### DE PHILON

Les cheveux blancs unis au bon sens, rien de plus respectable. Leur manque-t-il ce bon sens? Plus grande est la honte en raison des années [4].

## 420

### ⟨ Anonyme ⟩

Les cheveux sont marque de sagesse, si tu sais garder le silence. Babilles-tu? Adieu, sagesse. Ce ne sont plus que des cheveux, les mêmes qu'en ta jeunesse [5].

1. Cette épigramme semble s'inspirer de la verve d'Archiloque, car βάλανος comporte aussi un tout autre sens : τὸ αἰδοῖον, dit la *Souda*.

2. Partant d'un proverbe qu'explique la *Souda* : ἐπὶ τῶν ἐνδελεχῶς αἰτούντων τι ἢ παρὰ τῶν αὐτῶν ἀεὶ δανειζομένων et qui marque habituellement le refus (*Paroemiographi graeci* : Gregor. Cyprius, 1, 5; Macarius, 1, 87; Apostolius, II, 16) l'auteur s'adresse à la vieille qui continue à rechercher les amants, chose aussi rare pour elle que le corbeau blanc, alors que le poète n'aime que les femmes du même âge que lui.

3. C'est une nouvelle horloge solaire, l'ombre du nez se projette sur les quelques dents qui marquent les heures. Boissonade fait grief à Trajan d'ignorer la quantité de ῥῖς.

417

〈Ἄδηλον〉.

Ἄλλην δρῦν βαλάνιζε, Μενέσθιον· οὐ γὰρ ἔγωγε
ἔκκαιρον μήλων προσδέχομαι ῥυτίδα·
ἀλλ' αἰεὶ πεπόθηκα συνακμάζουσαν ὀπώρην.
Ὥστε τί πειράζεις λευκὸν ἰδεῖν κόρακα;

Lemma B : ἐπὶ γυναικὶ πρεσβυτέρᾳ νέῳ ἐνοχλησάσῃ [ἐνοχλήσαντι corr. Jacobs] in textu P.

Plan., II$^{b}$, 6, 2. — Tit. Ἄδηλον C: om. *m* ‖ 2 ἔκκαιρον P : ἔκκαρον Plan. ‖ μήλων Plan. : μῆλον P ‖ 4 ἰδεῖν Plan. : ἰδὼν P.

418

ΤΡΑΙΑΝΟΥ ΒΑΣΙΛΕΩΣ

Ἀντίον ἠελίου στήσας ῥίνα καὶ στόμα χάσκων,
δείξεις τὰς ὥρας πᾶσι παρερχομένοις.

Plan., II$^{a}$, 13, 18. — 1 χάσκων Plan. : χάσκον PC.

419

ΦΙΛΩΝΟΣ

Αἱ πολιαὶ σὺν νῷ γεραρώτεραι· αἱ γὰρ ἄτερ νοῦ
μᾶλλον τῶν πολλῶν εἰσὶν ὄνειδος ἐτῶν.

Plan., I$^{a}$, 16, 7; *Matrit. gr.* 24, fol. 123 (Ir. 106).

420

〈Ἄδηλον〉.

Αἱ τρίχες, ἢν σιγᾷς, εἰσὶ φρένες· ἢν δὲ λαλήσῃς,
ὡς αἱ τῆς ἥβης, οὐ φρένες, ἀλλὰ τρίχες.

Plan., I$^{a}$, 16, 8. — Tit. Ἄδηλον nos : Λουκιανοῦ Plan. om. P ἄλλο Jacobs uide notitiam p. 23 notula 3.

## 421

### D'APOLLINARIOS

Si, en mon absence, tu dis du mal de moi, tu ne me fais aucun tort. Mais si en ma présence tu dis du bien, alors, sache-le, c'est mal parler de moi [1] !

## 422

### D'ANTIOCHOS

S'il avait du bon sens, Bésas se pendrait; pour le moment — sa bêtise en est cause — il vit, il est riche, et cela même après sa lecture publique [2] !

## 423

### D'HELLADIOS

Tu teins toutes choses, teinturier, et avec tes couleurs, tu transformes tout. Jusqu'à ta pauvreté, tu l'as teinte, et te voilà riche, c'est évident [3] !

## 424

### DE PISON

Sur la terre des Galates, pas même des fleurs ! C'est de son sein que naquirent les Érinyes funestes aux humains [4].

1. Sans doute parce que l'épigramme 399, du même auteur, attaquait les grammairiens, Jacobs a voulu interpréter le présent distique comme une critique contre ces mêmes grammairiens, dont les solécismes font souffrir le poète. Il semble que le sens soit plus général.

2. Une scholie explique amplement cette épigramme sans nous dire quel est ce Bésas qui, après une lecture publique de ses œuvres, ne perçoit pas le ridicule dont il s'est couvert

## 421

## ΑΠΟΛΛΙΝΑΡΙΟΥ

**Ἂν μὲν ἀπόντα λέγῃς με κακῶς, οὐδὲν ἀδικεῖς με,**
**ἂν δὲ παρόντα καλῶς, ἴσθι κακῶς με λέγων.**

Plan., II$^{a}$, 15, 2. — Tit. Ἀπολλιναρίου sicut XI, 399: Ἀπολιναρίου *m* ‖ **1** λέγῃς P recentiore manu Plan.$^{pc}$ : λέγεις Plan.$^{ac}$ ‖ με om. P.

## 422

## ΑΝΤΙΟΧΟΥ

**Βήσας, εἰ φρένας εἶχεν, ἀπήγχετο· νῦν δ' ὑπ' ἀνοίας**
**καὶ ζῇ καὶ πλουτεῖ, καὶ μετὰ τὴν πάροδον.**

Lemma B : εἰς ἀπαίδευτον ἐπιδειξάμενον P$^{mg}$ Plan.$^{mg}$
Plan., II$^{a}$, 3, 1.

## 423

## ΕΛΛΑΔΙΟΥ

**Βάπτων πάντα, βαφεῦ, καὶ χρωματίοις μεταβάλλων,**
**καὶ πενίην βάψας, πλούσιος ἐξεφάνης.**

Plan., I$^{b}$, 36, 2. — Tit. om. Plan.

## 424

## ΠΙΣΩΝΟΣ

**Γαίης ἐκ Γαλατῶν μηδ' ἄνθεα, ἧς ἀπὸ κόλπων**
**ἀνθρώποις ὀλέτειραι Ἐρινύες ἐβλάστησαν.**

Plan., II$^{b}$, 21, 1. — Tit. om. Plan. ‖ **2** ἀνθρώποις Saumaise : ἀνθρώπους P ἀνθρώπων Plan. ‖ Ἐρινύες P : Ἐριννύες Plan.

### 425

Je veux que tu saches clairement, Placianus, que toute vieille bien pourvue d'argent n'est qu'un riche cercueil [1].

### 426

Tu as une lettre de trop, l'initiale. Si on te l'enlève, tu gagneras un nom qui t'est strictement personnel [2].

### 427

DE LUCIEN

Maintes fois, par sa parole, il a chassé un démon l'exorciste à l'haleine fétide. Puissance non de ses adjurations, mais de sa puanteur !

### 428

DU MÊME.

Un corps d'Indien, pourquoi t'escrimer à le frotter? C'est en vain; cesse donc ce travail. Une nuit obscure, tu ne peux l'ensoleiller [3] !

devant les gens sensés; en bon sophiste, il continue à vivre et à gagner de l'argent, admiré des sots. Sur πάροδος voir L. Robert, *Bull. Epigr.* dans *R.E.G.*, LXXXI (1969), p. 147.

1. Le lemme nous informe qu'il s'agit d'un conseil donné à un ami prêt à épouser une vieille femme. Cet argent, une scholie l'appelle en ce cas *le prix du sang*, μισθὸς αἵματος.

2. Le lemme prétend qu'il s'agit d'un magistrat, grand buveur, dont le nom Opianos deviendrait Pianos, de πίνω, boire. D'une manière analogue, selon Suétone, on transforma le nom de Tiberius Claudius Nero en Bibérius Caldius Mero (*Tibère*, 42).

3. Il est évident qu'on préférerait αἰθίοπα à Ἰνδικόν.

## 425

### 〈Ἄδηλον〉.

Γινώσκειν σε θέλω, Πλακιανέ, σαφῶς, ὅτι πᾶσα
ἔγχαλκος γραῖα πλουσία ἐστὶ σορός.

Lemma B : εἰς Πλαγκιανὸν γραῖαν γαμήσαντα P^mg.
Plan., II^b, 6, 3. — Tit. Ἄδηλον C : om. *m* ‖ **1** Πλακιανέ Plan. : πλαγκιανέ P.

## 426

### 〈Ἄδηλον〉.

Γράμμα περισσὸν ἔχεις τὸ προκείμενον· ἣν ἀφέλῃ τις
τοῦτό σοι, οἰκεῖον κτήσῃ ἁπλῶς ὄνομα.

Lemma B : εἰς Ὀπιανὸν [Ἀπ- Plan.] ἡγεμόνα πότην in textu P rubro atramento Plan.^mg.
Plan., II^b, 17, 3. — Tit. Ἄδηλον C : ἄλλο Jacobs om. *m* ‖ **1** ἣν C J. Lascaris ed. 1494 : ἢν Plan. ἂν P ‖ **2** ἁπλῶς Plan. : ἀκριβῶς P.

## 427

### ΛΟΥΚΙΑΝΟΥ

Δαίμονα πολλὰ λαλῶν ὀζόστομος ἐξορκιστὴς
ἐξέβαλ', οὐχ ὅρκων, ἀλλὰ κόπρων δυνάμει.

Plan., II^a, 14, 3. — Tit. Λουκιανοῦ *m* : Lucillio *Ep.* 427-436 tribuit Helm Ammiano plerique alii uide notitiam p. 23 notula 3.

## 428

### Τοῦ αὐτοῦ.

Εἰς τί μάτην νίπτεις δέμας Ἰνδικόν; Ἴσχεο τέχνης·
οὐ δύνασαι δνοφερὴν νύκτα καθηλιάσαι.

Lemma B : εἰς Ἰνδόν P^mg.
Plan., II^a, 2, 1. *Laurentianus* 32-16 (35). — Tit. Τοῦ αὐτοῦ sc. Luciani hoc disticho post *Ep.* 431 transposito Plan. : om. P ‖ **1** τί supra εἰς μάτην Plan.^sl manu recentiore scr. P : om. *Laur.*

## 429

DU MÊME.

Parmi tous ces gens ivres, Akindynos se voulait tempérant. La conséquence? Il fait figure d'ivrogne, lui seul[1] !

## 430

DU MÊME.

Si tu crois qu'entretenir ta barbe te confère la sagesse, alors, un bouc bien barbu, c'est pour le coup un parfait Platon [2] !

## 431

DU MÊME.

Si tu es rapide à manger et sans vigueur à la course, allons ! mange avec les pieds et cours avec la bouche [3]...

## 432

DU MÊME.

Mordu par milles puces, un sot éteignit sa lampe : « Vous ne me voyez plus », dit-il.

1. A ne pas vouloir « s'exposer au danger » du vin... On trouve la même idée exprimée par Théognis (627) :

Αἰσχρόν τοι μεθύοντα παρ' ἀνδράσι νήφοσιν εἶναι
αἰσχρὸν δὲ εἰ νήφων παρ' μεθύουσι μένει.

2. De nouveau, cette épigramme est dirigée contre les faux philosophes.

3. On trouve dans cette épigramme une brève à l'hémistiche du pentamètre. Comme il en était de même dans l'épigramme XI, 410, vers 6 : πινυτόν, qu'on relève la même chose dans 435, v. 2 : κοινόν, et que ces trois épigrammes sont attribuées à Lucien, on peut conclure à une licence poétique habituelle chez lui, et cette remarque plaide pour l'exactitude des attributions, Voir *Notice* p. 23, note 3.

## 429

### Τοῦ αὐτοῦ.

Ἐν πᾶσιν μεθύουσιν Ἀκίνδυνος ἤθελε νήφειν,
τοὔνεκα καὶ μεθύειν αὐτὸς ἔδοξε μόνος.

Plan., IIa, 3, 2. — Tit. Τοῦ αὐτοῦ P : ἄδηλον Plan. ‖ 2 τοὔνεκα καὶ Plan. : τούνεκαι καὶ P ‖ ἔδοξε Plan. : ἤθελε P.

## 430

### Τοῦ αὐτοῦ.

Εἰ τὸ τρέφειν πώγωνα δοκεῖς σοφίαν περιποιεῖν,
καὶ τράγος εὐπώγων αἶψ' ὅλος ἐστὶ Πλάτων.

Plan., IIa, 52, 8. — Tit. Τοῦ αὐτοῦ sc. Luciani P; Palladae hoc disticho post *Ep.* 292 transposito trib. Plan. ‖ 1 δοκεῖς P : δοκεῖ Plan. ‖ 2 αἶψ' ὅλος Unger : αἰπόλος P εὔστολος Plan.

## 431

### Τοῦ αὐτοῦ.

Εἰ ταχὺς εἰς τὸ φαγεῖν καὶ πρὸς δρόμον ἀμβλὺς ὑπάρχεις,
τοῖς ποσί σου τρῶγε, καὶ τρέχε τῷ στόματι.

Plan., IIa, 1, 12; *Vat. Palat. gr.* 128 (7). — Tit. Τοῦ αὐτοῦ P : Λουκιάνου Plan.

## 432

### Τοῦ αὐτοῦ.

Ἔσβεσε τὸν λύχνον μῶρος, ψυλλῶν ὑπὸ πολλῶν
δακνόμενος, λέξας· « Οὐκέτι με βλέπετε. »

Plan., IIa, 3, 3; *Laurentianus* 32-16 (36). — Tit. Τοῦ αὐτοῦ P : om. Plan. ‖ 1 μῶρος Aldus Manutius ed. 1521 : μωρὸς *Laurent.* Plan. μωρός P ‖ ψυλλῶν Plan.pc : ψύλλων P *Laur.* φιλλῶν Plan.ac

## 433

DU MÊME.

Peintre, tu ne captes que les formes; mais la voix, tu ne peux la saisir, prisonnier que tu es de la couleur... [1]

## 434

DU MÊME.

Si tu aperçois une tête bien lisse, une poitrine et des épaules, ne pose pas de questions : tu vois un imbécile chauve [2] !

## 435

DU MÊME.

Il m'arrive de m'étonner. Comment Bytos peut-il être sophiste? Il ne sait ni parler, ni raisonner comme tout un chacun [3].

## 436

DU MÊME.

Tu trouverais plus facilement des corbeaux blancs et des tortues volantes qu'en Cappadoce un orateur acceptable [4] !

1. C'est, par transposition des termes κλέπτειν, συλᾶν, décrire un peintre comme un voleur du réel. Voir VI, 412.
2. Ce personnage aux épaules et à la poitrine nue ne peut être qu'un philosophe cynique. Mais ceux-ci portaient les cheveux longs. Cet homme imberbe, qui imite seulement l'apparence extérieure, ne peut être qu'un sot. On serait aussi tenté de prendre φαλακρόν pour un nom et de dire : « c'est Phalacros le sot que tu vois ».
3. Est-ce louange ou critique? De la part de Lucien le mot sophiste est pris en bonne part.
4. Suivant Philostrate (*Vie des Sophistes*, II, 1*b*), les habitants de Cappadoce faisaient des confusions de consonnes, et surtout de longues et de brèves. Voir encore XI, 237, 238.

## 433

### Τοῦ αὐτοῦ.

Ζωγράφε, τὰς μορφὰς κλέπτεις μόνον· οὐ δύνασαι δὲ
φωνὴν συλῆσαι χρώματι πειθόμενος.

PLAN., IIᵃ, 19, 4. — Tit. Τοῦ αὐτοῦ sc. Luciani P: Lucillio hoc disticho post *Ep.* 215 transposito trib. PLAN. ‖ **2** πειθόμενος P : -μένην PLAN.

## 434

### Τοῦ αὐτοῦ.

Ἢν ἐσίδῃς κεφαλὴν μαδαρὰν καὶ στέρνα καὶ ὤμους,
μηδὲν ἐρωτήσῃς· μῶρον ὁρᾷς φαλακρόν.

PLAN., IIᵇ, 2, 1. — Tit. om. PLAN. ‖ **2** μῶρον P : μωρὸν PLAN. ‖ ὁρᾷς PLAN. : ὡρᾶς P.

## 435

### Τοῦ αὐτοῦ.

Θαυμάζειν μοι ἔπεισιν, ὅπως Βύτος ἐστὶ σοφιστής,
οὔτε λόγον κοινὸν οὔτε λογισμὸν ἔχων.

PLAN., IIᵇ, 22, 7. — Tit. Τοῦ αὐτοῦ P : om. PLAN. ‖ **2** οὔτε.. οὔτε P : μήτε ... μήτε s. ras. PLAN.

## 436

### Τοῦ αὐτοῦ.

Θᾶττον ἔην λευκοὺς κόρακας πτηνάς τε χελώνας
εὑρεῖν, ἢ δόκιμον ῥήτορα Καππαδόκην.

PLAN., IIᵇ, 22, 8; *Vat. Palat. gr.* 128 (6). — Tit. om. PLAN. ‖ **1** ἔην λευκοὺς PLAN. : ἦν λευκούς P λευκοὺς ἦν *Palat.*

## 437

### D'ARATOS

Je plains Diotime qui, assis parmi les roches, enseigne l'ABC aux jeunes enfants de Gargara [1].

## 438

### DE MÉNANDRE

Fie-toi [2] à un Corinthien, mais n'en fais pas un ami !

## 439

### DE DIPHILOS

Argos est la terre des chevaux, mais ses habitants sont des loups [3] !

## 440

### DE PITTACOS [4]

Les Mégariens, fuis-les tous : ce sont des gens pénibles !

## 441

### DE PHILISCOS [5]

Le Pirée, c'est une grande noix : mais elle est vide...

1. C'est le Gargara auquel fait allusion Homère et qui se trouve en Mysie, près de l'Hellespont. Diverses références viennent confirmer l'attribution de ce distique au poète Aratos. Eustathe (*Comm. à l'Iliade*, 978, 41) cite Étienne de Byzance : « Gargara est une ville de Troade, sur le chemin de l'Ida. Là, Diotime d'Adramyttès, en Mysie, enseignait les lettres. C'est ce que dit Aratos... ». Dans ses *Saturnales* (V, 20, 8), Macrobe affirme : « Le livre d'Aratos nous livre une élégie où il nous parle d'un poète Diotime ». Ces vers seraient le début d'un poème par lequel Aratos recommandait au roi Antigone, un poète encore inconnu, ou un poète en exil. Car, de ces vers,

## 437

### ΑΡΑΤΟΥ

Αἰάζω Διότιμον ὃς ἐν πέτραισι κάθηται,
Γαργαρέων παισὶν βῆτα καὶ ἄλφα λέγων.

Lemma B : εἰς Διότιμον ποιητήν in textu P.
Plan., IIᵃ, 40, 11 ; Macrobius, *Sat.*, V, 20, 8 ; Eustathius, *Ad Il.*, XIV, 292 (986, 48) ; Stephanus Byzant ; *s.u.* Τάναγρα. — Tit. 'Αράτου Plan. : 'Αράτου ποιητοῦ P ‖ **1** ὃς P Plan.[pc] : ὂν Plan.[ac] ‖ πέτραισι *m* : πετρησι Eust. Steph. Byz. ‖ **2** Γαργαρέων παισὶν *m* : παισὶ ante Γαργαρέων transp. Eust. Steph. Byz. ‖ λέγων *m* : λήτων Macr. *Paris. lat.* 6371.

## 438

### ΜΕΝΑΝΔΡΟΥ

Κορινθίῳ πίστευε, καὶ μὴ χρῶ φίλῳ.

## 439

### ΔΙΦΙΛΟΥ

Τὸ μὲν Ἄργος ἵππιον, οἱ δ' ἐνοικοῦντες λύκοι.

Ἵππιον Hecker : ἵππος P.

## 440

### ΠΙΤΤΑΚΟΥ

Μεγαρεῖς δὲ φεῦγε πάντας· εἰσὶ γὰρ πικροί.

## 441

### ΦΙΛΙΣΚΟΥ

Ὁ Πειραιεὺς κάρυον μέγ' ἐστὶ καὶ κενόν.

## 442

ANONYME.

Trois fois je fus tyran, trois fois aussi le peuple d'Érechthée m'a chassé, et trois fois il m'a ramené au pouvoir, moi, Piristrate, qui fus grand dans le Conseil, qui d'Homère [1] en un tout ai réuni ce qui autrefois n'était chanté que par bribes. Car il était notre concitoyen, cet homme, ce poète d'or, s'il est vrai que les Athéniens ont colonisé Smyrne [2] !

on ne sait s'il faut leur donner un sens élégiaque ou plaisant. Cf. Susemihl, *Geschichte der griechischen Literatur in der Alexandrinerzeit*, II, p. 538. Ce qui est sûr, c'est que, si Méléagre a inclus dans sa *Couronne* ce poète du IIIe siècle que fut Aratos, il y est fait mention également d'un Diotime, auteur d'épigrammes de l'*Anthologie*. (VI, 267, 358; XII, 36).

1. Hérodote (*Hist.* I, 59-64) et Aristote (*Const. Athén.*, 14-15) affirment aussi que trois fois Pisistrate fut maître d'Athènes. On sait que, selon une tradition, ce fut à cette époque, entre 565 et 527, que furent réunis les chants homériques afin d'être chantés à Athènes lors des Panathénées.

2. Ces vers fixent Smyrne comme la patrie du poète Homère (voir Pausanias, X, 24 et *Vitae Homeri*, 2 et 3, *A.P.*, XII, 296, 299). Ils sont aussi l'un des rares témoignages de l'origine attique de cette ville (cf. IX, 670), et une tradition veut qu'elle ait eu pour *oikiste* le héros Thésée (Tacite, *Ann.*, IV, 56; Aelius Arist., XXIII, 26; XXIX, 27; Isidore, *Etym.*, XV, 1, 39). M. Sakellariou admet cette origine (*La migration grecque en Ionie*, p. 234). Détruite en 585 par les Mermnades de Lydie, cette cité ne se releva de ses ruines qu'à l'époque héllénistique. Ainsi, l'épigramme serait une affirmation très sérieuse de l'origine attique d'Homère et εἴπερ signifierait *puisque*; mais, classée parmi les épigrammes spirituelles, la finale peut paraître plaisante et ironique : « Homère? un Athénien, bien sûr ! Et Smyrne? Une colonie athénienne, cela tombe sous le sens ! »

## 442

### Ἀδέσποτον.

Τρίς με τυραννήσαντα τοσαυτάκις ἐξεδίωξεν
δῆμος Ἐρεχθῆος, καὶ τρὶς ἐπηγάγετο,
τὸν μέγαν ἐν βουλῇ Πεισίστρατον, ὃς τὸν Ὅμηρον
ἤθροισα, σποράδην τὸ πρὶν ἀειδόμενον·
ἡμέτερος γὰρ κεῖνος ὁ χρύσεος ἦν πολιήτης,
εἴπερ Ἀθηναῖοι Σμύρναν ἀπῳκίσαμεν.

Lemma : εἰς εἴκονα Πισιστράτου rubro atramento Plan. Plan., VI[a], 5, 10; scribae Σ[π] manu in P; Σ 116; *Vitae Homeri* [ed. Wilam. 28 et 29]; Tzetzes in *Il. Exeg.*, p. 8; *Schol.* Dion. Thr. (Bekker, *Anecd. gr.*, p. 768) ‖ **1** ἐξεδίωξεν P : -ξε Plan. *Vita* 28 ἐξεκύλισε *Vita* 29 ‖ **2** Ἐρεχθῆος P : Ἐρεχειδῶν Plan. *Vita* 28 Ἐρεχθϊδῶν supra ϊ litt. ει scr. Σ Ἀθηναίων *Sch.* Dion. ‖ καὶ τρὶς *m* : τρίς δ' Tzetzes ‖ ἐπηγάγετο *m* : δ' ἐπανηγάγετο Tzetzes ‖ **3** βουλῇ P : βουλαῖς *Vitae* Tzetzes βέλη Σ ‖ **5** κεῖνος P : ἐκεῖνος Σ Plan. Tzetzes *Vitae* ‖ **6** Σμύρναν *m* : Σμΐρναν Σ ‖ ἀπῳκίσαμεν *m* Tzetzes : ἐπῳκ- *Vitae.*

# NOTES COMPLÉMENTAIRES

*Page 72.*

3. On peut supposer que ce cri de détresse est la parodie d'un vers tragique où ἄριστοι a le sens de *preux*. Ce distique classé parmi les συμποτικά doit comporter un jeu de mots, et on peut supposer que λίθος a pris ici le sens de *calculs*. Boissonade pense que le poète est en litige avec des malades atteints de la maladie de la pierre. Théodore serait un médecin ou plutôt un chirurgien spécialiste de cette maladie qu'en vertu de leur serment les Asclépiades, descendants d'Esculape, n'avaient pas le droit de traiter. Un médecin le supplierait de le délivrer de ces malades qui réclament son intervention et de les opérer lui-même. Voudraient-ils le lapider pour son refus? En fait, c'est une épigramme σκωπτικόν plutôt que συμποτικόν.

*Page 73.*

3. Dans l'épigramme 65 de ce même livre, Parménion semble ne voir de remède à sa pauvreté que dans la prostitution. Ici, l'époux sacrifie son épouse au plaisir de manger sans rien faire! Parménion de Macédoine est l'un des poètes dont Philippe publia les vers dans sa *Couronne*; il lui dédia le myrte.

4. De cet homme qui trouve abondance dans le mariage l'épouse n'est pas nécessairement une courtisane; toutefois, cette Ἀμαλθείας κέρας suggère le κερασφόρος de l'épigr. XI, 278, et ce serait la première fois que l'on trouverait cette allusion en poésie. Cette corne d'Amalthée que Zeus offrit aux nymphes comme symbole et source de fécondité était devenue proverbiale (Plutarque, *Prov.* 117). On croit à une parodie de Phocylide (*fragm.* 7 Diehl) : « Si tu veux la richesse, prends soin de ton champ fertile; car un champ, dit-on, c'est une corne d'Amalthée ».

*Page 74.*

3. Nicarque, selon Stadtmüller, aurait transformé en συμποτικόν ces vers connus de Théognis, **1191**. Mais le titre ἀδέσποτον semble prouver que c'est en tant qu'inscription que le compilateur les a connus. En effet, ces vers se lisent sur une stèle de Cérellia Fortunata (voir apparat critique); mais l'inscription, du IIIe siècle ap. J.-C., porte en plus :

« Voilà ce que je serai; et toi, sur ma cendre, amoncelle la terre et dis : Ce qu'il était lorsqu'il n'existait pas, à mon tour je le suis devenu. »

C'est là une de ces additions dont on aimait agrémenter les textes les plus connus. Une autre épitaphe sur le même thème se lit dans le même recueil, n° **1363** (cf. L. Robert, *R.E.A.*, 1960, p. 342, note 3).

*Page 75.*

3. On a l'habitude d'interpréter les épigrammes de Lucillius comme si elles se référaient à des événements réels de la vie romaine. Dans ce cas, on pourrait rechercher quel est cet Aulus et conclure qu'il s'agit d'une révolte contre l'usage des récitations. Quand on connaît la manière de composer de cet épigrammatiste, on doit supposer que c'est plutôt une plaisanterie : après un début qui semble annoncer le programme littéraire d'un prochain symposium imaginaire, et malgré la présence de poètes, de grammairiens que personnifie Aulus, aucun problème ne sera soulevé. En réalité, n'est-ce pas une décision impossible à tenir, presque une révolution? Voir G. Giangrande, *Sympotic literature and epigram* dans l'*Épigramme grecque*, p. **141**. Le jeu de mots vient du rapprochement des deux formules : πράγματα ἕξεις et παρέξεις..

4. Dans les repas, s'était répandu l'usage des récitations de textes d'auteurs anciens ou contemporains, ou encore de recherches érudites sur des questions grammaticales. Martial proteste véhémentement contre cette coutume qui enlève, à son avis, tout charme aux soupers (III, 45) :

Illa quidem lauta est dapibusque instructa superbis,
  sed nihil omnino te recitante placet.
Nolo mihi ponas rhombos mullumue bilibrem,
  nec uolo boletos, ostrea nolo : tace.

5. C'est le problème du parasite poussé au cas extrême. Les trois premiers vers marquent cette stupeur de l'hôte; il n'attendait qu'un seul invité, toute une clientèle survient. A voir ces gens évoluer chez lui, se saisir des plats comme dans un ballet et les déguster, il les prend pour des danseurs.

C'est ce mot qui donne au début tout son sel : la profession d'Épicrate n'explique pas cette présence.

6. Le mot πάντα désigne les mets que le convive couché prend sur la table et tend à ses gens debout au pied du lit. L'hôte ne trouve pas d'autre solution pour obtenir quelques mets que d'inverser les rôles. Le même sujet inspirera encore à Lucillius les épigrammes XI, 205 et 207. Martial l'imitera (III, 23) :

> Omnia cur retro pueris obsonas tradas;
> cur non mensa tibi ponetur a pedibus?

*Page 76.*

3. Οἰνοχάρων le *Charon du vin*, est un jeu de mots avec οἰνοχαίρων *ami du vin*, et surtout οἰνοχαρής, *amateur de vin :* il aime le vin... à mort, et condamne sous l'empire de l'ivresse. Alors puisse-t-il bientôt mourir !

4. C'est ce même Philippe que le poète appelle μονόματτος : il avait perdu un œil au siège de Péthone ou d'Olynthe, un assiégé lui ayant décoché une flèche sur laquelle était gravée l'inscription : « Aster à l'œil droit de Philippe ».

5. Παραπέμπω est repris de Sophocle, *Phil.*, 1459, et indique la répétition du son qui est renvoyé par les monts.

6. Dans Homère (*Il.*, V, 83 ; XVI, 334 et XX, 477), P. Mazon a traduit l'expression πορφύρεος θάνατος *la mort rouge.* C'est le voile de sang qui s'abat sur les yeux des victimes des combats. Ici, l'image n'a pas la même résonance et l'expression devient banale.

7. Ce vers semble évoquer trois maladies : la phtisie, la fièvre et l'hydropisie qui toutes conduisent à la mort.

8. La couche de pierre fait évidemment songer à Niobé ou à la Gorgone; car, si Niobé devait à la pitié de Zeus sa métamorphose en rocher, les Gorgones possédaient, elles, le don de transformer en pierre quiconque les regardait. Persée s'était servi à son avantage de cette vertu de Méduse.

*Page 77.*

2. Même incertitude quant à l'objet de cette épigramme. Ce Lucius serait-il encore un délateur et ces exécutions ont-elles quelque relation avec celles qu'ordonna Valens contre les sénateurs dont le nom commençait par Théo-? Ou bien s'agit-il simplement d'un médecin qui fit mourir plusieurs de ses clients dont le nom commençait par la première lettre de l'alphabet? On ne peut en décider. Les initiales de 'Αδελφός

et de 'Ὠριγένης marquent les première et dernière lettres de l'alphabet.

3. 'Ἐγχεσίμωρος est homérique (*Il.*, II, 692; *Od.*, IV, 188) et signifie *bonnes lances*, *furieux lanciers*. De ce mot, d'étymologie obscure et que l'on pourrait traduire par *matamore*, le poète recherche surtout la partie finale μωρός, μωρότερος, avec son sens de *niais*.

*Page 78.*

2. En suggérant πυγή, ce nom est une déformation comique de Dionysiodoros. Est-ce une allusion du poète à un débauché notoire de l'époque d'Auguste à Rome? Ou simplement suggère-t-il l'ivresse et les débauches des mystères dionysiaques? Πήγανον est aussi le nom d'un légume, la *rue*, et rappelle l'état premier du jardinier que l'inspecteur des marchés, l'*agoranome*, et ses adjoints ne peuvent oublier : notre homme y a vendu trop de légumes !

3. L'épigramme fait allusion à un fait fréquemment relevé par les comiques : qui se sent frappée de stérilité cherche à devenir mère en se faisant donner — sous le manteau — un enfant abandonné. Dans le cas présent, il y a eu erreur et, le père étant mécontent de la « naissance » d'une fille, dans les six jours la mère lui a procuré un fils ! Le rôle ridicule est celui du père; mais Nicarque le transfère sur la déesse égyptienne de la fécondité, Boubastis, fille d'Osiris et d'Isis, que Grecs et Latins ont substituée à Diane et Aphrodite (Hérodote, II, 156) : la voilà mise à la retraite, καταλύεται !

4. Πυκάζω a ce sens de *ceindre* dans un oracle cité par Démosthène, *C. Midias*, 52 (531, 6).

5. Deucalion joue dans la mythologie grecque le rôle du Noé de la Bible (cf. XI, 71 et 131). Fils du bienfaiteur des hommes, Prométhée, il sauvera à son tour l'humanité de la destruction définitive. Mais ici Straton lui attribue le rôle de Zeus qui envoya le déluge et engloutit tous les hommes; c'est la personnification de l'eau, ennemie du vin. Comme dans XI, 8 l'idée de la mort rejoint souvent celle de l'amour.

Cette épigramme est véritablement la première qui réponde à la dénomination : συμποτικόν.

*Page 79.*

4. Voir en XII, 242, la même épigramme du même auteur. Σαύρα désigne proprement un petit lézard, mais aussi le pénis du jeune impubère (XII, 3). Straton se voit imité par Martial en VI, 36; XI, 51. Les deux épithètes d'origine homérique accentuent le caractère inattendu du distique.

5. Le jeu de mots porte à la fois sur τρώγλη, *trou*, ὄφις et, à un moindre titre, sur δράκων. Comment un être mâle ou encore un « Dracon », type du législateur rigoureux, peut-il se laisser aller à n'être qu'un partenaire passif dans les relations homosexuelles? Comment celui qui se glisse dans les creux peut-il servir de trou? Voir Lucien, *Amours*, 28. Pourquoi ces deux épigrammes, qui seraient mieux à leur place au livre XII, se sont-elles glissées ici? Sans doute par suite du jeu de mots qui en fait des σκωπτικά.

*Page 80.*

3. Ces piétons ne peuvent être que des buveurs d'eau qui, sans doute, auront beaucoup plus de peine pour descendre dans l'Hadès (voir XI, 20, 31 et 58).

4. C'est aux Muses de l'Hélicon qu'Hésiode dédie son poème dans son préambule de la *Théogonie*, et Ascra de Béotie n'était guère éloigné de la montagne inspirée.

5. On a fait le rapprochement peu probable du mot Hélicon avec le nom d'un esclave de Tibère. Mais on peut se demander si c'est le vin ou l'échanson qui fait oublier ses soucis au poète : c'est la pointe recherchée.

6. L'Ausonie c'est l'Italie et ses vins renommés.

7. La fontaine de Pégase c'est la fontaine Hippocrène, au pied de l'Hélicon. La fin rappelle l'invocation initiale.

8. Le glossateur le rappelle, μοιριδίη μελέτη est suggérée au poète par l'expression platonicienne θανάτου μελέτη (*Phédon*, 81a) : c'est la pratique de l'exercice de la mort. Spirituellement, le poète applique l'expression au sommeil, image de la mort et conclut : c'est temps perdu pour les beuveries ! Voir *A. P.*, XI, 300 et Théognis, 1011-1012 :

... κακὸν δ' ἐπὶ γῆρας ἐλέγχει
οὐλόμενον, κεφαλῆς δ' ἅπτεται ἀκροτάτης.

*Page 81.*

4. Pour le poète, il s'agit essentiellement des coupes et des cratères utilisés dans les repas et les beuveries.

5. Rappelons Xénophon, *Économique*, 20, 1 : οἱ μὲν... περιττὰ ἔχουσιν, οἱ δ' οὐδὲ τὰ ἀναγκαῖα.

*Page 82.*

3. La leçon λαχάνου, glose introduite dans le texte, doit laisser la place au mot rare σισάρου. La conjecture de Gow

λαγαρωτέρη expliquerait l'erreur du copiste; mieux encore, en remplaçant le dactyle par un trochée, c'est le vers lui-même que le poète rend *flasque*: λαγαρὸς στίχος !

4. Le poète se chapitre lui-même : pourquoi recevoir des visites galantes s'il ne se sent pas « en forme »? D'autres épigrammes font allusion à la même impuissance. Voir encore V, 47; XI, 11, 216, 222 et Martial, XII, 86.

5. Même thème que l'épigramme précédente. Mais τερμέριον — équivalent de τερμέρειον avec l'iotacisme — est conjecture pour τερμόριον. Plutarque explique ce *mal termerien* (*Thésée*, p 11, 3) par référence à ce brigand Terméros qui fracturait le crâne de ses victimes en les frappant du sien. A son tour, il eut le crâne brisé par Héraclès. Comme Terméros, notre jouisseur après avoir épuisé les autres, se trouve épuisé lui-même; la conclusion est plus générale: c'est un désastre; et l'expression est cocasse. Voir Catulle, 1, 32 et Ovide, *Amours*, III, 7, 1-26.

*Page 83.*

2. Ce sont les courtisans qui rappellent à l'empereur, par jeu ou par méchanceté, des propos qui, dans le vin, auraient été oubliés. Mais le sens peut être plus simple encore; le poète se souvient du proverbe: μύθων μνήμονας μίσω. Sur ces buveurs d'eau, voir XI, 20, 23 et 58, et encore XIII, 29.

3. La présente épigramme concerne, dit-on, l'invention du drame satirique à Sicyone du Péloponnèse, alors que, dans l'épigramme VII, 707, Dioscoride désigne la ville de Phlionte située comme elle sur la rivière Aropos. Mais c'est là que naquit Pratinas qui, suivant la *Souda*, fut le premier à écrire des drames satyriques. Onestos, toutefois, dont on ne sait s'il fut de Corinthe ou de Byzance, semble parler d'un genre qui n'a rien à voir avec la manière bouffonne et indécente que l'on trouve dans ce drame. Il semble plutôt faire allusion à la comédie nouvelle ou à celle de Térence.

4. Épigramme recherchée et précieuse. Le lierre s'insinue vers la vigne au risque de la faire périr. Mais il se nuit encore davantage à lui-même : car il ne servira pas à couronner les buveurs, si le cep ne donne le vin désiré. Le lierre est en effet représenté sur tous les documents de la céramique comme l'ornement dionysiaque par excellence, et Bromios, épithète du dieu frémissant quand il se déchaîne en ses κῶμοι bruyants, est aussi employé au sens de vin. Le premier vers présente la scène comme celle d'un chœur bacchique où lierre et vigne jouent le rôle de choreutes, λάθριον étant une épithète d'Aphro-

dite, de l'amour qui se cache. Le deuxième distique constitue la réplique des ceps (ἡμᾶς), conscients du danger.

*Page 84.*

2. Le poète condamne tous les plaisirs coûteux et luxueux, estimant que tout cela n'aboutit qu'à une folie qui égare la raison. Il fait appel à ce qu'il estime des plaisirs plus sains et naturels : fleurs des champs, flûte, essence commune de crocus, gros vin asiatique et fille de la nature à la place des hétaïres.

3. Les flûtes étaient diverses : le syrinx était la flûte de Pan; le monaule, la flûte droite. Il y avait encore l'aulos à double chalumeau, l'ascaulos munie d'une cornemuse. Tous ces instruments comportent une anche à leur extrémité; le plagiaule au contraire a une anche entée latéralement sur la partie supérieure de l'instrument; le son en est plus doux. Voir Daremberg-Saglio, *Dict. Antiq. gr. et rom.*, V, 314, et Th. Reinach, *La musique grecque*, p. 128.

4. Les vins des îles étaient très renommés, ceux de Lesbos aussi. Mais les vins de Mitylène n'étaient pas moins recherchés. Et c'est là que réside tout l'humour de cette épigramme : sous prétexte de pratiquer la σωφροσύνη, la *sagesse*, le fêtard incorrigible ne fait que changer de plaisirs, avec plus de simplicité toutefois; cette variété est digne d'un véritable épicurien !

5. Le φωλάς était celui qui vivait dans les trous, les cavernes, donc le troglodyte. Beckby traduit; *une fille venant de sa hutte*; Dareste, *fille de lupanar*; Séchan (Bailly, p. 2211), *fille de la nature*; Liddell-Scott, *shy maiden* et Gow, *stay-at-home maiden.*

6. Cet Artémidore est-il le philosophe qui tenta de sauver la vie de César, comme le rapporte Plutarque (*César*, 65)? Cette attribution s'accorderait avec la chronologie d'Apollophanès, amiral de Pompée, et de Philodème qui vint à Rome dans le courant du Ier siècle av. J.-C., et fut un fidèle ami de L. Calpurnius Pison, gendre de César. Mais Kaibel refuse cette épigramme au poète, de même que la précédente : elles ne s'accorderaient pas avec sa doctrine philosophique. Il est à noter que si la pièce fut écrite à Rome, le repas ne réunit que des Grecs qui apportent chacun leur quote-part; à l'hôte ne revient que la fourniture des compléments, des sandales en particulier dont on se servait pour s'étendre sur les lits (Horace, *Sat.* II, 8, 77). La correction de Gow χῖον est à retenir; ᾠόν n'avait pas de sens; on aurait pu lire aussi οἶνον.

7. Ce n'est pas de prix, mais de poids qu'il s'agit. Ces cinq mines de viande représentent environ cinq de nos livres. C'est donc un repas simple mais copieux.

8. Le jour fut divisé en heures à partir de l'époque d'Alexandre, et la dixième heure correspond à 4 ou 5 heures de l'après-midi.

9. Dans les épigrammes dites de Straton, on retrouve le même nom d'Archestratos, objet de la même veine (XII, 140). Un autre Archestratos apparaît dans une autre épigramme VI, 178, à l'occasion d'une offrande de bouclier; mais composée par le comique Hégésippe au ɪvᵉ siècle, elle devait faire partie du recueil de Méléagre.

10. Les comparaisons de Philippe sont suggestives. L'épithète οἰνωπός ou οἶνοψ, réservée d'ordinaire à Dionysos ou à la mer, et qui signifie *couleur de vin*, désigne ici la couleur vermeille des joues d'une jeunesse encore imberbe. La comparaison de la rose souvent reprise suggère une fraîcheur fugitive avant l'apparition des épines, de cette barbe qui, chez les amants, enlevait tout charme aux adolescents et annonçait leur automne.

*Page 85.*

4. Dernière épigramme de l'*Anthologie* attribuée au roi du Pont, Polémon I, fils du rhéteur Zénon, proclamé roi de Laodicée par Marc-Antoine; à moins qu'il ne s'agisse de son fils Polémon II auquel Néron ravit son titre avec son royaume.

5. La description sert d'introduction aux deux derniers vers qui sont certainement une citation, puisqu'on les trouve inscrits sur une gemme étrusque, sous une représentation identique : un crâne, puis au-dessous une table chargée de mets (Welcker, *Rhein. Mus.*, III, 1845, p. 163). L'épigramme entreprend la description d'une œuvre du même genre, coupe, intaille ou camée, stèle peut-être, représentant un pain, une cruche, le contenu d'une besace de vagabond, le tout entouré sans doute d'une couronne; au-dessous, un crâne. Ce vestige humain a déjà inspiré l'épigramme IX, 439. Il se peut que l'auteur ait intentionnellement employé l'expression ἱερὸν ὀστεῦν qui, normalement, sert à désigner le *sacrum* (voir Plutarque, *De l'ingéniosité de l'âme*, 32, 4, 981d) et dont il change ironiquement le sens en le déterminant par le mot ἐγκεφάλου. N'est-ce pas une intention de l'épigrammatiste de n'employer que des termes de la langue des poliorcètes?

6. L'épigramme suggère qu'Hérodote (II, 78) a pu faire allusion à quelque coutume semblable : « au cours des réunions chez les riches Égyptiens, après que le repas est terminé, un homme porte à la ronde une figurine de bois dans un

cercueil, peinte et sculptée à l'imitation très exacte d'un mort...; il montre cette figure à chacun des convives en lui disant : « Regarde celui-là, et puis bois et prends plaisir; car, une fois mort, tu seras comme lui. » Voilà ce qu'ils font, pendant qu'ils sont réunis pour boire. » (Trad. Ph.-E. Legrand). Voir encore XI, 8.

7. Le λόγος ἔρρει peut être interprété aussi bien moralement que physiquement. Mais chez Martial, II, 15 et XII, 74, c'est la mauvaise haleine du buveur qui provoque ce dégoût. Ici on s'interroge sur l'usage que cette femme faisait de sa bouche.

*Page 86.*

3. La *coronis* est cette marque par laquelle les Alexandrins marquaient la fin d'une œuvre. (*A.P.* XII, 257). Cette expression s'accorde bien avec l'image des pages déchirées d'un *codex.* Mais cette allusion date du Ier siècle et le *codex* doit être plus tardif.

4. Philodème semble de ces poètes que connut le jeune Horace; car ces thèmes ne sont pas ignorés du poète latin. A une vie de plaisir (voir V, 112; XI, 35), il ne peut y avoir meilleure fin qu'une existence consacrée aux Muses et qui détourne vers d'autres activités les ardeurs du poète. Dans le distique final qui ne faisait pas corps avec l'ensemble, si on en croit l'édition de Planude, de Groot unit ἡμετέρης μανίης à δεσπότιδες, *nostri dominae furoris.*

*Page 87.*

2. Κύπελλον est aussi bien une coupe pour boire que pour traire; le terme πεπονημένον se trouve chez Homère appliqué à une œuvre qui a exigé beaucoup de peine et de travail. Il s'agit donc d'une coupe de céramique à laquelle le poète confère une valeur affective de par son origine. Diodore Zonas, né à Sardes, vécut aux environs de 80 ap. J.-C., lors des luttes entre Rome et Mithridate; Strabon (*Géogr.*, XIII, 12) parle de son amour pour cette terre d'Asie qu'il défendit, semble-t-il, à Rome. Et ceci donne à ces vers une saveur particulière.

3. Cette *eicadé* était un anniversaire que fêtaient chaque année les disciples d'Épicure, le 20 du mois de Gamélion (janvier-février). C'était celui de la naissance de leur maître d'où leur surnom d' Ἐπεικαδισταί; une autre réunion des épicuriens avait lieu aussi le 10 de chaque mois (Diog. Laërce, X, 18; Cicéron, *Des termes extrêmes.*, II, 101).

4. La maxime « Rien de trop » résumait, on le sait, la doctrine épicurienne. Ceci explique la vie modeste, la chère frugale; mais d'autres plaisirs que ceux de la table ou du confort attendent les hôtes du philosophe : ami des Muses, il orientera les conversations vers des sujets littéraires ou philosophiques, pleins d'agrément; en définitive, le séjour sera aussi agréable que le fut pour Ulysse celui de Schérie, l'île des Phéaciens (*Od.*, VIII). Cette coutume était nouvelle à Rome; elle finira par lasser bien des gens. Il convient d'opposer cette épigramme à celles de Lucillius, XI, 10 et 137.

5. Ce Pison est le beau-père de César; après son rappel de la province de Macédoine dont il fut gouverneur, il défraya la chronique scandaleuse, provoquant un ironique discours de Cicéron (*Contre Pison*, 28-29). Philodème s'attacha à sa personne, et son attitude fut celle de nombre de ces *graeculi* qui amenèrent à Rome la philosophie hellénique. Si cette épigramme donne du philosophe épicurien une idée convenable, elle permet de deviner aussi le flatteur qui fait sa cour et ne dédaigne pas la bonne chère.

6. Le dernier vers peut s'interpréter comme un appel à la générosité de Pison : « la chère est maigre si tu ne te mêles de la rendre meilleure ». Voir Catulle, 13; Horace, *Odes*, IV, 12. Ce que nous lisons du philosophe peut nous faire douter de son unique désir de voir en la présence de Pison un charme nouveau et exquis...

*Page 90.*

3. Ces « béatitudes » se trouvent déjà chez Hésiode (*Trav.* et *Jours*, 373-375); la mysogynie est fréquente chez les Grecs. Mais souhaiter de ne pas avoir d'enfants n'apparaît que tardivement, les fils devant continuer le culte familial. Voir la même pensée chez Lucillius (XI, 358).

4. Ce sarcasme n'apporte pas la preuve que le poète était intéressé; mais cette recherche de l'argent constitue avec l'amour et la table les thèmes préférés d'Automédon.

*Page 91.*

3. La σαγήνη ou *seine* est un filet qui rabat et capture les poissons en sa poche terminale. Il y a chez l'amoureux un désir de liberté en même temps qu'une impossibilité de se libérer de sa passion. L'édition planudéenne porte παρθενικῷ au lieu de παιδείῳ; est-ce le fait d'un scrupule?

4. Quand Persée, petit-fils d'Acrisios d'Argos, fut, à la

suite d'une promesse intempestive, obligé par Polydectès de Sériphos de lutter contre la Gorgone, Hermès l'arma d'une serpe d'acier au vif tranchant grâce à laquelle il put décapiter Méduse, la seule des trois sœurs qui fût mortelle.

5. La leçon traditionnelle ἣν δὲ παρέλθῃ aboutit à un sens illogique : « Son temps est-il passé et que tu la cherches... »; la correction que nous communique F. Buffière est d'autant plus sûre qu'elle s'appuie sur une référence de la *Souda* : ῥόδον παρελθὼν μηκέτι ζήτει πάλιν. Notre épigramme est une évidente transposition de ce proverbe. Notons que la *Sylloge Parisina* unit ces deux vers à une épigramme d'Alcée de Messène (XII, 92), et leur donne ainsi un sens nettement érotique.

*Page 93.*

2. Le symposiarque fixait dès le début de la beuverie le nombre de coupes à boire.

3. Toute la scène représente une orgie qui peut paraître d'autant plus surprenante que le personnage central est ce vieillard au nom significatif : buveur de vin. Mais, au milieu de ces jeunes ivrognes endormis, le vieillard fait montre de jeunesse et de résistance, tel le Socrate du *Banquet*. N'était le souvenir d'Homère (*Il.*, VIII, 102) : ὦ γέρον, ἦ μάλα δή σε νέοι τείρουσι μαχηταί, ou encore (IV, 315) : ἀλλά σε γῆρας τείρει ὁμοίϊον, on serait tenté de traduire : « la vieillesse nous accable dès notre jeunesse », ce qui serait en désaccord avec le contexte : c'est le vieillard alerte qui intéresse Agathias, et non ces jeunes gens qui se sont laissé surprendre.

4. Ces richesses de Thèbes dont parle Homère (*Il.*, I, 264; IX, 389), comme celles d'Orchomène ou de Troie, ce sont celles des cités mycéniennes avant la décadence et l'invasion dorienne du XIIe siècle, richesse dont les fouilles nous donnent des preuves tangibles. Les sentiments exprimés sont parallèles à ceux d'Achille qui, pour tout cet or, refuse de continuer à aider les Achéens. La parodie est évidente : on s'attendait à une profession de foi philosophique. Pour ἵνα complétif après un désidératif, voir *Od.*, III, 327.

5. L'épithète τροχωείς appliqué à κύλιξ peut marquer sans doute la forme circulaire de la coupe; mais, comme le poète souhaite un breuvage intarissable, on peut songer à τροχός et à une coupe ayant le diamètre d'une roue !

6. Le surnom de Bacchus (voir épigramme 48) sert ici à désigner le vin « qui délivre des soucis », et γεραραί, les *vénérables*, est l'épithète que Démosthène applique aux prêtresses de Dionysos; ce sont ici les compagnons de beuverie.

7. Ces περισσοί, c'est le reste du monde et, probablement, ceux qui travaillent la terre, race inférieure au service des buveurs. Le thème se développe dans l'épigramme suivante. (Voir XI, 23 et 31).

*Page 94.*

1. Les consuls byzantins portaient de luxueux vêtements lamés d'or; ils étaient précédés de licteurs aux faisceaux dorés. Malgré son nom, le poète Macédonios n'exerça pas cette magistrature : on ne le trouve pas dans les listes du VI^e siècle. Il devait donc appartenir à une famille consulaire et il est normal que le renoncement à ces attributs soit la marque du suprême dédain.

2. Le *phiale* était, à l'époque classique, une petite coupe qui servait surtout aux libations et ne comportait pas d'anses. Ce qui frappe dans cette épigramme c'est le ton général. Il ne semble pas que ce soit un récit, mais plutôt un rêve ou même un regret qui aboutit à la profession finale : dans la boisson s'oublient tous les soucis.

3. Il s'agit bien d'un concours de buveurs, ἀεθλητῆρες, véritable cérémonie religieuse du dieu Dionysos, appelé ici de ses divers surnoms, Bromios, le frémissant, Luaios, celui qui délivre de tous soucis, Iacchos, nom mystique du dieu et qui amène la mention d'autres mystères, ceux de Déméter, la déesse des moissons, dont le mythe est semblable à celui du dieu, avec mort, disparition et résurrection. Tout le texte est imité d'Hésiode tant par les ionismes abondants que par les termes empruntés au poète (*Trav. et Jours*, 429, 465, 471). Mais le ton épique est lui-même une parodie. Voir XI, 68.

4. Icaros était une île des Cyclades, à mi-route de la côte asiatique; elle était renommée pour ses vins, le vin de Pramnos dont parle Homère (*Il.*, XI, 639).

5. Nonnos avait déjà écrit (*Dionys.*, XII, 211) : Je donnerai une nourriture aux mortels et non seulement un breuvage ». Et ici ces raisins secs ne sont-ils pas un concentré de vin opposé au liquide?

6. L'adjectif ἐγερσιγέλωτι est un hapax; le rire est le signe de cette euphorie que donne le vin. L'inspiration est la même chez Paul le Silentiaire et Macédonios, tous deux poètes du VI^e siècle.

7. L'expression n'est pas simple. Chez Homère ἐπὶ σίτῳ χεῖρας ἰάλλειν signifie « porter les mains vers la nourriture » (*Od.*, X, 376). Ici, le végétarien jette en son estomac le pain que personnifie Déméter, la mère de Perséphone. De nouveau, le poète oppose le fervent de la déesse aux adeptes de Dionysos.

N'est-il pas fréquent d'opposer deux cultes aux affinités si évidentes? (B. Moreux, *Dèmèter et Dionysos dans la VII*e *Isthmique* dans *R.E.G.*, LXXXIII (1970), p. 5 et suiv.). Les anathèmes lancés aux mangeurs de chair (poissons et quadrupèdes) pourraient faire penser à un adepte du Pythagorisme. Mais comme l'auteur va jusqu'à mépriser le mets divin, l'ambroisie, on ne doit songer qu'au côté plaisant de l'épigramme : manger ne sert de rien, il suffit de boire !

8. Pour exprimer le mot *poisson*, l'auteur va chercher chez Homère un terme rare appliqué aux phoques (*Od.*, IV, 404) et qui doit signifier davantage *sans pieds* que « pourvu de nageoires ». Tous ces mets, hors le vin, provoquent cette mort qui revient comme un leit-motiv : ἀνδροφόνον, ταυροφόνον et à laquelle même le nom Φερσεφόνης semble faire écho.

*Page 95.*

5. Le début de cette épigramme est une imitation évidente d'Euripide (*Alceste*, 782 et suiv.). Aux plaisirs du vin Palladas ajoute ceux de l'amour; Aphrodite, la Paphienne, avait à Paphos un temple célèbre que connaissait déjà Homère (*Od.*, VIII, 363), lui qui la nommait tantôt l'Aphrodite aux sourires, tantôt l'Aphrodite d'or. Sur le même sujet, voir XI, 56 et Martial, I, 15. Doit-on voir dans la leçon de Planude σκίρτα, *sauter*, *bondir*, une correction monastique, plutôt qu'une référence à un premier état du texte utilisé par Planude?

6. Si ἡμερίς, ἡμερίδων est le nom de la vigne cultivée, ἡμερίδης, ἡμεριδῶν est celui du vin doux.

*Page 96.*

3. Cette scène au pressoir a des qualités malgré le vocabulaire recherché. Notons pour désigner le moût, οἶδμα, qui comporte une idée de bouillonnement, ῥόθιον, lequel suggère, sans raison, l'impétuosité, νᾶμα un courant et ἄνω un effort, un achèvement; pour σχέδιον on peut hésiter entre *commun*, *ordinaire*, ou encore *inattendu*, *improvisé*; *tout proche, sous la main* s'accorde mieux avec le contexte. La double scène est bien amenée pour en arriver au trait final : vin « à gogo », mais amour défendu. Depuis l'épigramme 57 se trouvent ici réunies des « chansons à boire » des poètes de la période de Justinien : Agathias, Macédonios, Paul le Silentiaire, parmi lesquels se trouve inséré Palladas; tous, sauf ce dernier, appartenaient au *Cycle* d'Agathias.

*Page 97.*

5. Au lieu de οὐδὲν ταῦτα γελοῖα Dareste suggère : οὐδὲν ταῦτα ἀγαλεῖ σε : *tout cela ne t'embellira pas*. Quant au dernier vers qui semble perdu, on ne voit pas ce qu'il pourrait ajouter.

*Page 98.*

3. Lucillius se révèle dans toutes ces épigrammes un maître de l'ironie et de la raillerie sarcastique. Martial, son imitateur, dira de même (VI, 12) : « Fabulla jure que les cheveux qu'elle a achetés sont à elle ».

4. Même thème et même comparaison que dans l'épigramme 67. Le jeu de mots, difficile à traduire littéralement, oppose νέα à Ῥέα, la jeunesse à la déesse Rhéa, une des Titanides, fille de Gaia et d'Ouranos et qui, en épousant Cronos, devint mère des dieux et de Zeus. On a traduit Rhéa par Cybèle, la *Grande Mère* phrygienne à laquelle Rhéa fut assimilée par les Grecs; cela permet de conserver le jeu de mots. Le nom de Thémistonoé rappelle aussi la femme du brigand Cycnos, fils d'Arès, dont parle Hésiode dans le *Bouclier* (V. 356). Ce sont les temps préhistoriques. Bref, Thémistonoé est non seulement la plus vieille des femmes, mais encore des déesses !

*Page 99.*

4. C'est la même allusion à Deucalion qui seul survécut avec son épouse Pyrrha à la destruction de la première race humaine; voir XI, 19 et 131. De cela, le poète ne fut certes pas témoin; mais sa conclusion rejoint celle de Martial après un portrait un peu trop poussé (III, 93, 18-27).

5. Πολύμυθος a d'ordinaire le sens actif : qui parle beaucoup, qui fait de nombreux récits, ce qui sans doute amène la mention du vieux Nestor. Mais on trouve aussi le sens passif : qui a tant fait parler d'elle. Κυτώταρις fait penser à la magicienne Κοττυταρίς de Théocrite (*Idylles*, VI, 40).

6. Nestor était, dans l'*Iliade*, le plus vieux guerrier et le cerf était regardé comme vivant quatre fois plus longtemps que la corneille. Voir XI, 67.

*Page 101.*

2. Avec cette épigramme commence la série des athlètes. L. Robert a longuement étudié ce type de satires dans lesquelles il ne faut chercher aucune allusion à des faits contem-

porains. Lucillius use d'un langage connu de tous *en milieu grec*; il s'amuse simplement à en faire un usage parodique.

3. Cette épigramme semble être dédiée à l'empereur comme une sorte de plaidoyer fictif en faveur d'un pugiliste. Ceux-ci combattaient dans des conditions plus sévères que nos boxeurs et nos catcheurs modernes; de là ces déformations qui les rendaient méconnaissables, comme le prouvent d'autres épigrammes. Dans le cas présent, l'identité étant établie par la ressemblance, le frère en profite pour se faire attribuer tout l'héritage, son cohéritier étant considéré comme disparu.

4. Usant du style des inscriptions honorifiques, οὗτος, εἶχε, ἀπογραψάμενος, le poète laisse croire que cet Olympicos, au nom choisi à dessein, a gagné des concours. Il énumère, au contraire, tout ce qu'il a perdu. L. Robert, *op. cit.*, p. 204 et suiv.

5. Ῥύγχος signifie un *groin*, un bec d'oiseau, un museau de chien. C'est donc le même thème du lutteur déformé par son métier; car il ne peut s'agir que de professionnels. Le trait d'esprit est dans la comparaison avec Narcisse : tous deux meurent, l'un par amour de lui-même, celui-ci par haine. Plutarque parlera aussi d'un Eutélidas qui mourut d'admiration en se regardant (*Banquet*, V, 74).

*Page 102.*

5. Ce sont toujours les ravages du pugilat. Les mains des pugilistes étaient garnies de lanières enroulées, μύρμηκες, et qui, le plus souvent, laissaient le pouce libre. Mais le *ceste* se modifia; il devint un long gant garni d'un large anneau de cuir, στρόφιον, dans lequel les quatre doigts s'enfilaient, permettant au poing de se fermer. Avec ce ceste, les coups les plus durs étaient permis et qui laissaient de terribles cicatrices. En Italie, on connut même des anneaux de bronze munis de clous et de pointes. Ce sont sans doute ces derniers qui ont provoqué les ravages décrits par le poète.

6. Il ne s'agit pas encore, à l'époque de Lucillius, de *codices* reliés, mais de rouleaux souvent enfermés dans leur boîte, *capsa*, ou dans leur armoire. Dans un cas, la partie inférieure était tournée vers le fond de la *capsa*; sur les rayons des bibliothèques, c'était la même partie, celle qui ne portait pas l'étiquette du titre ou σίλλυβος, qui se trouvait au fond de l'armoire, en position horizontale. Elle était donc davantage attaquée par les vers. C'est pour fuir les vents du midi ou d'ouest qui amenaient ces vermines que les bibliothèques s'ouvraient à l'est; et de plus, on enduisait les *volumina* d'essence de cèdre. A l'époque de notre poète, les biblio-

thèques étaient déjà nombreuses à Rome. Sous la République, les conquêtes y avaient amené nombre de dépôts anciens : bibliothèque des rois de Macédoine, du Pont; il existait aussi des collections particulières. Mais c'est surtout avec Auguste que prit forme le projet de César de constituer des bibliothèques publiques : du Palatin, du portique d'Octavie, de l'Atrium de la Liberté; et, plus tard. celles du palais de Tibère, du temple de Trajan, etc.

7. Les manuscrits primitifs des textes lyriques portaient dans l'interligne la notation musicale, puisque toute poésie lyrique était chantée. On ne possède que peu de vestiges de ces notations. En effet, les Alexandrins du IIIe siècle n'ajoutaient plus aucun intérêt à la musique de ces poèmes qui furent recopiés sans leur notation. Ce n'est que par hasard que quelques éléments sont parvenus jusqu'à nous, tels les hymnes à Apollon du Trésor d'Athènes à Delphes. Si les σήματα ἐξ λήξεως ou notation vocale étaient marquées par les lettres de l'alphabet, par exemple, en partant de notre note *mi* : FΩΦYΓMIΘΓƱ⅄⊥ etc., et c'est le ton phrygien diatonique, on usait de signes très différents pour les σήματα τῆς κρούσεως, ou notation instrumentale soit en partant de *ré* : ⊢Γ∟ȽFCUƆ˥<v>NІ⊏⊔⊐⌶, c'était le ton hyperlydien. C'est évidemment à ces derniers signes que fait allusion Lucillius pour les ressemblances avec les rides du visage et les cheminements des vers.

8. L. Robert relève le thème de la peur ἀφόϐως, comme φρίσσω dans XI, 79. N'est-ce pas le plus grand ennemi des pugilistes? Il croît aussi dans l'association des termes techniques μύρμηκες ὀξεῖς, *les cestes aigus* qui auraient suggéré λοξά, ce dernier ὀρθά et le tout les galeries des fourmis (*op. cit.*, p. 212). L'ironie finale, toute tempérée qu'elle est par le caractère fictif du personnage, ne peut faire oublier que ces mutilations et ravages devaient être réels.

*Page 103.*

3. Le satirique a bien choisi le nom; cette « gloire des mortels », qui fait songer au roi de Sparte vaincu par Épaminondas, a trouvé son maître : une vieille femme anguleuse qui sait frapper, qu'on ne peut toucher sans se blesser. F. Buffière note ce double sens de δέρεται, on l'*écorche*, il *s'écorche*. W. R. Paton voit dans ἀποδιδόναι l'exécution du devoir conjugal auquel répugnerait l'athlète fatigué ! Voir Aristoph., *Lys.*, 739 et 953.

4. Dédicace ironique à celui qui, à la palestre, n'eut jamais d'antagonistes, mais seulement des camarades; au lieu d'être

ἀτραυμάτιστος, celui que personne n'a blessé, il n'a lui-même blessé personne ! Même le nom est dérisoire : si le taureau est l'emblème du boxeur, le bœuf sacré d'Égypte est inoffensif (L. Robert, *op. cit.*, p. 233 et suiv.).

5. L'épigramme semble commencer par un cri de victoire, et on attend, comme dans les inscriptions agonistiques, une énumération des victoires et non des amputations : oreille, paupière; ἐκφέρομαι évoque le coma ou les funérailles !

6. Pise se trouvait près d'Olympie. A Platées, ce sont les Jeux des Éleuthèries, célébrés tous les cinq ans pour fêter la fameuse défaite des Perses et de Mardonios, et pour honorer ceux qui périrent dans les combats et furent enterrés en ce lieu. Un temple y avait été élevé à Zeus Éleuthérios. C'est à l'époque de Néron que ces jeux devinrent très célèbres et comparables aux Jeux Pythiques et Olympiques (L. Robert, *op. cit.*, p. 187 et suiv.).

*Page 104.*

2. En Arcadie existaient deux concours, celui de Tégée et celui du Lycée, mont situé au S.-O. de l'Arcadie où s'élevait un temple de Zeus Lycéen.

3. Le *supporter*, mué en entraîneur, n'était pas en tenue de course, mais vêtu de son manteau — il ne fait pas chaud en Arcadie; ce qui ne l'empêcha pas d'arriver avant le pauvre athlète !

4. Le nom suggère une médisance certaine : le sophiste alexandrin n'avait-il pas, dans sa critique d'Homère, montré une sévérité excessive? Et Charmos, *la joie de combattre*, n'est-ce pas ironique?

5. Pour ce coureur au nom célèbre, *amateur des combats* ou *vieux briscard*, Lucillius utilise un vocabulaire qui serait élogieux s'il s'agissait d'un lutteur : σαλεύειν, *remuer* (voir encore *A.P.*, XI, 259). De nouveau, le distique qui commence par un hexamètre prometteur se termine sur une catastrophe : le coureur ne bouge pas, un terrible tremblement de terre n'a pu le remuer, ni ébranler sa piètre réputation ! Et L. Robert (*op. cit.*, p. 275 et *Hellenica*, XIII, p. 216) montre comment le titre glorieux, μόνος, qui est un éloge agonistique, se trouve ainsi parodié.

6. Cette épigramme qui commence, elle aussi, sur le ton lyrique, rappelle ironiquement les inscriptions qui étaient gravées sur le socle des statues des vainqueurs. Seuls quelques mots sont changés et ils sont inattendus : ἔπιπτεν, βράδιον; leur effet est comique. Au concours du pentathle qui compor-

tait des épreuves de lutte, course, disque, saut et lancement du javelot, pas une qui n'ait été une défaite.

7. Pour le disque, la traduction traditionnelle était : *je n'ai jamais approché du but.* On s'est inspiré de l'interprétation de L. Robert : *je ne l'ai pas touché*; de même ses pieds pour le saut ne se sont pas soulevés: c'est une expression qui aurait été convenable pour un lutteur solide sur ses pieds.

*Page 105.*

4. Il s'agit de la course armée ὅπλον, ὁπλίτης ou δρόμος ἔνοπλος. Comme c'était dans tous les concours la dernière épreuve gymnique, on comprend que le stade ait été fermé après sa conclusion.

5. On ne connaît pas avec exactitude la longueur de cette course; mais il semble bien que c'était un δίαυλος ou double stade (Aristophane, *Oiseaux*, 292; Pausanias, II, 11, 8; X, 34, 2); pour intensifier la satire, Lucillius la réduit à un stade : au bout d'un an — ou de quatre ans, si la scène se situe à Olympie ! — il lui restait encore la même distance à parcourir. On comprend la méprise du fonctionnaire : le concurrent semblait figé sur place et la raillerie devient farce.

6. Cette épigramme anonyme se trouve incluse au milieu des poèmes de Lucillius. On y retrouve sa manière; il convient donc de la lui restituer comme l'avaient fait d'anciens philologues (L. Robert *op. cit.*, p. 278). La forme stylistique du quatrain se retrouve dans une épigramme de Nicarque contre un médecin (XI, 119) et dans un distique anonyme (*A. Pl.*, 53) de nouveau à propos d'un coureur. P. Laurent propose une correction de *A.Pl.* 53 qui accentuerait la ressemblance. Est-ce imitation? On sait que les anciens ne connaissaient pas la propriété littéraire.

7. Nouvelle variante de la parodie du coureur au nom prestigieux. Ici, c'est l'étonnement qui domine : tout s'est passé si vite ! Et il y a confusion entre le vainqueur et le coureur demeuré immobile dans une épreuve qui comportait un aller et retour, le diaulos. Le verbe στεφανοῦντο, à la fin de l'hexamètre, laisse en suspens la conclusion ironique.

8. C'est la barrière qui sans les gêner tombe devant les concurrents au moment du départ (Lucien, *Tim.* 20; *Cal.* 12). Primitivement ὕσπληξ désignait simplement la ligne de départ (Aristoph., *Lys.*, 1000). Tous ces détails donnent l'impression que Lucillius raconte des anecdotes fictives en partant de faits réels. Voir encore Pausanias VI, 20, 11 et 13.

*Page 106.*

4. Boissonade écrit : « Lucillius hyperbolam in hyperbola quaerens ea scripsit quae ipse non posset explicare. » Il semble que, pour ce petit homme, il ne s'agisse pas de ramener les objets de bas en haut, πρὸς τὰ ἄνω comme certains ont voulu corriger — ce qui serait en contradiction avec sa taille minuscule —, mais horizontalement vers lui, ou encore de haut en bas, ce qui est un comble ! L'instrument dont il se sert est une faux montée sur une longue hampe de lance. Et ce détail le ravale plus bas que sol ! Les mots du pentamètre sont tous choisis à contre-sens.

*Page 107.*

2. On pourrait dire : de plus en plus fort, au pays de Lilliput. La fin du vers 2 répète le second hémistiche du deuxième vers de l'épigramme précédente, et le présent final opposé aux temps passé du récit indique bien un état. Ἀθήρ peut être aussi une barbe d'épi au lieu d'un arête : rien n'est trop léger.

3. Il était arrivé à plus d'un personnage mythique de disparaître totalement le jour de sa mort. Gaius est si menu qu'il n'y a pas de partage possible entre l'âme et le corps : il disparaît et, il a beau se trouver sous terre, il voltige comme dans le quatrain précédent. Finalement, on lui rend les mêmes honneurs funèbres qu'à ceux dont le corps n'a pas été retrouvé. Ces cérémonies se célébraient au niveau de la phratrie qui réunissait toute la famille. (Thucyd., II, 34, 3.)

4. Imagination et *realia* se mêlent au point que les derniers mots pourraient signifier : « Gaius? Disparu ! »; et c'est pourquoi une inscription est nécessaire, puisque la litière est vide !

*Page 108.*

3. Comme dans l'épigramme 88, parodie de mythe. Cette fois, tel Héraclès étouffant le serpent, l'enfant Macron étouffe la bestiole; comme lui encore, il est sans arme. L. Robert (*op. cit.*, p. 264) songe au thème du nouveau héros, δεύτερος, que l'on retrouve en diverses épigrammes : nouvel Atlas (VII, 692; *A. Pl.*, 52), nouveau Ganymède (XI, 88). Le jeu de mots μικρὸς Μάκρων est évidemment voulu.

4. Sans doute est-ce un mauvais plat qui attire sur ces grives de telles invectives. Les oiseaux du lac Stymphale se nourrissaient de chair humaine et décimaient les habitants de la région : Héraclès fut chargé de les exterminer. Les Harpies étaient des génies ailés, ravisseuses d'enfants et de

morts. La céramique les représente décharnées, ailées et pourvues de serres.

*Page 109.*

2. L'idée de cité n'était pas nécessairement liée, dans l'antiquité, à celle de concentration urbaine. Toutefois, dès le VIe siècle l'idée moderne se fait jour (Pausanias, X, 4). Il existait une ville d'Acarnanie appelée Métropolis (Thucyd., III, 107); mais une autre se trouvait en Lydie, et Ammien était de Smyrne.

3. C'était un titre honorifique souvent sollicité des empereurs et rarement accordé. Ammien fait donc allusion à un conflit entre cités asiatiques à propos de ce titre.

4. Autre variation de Lucillius sur le même thème du moins lourd que l'air (XI, 91). Proclus gagne péniblement un nuage et, retombant grâce à la pluie, il subit un bombardement d'atomes. Le poète ne peut oublier la théorie de Démocrite (XI, 93); mais il n'a pas encore songé à l'unité inférieure à l'atome (XI, 103).

5. Ce qui n'est que plaisanterie chez Lucillius est raconté comme véridique par Athénée, XII, 552 *b*, et Élien, *Hist. Var.*, 9, 14, à propos de Philetas de Cos.

*Page 110.*

3. En voulant renchérir sur le thème de la petitesse atomique (XI, 93, 99), le poète, tel Lucrèce, apporte, de distique en distique, une correction à la doctrine d'Épicure; par le passage du réel à l'irréel, les atomes ne sont plus les corps premiers du monde; ce sont encore des composés. La parodie atteint la réalité.

4. *Prae formicis exilem esse*, dit le proverbe; et le même thème est repris par Lucillius dans l'épigramme 392. Voir aussi pseudo-Ausone, *Ep.*, 20.

5. Ceci laisse supposer que Ménestratos ne montait pas la fourmi en cavalier, mais en cornac, conséquence de sa petite taille, ou bien qu'il s'imaginait que sa fourmi était un éléphant !

*Page 111.*

3. Le caractère fictif de toutes ces épigrammes de Lucillius ressort de tous ces noms dont il affuble ses personnages : Εὐμήκιος, *bonne longueur*; Διόφαντος, *qui ressemble à Zeus*; Μάρκος qui suggère μακρός.

4. Le terme ὀξύβαφος désigne un vinaigrier ou bien une saucière à vinaigre (Aristoph., *Oiseaux*, 361). D'autre part,

l'attitude d'Eumécius devrait le faire remarquer; mais l'hyperbole joue à plein : quelle devait être la taille de celui pour qui Eumécius était un gaillard?

5. Rapprocher cette épigramme de XI, 91 : Stratonicus est pendu à un fêtu de paille ou à un roseau. Ici, projeté dans les airs, il y produit un sifflement de projectile, ῥοιζέω. Après les incidents de la souris (XI, 95), de la fourmi (XI, 104), c'est maintenant une toile d'araignée qui l'arrête, toujours en position de vaincu, sur le dos !

6. Ce dernier vers n'est pas clair : empêtré dans la toile, pourquoi ne descendre que le cinquième jour? Est-ce parodie de l'Héra de l'Iliade (XV, 20) suspendue en plein éther? Mais faut-il chercher la logique dans cette fantaisie?

7. On ne sait si l'incident est dû à la chute de la feuille ou plutôt du châton de peuplier; mais le deuxième hémistiche du pentamètre est identique à celui de l'épigramme XI, 104. Cramer a cru que Lucillius se moquait d'un contemporain, le précepteur de Néron, l'astrologue Chairémon.

*Page 112.*

2. Une scholie d'Hésychius, empruntée en partie à Pollux (X, 189) et se référant au poète comique Strattis, prétend qu'on appelait κάνναβοι les gens maigres. Mais le κάναϐος était aussi le squelette de bois autour duquel les modeleurs et les fabricants de poupées exécutaient leurs figurines de terre (Kock, *Lexicon*, I, 563.). Par métonymie on peut traduire par « pantin », à moins qu'il ne s'agisse de la peau desséchée abandonnée par la chenille et que le poète prend pour son squelette. Mais ce terme signifie également *chanvre* suggérant ainsi que le corps de Chairémon n'a pas plus de consistance que la filasse de chanvre. La pointe n'est-elle pas dans ce passage inattendu de l'évocation du géant à ce que suggèrent et κάμπη et κάνναϐος?

3. C'est sans doute en raison de son caractère inconvenant que cette épigramme, qui aurait pu prendre place parmi les ἐρωτικά, a été écartée de l'*Anthologie planudéenne* ou de ses sources. Elle est une des rares épigrammes de cette section qui ne présente pas un mètre élégiaque : ce sont des trimètres iambiques, et un lemme fait état, sans y croire, d'une attribution à l'empereur Julien, considéré comme σατάν, *le diable* et nommé le παραϐάτης, l'apostat. Ni les traités, ni les fragments poétiques, ni les lettres de Julien ne versent dans la vulgarité, et encore moins dans l'obscénité.

4. La disparité entre époux pose un problème que l'épigrammatiste ne pouvait laisser échapper !

5. Planude qui ignore — ou a supprimé — l'épigramme précédente, ne connaît pas non plus celle-ci qui lui était attachée, bien que le thème fût différent. Sur le même sujet, XI, 89.

*Page 113.*

4. Le ms. P inscrit τοῦ αὐτοῦ en marge de l'épigramme 112, oubliant de mentionner l'auteur de celle-ci. On retrouve ce Diophantos dans l'épigr. 103 : elle est de Lucillius. Dans les pièces 90 et 91 de même inspiration que la présente épigramme le second hémistiche du v. 2 est identique. Planude attribue à ce même Lucillius les épigrammes 111 à 116.

5. Le lemme dit bien que toute cette nouvelle section est consacrée aux médecins, ou plutôt aux faux médecins.

6. Cette expression lyrique serait à sa place dans un chœur d'*Antigone* ou d'*Œdipe Roi*; à propos d'un collyre elle est amusante. Cet oculiste a bonne vue et *vise bien*, mais il fait perdre la vue aux autres.

7. Le δι' αὐτοῦ fait difficulté et les corrections proposées (voir apparat critique) faisaient aussi de ce mauvais médecin un voleur : ces yeux *brillants* seraient ces pierres précieuses qui donnaient vie au regard des statues. Mais Lucillius ne saute pas d'un thème à un autre. En conservant δι' αὐτοῦ, selon la suggestion de F. Buffière, on obtient un sens satisfaisant; dangereux cet oculiste même pour les êtres insensibles; *par sa faute* — le poète ne précise pas — les yeux d'une statue ont chu. On ne sait si cette statue appartenait à Olympicos ou se trouvait chez Dion.

8. Le κλινικὸς est le médecin qui visite ses malades à domicile, au lit. (L. Robert, *Hellenica*, I, 139, note 2). Telle est la capacité de ce médecin que tout ce qu'il touche est « emporté » au cimetière... ou ailleurs. Tel est le double sens de ἐκφέρομαι. Cette disparition de la statue est-elle le fait d'un médecin qui l'envoie à la casse, la vend ou la vole? On ne sait. Voir Ausone 81 (ed. Peiper), « de signo Jouis tacto medico ».

> Alcon hesterno signum Jouis attigit. Ille
> quamuis marmoreus uim patitur dedici.
> Ecce hodie jussus transferri e sede uetusta
> effertur, quamuis sit deus atque lapis.

*Page 114.*

4. Les cultes égyptiens ont envahi le monde romain dès l'époque hellénistique en vertu d'un certain syncrétisme avec les cultes existants; voir XI, 212. Ainsi Isis s'allie-t-elle à Déméter; et aux mystères s'ajoutent les pratiques magiques.

Si Harpocratès, le fils d'Osiris et d'Isis, avait aussi le pouvoir d'aveugler, chez Juvénal, XIII, 93, c'est Isis qui aveugle de son sistre. Le copiste du ms. P, confondant Ἶσιν et ἴασιν, la *guérison*, n'a pas compris le sens de l'épigramme; il a lu aussi Ἀλφικράτη au lieu de Ἁρποκράτην qui n'éveillait en lui aucune souvenance; et le texte utilisé par Planude n'était pas meilleur. Pour le style, on retrouve toujours le même art chez Lucillius : trois vers négatifs avant la révélation en fin du deuxième hexamètre.

5. Si cet empereur fut Néron, Ménophanès peut avoir été son affranchi. Mais on a toujours tort de vouloir identifier les personnages de Lucillius.

6. C'est l'un des douze travaux auxquels fut soumis Héraclès sur l'ordre de son cousin Eurysthée, roi de Tirynthe. Il devait se rendre aux Enfers pour en ramener le chien Cerbère, ce qu'il fit tout en délivrant par la même occasion Thésée et Ascalaphos. Voir *Il.*, VIII, 366 et suiv.; *Od.*, XI, 623 et suiv.; Euripide, *Hér. fur.*, v. 25 et 1170.

*Page 115.*

3. Les médecins oculistes formaient une corporation très ancienne en Grèce. Voir Aristophane, *fragm.* 128, où on trouve sans doute un reproche identique :

Ὀφθαλμιάσας πέρυσιν εἶτ' ἔσχον κακῶς·
ἔπειθ' ὑπαλειφόμενος παρ' ἰατρῷ...

4. Le *stade* est de 177 mètres, le *plèthre* en est la sixième partie, il est donc égal à 29,6 mètres; donc le *diplèthre* fait 59 mètres. La *coudée* est de 0,44 et le *spithame* ou *empan* en est la moitié.

5. Ce distique qui semble rédigé en forme d'inscription funéraire, est joint au précédent dans le manuscrit P : il serait donc, lui aussi, attribué à Straton. En un autre endroit du même manuscrit il se trouve répété (XI, 333) et la main du correcteur l'attribue à l'alexandrin Callictéros. Il semble que Planude suive une meilleure tradition en l'attribuant à Nicarque. Voir XI, 257. Par sa concision, il est dans la bonne tradition lucillienne.

*Page 117.*

4. Hédylos, d'ascendance athénienne, vint à la cour de Ptolémée Philadelphe à Alexandrie : il y connut Callimaque. On peut rapprocher ces distiques de l'épigramme 118 de Nicarque; aussi Knock, Sakolowski et Gow refusent-ils à Hédylos la paternité de cette pièce. Toutefois, on retrouve un Agis en V, 161, comme l'un des malheureux ruinés par les

courtisanes; et cette épigramme est d'Hédylos. Ce serait donc cette épigramme qui aurait largement inspiré Lucillius et Nicarque.

5. L'aconit était un poison violent (Nicandre, *Alexipharm.*, 16). L'auscultation n'existant pas, le médecin palpait son malade (Daremb.-Saglio, *op. cit.*, III, 1684).

6. Collaboration inattendue entre médecin et pompes funèbres comme dans XI, 125.

7. L'épigramme se présente en son début comme la parodie de quelque inscription mortuaire.

8. Parétonios doit être le dernier client envoyé à la tombe par Zopyros, nom d'origine perse ou thrace (Hérod., III. 153; Plat., 1 *Alc.*, 122b). C'est peut-être aussi une ville de la frontière lybique : depuis Alexandrie où l'épigramme aurait été composée, tous les cimetières jusqu'à la frontière seraient remplis de victimes du médecin suggère ironiquement Nicarque.

9. Boissonade explique que le médecin était un infirme. Canne et semelles compensées sont présentées ironiquement comme attributs de cet Hermès Psychopompe, conducteur des âmes vers l'au-delà. Le dieu portait sandales ailées et houlette d'or, cadeau qu'Apollon lui avait donné en échange du syrinx qu'il avait inventé. On attendait donc avec le mot πέδιλα l'adjectif πτηνά, *ailées*; on a πλαστά, *façonnées sur mesure* !

*Page 118.*

3. Le mot βλέφαρον, la *paupière*, peut aussi au pluriel désigner *l'œil*. L'expression ἔνδον ἔμεινε pourrait confirmer ce sens. Il y a aussi un jeu de mots certain entre le grec ἐνοχλέω *causer de la peine* et le latin *enucleo* qui a le sens de *rendre clair* chez Cicéron, mais aussi d'enlever le noyau, peut-être même l'œil.

4. Cette parenté des Erinnyes et des Muses n'est pas réelle. Le poète, mi-plaisant mi-hostile, suppose que, vengeresses de la poésie, les Muses peuvent provoquer la suprême folie de ceux qui composent sans inspiration ou s'adonnent à de longues œuvres. Pollien, qui vivait sous Hadrien, était un admirateur des élégies et des courts poèmes comme les avait mis à la mode Callimaque : les épigrammes suivantes en feront foi.

*Page 119.*

2. Le sens de ces distiques n'est pas clair. Boissonade a pensé à un poète qui, s'étant présenté à un concours poé-

tique, aurait vaincu grâce à une chance inouïe : et l'auteur de comparer la joie qu'il éprouve du fait de cette victoire à celle que lui procurerait une bonne côtelette de porc ! Mais, C. Morelli, *Floro e il certame Capitolino* dans *Atena e Roma*, 1916, p. 97 et suiv.) fait état d'un texte trouvé dans un manuscrit bruxellois, une discussion académique sur la valeur de Virgile « orator an poeta ». L'auteur, Florus, se plaint d'avoir été, lors d'un *concursus capitolinus*, déchu de la première place pour cette unique raison : « ne Africa coronam magni Jouis attingeret ». Morelli conclut qu'il s'agit d'un jeune grammairien espagnol qui, voyageant à travers l'Empire, aurait pris part à ce concours quinquennal que Domitien créa en 86 (Suétone, *Dom.*, 4) et qui était à la fois poétique, musical, hippique et gymnique (Martial, *Epigr.*, IX, 40; Stace, *Silves*, III, 5, 28-34). Tous ces traits semblent convenir à l'historien. Ce serait donc à ce concours que ferait allusion Pollien tout en ironisant sur le vainqueur. Fidèle à la traduction de Grotius adoptée par Jacobs : « je me réjouis comme de la portion porcine de ta couronne », Morelli y voit une confirmation de cette seconde place obtenue par Florus, le porcelet n'intervenant que dans les sacrifices d'importance mineure (voir XI, 182). De là cette incitation ironique de Pollien à la persévérance : Florus a autant de chances d'obtenir la première place aux *Capitolia* que de gagner cette terrible course de fond, le diaulique, qui comportait douze tours de stade, soit 4 250 m environ. Mais cette seconde place serait elle-même imméritée !

3. Il s'agit d'un prétendu poète qui n'a d'espoir de vaincre que s'il demeure sans concurrents. Le jeu de mots porte sur παρίσθμια qui signifie une inflammation de la gorge (ἰσθμός); ce mot peut aussi s'interpréter comme un *empêchement* à se soumettre au concours de ces jeux qui se célébraient tous les quatre ans à Corinthe. Si de nouveau ce faux poète rencontre à Delphes de véritables poètes, quel prétexte trouvera-t-il à son abstention? Il ne pourra alléguer une maladie de même consonance, παραπύθια étant une invention de Céréalios pour évoquer les Jeux Pythiques. La traduction *pituite* n'est qu'une approximation pour rendre ce jeu de mots. Il semble que l'on ait — ici encore — un allusion à la victoire *akoniti* (XI, 316), sans concurrent, la seule que puisse espérer ce poète !

4. Ce poème est une imitation de l'épigramme de Callimaque que donne l'*Anthologie* XII, 43, et qui reprend le thème cher au poète alexandrin : « Ne suivons pas les traces d'autrui » (*fragm.* 293). Les poètes cycliques, ce sont les poètes épiques qui composent des suites à l'*Illiade* et à l'*Odyssée.*

Pollien ne veut voir en eux que des plagiaires, des imitateurs sans inspiration de l'œuvre homérique. Apollonius de Rhodes aurait reproché à Callimaque, incapable d'écrire des poèmes au long souffle, de ne composer que de courts poèmes : « Je n'aime pas l'aède dont les chants sont plus vastes que la mer » avait répondu Callimaque (voir *Hymn.*, II, 108). Pollien, comme en l'épigr. 127, dit sa préférence pour ce genre de poème. Mais, là encore, il se défend d'user d'expressions déjà employées par Callimaque ou encore Parthénios de Nicée, poète du Ier siècle, ami de Virgile, alors que les épiques ne craignaient pas de répéter les vers les plus connus d'Homère. Mais dans sa colère, et c'est la pointe finale, Pollien en vient à plagier Homère !

*Page 120.*

4. Dans sa recherche de l'hyperbole, Lucillius rend les mauvais poètes aussi responsables que les chirurgiens de la mort des humains ! Le nom du poète ne signifie-t-il pas *flot de paroles*? De quoi les noyer.

5. M. L. Robert rapproche cette épigramme de XI, 214 (*op. cit.*, p. 212) : elle serait inspirée par les mêmes poèmes. Ce n'est pas évident; mais faut-il vraiment voir dans le dernier hexamètre une acclamation agonistique : εἷς ἀπ' αἰῶνος : *l'unique depuis toujours*, très répandue à l'époque? Ici les vainqueurs seraient quatre et leur titre de gloire, le mal.

6. Lucillius déplore le peu de succès des jeunes poètes et cette tendance innée à honorer les vieilles gloires. Selon le mot de Martial (XII, 83), il est « derisor hirnearum ».

7. Le portrait est une charge du satirique, et il ne manquait que le trait final; le talent n'est plus cérébral, il se réfugie ailleurs ! Le vers 5 est disgracieux : n'est-ce pas à dessein, pour s'amuser aux dépens des vieux poètes?

*Page 121.*

3. Concours poétique dans lequel Lucillius veut prouver à un artisan du vers qu'il ne sait que bavarder, et n'a pas de génie. Sa seule capacité est de composer. Devant cette abondance, Lucillius ne se sent nullement décontenancé et lui adresse le défi de Diomède à Glaucus (*Il.*, VI, 143). Et le poète n'hésite pas à inventer les *hapax* du v. 4. Voir aussi Horace, *I Sat.*, IV, 14 et suiv.

*Page 122.*

3. *Il.*, XXIV, 460-517. Le terme ἡμερίων, nécessaire pour la mesure du vers, doit être pris dans le sens de ἡμέρων, *doux*,

*apprivoisé*. On ne sait rien de la lutte entre poètes à laquelle fait allusion l'auteur sur le mode plaisant.

4. Martial a satirisé les poètes qui servaient à leurs hôtes de savoureux repas avant de les abreuver de leurs vers insipides (*Epigr.*, III, 45 et 50). Héliodore, lui, avant de lire ses épigrammes sert un repas détestable : viandes à peine cuites, vins des plus ordinaires, κεράσας indiquant le mélange habituel de vin et d'eau, alors que κατακλύζεις suggère l'abondance d'eau, l'inondation. Pauvre chère, tristes vers, et le poète évoque le repas succulent et sacrilège des matelots d'Ulysse sur l'île du Soleil, la Sicile, l'île triangulaire de l'épopée, faisant sien le souhait d'Euryloque de périr noyé plutôt que de demeurer en ce lieu (*Od.*, XII, 350). Le jeu de mots ὠμοβοείου ὠμοβοειότερα est difficile à rendre, le même terme pouvant difficilement s'appliquer en français au vin et à la viande.

*Page 123.*

3. Lucillius en veut à ceux qui, imitant Aristarque, le célèbre critique et bibliothécaire d'Alexandrie (215-143), soulèvent, à propos de poésie, mille arguties et en oublient la vie sociale et ses obligations. Pour les caractériser, l'auteur invente des mots comme ἀοιδομάχος, λογολέσχης, γραμματολικρίφις, νηπυτιεύομαι (voir XI, 134 et 194 et *Il.* XIV, 463). Déjà, depuis Zénodote et Aristophane de Byzance, les prédécesseurs alexandrins d'Aristarque, les éditions savantes de la grande bibliothèque comportaient des commentaires ou scholies. Mais l'excès de cette fureur d'exégèse rend insipide toute réunion où Homère est disséqué ; et le poète s'applique le vers où Homère décrit le triste sort fait par Égisthe à l'aède auquel Agamemnon avait confié son épouse Clytemnestre (*Od.* III, 271). Il aspire à un diner libre de toutes ces discussions et dans lequel on puisse jouir des plaisirs de la table. Cette épigramme, qui rappelle XI, 10, du même auteur, a certainement inspiré Philippe (XI, 321, 347).

*Page 124.*

2. Érasme a pensé que le dernier vers concernait un proverbe connu des Anciens *alia Menecles, alia porcellus* (*Adages*). Il est certain que l'on trouve des dictons qui adoptent la même forme (Lucien, *Le maître de rhétorique*, 80).

3. Lucillius se moque des rhéteurs et déclamateurs de son temps qui veulent faire œuvre d'atticistes et pensent y parvenir en usant de formules dont l'art oratoire de la grande époque se servait couramment. Ils ont un faible pour ces

formules d'adresse aux juges ou aux greffiers qui donnent lecture des lois ou des témoignages et pour diverses expressions : πολλοῦ δεῖ « il s'en faut de beaucoup », σφίν pour αὐτοῖς, ταυτί pour ταῦτα, « voici », μῶν « est-ce que? », τετταράκοντα avec le ττ de consonance attique au lieu du σσ du grec commun, ἅττα que Platon préfère à τινά. Mais il en ajoute de son cru, mélangeant les langues épiques et comiques : γρῦ (grognement du porc) avec le sens de « un rien », φαθί pour φάθι, et μίν pour αὐτόν. D'autres critiques nous donnent encore des listes de termes à la mode : voir épigr. 144 et 158.

*Page 125.*

2. Tityos avait, pour lui, désiré la déesse Lêto, sous l'impulsion d'Héra. Il fut abattu par les flèches d'Artémis à Panopée de Phocide (Pausanias, X; Pindare, *Pyth.*, IV, 160). Il subissait aux Enfers un supplice éternel : étendu sur neuf arpents de terre il offrait son foie en pâture aux vautours (*Od.*, XI, 576 et suiv.). Il est piquant d'ajouter à ces grands criminels des Enfers le nom du poète Méliton, sans doute contemporain de l'auteur, mais dont on ne sait rien (voir XI, 246), et le jeu de mots porte sur μελέτα; *occupe-toi d'eux* et *déclame pour eux* n'est-ce-pas la même chose?

3. Aux châtiments antérieurs, Marcus ajoute un nouveau tourment, le pire de tous, la présence de ce Rufus. La crainte de Pluton et l'usage que le dieu fait de ces personnages donnent à cette épigramme tout son sel.

4. Ce sont des verbes marquant des bruits divers et employés incidemment par Homère : κάρκαιρε *Il.*, XX, 157 *hapax*; κοναβεῖ *Il.*, II, 334, etc.; σίζει *Od.*, IX, 394 et surtout Aristophane; κελάρυζε *Il.*, XI, 813; XXI, 261.

5. Épigramme recherchée contre l'orateur Sextus, incapable de parler en public. Mais la statue qu'on lui a érigée possède une supériorité sur l'original : elle semble parler ! Le même texte se retrouve dans une autre épigramme anonyme, XI, 151.

*Page 126.*

2. Il s'agit de Thèbes d'Égypte, la ville près de laquelle se trouvaient les merveilles érigées par les Pharaons : Sphynx et Pyramides; et l'Égypte est toujours, pour Grecs et Romains, le pays de la magie. Lucillius a trouvé un autre prodige.

3. On a cru que ce rhéteur Flaccus était celui qui avait formé une école sous les règnes de Trajan et d'Hadrien, ce qui obligeait à affirmer que, vers 120 ap. J.-C., Lucillius vivait

encore. Voir épigramme 138, 2; Quintilien, I, 1, 26. L. Herrmann prétend qu'il s'agit de ce Flaccus, ami de Lucillius, dont Sénèque mentionne la mort en l'épître 63. Le poète se montrerait dur envers son ami ! Il ne semble pas que ces allusions à des contemporains soient dans la manière du poète; mais faut-il en faire une règle absolue?

4. Le thème de la « statue vivante » représente le degré élémentaire de la critique artistique. On retrouvera trop souvent cette expression dans les épigrammes de l'époque byzantine (*Anthologie de Planude*). La nouveauté consiste dans l'étonnement du poète : la statue est muette ! Et la conclusion est la même qu'en XI, 151.

*Page 127.*

3. Nouvelle satire contre l'ignorance des rhéteurs au début du IIe siècle ap. J.-C. Mais on peut y voir une mise en garde contre les cuistres : « l'érudition ne donne pas l'esprit » disait Héraclite (Diog. Laërce, IX, 1); voir aussi Julien l'Empereur, *Contre les cyniques ignorants*, 187 *d*.

*Page 128.*

3. Le philosophe cynique ne porte plus la tunique, mais le τρίϐων, manteau grossier et doublé (Diog. Laërce, VII, 13); χιτωνάριον pose donc un problème : c'est presque un hapax et il devrait désigner la petite tunique; aussi les traducteurs ont-ils rendu θείς par *deponat*, *enlève*, ce qui représente une mauvaise conclusion de l'épigramme. En XI, 157 Lucillius dit στόλιον; comme ἱμάτιον ce mot n'entre pas dans le pentamètre. Il convient donc de prendre χιτωνάριον comme un synonyme.

4. L'épigramme commence, telle une inscription honorifique, en énumérant les qualités du personnage. Les termes sont ceux dont on use pour qualifier la solidité d'un athlète, sa dureté, sa résistance; mais, dès le début, le mot *vertu* obligeait à la transposition. Le contraste est d'autant plus grand quand vient l'accusation (L. Robert, *op. cit.*, p. 207-208).

5. C'est le type du philosophe cynique, hypocrite et vicieux. Le κακοστομάχων peut laisser croire à un malade de l'estomac mais l'équivoque apparaît, στόμαχος est pris dans son sens général : *orifices*, et rend inutile le κακοστομάτων, que voulait lire Scaliger. Voir Martial, III, 80 et 84; IX, 27. Malgré l'attribution du *Palatinus*, il semble que le thème convient davantage à Ammien qu'à Lucillius.

*Page 129.*

5. Pour les Cyniques, Diogène divinisé avait pris place dans la Constellation du Chien. Voir Diog. Laërce, VI, 2, 77 : Ἦν γὰρ ἀλαθέως Διογένης Ζανὸς γόνος οὐράνιός τε κύων et καλοῦμαι γὰρ ὁ κύων ὁ οὐράνιος, οὐχ ὁ γῆς.

*Page 130.*

4. Qui parle d'horoscope en vient à ces *maisons* où pénètrent les planètes dans leur évolution dans le ciel. Leur conjonction avec deux signes du Zodiaque, le Lion et le Taureau sont signes annonciateurs de la mort qui menace, et le même mot τίπανον, τύπανον ou τύμπανον, qui était la table de tortures servant au tribunal à l'interrogatoire des esclaves désigne alors le poteau auquel on attachait au cirque les condamnés. C'est l'évocation cruelle des jeux que Lucillius ne connaît que trop bien. Voir XI, 184.

5. L. Robert relève également les mots ποιεῖν et δύνασθαι qui, en astrologie, prennent le sens d'*action* et *pouvoir* (*op. cit.*, p. 214 et suiv.; *Dans l'amphithéâtre et dans les jardins de Néron*, p. 281.)

6. C'est donc de la grande infortune qu'est menacé cet athlète. On peut soupçonner aussi une pointe dans la confusion possible entre Κρόνος et χρόνος, le *temps*. Dans ce cas, c'est une réponse sans signification et digne d'un devin. A relever de nouveau le terme καταλύεσθαι, *la retraite*. (L. Robert, *op. cit.*, p. 223.)

*Page 132.*

3. Cette nouvelle section est intitulée εἰς μικρολόγους. Ce mot qui signifie normalement *chicaneur*, est pris ici dans le sens de *mesquin*, *avare*. Le pouliot est la menthe sauvage ou oligant, excellente pour les douleurs d'estomac. En usant de l'expression ἀποσφραίνει αὐτόν, *se parfumer*, Lucillius veut-il accentuer l'avarice de son personnage qui, au lieu de se faire une infusion, se contente de respirer l'odeur de la menthe... ou de son argent? Là encore se manifeste son avarice : un quart d'obole, διχαλκον suffit comme remède à ses maux !

4. Pollien répète soixante-dix ans plus tard ce que déjà Philippe va dire en l'épigramme 173.

*Page 133.*

2. Fille ou garçon, pas de certitude sur le sens de cet hapax.

3. Cette obole c'est la pièce qu'on avait coutume de déposer dans la bouche des défunts. Ce même thème, on le trouve

dans une autre épigramme d'Antiphanès en IX, 409; il est traditionnel depuis Solon (14, 8) : χρήματ' ἔχων οὐδεὶς ἔρχεται εἰς 'Αΐδεω et Théognis, *Sentences*, 1129 :

'Εμπίομαι πενίης θυμοφθόρου οὐ μελεδαίνων
οὐδ' ἀνδρῶν ἐχθρῶν οἵ με λέγουσι κακῶς.
'Αλλ' ἥβην ἐρατὴν ὀλοφύρομαι, ἥ μ' ἐπιλείπει
κλαίω δ' ἀργαλέον γῆρας ἐπερχόμενον.

Sur cette épigramme qui serait davantage à sa place dans les συμποτικά, voir G. Giangrande, *op. cit.*, p. 170.

4. Les vers 2 et 6 reviennent comme un refrain.

5. Le mot σορόν désigne d'ordinaire l'urne funéraire; mais le prix de cinq mines (450 francs) ne peut s'appliquer à une simple urne destinée à recevoir les cendres, ni au cercueil, semble-t-il. Ce terme doit donc désigner la tombe elle-même, ou mieux encore un modeste sarcophage (Théophr., *Du feu*, 46; Dioscor., V; 124; Lucien, *Hermotime*, 78). Alors on comprend le prix élevé et aussi qu'il y ait place pour une autre personne. L'auteur tente de consoler l'avare en lui suggérant une économie finale.

*Page 134.*

4. N'hésitant pas à se laisser mourir, l'avare fait peu de cas de ses propres enfants; mais il n'y a pas meurtre à proprement parler : le nouveau-né n'a pas encore d'état-civil et n'est pas encore considéré comme un être humain.

*Page 135.*

3. Sur un vol similaire d'un Amour voir *Laodicée du Sycos, campagne de 1961-1963*, p. 261.

4. Il est bien dans la manière de Lucillius de parodier, à propos de ce vol, l'épigramme d'Antipater de Sidon que nous a conservée Planude (*A. Pl.*, 178); il lui emprunte, en le transposant, le dernier vers (voir apparat critique). Antipater concluait qu'après cette peinture d'Apelle il ne pouvait plus y avoir de rivalité entre Athéna, Héra et Aphrodite quant à leur beauté : Cypris l'emportait. Lucillius reprend le mot à sa manière.

5. Double plaisanterie possible : manque de confiance dans le dieu et on le fait disparaître, ou bien quelle confiance avoir en un dieu qui s'est laissé voler? Sur le caractère fictif de ces vols, malgré Geffcken, voir L. Robert, *op. cit.*, p. 224.

6. C'est toute l'histoire d'Hermès. Né en Arcadie au mont Cyllène, et encore au berceau, il va jusqu'en Thessalie dérober les troupeaux de son frère Apollon et les emmène à Pylos.

Patron des voleurs, il fut aussi le héraut de Zeus, l'interprète des volontés divines et le chargé de missions de l'Olympe

*Page 136.*

4. Le concret est opposé au verbiage : oracles, prophéties, et le voleur se gausse du dieu pythique qui n'a pas prévu son propre sort.

5. En raison de la vogue des oracles, le voleur aura vite fait de trouver acquéreur et comme le dieu ne dit que mensonge, que lui importent ses racontars !

6. Parodie de l'épigramme IX, 715, attribuée à Anacréon et dédiée à la célèbre vache qui, de l'agora d'Athènes, fut transférée à Rome. Le sculpteur Myron avait su lui donner une telle intensité de vie qu'il y avait danger, disait-on, que le bouvier ne l'emmenât avec les troupeaux de bœufs : Βουκόλε, τὸν ἀγέλαν πόρρω νέμε, μὴ τὸ Μύρωνες βοΐδιον ὡς ἔμπνουν βουσὶ συνεξελάσῃς.

Lucillius surenchérit encore pour caractériser l'ardeur du voleur Périclès, capable de subtiliser le bouvier en plus de ses bœufs. L. Robert relève l'assonance Περικλῆς/κλέπτης.

7. On a déjà trouvé ce même Dion dans l'épigramme 174. On peut donc, d'accord avec Planude, attribuer ce distique à Lucillius. C'est ici une ingénieuse transposition de l'Hermès aux pieds ailés.

*Page 137.*

2. Le texte est à double sens. Εἰδοῖς, aux Ides (13e ou 15e jour du mois) peut également s'entendre εἰ δῷς, forme homérique sans ἄν, à laquelle répond au second vers κἂν δῷς, *si tu donnes*. De même, νώναις, les Nones (5e ou 7e jour du mois) suggère ἂν ὠνῇς, *si tu l'achètes*, ainsi qu'on le voit dans l'épigramme suivante où l'auteur reproche au même Polémon d'être ὤνιος, *vénal*; Boissonade a même pensé que νώναις suggérait le latin « non ais : quasi si non dederis »! On préférerait : non aes. On lirait donc : « Si tu lui donnes de l'argent, Polémon ne prononce pas de sentences; si tu l'achètes (ou sans argent), il condamne. Mais qu'on lui fasse des présents ou qu'on ne lui en fasse pas, c'est toujours Polémon. »

3. Si on supprime les trois premières lettres d'Antonius, il reste ὤνιος, *vénal*. C'est peut-être cet Antonius Polémon qui dirigea une école de rhéteurs à Smyrne de 88 à 145 et qui se suicida, si on en croit la *Vie* de Philostrate le rhéteur (I, 25).

Dans les épigrammes d'Ammien, il y a le plus souvent allusion à des contemporains : la satire est devenue personnelle.

4. Ce sont les reproches d'une victime aux voleurs qui, devant offrir un cochonnet à la divinité, se sont emparés d'un porc qu'ils essaient de faire passer pour un jeune cochonnet de moins de dix-huit mois (Daremberg et Saglio, IV, 960 b).

On a tenté de rendre les doubles sens et le jeu de mots. Le sens précis est le suivant : « Moi, un cochon qui ne vous appartient pas, vous me sacrifiez. Et vous m'appelez cochon sachant bien que je ne vous appartiens pas. » Ce qui différencie χοιρίδιον, *cochonnet* de χοῖρος, *cochon*, c'est ἴδιον qui a aussi le sens de *appartenir en propre* (χοῖρι, dit Saumaise, peut être pris pour χοιρίον ou χοῖριν.) On peut penser que ces voleurs et mystificateurs sont aussi des criminels puisque les immolations de porcelet sont prévues surtout en expiation d'un crime (Pollux, *Onom.*, VIII, 9, 104; Aristoph., *Schol. sur Acharn.*, 44; Pausanias, V, 16, 5). Mais on faisait les mêmes sacrifices pour les maladies mentales ou tout simplement dans les cérémonies en l'honneur de Dionysos ou de Déméter.

5. Héliodore a juré de battre le dieu sur son propre terrain et de lui faire plus de mal qu'il n'en a reçu en naissant sous le signe de Cronos. Ce qui lui importe maintenant c'est de tirer profit de son larcin.

6. C'est en Italie que l'événement est censé se passer, puisque le vol a lieu dans un temple de. Cronos dont on ne connaît pas de sanctuaire en terre grecque On relève dans l'épigramme le thème du premier inventeur :τίς ὁ πρῶτος; *qui le premier*, et un terme commercial εὑρεῖν τιμήν, *procurer de l'argent*, et qui suggèreront quement qu'on peut interpréter : *trouver de la reconnaissance.*

7. Ce πείρᾰσον de πειράζω, est à rapprocher du πείρᾰσας du fragment d'Eschyle cité par G. Cataudella, *R.E.G.*, LXXIX (1966), p. 44-45.

*Page 138.*

4. L. Robert a étudié cette épigramme (*Dans l'amphithéâtre et dans les jardins de Néron* C.R.A.I., 1968, p. 280 et suiv.). Ce n'est pas dans les jardins de Salluste — interprétation que Dübner avait donnée de ce jardin des Hesperides —, mais dans les fameux jardins impériaux qui entouraient la *Domus Aurea*, bâtie en 64 après l'incendie de Rome, que Lucillius situe ce vol, vol de *pommes d'or*, comme il convient, mais aussi crime de lèse-majesté : Néron est le Zeus de ces

jardins, Méniscos l'Héraclès. Et c'est un grand spectacle mythologique du cirque que le poète décrit : le coupable sera brûlé comme jadis Héraclès sur l'Oeta. On connaît par Tacite (*Annales*, XV, 44) les fameux supplices dont étaient punis ceux qui, tels les chrétiens, avaient affaire à la justice de ce prince, et le poète, comme ses contemporains, trouve le fait complètement normal : beau sujet d'épigramme !

5. L'épigramme semble entonner la louange de l'empereur Néron qui, le 4e jour avant les Kalendes de décembre de l'année 67 — anniversaire de la proclamation du consul Flaminius en 197 — accorda la liberté à toute la province de Grèce (Suét., *Néron*, 24, 5). On connaît par une stèle découverte par M. Holleaux en 1888 le discours qu'il prononça alors (Dittenberger, *Sylloge inscript. graec.*, II, 345). On pourrait donc croire que le δέσποτα Καῖσαρ fut Néron lui-même (L. Robert, *op. cit.*, p. 208).

Le vers suivant rappelle que le motif essentiel de ce voyage fut la volonté de l'empereur de se produire en public, comme citharède et comme acteur. Et c'est parce qu'il fut enchanté de l'accueil reçu qu'il « libéra » la Grèce une seconde fois. Il est vrai qu'il convoquait alors au théâtre toute la ville et que personne ne pouvait sortir avant la fin du spectacle (Suét., *ibid.*, 23, 3) !

6. La fin du pentamètre oppose à la louange initiale une attaque perfide : cet empereur était un baladin et de la pire espèce, un nouvel Hégélochos. On connaît ce personnage par Aristophane (*Gren.*, 303-341) comme un acteur à la prononciation trop appuyée et qui provoquait des lapsus risibles (voir encore Euripide, *Or.*, 279). Le distique suivant accentue la moquerie. On peut se demander si Lucillius aurait osé, comme Isidore le Cynique, se moquer ouvertement de son bienfaiteur. L'épigramme ne fut-elle pas composée deux ans plus tard, en 69? Le César serait Vespasien.

7. Nauplios avait provoqué la ruine des Grecs à leur retour d'Ilion en allumant pendant la nuit des feux qui trompèrent les navires : ils se brisèrent sur le cap Capharée en Eubée ou sur l'île de Myconos (Euripide, *Hélène*, 767; *A. P.*, IX, 289, 429). Ces malheurs étaient chantés dans un opéra auquel fait allusion Suétone (*ibid.*, 39, 5), et qui fut interprété par Néron.

8. Chez Virgile (*Én.*, IV, 462), le cri de la chouette est, pour Didon, un chant de mort; mais le νυκτικόραξ est plutôt la hulotte ou chat-huant.

9. Ce Démophile, *l'ami du peuple*, ne serait-ce pas encore une allusion à Néron? Nicarque imite souvent Lucillius.

*Page 139.*

5. Tisiphoné est l'une des Érinyes, la Vengeresse du meurtre, et cet épouvantail c'est sans doute le masque aux serpents dont la vue provoque la folie.

6. Cet ὅπλον devrait signifier l'armure d'Athena. Mais Lucillius ne mentionne qu'un seul attribut par divinité. F. Buffière songe à l'égide. Ce doit être le fameux bouclier à tête de Gorgone.

7. *Iliade*, IV, 1, etc. Opposition sarcastique entre la puissance divine et la misère du comédien qui joue le rôle des dieux.

*Page 140.*

4. Le verbe τήκω, qui peut être pris dans le sens de *pleurer à chaudes larmes*, a aussi le sens de *se soulager* ! Mais il ne semble pas que Lucillius ait aimé ce genre de plaisanterie. Avec son sens de *se putréfier* n'est-ce pas une cruelle allusion au supplicié qui se dessèche ou mieux encore se décompose sur la croix? C'est surtout la conséquence de toute envie : elle *dessèche* (XI, 193). Cette jalousie inattendue inciterait même Diôphon à jeter un mauvais sort sur son compagnon de supplice, si on retient le sens que L. Robert incite à donner à ἐγγὺς ἰδών.

*Page 141.*

2. On attendait ἀνέθηκε, *a offert*. Sans doute, les offrandes étaient-elles souvent suspendues aux murs des temples, en sorte que le mot ἐκρέμασεν a pris aussi ce sens. En fait, c'est la colère du chasseur revenu bredouille qui éclate; et cela s'oppose au début solennel, habituel à toute dédicace. C'est donc une parodie de l'épigramme votive dont Lucillius a emprunté et le style et les épithètes. Les Hamadryades, nymphes protectrices des arbres, naissaient avec eux et partageaient leur destinée.

*Page 142.*

3. Si κροταλίζω signifie *applaudir*, κρόταλον a ici le sens contraire : on chasse le mime de la scène; il fait l'unanimité dans la désapprobation.

4. Sur le chant de l'alouette opposé à celui du cygne, voir épigrammes V, 307; IX, 380.

5. D'après Hésiode (*Théog.*, 404-452) et les *Hymnes homériques* (*Démét.*, 24 et suiv.), Hécate n'a pas toujours été déesse de l'horreur; elle fut aussi déesse de la prospérité, de l'éloquence, accordant aux humains de multiples bienfaits. Mais comme fille des Titans et de la Nuit, elle est aussi une divinité des Enfers au corps monstrueux.

6. Pour le poète, cette Bito est la laideur personnifiée; elle est sage par force, mais dans son désir de se faire épouser, elle jure d'une vertu dont on ne peut douter. Qui aurait le courage...?

7. A lire cette épigramme on songe, comme chez Archiloque, à la vengeance d'un amant repoussé ou au sourire féroce d'un jeune homme qui ne peut se résoudre à épouser richesse et laideur. (Voir XI, 65). L'humour perce au dernier distique. Puisse mon ennemi avoir une telle femme : il n'aurait pas de descendance. Qui voudrait des enfants d'une telle mère? Ici encore l'épigramme semble donc davantage amusement que satire personnelle.

*Page 145.*

4. On a identifié ἀξίνη avec la *dolabre*; la forme courbe de ses fers peut, de toute évidence, suggérer la forme d'un long nez. Voir les études de H. Wuilleumier, *L'ascia* dans *Rev. Hist. Relig.*, 1944, p. 64-83; M. J. Carcopino, *Le mystère d'un symbole chrétien*, Paris, 1955; P. M. Duval dans *R.E.A.*, *Chronique gallo-romaine*, année 1963 et suiv.; L. Robert, *Des Carpathes à la propontide* dans *Studii Classice* IX (1967), p. 114. Mais la *dolabre* ne semble pas un instrument dont on se serve sur les chantiers navals. L'herminette paraît ici convenir davantage et certains documents permettent cette identification (P. M. Duval, *R.E.A.*, 58 (1966) p. 302).

5. Puisque τάφος signifie à la fois *stupeur* et *tombe*, n'y a-t-il pas un double sens donné à ἐτεθήπεα : *j'étais frappé de stupeur* et *j'étais dans la tombe?* Ainsi notre homme serait-il plutôt assommé que frappé de stupeur par ces lèvres « qui pèsent une livre », soit 327 grammes. L'orateur, que le lemme qualifie d'Égyptien, présente donc à la fois un mufle horrible, un appendice nasal énorme et une voix tonitruante.

6. Ὀπίσω, c'est par l'intermédiaire de l'esclave placé derrière son maître pendant le repas que se fait cette rafle. Le même Lucillius fait la même description dans les épigrammes XI, 11 et 207. Après avoir tout enlevé chez son hôte, Eutychidès ne songe même pas à l'inviter. Lucillius veut-il montrer le sans-gêne de certains « graeculi » envers les Latins?

*Page 146.*

2. De nouveau, comme dans l'épigramme 205, l'esclave de l'invité est présent pour recevoir les victuailles que son maître veut soustraire; mieux encore, il en remplit une cor-

beille, non pas celle où l'on jetait les restes des mets que l'on ne désirait pas manger, mais celle qu'il a apportée intentionnellement ! Et Lucillius de suggérer à ce Gamos au nom prédestiné de revenir le lendemain : il aura droit sans contestation à toutes les ordures ! Voir aussi XI, 11.

3. Sur ce thème Lucien ou Lucillius a composé l'épigramme 431. Pour ce parasite qui fut un coureur, Lucillius use normalement du langage du stade et le verbe πέταται rappelle les épigrammes des « petits » (XI, 91).

4. Comme le dit le lemme, cette épigramme est dirigée contre ceux qui veulent sans cesse accroître leur bien et s'emparer de celui de leurs voisins. Voir Horace, *Odes*, II, 18, 23 et suiv.

*Page 147.*

2. Ce vers présente des difficultés. Que craint le poltron? Le laurier de la victoire qui rappelle la lutte? Le bruit des armes, puisque Jacobs suggère θώρακα pour ἄνθρακα? Linnenkugel (*De Lucillio Tarrhaeo*, p. 48) pense que le soldat glisse dans son manteau des morceaux de charbon et de laurier qui, l'un et l'autre, on le sait par les proverbes, ont des qualités prophylactiques. Le verbe παραδύεται peut avoir le sens d'*enfoncer dans ses oreilles* et permet l'interprétation : *il se bouche les oreilles*; chez Lucien (*Dial. des courtisanes*, 12, I), construit avec ὑπό, il a le sens de *glisser* dans sa gorge; mais il signifie aussi *se cacher de quelqu'un*, d'où *se fourrer en un lieu*, si on en croit Saumaise; donc le soldat se terrerait, engoncé dans sa casaque couleur vert pomme qui déjà serait une sorte de camouflage. Mais λωμάτιον est un *hapax* qui rappelle λῶμα, garniture de tunique féminine, et suggère une longue tunique efféminée de couleur mode, peu convenable chez un militaire. 'Αποσφίγγειν c'est *comprimer*, *serrer étroitement*; se rapportant au même manteau, il donne l'idée de dissimulation, de peur; et faut-il attribuer à cette peur des conséquences plus physiques, comme cela est si fréquent chez Aristophane? Le verbe prendrait le sens de *retrousser le manteau*; c'est un genre de plaisanterie qui n'est pas habituel chez Lucillius.

En fait, il y a interversion des verbes : παραβύεται ... λωμάτια et ἄνθρακα... ἀποσφίγξας, le participe prenant le sens de *comprimer*, *écraser*. Aulus est un simple soldat d'opérette, vêtu à la dernière mode, mais sans aucun courage.

3. Cette peur du malheureux soldat est telle qu'il n'ose même pas fréquenter les compagnons au nom belliqueux comme Polémon, le *guerrier*, Stratoclidès, la *gloire de l'armée*, il préfère Lysimaque, *celui qui met un terme au combat* !

4. Le comble de la pusillanimité n'est-ce pas de prendre peur devant une peinture? Il s'agit d'une fresque comme on en voyait sur les murs de monuments publics, comme à la *Leschè* de Delphes (Pausanias, X, 25 et suiv.) et aussi chez les particuliers. Lucillius nous affirme que c'était chose fréquente que de représenter la scène décrite au chant XIII de l'*Iliade*. On a voulu voir, dans ce Calpurnius, Caius Calpurnius Pison (L. Herrmann, *op. cit.*, p. 22 et 31), alors que Lucillius peint simplement des types. Le comique sourd à chaque mot pour en arriver à l'hyperbole finale; la rançon est déjà conclue avec... la peinture, mais il a peine à se croire encore en vie!

5. Le premier vers est de Boissonade, l'épigramme présentant une lacune.

6. Soit que le charcutier se méprenne sur la beauté de son fils, soit que le peintre l'ait vu à sa manière, l'enfant est représenté avec une bouche en forme de museau. D'où l'allusion à Hécube, femme de Priam, qui, selon la légende, après avoir tué Polymestor, meurtrier de son fils Polydoros, fut changée en chienne.

*Page 148.*

3. Voir J. Grenier, *Anubis alexandrin et romain.*

4. Phaéton suggère le feu dont il fut foudroyé et Deucalion l'eau, puisqu'il préserva du déluge le genre humain. Voir épigramme XI, 131. On s'est demandé si ces œuvres dont parle Lucillius étaient celles d'un peintre ou d'un poète. Cette dernière hypothèse repose sur le fait que Martial (V, 53) a eu la même inspiration à propos d'un poète. Or, le lemmatiste et Planude ont classé la pièce parmi les *épigrammata pictoria.* Mais le caractère fictif de ce genre permet l'une et l'autre interprétation.

5. En usant du vocabulaire des éloges: ἄξιος τίνος, τιμήσομεν, ἄξιος ὄντως, le poète inflige un blâme que les trois premiers vers ne laissaient pas prévoir (L. Robert, *op. cit.*, p. 213). Par un chiasme final, les noms des deux œuvres se trouvent encadrées par le châtiment souhaité. Partout apparaît la recherche artistique et l'ironie.

6. L'homme n'a pas de chance contrairement à son nom « Bonne Fortune »! Incapable de rendre avec vérité ses modèles, il est aussi un mari trompé et, de ses vingt fils, pas un ne l'avoue pour père. Cette épigramme, la dernière de la série des peintres, est proche des poèmes εἰς ἀσελγεῖς; sans doute à cause de son double sens. Voir Martial, V, 53.

*Page 149.*

2. Dans l'amour grec, le rôle d'*éromène* était réservé à des jeunes gens de 12 à 17 ans, et celui d'*éraste* à des hommes de tous âges. Cet « amour grec » avait acquis droit de cité et était même considéré comme faisant partie de l'éducation de certaines classes sociales (voir R. Flacelière, *L'amour en Grèce*). Ce Cratippe pouvait normalement se présenter comme *éraste*, on disait alors λύκος. Mais Cratippe fait partie d'une troisième catégorie : c'est un παθικός, et à son âge, c'est inattendu et impardonnable. Sur le mot ἔριφος, voir XI, 51 et encore 36 et 326.

3. Lucillius a su donner à son épigramme un aspect nouveau : ce sont les racontars qu'on se passe de bouche à oreille avec satisfaction. Soudain, *ex abrupto*, le poète s'adresse directement au pédéraste; rien de lui ne l'étonne.

4. Cet inverti a essayé, en se mariant, d'échapper à l'accusation de mœurs spéciales. Il n'y réussit guère. Est-ce à dire que l'amour grec, à l'époque de Lucillius, avait perdu de sa popularité? On ne pourrait l'affirmer. Mais l'esprit ne manque pas au poète; tout son art consiste dans la reprise des mêmes mots, dans la place qu'il leur donne : φεύγων τὴν ὑπόνοιαν et τὴν ὑπόνοιαν ἔχων.

5. Ce Cratès est-il le philosophe cynique de Béotie dont parle Diogène Laërce (4, 23)? Certaines épigrammes peuvent le laisser penser (VII, 326; X, 104). Mais il y a d'autres Cratès et le même Diogène cite le Cilicien, Cratès de Mallos, contemporain d'Aristarque, qui vécut à Pergame.

6. Ces trois noms se retrouvent dans l'*Anthologie*. Mais on connaît divers poètes répondant au nom de Choerilos. Il ne semble pas que Cratès parle ici de ce Choerilos d'Iasos qui chanta Alexandre, ni de Choerilos d'Athènes, le tragique contemporain d'Eschyle, mais de Choerilos de Samos qui composa une épopée sur les guerres médiques. Antimaque de Claros (ou de Colophon) écrivit au v<sup>e</sup> siècle une *Thébaïde* et un poème érotico-mystique, la *Lydè*, qui lui valurent des éloges de Quintilien (*Instit. orat.* X, I, 53), et Platon, selon Héraclide de Pont, le préférait à Choerilos (Proclus, *Sur le Timée de Platon*, I, 90). Mais Callimaque, suivi par Catulle, le qualifie de παχύ et οὐ τορόν. Nicandre l'imite et aussi Antipater de Thessalonique (VII, 409). Euphorion de Chalcis composa au III<sup>e</sup> siècle des poèmes historiques sous forme de petites épopées, telles qu'on les supportait à l'école de Callimaque. Il se peut que cette critique reflète les discussions de l'École alexandrine et de celle de Pergone; mais c'est surtout

en fonction de leurs œuvres épiques que Cratès a fait ce choix, afin de répondre à la finale : « ce sont des homériques ». Cf. A. Barigazzi, *Mimnermo e Fileta, Antimaco e Cherilo nel proemio degli Aitia di Callimaco*, dans *Hermes*, 84 (1956), p. 162-182.

7. Sous ces expressions de critique littéraire se cachent des allusions. Avec Choerilos on insinue χοῖρον les parties sexuelles; διὰ στόματος se réfère à des pratiques honteuses reprises par les mots ποήματα κατάγλωσσα, les *caresses de la langue*. La leçon du manuscrit P, φίλιτρα pour φίλτρα ou φίλητρα, ce sont les *charmes*, *les amours*, *les poèmes d'amour*; mais ces mots évoquent aussi φιλ' ἦτρα, le *bas-ventre*. Ce sont probablement, introduites dans le texte, des gloses explicatives et la leçon primitive nous est donnée par Dobrée : φιλητᾶ. Ainsi se trouve cité un quatrième poète, Philétas de Cos, le père de l'alexandrinisme. Le poème peut donc se lire de deux manières, l'épithète finale suggérant les *cuisses*, μηρός. On ne peut donc affirmer que Cratès ait voulu attaquer Euphorion. N'est-ce pas plutôt pure jonglerie de mots?

*Page 150.*

3. Malgré la tradition manuscrite, nombreux sont les critiques qui attribuent ces vers à Nicarque. Le stylet est fait d'un roseau taillé qui sert à écrire et que le scribe porte souvent à la bouche. Le terme ici a un autre sens.

4. Le nom propre Χείλων suggère aussi les *lèvres* et forme un jeu de mots avec λείχων, lécheur. Le jeu de mots continue avec ἴσα et ἄνισα : toutes surfaces et tous sexes

*Page 151.*

3. Le dernier vers se trouve expliqué en XII, 210 τέρπων ἐξόπιθεν, πρόσθε δὲ τερπόμενος, et Lucillius use de ce même verbe σαλεύειν pour indiquer les séismes (XI, 83) ! Voir encore XI, 328. Ausone dans son épigramme 105 (ed. Peiper) imite Straton de la manière suivante :

> Falleris; extremis in singula crimina, et illum
> bis numeres medium, qui facit et patitur.

4. A un souhait habituel et bienveillant s'oppose une malédiction inattendue. Ici encore, c'est Martial (IX, 29, 11-12) qui semble imité par Ammien.

> Sit tibi terra leuis mollique tegaris arena,
> ne tua non possint ossa eruere canes.

*Page 153.*

3. Faut-il entendre Χρυσίον, *mon petit chéri* (Aristoph., *Lys.*, 930)?

4. Il semble bien qu'il s'agit d'une quittance de dette, le débiteur étant Phèdre et le peintre le créditeur. Rufus pense à l'œuvre d'art, Phèdre aux affaires; et il se révèle un faussaire habile et expérimenté, au détriment de Rufus qui réfléchit encore au choix de ses couleurs. On a voulu voir dans ce Phèdre le fabuliste (L. Herrmann, *op. cit.*, p. 13; *Phèdre et ses fables*, p. 133 et ss.)!

*Page 154.*

2. On soupçonne toutefois un jeu de mots; car Χίος signifie l'île de Chios, et non un Chiote, Χῖος. Χίος pourrait être pris dans le sens χῖος βόλος qui, au jeu d'osselets, est le coup défavorable en opposition à κῷος, le coup de chance (Aristophane, *Grenouilles*, 970). Donc, tous les Chiotes sont de méchantes gens et Proclès à la malchance d'être Chiote. Tout en suggérant les jeux de mots précédents, la leçon du ms. P que nous conservons signifie: « Tous méchants ces Chiotes, sauf Proclès. Mais Chios, c'est Proclès. Alors, lui aussi?... »

3. Les Ciliciens avaient mauvais renom : ils étaient pirates. C'est la même épigramme que la précédente, mais que Démodocos reprend avec son sens phocylidien, cette fois en l'appliquant à la Cilicie et à un asiatique, Cinyrès. Démodocos était donc fidèle à ce genre particulier, car Aristote dans sa *Morale à Nicomaque* (VIII, 8, 3) rapporte cet autre « dit » du même Démodocos : Μιλήσιοι ἀξύνετοι μὲν οὐκ εἰσίν, δρῶσι δ' οἵαπερ οἱ ἀξύνετοι.

4. On connaît l'imitation que fit Voltaire de ces vers en les retournant contre Fréron. Sur la mauvaise réputation des Cappadociens voir L. Robert, *Géographie et philologie* dans *Actes VIII*e *Congrès Ass. G. Budé*, p. 53-75.

*Page 155.*

5. Les trois exemples suivants sont davantage conformes au thème de l'épigramme, celui des mauvaises odeurs. Aux Lemniennes, en punition de leur impiété, Aphrodite conféra une odeur si insupportable que leurs maris les délaissèrent, ce qui les incita au massacre de tous les hommes de l'île (*Argon*, I, 609 et suiv.; G. Dumézil, *Le Crime des Lemniennes*). Les Harpyes étaient des êtres hybrides, mi-oiseaux, mi-femmes. Elles furent chargées par Hélios du supplice du roi de Thrace,

Phinée, auquel elles présentaient des aliments souillés de leurs excréments (*Argon.*, II, 285; 1089). Enfin, Philoctète, compagnon de la guerre de Troie, fut abandonné à Ténédos, après avoir été blessé par un serpent; sa blessure infectait tout le camp (*Il.*, II, 716 et suiv.; Sophocle, *Philoctète*). Martial a traité le même sujet, mais sans références mythologiques, IV, 4 et VI, 93.

6. Cette accumulation d'exemples n'est pas dans les habitudes de Lucillius; voir pourtant XI, 176. Mais l'expression παμψηφεὶ νικᾶν du v. 5 ramène au langage du stade qu'il affectionne; tout ce déploiement d'érudition pour caractériser la mauvaise odeur de Télésilla !

*Page 157.*

2. Ce *miliarium* romain est le chaudron appelé par les Grecs ἰπνολέβης. Au contraire, le βαύκαλις est un vase à long col qui conserve au vin sa fraîcheur (Athénée, 784 b). Bien que le nom d'Héliodore soit cité par Lucillius à plusieurs reprises (XI, 134, 137, 138, 183), le thème n'est pas de ceux qui plaisent à ce poète; et l'attribution à Nicarque faite par Planude semble plus vraisemblable.

*Page 158.*

2. Le poète donne la parole au malheureux pilote qui se plaint de l'incapacité de son navire à tenir la mer. Les images se succèdent : l'idée de pesanteur amène celle de naufrage et celle d'arbre entraîne celle des racines sous-marines. Cette pétrification du pilote est inspirée par l'épisode du navire des Phéaciens (*Od.*, XIII, 155 et suiv.) et la métamorphose en rocher évoque fatalement celle de Niobé, fille de Tantale.

3. Lucillius a cité ailleurs ce cuistre de Méliton (XI, 143, 3). Mais la surprise est totale : plus grave que le drame maritime, estime Lucillius, le fait d'être chanté par un tel « poète ».

4. Dans l'énumération des mers, faut-il lire avec la tradition Ἰστρικός, soit la côte nord de la mer Adriatique qui ne donne aucune impression d'immensité, ou corriger en Ἰσσικός? C'est alors la mer du golfe de Cilicie, en continuation de la mer Égée, célèbre par la victoire d'Alexandre. Cette dernière mention semble mieux répondre à la pensée du poète : Denys, le pilote, semble vouloir ravir la domination des mers en transformant son navire en source d'Océan. L'idée est la même qu'en XI, 245; mais le poète invente une superhyperbole. Voir encore l'épigramme XI, 332 de Nicarque qui s'inspire de Lucillius.

*Page 159.*

3. Μισητός signifie haï, odieux, débauché. Mais on retrouve ce terme chez Hésychius et Photius avec le sens de : insatiable, goinfre.

*Page 161.*

4. Capanée était l'un des sept chefs contre Thèbes. Malgré sa taille gigantesque qui l'incitait à s'opposer aux dieux, il fut foudroyé par Zeus au moment où il escaladait les murailles de Thèbes. C'est à ce moment qu'il fallait tomber : notre homme le fait trop tôt.

5. Canacé, fille d'Éole, fut surprise en inceste avec son frère Macarée, d'autres disent que son amant fut Poséidon. Éole lui envoya une épée pour se tuer. C'était sans doute le thème de la tragédie d'Euripide, *Éole*. La finale comporte, de la part du poète, un souhait cruel et ironique : il fallait te tuer, une fois pour toutes, et nous débarrasser de ta personne ! Voir Ovide, *Héroïdes*, XI, 94.

6. L. Robert (*op. cit.*, p. 209) fait remarquer que cette critique Lucillius n'a pu l'émettre qu'après la chute de Néron; l'empereur accompagnait sur la cithare les danses de Niobé et ces allusions répétées n'auraient pu que le blesser. (XI, 185).

7. C'est encore au manque de souplesse du danseur que s'en prend le poète. Ces épigrammes nous renseignent sur les arguments traditionnels des danses antiques. Cf. Lucien, *De la danse*, 41. Daphné, fille du Lodon ou du Pénée, échappa à son poursuivant, Apollon, et fut métamorphosée en laurier. Mais puisque ces épigrammes de Lucillius ont été imitées par Palladas et, plus tard par Ausone (*Epigr.* 84 Peiper), il est évident que c'était une plaisanterie traditionnelle, et que Niobé était l'exemple par excellence de l'absence de mouvement (Aristoph., *Grenouilles*, 911-913; 920).

*Page 162.*

4. Cette épigramme qui devrait se trouver dans le groupe des athlètes (XI, 75-86) semble reprendre le thème des mutilations. L. Robert (*op. cit.* p. 227 et suiv.) en renouvelle l'interprétation. Après la formule solennelle de la dédicace à Zeus, le dieu d'Olympie, on croit à l'offrande d'un petit casque votif, κράνιον; cela n'a déjà pas grand sens pour un boxeur ! Mais le pentamètre suivant montre que c'est son propre crâne qu'il offre, et il a dû en recueillir les os épars !

Le deuxième distique est un vœu : s'il revient vivant, et c'est de nouveau la référence à une formule agonistique — la victoire ou la mort — ce sont ses vertèbres ou ce qu'il en restera, qu'il offrira. Le sous-entendu est plus mordant encore; le même mot signifie *osselet* et c'est un jeu ou une offrande qui convient à une femme ou à des enfants, non à un boxeur !

*Page 163.*

2. Le jeu de mots est intraduisible puisqu'il porte sur βουλεύειν/δουλεύειν, être bouleute (ou sénateur) et être esclave. Sans doute s'agit-il d'un ancien esclave affranchi, devenu sénateur. On retrouve le même genre de plaisanterie dans une épigramme également anonyme, XI, 337, que Franke et Zerwes attribuent, comme la présente, à Palladas.

3. A une apparence vertueuse, le poète oppose les vices solitaires ou l'homosexualité de celui qui ne fraie pas avec ceux de son âge. Cette épigramme est attribuée à Palladas par divers critiques. Voir encore XI, 197 et 329.

*Page 164.*

2. Ménandre est encore le comique goûté au ɪvᵉ siècle après J.-C. à Alexandrie. Mais le reproche qu'il fait à l'acteur c'est de lui porter préjudice en récitant mal ses vers, κακῶς λέγειν ayant à la fois le sens de *médire* et de *dire mal.*

3. Le groupe des épigrammes sur l'avarice était classé en 165-173 et on retrouve le même hémistiche du pentamètre en XI, 90, 91 et 111.

4. Ce Gaius est-il un lâche ou simplement un petit homme? Le lemme comme l'allusion aux Pygmées, chasseurs de grues (Aristote, *Hist. des animaux*, VIII, 12, 3), prouvent que cette épigramme déclassée est à rapprocher plutôt des « petits » (XI, 88-111 ; voir encore XI, 369). Le mot φοβοῦ auquel répond, au début du distique suivant, ἀρετῆς, indiquerait-il les réactions que provoquait dans le peuple l'appel sous les enseignes des légions?

*Page 166.*

2. Ce roi est l'empereur Anastase qui, au vɪᵉ siècle, avait, rétabli les finances de l'empire non sans provoquer des mécontentements. L'émeute éclata lorsqu'il se montra favorable à la cause des Monophysites. Cette statue, dit le lemme, fut élevée sur l'Euripe, la *spina* de l'hippodrome de Constanti-

nople, et elle fut de fer pour ironiser sur l'avarice du prince. N'est-ce pas plutôt une inscription parodique pour le monument évoqué dans l'épigramme suivante ou dans *A.Pl.*, 70 et 71?

*Page 167.*

2. Pour flageller les invertis, l'auteur s'est servi de l'hexamètre épique; d'où l'usage de formes comme γεγάασιν, ἔασιν, ἔλλαχον. Voir dans Lucien (*Amours*, 21) les arguments qui condamnent la pédérastie.

3. Planude attribue ces vers à Palladas. La leçon des autres manuscrits donne un sens plus violent : « ton physique est la projection extérieure de ton âme ».

4. Le début de l'épigramme est homérique (*Od.*, XV, 263; XXIV, 114). Hermès était né sur le mont Cyllène, en Arcadie, et la nymphe Cylléné l'y aurait élevé. C'est à l'Hermès psychagogue que s'adresse Lucien, et il est piquant de penser que ce Lollianus éprouve le besoin, même dans la mort, d'instruire un dieu ! Ce rhéteur vécut sous Hadrien; c'est donc un contemporain de Lucien et Philostrate a écrit sa vie (*Vie des sophistes*, I, 23).

*Page 168.*

3. De ce distique, Eustathe ne cite que le second vers, où le mot αἴτιος est pris dans le sens de *responsable*; c'était donc une remarque de grammairien dans un commentaire de Callimaque et qui n'avait aucun lien avec le premier vers. Voir *A. P.*, VII, 41-42. Mais la remarque finale est faite de manière inattendue.

4. Le comble de la paresse n'est-ce pas d'avouer un crime que l'on n'a pas commis, pour ne pas se donner la peine de bouger?

5. S'il ne s'agissait d'un paresseux, on pourrait croire qu'il se leva !

*Page 169.*

3. Les grammairiens s'appliquaient essentiellement au commentaire des œuvres épiques qui, à l'imitation des premiers vers de l'*Iliade*, ne parlent que de colère et de rancune. En définitive, c'est la plaisanterie traditionnelle sur l'humeur acariâtre des maîtres.

4. Κατατέμνει signifie *tuer*, mais aussi *découper*; c'est déjà une transposition de termes : le poète songe à l'œuvre du

chirurgien, et le mot κατατέμνει entraîne le κατάγει. Rien ne permet d'identifier ces deux personnages vers les IVe et Ve siècles.

*Page 170.*

2. Le lemme de Planude indique que τοὺς ἐπὶ προσδοκίῃ ζῶντας ἀεὶ θανάτου, ce sont les malades incurables. Comme cette épigramme semble faire suite à la précédente et que les philologues sont d'accord pour les attribuer toutes deux au même auteur (Planude à Lucillius, Franke, Zerwas et Linnenkugel à Palladas), on peut penser qu'il s'agit de ceux dont les médecins prolongent la vie au-delà de leurs désirs ou, mieux encore, de tous les hommes : ne sont-ils pas des morts en sursis? Voir X, 59 du même Palladas.

3. On a voulu voir une confirmation de cette attribution à Palladas dans la mention, ici et dans l'épigramme suivante, de Chalcis, la ville natale de ce poète qui vécut à Alexandrie.

*Page 171.*

2. Si ce préfet Damonicos est présenté comme un voleur et un hypocrite dans l'épigramme précédente, celle-ci renseigne sur son origine : c'est un Africain de cette terre de l'oubli; c'est aussi un malhonnête homme comme Lycaon, le héros arcadien, représenté tantôt comme le pieux ancêtre de tous les héros éponymes du Péloponèse, tantôt comme l'homme sans foi ni loi; et Chalcis avait une fâcheuse renommée d'avarice.

3. On a préféré donner la traduction qui puisse servir de couverture à de nombreux sous-entendus; dans l'intention de l'auteur, ils donnaient au distique sa véritable signification. Les doubles-sens font du personnage un débauché. Le Chalcidien était considéré comme l'homme adonné à la pédérastie; de ce vice Damonicos est passé à un autre que le mot ἀντιοχευόμενος signifie doublement : c'est une allusion aux mœurs particulières des habitants d'Antioche et ἀντί-οχεύω peut signifier *saillir par derrière*. (Voir de même l'épigramme VII, 238, 4 : ἀντιπεραινόμενοι). Ainsi Λυκάων prend son sens total de *rapace*, *débauché*, et suggère λύκος (XI, 216), tandis que ὄρχαμος peut ainsi suggérer ὄρχις, ὄχευμα, ὀχευτής (épigramme XI, 318, 5). On peut se demander si l'*hapax* ἀντιοχευόμενος qui suggère ἀντιοχούμενος, ne donne pas comme premier sens : « voilà l'homme que de Chalcis on nous charrie jusqu'ici » pour signifier : « d'homme de Chalcis, il est devenu citoyen d'Antioche. »

4. Cette troisième épigramme ne fait que développer le second vers de l'épigramme 283 ῥεύματα σῶν παθέων. Le voleur est aussi un homme qui ne parle que de pureté, alors qu'il est hypocrite et débauché; et de la pureté morale, Palladas passe à la pureté physique : il est crasseux comme beaucoup d'avares. Il porte sa lèpre sur sa personne. L. Robert a montré dans l'emploi des mots ἁγνός et καθαρός une parodie de termes qui, dans les actes officiels, servaient à indiquer l'intégrité des hauts magistrats; voir XI, 292 et *Hellenica*, IV, p. 39-40.

5. Ces premiers trimètres iambiques sont un emprunt à Ménandre de ces vers passés en proverbes. Voir *Sentences* 133 et 413. Le péril que comporte la propriété d'un bel esclave amène le poète à exprimer un souhait absurde qui enlèverait tout intérêt et toute utilité à sa possession. Mais l'infirme aurait peut-être de la sympathie pour le maître qui le conserverait; il n'aurait surtout aucune possibilité de s'enfuir ou de nuire.

*Page 172.*

3. On attendrait des mots comme ῥοῦς *écoulement*, φυγή *fuite*, l'auteur dit ἁρπαγή *rapt*, qui répond à l'impression tant de frustration que de vol de la part de l'usurier.

4. Il y a deux moments bien marqués dans l'acte du compable : γλύφων, il inscrit dans la cire le total de ses calculs, et σφίγγων, il calcule sur les doigts en les serrant les uns après les autres. Peut-être Palladas se souvient-il de Philodème qui emploie dans l'épigramme IX, 570, le mot τοκογλύφος.

6. La mort surprend l'avare dans ce geste de comptable et la main droite se referme, rigide, sur les doigts de la main gauche, *sur ses intérêts* transpose le poète.

7. F. Buffière apporte de cette δακτυλικὴ ψῆφος une solution satisfaisante : c'est, opposés aux comptes effectués sur les doigts, ceux qui se faisaient sur des tablettes de cire, mieux encore sur des abaques ou bouliers (Daremb.- Saglio, I, 1 et 425). Le mot ψῆφος prend le sens de *boule* et l'ensemble constitue déjà notre machine à calculer que l'on manœuvre, περιέχειν, avec les doigts des deux mains. Tout le sel de l'épigramme vient du jeu de mots autour de ψῆφος, *compte*, *note*, *décision*.

*Page 174.*

4. Il s'agit bien, conformément au lemme, d'une protestation contre le donateur d'un vin aigre et indigne du dieu. Il convient donc de remplacer le lierre dionysiaque par des

feuilles de laitue : ce vin ne peut servir qu'à assaisonner la salade ! Cette allusion champêtre s'oppose à la forme épique ἐνὶ μεγάροισι τεοῖσι (*Od.*, I, 295; XI, 119) et les deux vers comportent un tribraque, ce qui se produit aussi dans l'hexamètre homérique.

*Page 175.*

4. Si Ἄσσιος n'est pas lié à ὅλμος, il marque le dédain : que peut produire cette lointaine Mysie? Le mot ὅλμος, probablement suggéré par le jeu de mots ὅλμος ἄτολμος, indique toute espèce de pierre cylindrique. N'est-ce pas la meule? Assos, terre à blé selon Strabon (XV, 735), suggère le moulin, et Plutarque (830 D) parle de l'énergie de cet homme qui, « après la meule et le pétrin, écrivait d'une main qui venait de pétrir et de moudre, sur les dieux, etc. ». Mais Timon, qui attaqua tous les philosophes, veut plutôt insister encore sur le manque de finesse, la stupidité de Cléanthe.

5. Dialogue d'ivrognes en vers épiques. Le piquant, c'est que l'enfant est à peine sevré. L'expression finale παύεο δίψαν est surprenante : on attendait παύεο διψῆς ou le participe διψῶν. L'hexamètre final est spondaïque; Planude et Jacobs ont tenté de le corriger, inutilement.

*Page 176.*

2. Le mot ἀντικρατέω est un *hapax*. Au sens de κρατέω, *se rendre maître*, *maîtriser*, il ajoute l'idée de substitution et d'opposition. On pourrait arriver au sens de *dépouiller*, *renoncer* : « renonce à cette pénible habitude d'agir en marâtre ». Enfin ἀφύσσειν, c'est bien *transvaser* et le mot ici a toute sa valeur !

3. Ces deux distiques constituent deux interprétations diverses du même geste de l'enfant. Ici τυτθόν a un sens adverbial en dépendance de τι, et suggère τιτθόν, le sein que l'enfant avait encore l'habitude de sucer !

4. N'est-ce pas une reprise de l'épigramme sur la φθόνος, XI, 193? Voir encore Démocrite, *fragm.* 30 Mullach.

5. C'est reprendre le conseil de Platon (*Phédon*, 62c). N'était cette exhortation au silence, on serait tenté de donner à μελετᾶν le sens qui convient à un bavard, *s'exercer à la déclamation* (voir *Epigramme* 145) : *déclame ta mort* ! Ces deux épigrammes, comme les suivantes, paraissent déplacées parmi les σκωπτικά : il faut donc admettre le jeu de mots.

*Page 177.*

3. Hésiode avait dit également (*Travaux*, 717) : « Ne va jamais jusqu'à faire opprobre à un homme de la pauvreté maudite qui consume l'âme : elle est un don des dieux toujours vivants ».

*Page 179.*

3. Antiphanès et Philippe avaient déjà constaté avant Lucillius que l'avare en sa richesse vivait dans la pauvreté (XI, 166-168-173). A cette consolation à un usurier soudain réduit à la pauvreté, Pollien, trois siècles plus tard, ajoutera la constatation que son bien est amassé non pour lui, mais pour ses héritiers (XI, 167).

*Page 181.*

4. On trouve mention de la même cleptomanie chez Martial, XII, 28. Le mot τύλη, *coussin* des porteurs de fardeaux, est pris dans le sens de *matelas* par Ammien (XI, 14).

*Page 182.*

3. La riposte de Milon est très nette; il est toujours τριακτήρ : il n'a pas été renversé trois fois (voir XI, 84 : πεντετριαζόμενος) et n'a été au sol, κεῖσθαι, qu'une seule fois; il pourrait ajouter : et jamais sur le dos !

4. Le mot ἀντίσπαστον peut signifier *qui tire en sens contraire*, ce qui est caractéristique de l'âne; mais la note de Planude rappelle aussi le sens de *boiteux*, ou plutôt *hésitant*. C'est aussi le nom par lequel les métriciens de basse époque désignaient le dimètre formé, croyaient-ils, d'un iambe et d'un trochée ᴗ--ᴗ (Planude dit ---ᴗ), donc de mesures contraires et boiteuses. On l'appelait aussi ὑστάτιον πρότερον à rapprocher de la figure de style *hysteron proteron* ou renversement d'expression; elle est bien rendue par le verbe ἀνακάμπτειν. Ainsi le premier mot de l'épigramme prépare le final. Tout cela est bien digne d'un professeur de grammaire.

5. Palladas use encore de termes opposés : à un terme de marine, ὅρμον, il unit ὁδοιπορίη, le transit terrestre; en fait les bagages demeurent sur place.

6. Ce troisième vers est fait de consonances identiques, difficiles à rendre en français. C'est dans le langage populaire qu'on trouve des équivalents : *rosse* pour *âne*, *rossard* pour rendre πόνος, la *fatigue*, et *cossard* pour ὄκνος, la *paresse*; quant à ὄνειρον il rappelle le premier terme ὄνον.

*Page 183.*

3. Le sens de l'épigramme est inattendu et les deux premiers distiques ne faisaient que préparer la surprise. Le mot ὀχευτής rappelle ὄρχις, ὄχευμα, c'est *l'étalon*, le *mâle*, le « *coureur* »; avec l'adjectif μωρός, *fou*, *insensé*, mais aussi *impur*, il se rapporte au bélier; Διδυμοί, les Gémeaux, suggèrent aussi les *testicules*; avec μαλακός *efféminé*, est-ce bien l'*inverti*? Quant à ὀψοφάγος, préféré à ἰχθυοφάγος, sans doute pour des raisons de métrique, c'est l'amateur de bonne chère, un gourmand; à moins que ces poissons, liés à Aphrodite, ne fassent penser aux voluptueux.

4. Qu'il s'agit du droit de cité à Athènes, tout le prouve. Ce droit était accordé aux gros importateurs, et on leur conférait même le titre de « fondateurs » de la ville, ce qui explique les mentions des plus anciens ancêtres d'Athènes (celle de Triptolème est amenée par l'offrande d'un porc habituelle dans les purifications à Éleusis). Encore fallait-il trouver un généalogiste qui forgeât un nouvel état-civil, c'est l'ὑφηγητήρ. Mais faut-il croire qu'au Iᵉʳ siècle ap. J.-C. on vendait ce droit à vil prix à tout venant, et que les prétendants se recrutaient même parmi le peuple : paysans, charbonniers, etc.? La parodie est apparente.

L'abus de ce genre de transactions provoqua un décret d'Auguste les interdisant, du moins momentanément. C'est donc plutôt à Automédon qu'à Lucillius — comme le veulent Sakolowski et Franke — qu'il convient d'attribuer cette épigramme.

5. L. Robert suggère qu'Automédon, comme son contemporain Lucillius, se réfère au thème du nouveau héros : second Triptolème, nouveau Cécrops (*op. cit.*, p. 265).

*Page 184.*

3. Mômos était la raillerie, enfant de la Nuit, selon Hésiode, (*Théog.*, 214). Ne lisait-on pas dans la *Réponse aux Telchines*, où Callimaque définit son art contre ses détracteurs, βασκανίης ὀλοὸν γένος (v. 27), *funestes enfants de la mauvaise envie?* Philippe a dû s'en inspirer.

4. Par le mot σῆτες l'épigrammatiste compare les grammairiens aux vers destructeurs des œuvres antiques (voir XI, 78); mais ces vers s'attaquent ici aux *épines*, ἄκανθα, c'est-à-dire aux difficultés du texte. Callimaque avait usé de l'expression φῦλον ἀκανθές (*Réponse*, v. 7), *race épineuse.* Voir encore l'épigramme XI, 322 d'Antiphanès; σῆτες ἀκανθοβάται, *vers qui courez sur les épines.*

5. Ces Telchines sont des démons qui furent néfastes à l'île de Rhodes. Ce sont peut-être, dans l'esprit de Callimaque, les disciples d'Apollonius. Ils deviennent les *démons* des livres, les *chicaneurs*.

6. Au talent de Zénodote et de Callimaque l'auteur oppose la sottise de ceux qui veulent les imiter et n'aboutissent qu'à de vaines recherches. Philippe, auteur, sous le règne de Tibère, de la deuxième *Anthologie*, composera une autre épigramme contre ces mêmes adversaires (XI, 347). Voir également XI, 138, 322, 399; et Athénée, V, 222*c*.

7. Ce mot désigne l'agacement produit par une ritournelle, tel le roucoulement des colombes.

8. Cette épigramme faisait également partie de l'*Anthologie* de Philippe. De même expression que la précédente, elle peut l'avoir inspirée. N'est-ce pas l'époque à laquelle Denys d'Halicarnasse et l'auteur du *Traité du Sublime* constatent un renouveau de sincérité dans la littérature? Comme dans l'épigr. 321, mais avec moins de nuances, Callimaque apparaît comme l'autorité suprême des grammairiens, plus attachés à glorifier de petites œuvres comme celles d'Erinna qui vécut probablement vers 350, que les grandes œuvres immortelles. Sur Erinna, voir *A. P.* VII, 11-13, 713 et IX, 190.

9. Παισί peut désigner les enfants qui s'appliquent à l'étude des grands poètes traditionnels et non des poètes de l'École d'Alexandrie; ce sont aussi les jeunes poètes qui ne trouvent de profonde inspiration que dans les véritables chefs-d'œuvre.

*Page 185.*

2. La tradition semble connaître deux leçons de sens identiques, κολάκων διορίζει et κόλακάς τε διιστᾶ, la seconde conservant, comme au vers 4, κόρακας κόλακας en opposition.

3. Lors d'une conversation avec un de ses fidèles Apollon se plaint de la rapacité du sacristain qui dessert son sanctuaire. Ἄρας, qui indique normalement le geste d'élever les dons pour les offrir à la divinité (*Il.*, X, 465), caractérise ici le dénuement dont le dieu est victime; c'est le fait du νεωκόρος. Heureusement, les dieux ne se nourrissent pas seulement de la fumée et de l'odeur des victimes : ils ont l'ambroisie. L'épigramme s'inspire évidemment des *Oiseaux* d'Aristophane (v. 948 et ss.).

4. Faut-il rapprocher l'ἄκνισος de l'ἄθυτος de l'inscription lydienne que citent P. Herrmann et L. Robert (*Bull. épigr.* dans *R.E.G.*, 73 (1970), nº 511)? Arrius mange la viande sans l'avoir d'abord offerte en sacrifice, donc sans avoir donné sa part au dieu.

5. Il y a une différence entre la *couleur verte*, χλωρός, et μήλινος, *couleur de coing*. C'est le chou jaunissant et dur. Voir XI, 210.

*Page 186.*

2. Sur le pluriel νεμέσεις, voir XI, 216.

3. Si le nom de Λυκαινίς signifie *petite louve* maigre et efflanquée, le même nom est employé, sans allusion aucune, par Callimaque (VI, 146) et Méléagre (V, 187). Ces vers ne sont-ils pas imités d'une épode d'Horace inspirée d'Archiloque (VIII, 5) et qui donne une description plus poussée de la laideur féminine.

4. Les chevriers, dit-on, n'hésitaient pas dans leur ivresse à s'accoupler avec leurs bêtes.

5. L'interjection γοΐ qui ne se trouve qu'en ce texte est regardée comme l'onomatopée du grognement porcin (κοΐ d'Aristophane, *Acharn.*, 780) ou l'interjection de l'horreur. L'allusion aux épouses — Gow dit les concubines — des Sidoniens, suivant la tradition du *Palatinus*, n'a pas d'explication. Hillscher a corrigé en Sithoniens; ce serait un peuple de Thrace que les Grecs considéraient comme des sauvages, à moins qu'il ne s'agisse d'un dicton.

6. Cette τριπορνεία, dont on a d'autres exemples (V, 49; XI, 225), commence par une parodie du partage du monde entre Poseidon, Hadès et Zeus représentés ici par l'auteur, Hermogénès et Cléobule. Si le sujet nous paraît scabreux, il ne devait pas être sans intérêt à une époque où ce thème était populaire. Il était relevé par des emprunts homériques qui lui confèrent un certain sel. Ἤγομεν εἰς κοινὴν κύπριν est à rapprocher de εἰς ἔρωτα ἐλθεῖν ou εἰς τὴν ἀρετὴν ἄγειν (Platon, *Rép.*, 547b).

7. *Il.*, XV, 190; dans XI, 220, on lit : mer saumâtre. Il s'agit ici des relations normales.

8. *Od.*, X, 512 et aussi *Il.*, XV, 191.

*Page 187.*

6. On a recherché divers sens à ce vers; cf. E. Degani, dans *Philolog.*, CVII (1963), p. 151 et suiv. Il semble que ἐν Φοινίκῃ peut signifier φοινικίζων, à la manière sensuelle et contre-nature des Phéniciens, tout en suggérant : *tu dors dans la pourpre.*

7. Dionysos, fils de Sémélé et de Zeus, naquit avant terme et son père l'enferma dans sa cuisse jusqu'à sa seconde naissance : il fut donc μηροτραφής. Le mot est pris ici dans un autre sens et ce sont ces mœurs dont l'*Anthologie* présente de nombreux exemples (XI, 73, 108, 218).

8. Cette épigramme est attribuée à Nicarque par le *codex* P. Mais Linnenkugel veut qu'elle soit de Lucillius; Sakolowski et Stadtmüller la font remonter à Nicias, soit au ɪvᵉ siècle. Elle aurait, dans ce cas, été intégrée dans la *Couronne* de Méléagre où Nicias figurait sous l'emblème de la menthe.

9. L'âne servait dans les régions escarpées et les conducteurs s'agrippaient de fait à sa queue pour gravir les sentiers.

10. Ganymède fut aimé de Zeus et enlevé jusque dans l'Olympe. Mouvement ascendant de la scène populaire et réaliste à la manière de Théocrite jusqu'à la plaisanterie fine et souriante.

*Page 188.*

4. Τὸ πέραν peut signifier l'au-delà, la mort; ici c'est *l'autre rive*; la mer va de part et d'autre d'un continent à l'autre. Sur un sujet identique, voir Lucillius, XI, 247.

5. Ce Rhodon est évidemment davantage un voleur qu'un médecin. Voir Martial IX, 96.

*Page 189.*

2. Le détail de cette épigramme n'a pas été compris. La balance, romaine naturellement, est suspendue à un anneau : d'une part le fléau en équilibre sur son couteau, de l'autre côté le crochet ou le plateau où se trouve l'objet. Sur le fléau glisse le poids qui, ici, a déjà mis un équilibre la peste ! Le poète n'en parle pas, mais il dit ἐκ κανόνος et non κανόνι : la mesure se fait non pas avec la balance, mais en partant de la pesée déjà réalisée. C'est alors le tour de Damagoras : l'équilibre est rompu, il entraîne le crochet vers le bas ! On ne sait quel est ce personnage plus dangereux que la peste. Un médecin? Voir Daremb.-Saglio, III, 1227-1230.

3. Il s'agit de Κυναίγειρος, frère d'Eschyle, dont parle Hérodote (VI, 114) : « il eut la main tranchée d'un coup de hache alors qu'il saisissait un vaisseau » à la bataille de Marathon. Voir aussi *A.Pl.*, 117. Mais les copistes des meilleurs manuscrits de l'historien orthographient Κυναι au lieu de Κυνε : beau sujet de dispute ! Le poète répète intentionnellement l'erreur qui, métriquement, est nécessaire au vers : -υυ-υυ (et non -υ--υ).

4. Si on veut identifier Carinus et Marc-Aurèle Carinus (283-285) qui, vainqueur de Dioclétien, mourut peu après, on ne voit pas de quelle expédition asiatique il peut s'agir. Les Anciens ne s'engageaient pas sur mer après le mois d'octobre, les traversées étant dangereuses. Or, ici, le voyage se situe vers la fin décembre lors du coucher des « Chevreaux »,

le 22 décembre. Adrastée se confond avec Némésis : c'est l'inévitable justice des dieux qui punit l'ὕβρις des humains. En l'occurrence, les dieux demeurent insensibles devant celui qui se moque et des hommes et des coutumes.

*Page 192.*

3. C'est un banquier qui, installé à son comptoir de l'agora comme un parasite à un festin (τραπέζῃ a les deux sens), a vidé la caisse, tout en continuant à utiliser l'argent de ses victimes. Sa banqueroute est proche, malgré les promesses de remboursement, et il vaut mieux quitter Cyzique de Propontide pour Samothrace, sans doute plus accueillante. Les mystères de Samothrace prémunissaient contre tout naufrage : c'est le lieu de retraite idéal pour un banqueroutier !

4. Le vers 7 est une parodie de l'*Odyssée*, IX, 39, et cette allusion à Cyzique semble justifier l'attribution à Automédon qui était citoyen de cette ville. Le dernier vers peut laisser croire à un certain mépris pour ces insulaires.

*Page 193.*

2. Aristarque (215-143) fut justement un des continuateurs et successeurs de Callimaque à la Bibliothèque d'Alexandrie, après Apollonius de Rhodes, Aristophane de Byzance et Apollonius le Stylographe. La critique de Philippe est injuste, car Aristarque ne fut pas simplement un érudit, mais un philologue humaniste. L'auteur prend le contre-pied des travaux savants : la critique n'a fait que trop de tort à la beauté. Voir épigrammes 321, 322, 399.

3. Protée fut un dieu de la mer. C'est un roi de Memphis chez Hérodote, de Pharos chez Euripide. La légende ne parle pas de son père.

4. Ce Pygmalion n'est pas le roi de Tyr, frère de Didon, connu par Virgile, mais le roi de Chypre, amoureux d'une statue. Sans doute Philippe fait-il allusion à des poèmes qui, comme les *Aitia* ou les *Iambes*, recherchaient les origines d'épisodes mythologiques rares.

5. En définitive, c'est bien plus aux faux disciples des Alexandrins que s'en prend le poète, aux *ultra-Callimaque* que sont les grammairiens de son temps. Voir A.S.F. Gow et D.L. Page, *The Garland of Philippe*, II, p. 363.

6. Doit-on croire que ce poème d'Antiphanès de Macédoine fut écrit en Égypte où le crocodile était le signe du Droit? Aussi bien, utilise-t-il la même source qu'Ésope, *Fab.*, 45, et Cicéron, *Pour Roscius*, 25.

*Page 194.*

5. A l'époque du terme, le propriétaire ne reconnaît plus ce locataire qu'il avait cru paisible.

6. La fin de ce vers est d'inspiration homérique : *Od.*, II, 262. C'est la question posée par Télémaque à Athéna déguisée en Mentor. On conçoit l'ironie.

7. Hésychius indique que ψύττα est une onomatopée marquant la rapidité.

*Page 195.*

4. Aristoxène était le grand théoricien de la musique. Il était né à Tarente au ɪᴠ[e] siècle et fut un brillant disciple d'Aristote.

*Page 196.*

3. Si le nom d'Hermolycos suggère que son père s'était uni à une louve, de ce nouvel accouplement la descendance est logique : ce sont des hommes-singes, qui participent à la fois de leur père et de leur aïeul, leur nom en fait foi.

4. Le quatrain suivant traite d'un autre cas : les enfants de Léda et d'Hermione ne participent par leur nom ni du cygne, ni du corbeau. Si de l'union de Léda et du Zeus-cygne est née la beauté avec Hélène, et les astres brillants des Dioscures, le profil de corbeau des enfants d'Hermione provoque l'idée d'une union avec cet oiseau.

5. Le nom d'Hermione entraîne celui d'Hermès, et la laideur, le teint noirâtre, l'allure funèbre de ses enfants font songer à l'Hermès psychopompe qu'accompagne le triste troupeau — ἑρμαγέλην — des fantômes de l'Erèbe.

6. Ce Nicostrate est mentionné par Simplicius au ᴠɪ[e] siècle après J.-C. dans ses *Commentaires* sur Aristote : c'est l'époque où vécut Agathias. Cameron n'est pas d'accord sur cette identification qui semble pourtant justifiée (*op. cit.*, p. 12).

*Page 197.*

2. Palladas a repris longuement ce même thème (XI, 305). Voir aussi Martial, III, 79.

3. *Il.*, III, 108 : αἰεὶ δ' ὁπλοτέρων ἀνδρῶν φρένες ἠερέθονται. Ce distique semble un hommage rendu à la sagesse d'un jeune inconnu.

*Page 199.*

4. Le verbe συλλαβών peut laisser supposer qu'Hermanoubis s'est adjoint deux complices pour ses méfaits. Mais puisque cet Hermanoubis est devenu chien de garde, il faut comprendre

qu'il met en état d'arrestation ces voleurs de bijoux. Conversion ou crainte de concurrence? On ne sait : l'épigrammatiste ne s'intéresse plus qu'à décrire ces deux larrons.

5. Les explications que l'on donne de ce vers ne semblent pas satisfaisantes : « froids, laids, démons du Tartare ». Il semble que ἀώρος doive être pris au sens littéral de « prématuré »; avant d'aller au Tartare, ces deux hommes ont déjà le type qui convient; ψυχρός peut être dit du Tartare, quoique pour Homère et Hésiode il soit ἠερόεις; on peut l'attribuer à l'insensibilité des voleurs : démons cruels et, bien avant l'heure, voués au Tartare.

6. Dübner séparait ce distique final des quatre premiers vers. Mais on peut suivre la tradition. Ce n'est pas parce qu'ils venaient du Tartare que ces adjoints d'Hermanoubis étaient de tels bandits; c'est leur caractère qui révèle le lieu qui leur convient : les grands criminels de l'Antiquité furent enfermés dans le Tartare, tant par Cronos que par Zeus.

7. *Il.*, IX, 503.

8. Le dieu lui aussi est boîteux. Voir XI, 383.

*Page 200.*

4. Le sens général de l'épigramme est-il érotique et l'auteur se plaint-il d'avoir perdu ses mignons? Mais le nom de Callimoque suggère la fameuse « querelle » d'école. S'agit-il d'épreuves que le poète aurait fait subir pour sonder la fidélité de ses disciples à ses principes littéraires et qui lui auraient aliéné de nombreuses amitiés? Mais la « querelle » est problématique; on serait plus à l'aise si ces vers n'étaient pas attribués à Callimaque : un autre épigrammatiste aurait pu exploiter ce qui n'est peut-être qu'une légende. On ne peut donc se prononcer sur le sujet de cette ἐξέτασις.

5. Le vers 4 a fait l'objet de corrections diverses; voir apparat critique. Toutefois pour A.S.F. Gow (*Hellen. Epigrams*, II, 1314) comme pour Davies (*Class. Rev.*, XXVII, p. 90), δρᾶμα διδάσκειν serait pris au sens littéral : Oreste aurait fait jouer un drame à Pylade... E. Cahen (*Callimaque*, p. 142) regarde ce vers comme définitivement corrompu. Dans le texte transmis par le ms. P et corrigé par Davies, la présence de la particule κα dans la principale et la subordonnée ne fait pas difficulté (P. Chantraine, *Synt. homér.*, p. 277). Mais l'expression technique δρᾶμα διδάσκειν, *faire représenter une pièce* demande probablement à être interprétée : Callimaque assimilerait son enquête à un drame, une comédie

trop souvent répétée envers tous ses amis. N'eût-il joué à Pylade qu'une seule comédie de ce genre, Oreste aussi perdait son ami. On ne peut toutefois négliger la conjecture de Sylburg, reprise par F. Buffière (*Bull. Soc. Toulous. Et. Class.*, 72 (1948), p. 1 et suiv.) : *sans plus, il lui raconta l'affreux drame*, allusion soit aux événements menaçants de l'*Oreste* d'Euripide, soit à toute autre tragédie dans laquelle Oreste mettait son ami au courant de son meurtre.

6. Bien que le nom de Ptolémée n'ait pas été réservé à la famille royale, il semble bien qu'il s'agisse ici d'une satire des Lagides. Si l'on veut préciser de quel roi ce Moschos fut le fils prétendu, et par conséquent contre quelle reine ou maîtresse du roi fut écrite cette épigramme, en se referant aux dates de Dioscoride, c'est à Ptolémée IV Philomator que l'on songe. Il régna de 221 à 203. Il mit à mort sa mère Bérénice II, son frère Magas et sa sœur Arsinoé III qui était devenue sa femme, selon la tradition égyptienne. Sa maîtresse Agathoclée fit en sorte que le pouvoir fût exercé par son frère Agathoclès.

7. Sur cette course aux flambeaux à Alexandrie on ne sait rien. Des courses similaires existaient à Athènes (Cicéron, *Des termes extrêmes*, V, I; Tite-Live, XXXI, 24; Pausanias, I, 30, 2). On pense surtout à cette course de relais dans laquelle un flambeau allumé servait de « témoin » et qu'il fallait transmettre sans l'éteindre, cf. A.S.F. Gow, D. L. Page, *Hellenistic epigrams*, II, 1697.

*Page 201.*

3. Ici encore différents sens sont possibles. Malgré sa vilenie, cet homme tient sous sa coupe l'âme d'un autre : il en est l'âme damnée. Scaliger a lu ἐρᾶται et s'étonnait donc qu'il aimât ou qu'il pût avoir des amants. En lui concédant, au contraire, une âme d'emprunt, il semble que Bianor trouve une belle finale à ses insultes.

4. Voir XI, 162, 376 et IX, 80. Si astronomie et astrologie se confondaient dans l'antiquité, il est évident qu'il s'agit ici de la divination par les sorts ou cléromancie, qui n'est pas tellement éloignée de notre cartomancie. Le mot ψηφῖς prouve qu'elle s'effectuait par la ψηφομαντεία ou ψηφοβολία au moyen de cailloux de diverses couleurs ou de diverses formes qui étaient jetés en une seule fois dans une urne ou sur un plateau ou tablette τραπεζομαντεία. Voir *scholie* sur Pindare, IV, *Pyth.*, 337.

5. Verbiage intarissable d'Agathias contraire à la loi essentielle de l'épigramme, la concision.

*Page 202.*

5. Le lemme dit bien qu'il s'agit d'un nain. Julien ne faisait donc que reprendre et imiter Lucillius (XI, 265). Cette légende des combats des Pygmées et des nains était déjà connue d'Homère (*Il.*, III, 6). Elle est rapportée encore par Aristote, *Hist. des anim.*, VIII, 12; Ovide, *Fastes* VI, 176; Élien, *Hist. des anim.*, XV, 29.

*Page 203.*

3. Cette vaisselle est désignée de trois manières différentes : ἀργυρέην ὕλην c'est la matière elle-même : ἀργυρέην ἐπίδειξιν c'est l'exposition d'argenterie; le mot ἄσημος est le terme technique opposé à ἐπίσημος, *argent monnayé* et l'adjectif κοῦφος se dit des pièces qui ont perdu de leurs poids légal. L'emploi en est ironique car on ne reproche pas à ces plats leur qualité, au contraire, mais d'être vides.

*Page 206.*

4. Hémistiche emprunté à l'*Iliade*, III, 101 (*Od.*, XXI, 24). Les allusions homériques sont habituelles chez ce poète.

5. Sur ce mot équivalent de μαχίμος, voir le lemme IX, 168. N'est-ce pas le plus grave reproche que l'on puisse adresser à la femme de s'opposer à l'homme? Voir Pindare, *Ném.*, IX, 16, et la riposte du Créon de Sophocle (*Antigone*, 484) : ἦ νῦν ἐγὼ μὲν οὐκ ἀνήρ, αὕτη δ' ἀνήρ.

6. L'Ausonie est l'Italie. Auson et Latinos, fils d'Ulysse et de Circé (ou Calypso), donnèrent leur nom aux premiers habitants de l'Italie (XI, 24). Le droit de Constantin et celui de Justinien, récemment édictés, n'acceptaient la séparation des époux que dans certains cas d'adultère, d'empoisonnement, etc.

*Page 207.*

6. Voir les autres épigrammes de Palladas sur la femme, XI 286, 287. Hipponax avait exprimé la même idée en trimètres iambiques (Stobée, *Floril.*, IV, 22, 35; Hipponax, fragm. 68 Masson) :

δύ' ἡμέραι γυναικός εἰσιν ἥδισται
ὅταν γαμῇ τις κἀκφέρῃ τεθνηκυῖαν

*Page 208.*

3. Les termes employés sont ioniens et homériques, tels ces verbes en -αω à formes en -οω. Toutefois, au vers 15, βομβεῦσα est un participe dorien. Les centres médicaux sont Cnide et Cos sur les frontières linguistiques.

4. L'ensemble de l'épigramme tourne en ridicule l'incapacité du médecin qui se contente de suivre la maladie sans réussir à la soigner; mais on en arrive au trait final : en définitive, c'est surtout un captateur de testaments. On peut se demander si l'auteur de cette épigramme, qui doit connaître la lettre de Pline le Jeune (II, 20, 1-6), est bien Agathias. Il est possible que, parvenue sous le nom de celui qui organisa la *sylloge*, elle lui soit nettement antérieure et presque contemporaine de l'auteur latin. Voir M. Schuster, *Agathiae epigrammata quaedam* dans *Wiener Studien*, 45 (1926), p. 120.

*Page 209.*

4. Le jeu de mots consiste à opposer μοναχός, μόνος et τοσοίδε, opposition que le français ne sent plus en usant du terme *moine*. La *monade*, *l'unité*, est un terme pythagoricien signifiant l'élément premier, le feu. Ici il a le sens d'unicité, de solitude.

5. Théognis se plaint aussi de cet amour intéressé (V, 87-92), qui est un des thèmes fréquents du livre V de l'*Anthologie* où ce distique trouverait mieux sa place.

*Page 210.*

2. On notera la double expression πάντα δοκεῖ σοι εἶναι τῶν ἀγαθῶν ἀγαθά et δοκεῖ σοι εἶναι πάντα κακῶν τὰ κακά. Ce chiasme singulier insiste sur la totalité des maux qui accablent l'homme marié, tandis que le célibataire jouit d'un certain bonheur parmi ceux qui sont possibles. Derrière l'ironie habituelle à Lucillius, n'y a-t-il pas une certaine constatation attristée?

*Page 214.*

4. Jeu de mots proverbial, selon l'allitération ἀπ' ὄνου et ἀπὸ νοῦ πεσεῖν, que l'on trouve chez Aristophane (*Nuées*, 1273) comme dans Platon (*Lois*, III, 701 d), et que la *Souda* explique (I, 312, 15-16a) en lui donnant le sens de *radoter*. Dans les *Lois*, Platon ne dit-il pas qu'il faut reprendre en mains le raisonnement, tel un cheval, et, « selon le proverbe, ne pas se mettre à radoter, en se laissant emporter par le raisonnement comme une bouche qui ne sent plus le mors »? Dans les *Paroemiographi graeci* (Apostolius, III, 54), le proverbe est cité avec cette seule explication : ἀπὸ τῶν ἱππικῇ ἐπιχειρούντων μὴ δυναμένων μηδὲ ὄνοις χρῆσθαι. En fait, c'est perdre la tête.

*Page 215.*

4. Le premier vers de l'*Iliade* désigne en fait l'œuvre tout entière dont les grammairiens font l'objet de maints exercices de style et d'études linguistiques; c'est vraiment la « mine » à exploiter et qui nourrit ceux qui s'y emploient.

5. Parodie des vers d'Aratos au début des *Phénomènes* (v. 2-4) : ...μεσταὶ δὲ Διὸς πᾶσαι μὲν ἀγυιαί, /πᾶσαι δ' ἀνθρώπων ἀγοραί, μεστὴ δὲ θάλασσα /καὶ λιμένες.

6. A cette grammaire, le poète attribue tout d'abord l'épithète homérique de la Terre φυσίζοος (*Il.*, III, 243; *Od.*, XI, 301); mais la finale πάντων δέκτρια γραμματική ne rappelle que trop le ξείνων δέκτρια Πασιφίλη d'Archiloque : comme cette courtisane trop accueillante, la grammaire reçoit n'importe qui, même les plus incapables. Le trait final a été bien préparé : que rencontre-t-on sur les routes, dans les ports et dans la mer sinon les immondices que chacun y jette?

7. L'enseignement de la grammaire comprenait tout ce que nous appelons aujourd'hui les « belles-lettres ». Le premier vers rappelle les vers 437-439 du chant IX de l'*Iliade* : Pélée confie à Phénix l'éducation de son fils Achille.

8. *Il.*, I, 1-3.

*Page 216.*

5. On peut traduire : « tu aimes te loger dans les pieds d'autrui ». Mais cela est dit au vers 8. Ces pieds d'emprunt sont donc les béquilles du goutteux ou les serviteurs qui l'aident à s'avancer.

6. La leçon des manuscrits ὁπλοφορεῖν *porter un bâton, une canne* (Callim., *Ep.* 1) a paru faire double emploi. En réalité, après le cas extrême, *se servir de pieds d'emprunts*, c'est l'aide toute normale d'une canne, et F. Buffière propose χὠπλοφορεῖν qui, paléographiquement, est plus satisfaisant que la double leçon d'Estienne et de Jacobs : πιλοφορεῖν τ' qui devait décrire le malade entouré d'une chaude couverture *de feutre* ou, mieux encore, chaussé de bottes fourrées pour remédier au mal (Platon, *Banq.*, 206 *b*).

7. Voir épigrammes XI, 24 et 396. Lucien vécut peu en Italie; il se réfère donc à un vin de provenance étrangère.

8. Ici le sens est double, car ἐρχομένη peut prendre le sens d'*attaquer*. Trait final : c'est une maladie de riches.

*Page 218.*

5. Le jeu de mot προσωπεῖον/πρόσωπον, ne peut être respecté en français.

6. La comparaison finale n'est pas trop blessante : si Hélène était la beauté fatale, Hécube avait la majesté de la vieillesse. Voir l'épigramme de Rufin, V, 103. Martial dit de même dans ses *Épigrammes*, III, 42, 43; et H. Beckby cite une épigramme où Grégoire de Nazianze (Migne, 37, 884) utilise le même jeu de mots et qualifie de honteuses les couleurs artificielles dont usaient les anciennes beautés.

*Page 219.*

3. En fait, c'est la mort de Silénis qui est décrite cette fois, elle a trop bu et elle meurt, l'amphore à portée de la main car ἄγγος ἔχουσα semble suggérer ἐγγὺς ἔχουσα. En coupant le vers avant ἄγγος, G. Giangrande (*op. cit.*, p. 156) accentue l'ironie. Ce serait non pas avec une obole dans la bouche, mais l'amphore à la main qu'elle se rendrait aux Enfers !

4. Les cyniques, disciples d'Antisthène, furent surtout connus par les excentricités de certains de leurs adeptes. Leur mépris, leurs boutades leur avaient aliéné l'opinion, et même les philosophes stoïciens sur lesquels ils eurent, dans les premiers temps, une réelle influence.

5. Si le lupin et le raifort sont des mets de pauvre, la vulve de truie était au contraire un plat recherché et coûteux. Le terme στρυφνός, *âcre*, se dit de la sauce au vinaigre ὀξάλμη, mélangée de laser ou benjoin, πηγανῖτις, qui accompagne la vulve (Athénée, III, 101); mais Hésychius réserve στρυφνός pour la galette de lait ou le vin âcre.

*Page 220.*

2. L'endroit a semblé désespéré : les mss. donnent γείτονα que Boissonade, inspiré par Aristophane (*Acharn.*, 1006), a lu ἀνεῖρεν, *tressa.* Il semble que ce soit plutôt un verbe comme ἔκαυσεν qui convienne; il rendrait mieux compte de la comparaison et de la légende (Eurip., *Méd.*, 1185 et suiv.) et F. Buffière suggère γ' αἶθεν qui, paléographiquement, explique l'erreur.

3. L'auteur anonyme se proclame poète et, comme tel, a droit à la considération; mais le ton est ironique.

4. L'opposition entre les bûchers mortuaires et les bancs de l'étuve chauffée à l'excès, nouveau lieu de supplice, peuvent constituer le trait final.

5. On invitait ses amis à un diner après les sacrifices. On y mangeait les viandes qui n'avaient pas été brûlées. D'où la boutade : on pourrait traduire *sacrifier* par *massacrer.*

*Page 221.*

3. Les épigrammes 241 et 242 traitent de la même puanteur; c'est pourquoi des critiques préfèrent l'attribution à Nicarque.

4. Désintéressement ou dépit, qui le dira? πορνοφίλας, c'est aussi bien l'or aimé des prostituées que celui qui les favorise.

*Page 222.*

4. C'est l'unique épigramme que l'*Anthologie* attribue à Philon, non au Juif d'Alexandrie, mais à Philon de Byblos qui écrivit sur les Juifs et composa de nombreuses épigrammes, quatre livres, si on en croit l'impératrice Eudoxie (Eudoxia Macr., *Violar.*, 973). Celle-ci est de bonne facture.

5. Cette épigramme n'a de sens que si on donne à τρίχες le sens de πολιαί comme dans la pièce précédente; c'est pourquoi les éditions anciennes ont uni les deux épigrammes. Quant à l'auteur de ces vers, Jacobs prétend qu'un *codex Mediceus*, sans doute de la bibliothèque Laurentienne, les attribue à Lucien. Dans aucun des maniscrits qui ont été étudiés on ne trouve trace de cette épigramme; mais la même idée se retrouve dans Lucien, *Pseudologiste*, 31.

*Page 223.*

3. Unique épigramme d'Helladios dont on ignore l'identité exacte. Est-ce cet Helladios d'Antinoé, grammairien qui vécut au début du ɪxᵉ siècle ap. J.-C. et que connut Photius (*Biblioth.*, 279), ou Helladios d'Alexandrie, de la fin du même siècle? Tous deux étaient des grammairiens dignes de ce jeu de mots sur βάπτειν qui signifie à la fois *plonger dans* et *teindre*: plongé dans la pauvreté, te voilà soudain riche : simple teinture.

4. Cet unique distique de Pison ne nous apporte aucune précision sur le poète; il est aussi l'unique témoignage d'une origine galate des Érinyes, à moins que les invasions des Gaulois, dès le ɪɪɪᵉ siècle, n'aient apparu aux Grecs comme le châtiment suprême. Il ne s'agit sans doute pas de la province de Galatie, au centre de l'Asie Mineure; les Grecs appelaient Gaulois les peuples qui habitaient cette vallée du Danube qui fut leur base de départ dans la lutte contre les Grecs. C'est aussi dans cette région que furent envoyés maints exilés romains comme Ovide. On comprend que même les fleurs leur apparaissent comme hostiles, et on cite un *mel ponticum* qui était censé apporter la folie.

*Page 227.*

2. On attendrait plutôt ἀπίστευε; mais l'iambe l'exclut. Les Corinthiens sont donc considérés comme des gens de parole, (Hérod., I, 24); mais, dit Ménandre, ce sont de mauvais coucheurs.

3. C'est l'unique épigramme connue de cet Athénien du ɪvᵉ siècle.

4. Pittacos de Mitylène était l'un des Sept Sages. Mais on ne voit pas pourquoi au vɪᵉ siècle, il aurait composé ces vers sur Mégare (Voir Platon, *Protagoras*, 343 *a*; Pausanias, X, 24, 1; Plutarque, *sur l'E de Delphes*, 3).

5. Ce Philiscos nous est connu par la *Souda* comme un disciple d'Isocrate et qui fut maître de l'historien Timée de Tauromenium. Il vécut donc au début du ɪvᵉ siècle. Est-ce une allusion à la triste situation d'Athènes à la fin de la guerre du Péloponèse?

# INDEX DES NOMS D'AUTEURS

# TABLES DES MATIÈRES

*Ce volume,*
*de la Collection des Universités de France,*
*publié aux Éditions Les Belles Lettres,*
*a été achevé d'imprimer*
*en novembre 2002*
*sur presse rotative numérique*
*de Jouve*
*11, bd de Sébastopol, 75001 Paris*

N° d'édition : 4443
Dépôt légal : décembre 2002

*Imprimé en France*